普速铁路固定设备管理及联合应急处置指南

《普速铁路固定设备管理及联合应急处置指南》编委会　编

中国铁道出版社有限公司

2025年·北　京

内 容 简 介

本书共分为五章。第一章详细介绍了工务、电务和供电系统结合部关键设备和基本原理;第二章系统介绍了工电供设备管界、道岔转辙设备技术标准、轨道电路设备技术标准、信号机限界技术标准和供电设备技术标准;第三章分别介绍了工务与电务、供电与电务、工务与供电等系统结合部的作业管理要求;第四章包括联合指挥、联合处置、作业安全、应急演练和应急处置过程分析;第五章介绍了结合部常见病害和故障,并提供了部分典型案例。

本书可作为普速铁路固定设备联合应急处置培训用书。

图书在版编目(CIP)数据

普速铁路固定设备管理及联合应急处置指南 /《普速铁路固定设备管理及联合应急处置指南》编委会编. 北京 : 中国铁道出版社有限公司, 2025. 6. -- ISBN 978-7-113-32241-0

Ⅰ. U2-62

中国国家版本馆 CIP 数据核字第 2025RE4085 号

书　　名: 普速铁路固定设备管理及联合应急处置指南

作　　者:《普速铁路固定设备管理及联合应急处置指南》编委会

责任编辑: 赵雅敏　　**编辑部电话:**(010)51873141

封面设计: 高博越

责任校对: 刘　畅

责任印制: 赵星辰

出版发行: 中国铁道出版社有限公司(100054,北京市西城区右安门西街 8 号)

网　　址: https://www.tdpress.com

印　　刷: 河北宝昌佳彩印刷有限公司

版　　次: 2025 年 6 月第 1 版　2025 年 6 月第 1 次印刷

开　　本: 787 mm×1 092 mm 1/16　**印张:** 16　**字数:** 391 千

书　　号: ISBN 978-7-113-32241-0

定　　价: 82.00 元

编委会

QIAN YAN

前言

目前普速铁路固定设备的应急处置主要涉及工务、电务、供电及车务部门，应急处置过程中仍然存在沟通不畅、协作不顺等情况，从而影响应急处置整体进度。所以提倡联合应急处置，加强各专业之间相互协作，进而不断提高应急处置效率，在保证安全的前提下最大限度减少应急突发事件对运输秩序的影响。因此，了解掌握相关专业有关设备的基础知识，熟悉协作对方的设备性能，显得尤为重要。本书系统介绍了工务、电务、供电专业结合部的基础知识、技术标准、作业要求、应急处置的基本流程、需达到的标准、开通放行条件及常见的结合部突发事件警示案例等方面内容。

通过对普速铁路结合部固定设备及处置方案、开通放行条件的介绍，使读者能够对普速铁路结合部固定设备及联合应急处置有一个全面的了解和掌握，不断树立普速铁路结合部应急处置的整体意识、大局意识、协作意识，确保在发生应急处置突发事件时，才能够做到应急有备，处置高效、有序。

本书由杨君、朱钰、王玉新担任主编。第一章由郑杰、韩为民、刘育新、张成敏、陈宇春、郑辅河、田英伟、高晓峰、陈凯、戴任远、赵唯杰、孙兆银、胡领强、张宁编写，第二章由周博华、陆建同、孙征、姚文科、王鑫、郑贺洋、陈伟、吕运来、卢鹏宇、李朝华、洪雪、付宏健、张涛编写，第三章由李小雷、祝莉斌、刘彦武、吕建华、鲍子楠、赵福刚、吴荣权、赵枫、张春秋、刘澜涛、宗华利、张青云编写，第四章由杨君、朱钰、王玉新、尚友鹏、刘大生、郭宝春、王莹、韩明、阎大志、安宁、李云红、郑小民、李俊刚、郭雪娇、李月霞、郭璟珀、陈强编写，第五章由王立敏、张东炜、牛政、董春光、李峰、刘成功、李文钊、杨志勇、杨兆兴、杨佳靓、周海鹏、刘长增、谷文超编写。全书经刘斌、孙强、白富丑、张立新、武云松、赵卫东等集体审定。

书中内容与《普速铁路行车组织规则》《铁路技术管理规程(普速铁路部分)》等现行规章及相关文件有冲突的，以现行规章及相关文件为准。本书只作为普速铁路固定设备的知识普及、作业指导的参考用书，不作为事故、故障责任判定的依据。

编　者

2025 年 2 月

MU LU

目录

第一章　基础知识

第一节　名词解释

一、工务专业

1. 道床

道床是轨道结构的重要组成部分，是轨道框架的基础。道床是指铁路轨枕下面，路基面上铺设的石砟(道砟)垫层，如图1-1所示。它是由一定粒径级配的碎石，按照设计几何横断面要求填筑、碾压密实的散粒体结构。道床主要作用如下：

(1)承受轨枕传递的列车荷载，通过内部的应力扩散，均匀地传布于路基面，对路基面起到保护作用。

(2)阻止轨排的纵、横向位移，保持轨道的正确位置。

(3)提供良好弹性，减缓和吸收机车车辆的冲击和振动。

(4)提供良好的排水性能，保持道床和路基面干燥。

图1-1　道床

2. 道岔

机车车辆从一股道进入或越过另一股道的连接或交叉的设备称为道岔，如图1-2所示。道岔是铁路轨道的关键设备和薄弱环节。

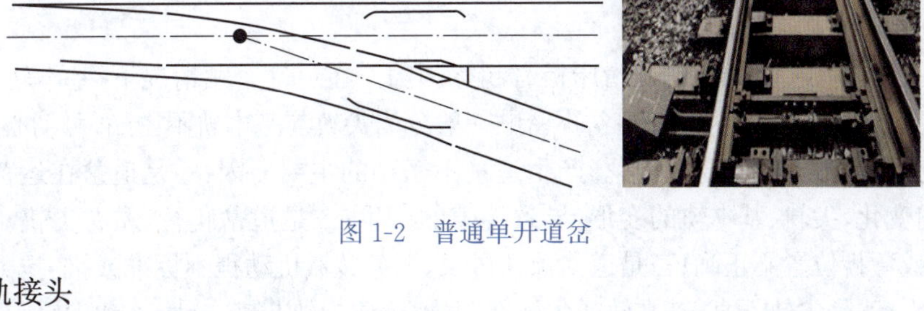

图1-2　普通单开道岔

3. 钢轨接头

按照接头性能来分，钢轨接头分为导电接头和绝缘接头。

(1)导电接头

导电接头是指供传导轨道电流或作为牵引电流回路之用的接头,用于自动闭塞区段及电力牵引地段。轨间传导联结装置用两根直径 5 mm 的镀锌铁丝,插于两轨端轨腰的圆孔内组成——塞钉式;或用一条断面积 100 mm^2 左右的钢丝索焊接于钢轨头部的钢套中组成——焊接式。

(2)绝缘接头

在自动闭塞区段上,相邻闭塞分区两端钢轨接头处设绝缘接头,以保证轨道电路不能从一个闭塞分区传到另一闭塞分区。目前,采用的绝缘接头主要有普通高强度绝缘接头和胶接绝缘接头。

普通高强度绝缘接头是指利用尼龙轨头片、尼龙夹板和尼龙螺栓套把钢轨、夹板和螺栓隔开,并采用高强度螺栓紧固的钢轨接头,阻止电流通过,起到绝缘作用,如图 1-3 所示。

图 1-3 普通高强度绝缘接头

胶接绝缘接头主要分为厂制胶接绝缘接头和现场胶接绝缘接头两种。厂制胶接绝缘接头是指在工厂内采用加温(或常温)、加压的胶接工艺,将两根钢轨与夹板、绝缘槽板(或绝缘布与胶粘剂)、绝缘端板、绝缘套管、高强度螺栓粘结并紧固而成的钢轨接头,如图 1-4(a)所示。现场胶接绝缘接头是指在施工现场,用胶粘剂将胶接绝缘夹板与钢轨粘结,并采用高强度螺栓紧固的钢轨接头,如图 1-4(b)所示。胶接绝缘夹板是在工厂采用加温、加压胶接工艺,将夹板、槽型钢板(或无)、绝缘槽板制成具有一定绝缘性能的夹板。为保证铁路线路安全畅通,应加强胶接绝缘接头的安装和养护维修,及时整治胶接绝缘接头不良状态,延长胶接绝缘接头的使用寿命。

4. 线路爬行

在列车运行过程中,车轮在钢轨上的滚动摩擦和滑动摩擦、制动时的制动力、在坡道和曲线上的附加力、车轮对钢轨的冲击力及其他作用,都会使钢轨产生纵向力。钢轨基础阻力不足以抵抗这一纵向力时,会引起钢轨纵向移动,在扣件阻力大于道床阻力的条件下,还会带动轨枕一起移动,这种现象通称为线路爬行。

5. 尖轨翘头

尖轨翘头是指尖轨头部轨底与滑床板有超标间隙。在道岔密贴情况下,基本轨内侧的下颚与尖轨的垂直缝隙不小于 2 mm。道岔不密贴一般分为尖轨与基本轨不密贴、可动心轨与翼轨不密贴、尖轨与滑床板不密贴三种情形。产生道岔不密贴的主要原因:一是道岔在运营过程中,由于轨距、轨向变化,尖轨、基本轨的变形,导致缝隙的产生;二是道岔爬行,左右尖轨相错,曲基本轨弯折矢度或弯折位置不正确;三是道岔顶铁过长,电务转辙机动程不标准或推、拉力不均,导致不密贴的产生;四是尖轨不直,基本轨或尖轨有肥边,造成尖轨与基本轨、可动尖轨与翼轨不密贴或假密贴;五是尖轨拱腰、基本轨轨底不落槽、滑床台磨耗或损坏,直接导致尖轨与滑床板不密贴。

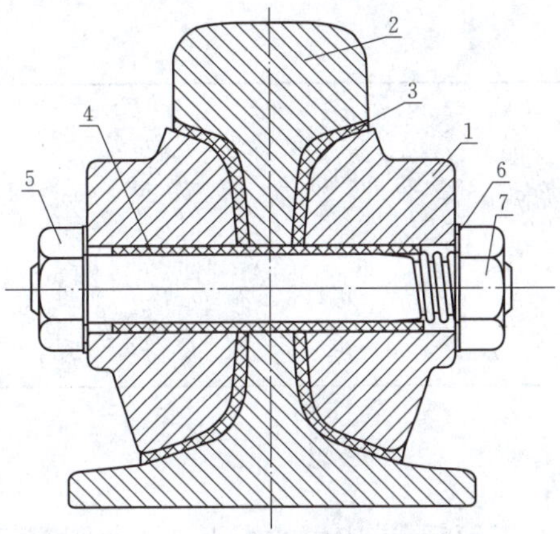

1—夹板；2—钢轨；3—绝缘槽板；4—绝缘套管；5—高强度螺栓；6—垫圈；7—高强度螺母。

（a）厂制胶接绝缘接头

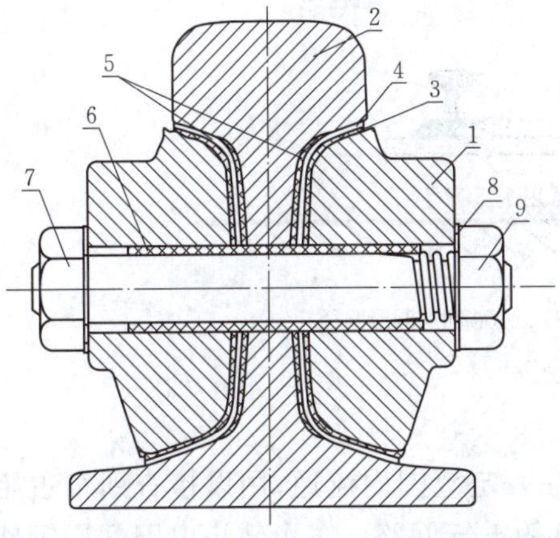

1—夹板；2—钢轨；3—绝缘槽板；4—槽型钢板（或无）；5—胶粘剂；6—绝缘套管；
7—高强度螺栓；8—垫圈；9—高强度螺母。

（b）现场胶接绝缘接头

图 1-4　胶接绝缘接头

6. 尖轨反弹

尖轨、可动心轨反弹主要是指尖轨、可动心轨框架处于自由状态靠向基本轨、翼轨时，出现的刚性反弹。反弹量少则几毫米，多则十几毫米，甚至更多。这种反弹现象主要有两种情况，一种是尖轨、可动心轨尖端先于第一连接杆与基本轨、翼轨密贴；另一种是尖轨、可动心轨在第一连接杆以后竖切密贴部分先于第一连接杆与基本轨、翼轨密贴。

7. 道岔框架尺寸

道岔框架尺寸是指在道岔基本轨长度以内测量，直基本轨作用边与曲基本轨作用边之间的垂直距离。

二、电务专业

1. 道床电阻

每千米轨条间的电阻值简称道床电阻，如图 1-5 所示，两条钢轨之间由于有轨枕和石砟的存在，相当于无数个电阻并联在两条钢轨上，形成了道床电阻。一般区间交流轨道电路碎石道床电阻不得小于 1 Ω·km，站内交流轨道电路碎石道床不得小于 0.6 Ω·km。

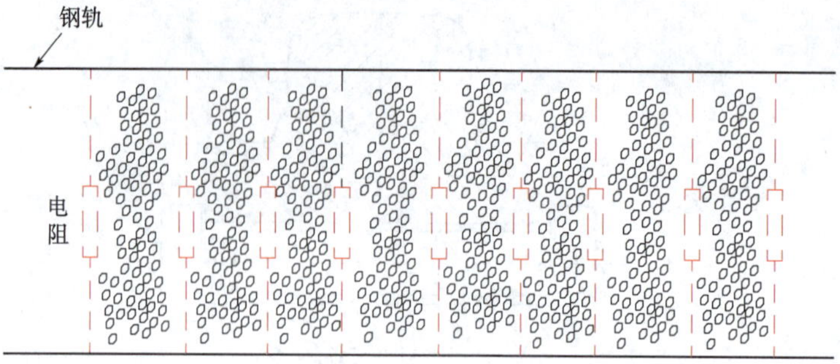

图 1-5　道床电阻

2. 道床漏泄

如果道床脏污，一般在下雨后，道床内的废土被雨水浸湿后，导电能力变强，造成道床电阻降低，导致轨道电路接收端电压下降，严重时会发生红光带。道床漏泄路径如图 1-6 所示。

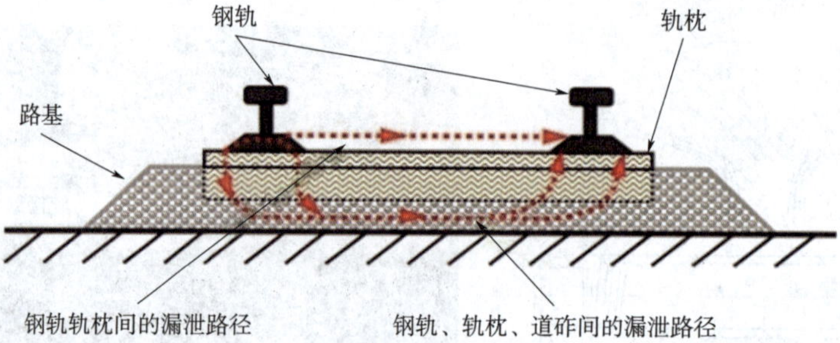

图 1-6　道床漏泄路径

3. 轨道电路

轨道电路是以铁路的两条钢轨为导体，使电流在一定范围内流通，用以检查列车占用线路、传递列车占用信息及实现地面与机车间传递信息的电气回路。多个轨道电路间用钢轨绝缘分割开。轨道电路示意如图 1-7 所示。

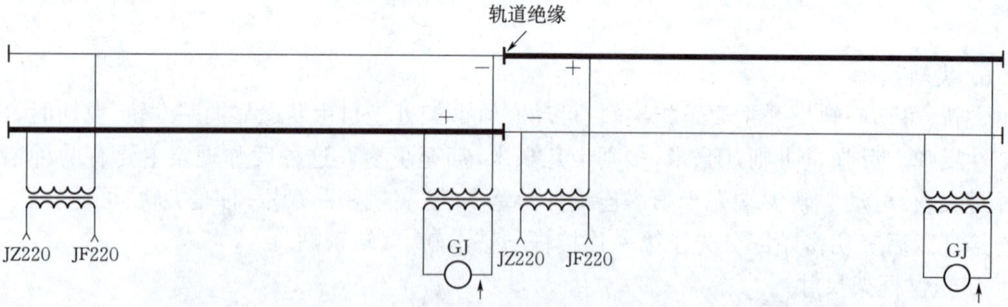

图 1-7　轨道电路示意

4. 轨道电路极性交叉

轨道电路极性交叉是铁路信号系统中实现故障导向安全的重要措施之一，通过在钢轨绝缘两侧设置不同的极性或相反的相位，防止当钢轨绝缘破损时，轨道电路错误显示，保障行车安全。

5. 极性绝缘

在道岔区段轨道电路，为防止辙叉短路轨道电源，且保证每个受电分支有车占用时，均能使轨道继电器可靠落下，准确反映列车占用情况，在道岔的辙叉部分增加一组钢轨绝缘，称为极性绝缘。轨道电路极性绝缘示意如图 1-8 所示。

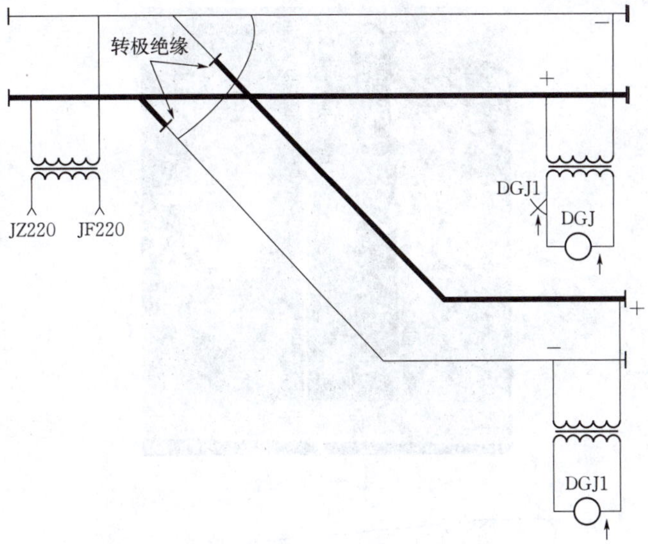

图 1-8　轨道电路极性绝缘示意

6. 侵限绝缘

设于警冲标内方与警冲标相关的用于分割轨道区段的钢轨绝缘(双动道岔渡线上的绝缘除外),距离警冲标不足 3.5 m(通行动车组区段为 5 m)时,称为侵限绝缘,如图 1-9 所示。

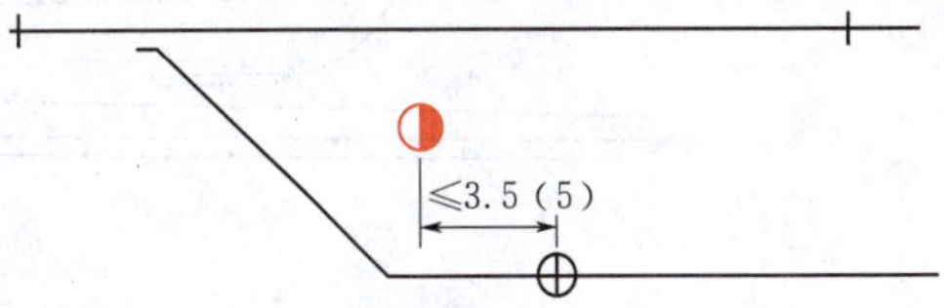

图 1-9　侵限绝缘(单位:m)

7. 轨道电路分路不良

钢轨轨面生锈或轨面有沙子等不良导电物,造成列车或车列占用轨道时,轨道电路不能实现正常的分路状态,轨道继电器不能正常落下,造成信号联锁失效。

8. 道岔表示卡缺口

转辙机检查(锁闭)柱未能正常落入表示(锁闭)杆缺口内,造成表示接点无法接通,道岔没有表示,称为道岔表示卡缺口,如图 1-10 所示。

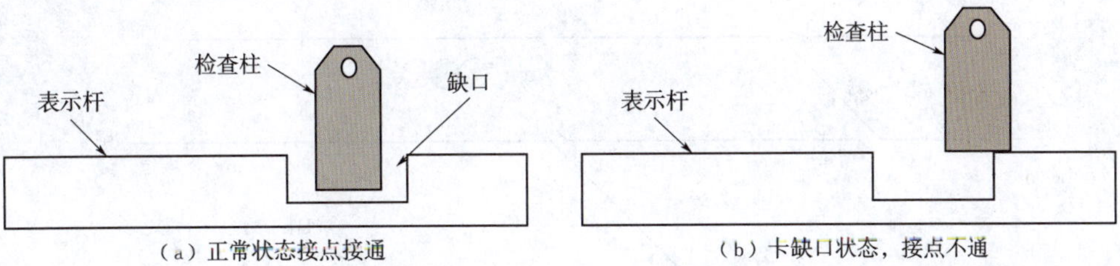

图 1-10　道岔表示卡缺口

9. 外锁闭装置

转辙机带动道岔尖轨转换到特定位置后,由转辙机外部的锁闭装置将尖轨和基本轨(心轨和翼轨)直接锁闭在一起,该装置称为外锁闭装置,如图 1-11 所示。

10. 外锁道岔锁闭量

道岔锁闭后,密贴位置锁钩底部与锁闭杆凸台相重叠的距离称为外锁道岔锁闭量,如图 1-12 所示。

图 1-11　外锁闭装置

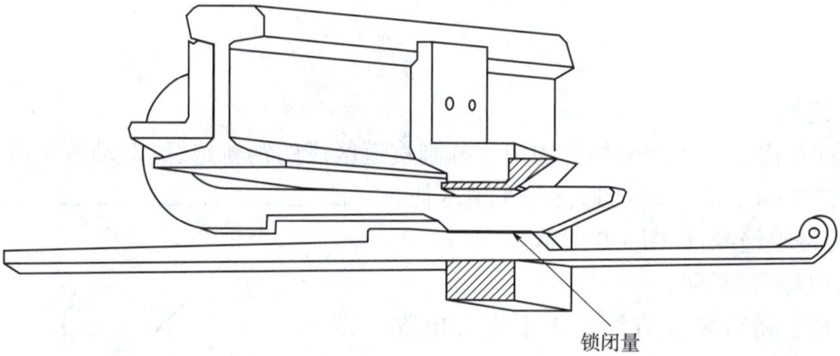

图 1-12　外锁道岔锁闭量

11. 防护道岔

为了防止与所排列进路发生侧面冲突，排列进路时，把进路外相关道岔带动到规定位置，检查其位置表示并锁在该规定位置，如图 1-13 所示，图中所示 D1 信号机外方为 6‰下坡道，当排列经由 3/5 号道岔反位的进路时，应将 1 号道岔带动到定位(开通安全线)并锁在定位，持续检查其定位表示。

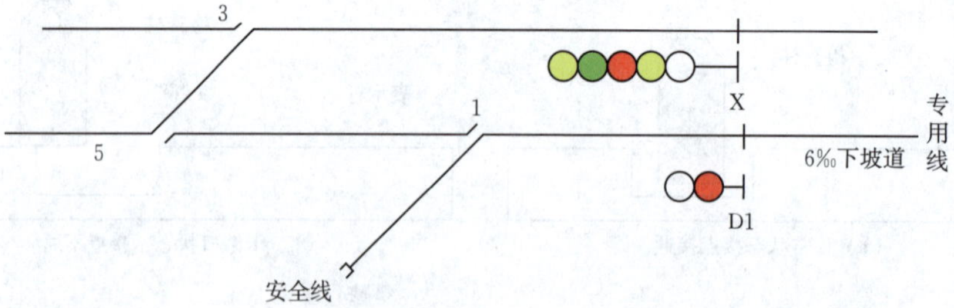

图 1-13　防护道岔

12. 扼流变压器

扼流变压器是设于电气化区段双轨条轨道电路钢轨绝缘处，对轨道电路中的信号电流起绝缘作用的一种特殊的变压器。其特点是既能将相邻的轨道电路中的信号电流隔开，又可使牵引电流通过它从一个轨道电路区段流向另一个轨道电路区段，不致被钢轨绝缘隔断。扼流变压器如图 1-14 所示。

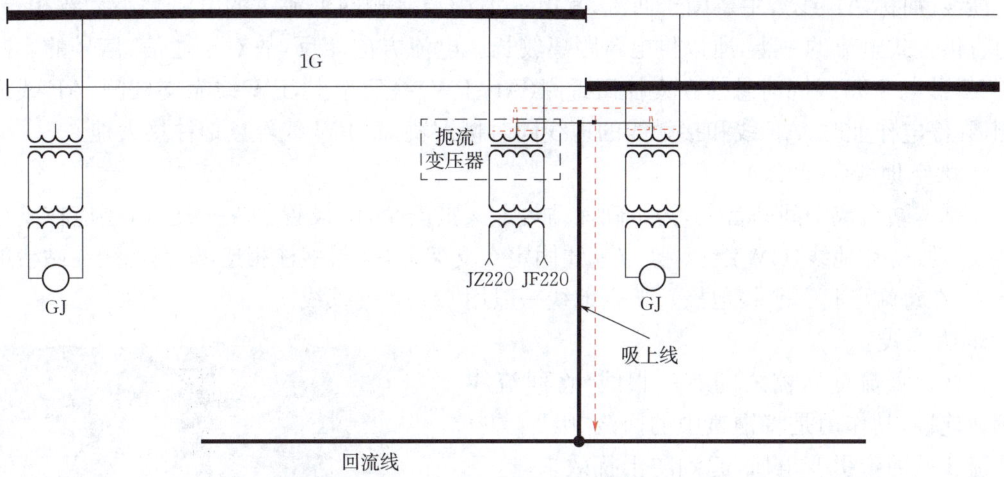

图 1-14 扼流变压器

三、供电专业

1. 馈电线(F 线)

馈电线又称供电线，在现场也称为上网线，用 F 表示，它是牵引变电所、分区亭、开闭所与接触网连接的线路。其作用是将牵引变电所的电能送到接触网上，一般送至接触网电分相两侧。供电线与接触网同杆架设在支柱田野侧，当有正馈线和回流线同杆架设时，供电线悬挂在最高处，如图 1-15 所示。

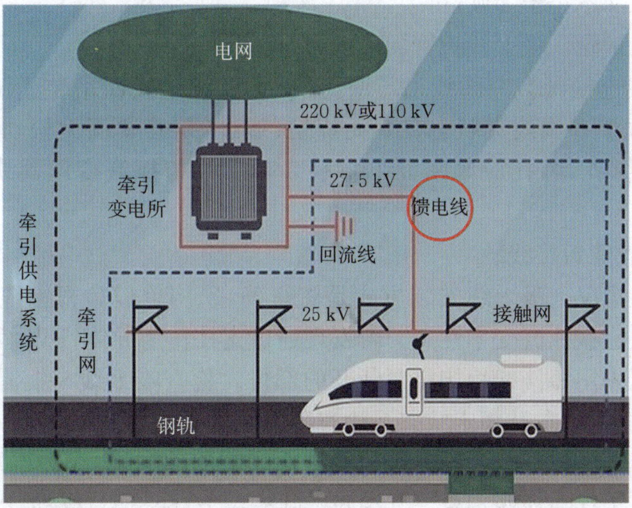

图 1-15 馈电线

2. 保护线(PW 线)

保护线用于 AT 供电区段，保护线经保护跳线与接触网绝缘子接地端相连；在各个 AT 自耦变压器的中点处和钢轨连在一起。因此当绝缘子发生闪络或击穿时，保护线会给短路电流一个良好的电气通路，使变电所继电保护装置迅速动作，达到及时反应和排除故障的目的。

3. 正馈线(AF 线)

正馈线用于 AT 供电区段，AT 供电方式一个特点是有一根与接触网电压(27.5 kV)相同的正馈线(简称 AF 线),主要用于回流,其电流大小与接触网上流过的电流大小大致相等,大约为直供方式电流的一半,所以供电臂距离较长。电流方向相反,故对于通信、信号的影响很小。AF 线与 PW 线同时悬挂在支柱田野侧(AF、PW)线肩架上,PW 线靠支柱侧,AF 线靠田野侧,在停电作业时,AF 线和接触线的地线同时接钢轨,而 PW 线经接地柱接大地。

4. 架空地线(GW 线)

在基本站台或中间站台上,为了确保站台上人员安全,除设置了保护线外,还应在支柱顶部架设一段架空地线(GW 线)。架空地线固定在支架上,并与钢柱相连,架空地线在站台的两侧下锚,在每端各打一个接地极。架空地线一般用 GJ-50 钢绞线。

5. 吸上线

每两台吸流变压器之间有一根线,将回流线与钢轨连接,其作用是将钢轨中的回流“吸”上去,经回流线返回牵引变电所,起到防干扰效果,这条线就是吸上线,如图 1-16 所示。通俗解释即吸上线就是将机车通过时钢轨中的电流送入回流线中,改善接触网系统对通信、信号电路的影响。

图 1-16　吸上线

吸上线检修标准及流程:

(1)先用短接线短接将要断开的部位。防止感应电伤害,危及人身安全,检修前应先装设短接线,将要断开检修的地方用短接线短接。

(2)检查吸上线电缆。吸上线无烧伤痕迹,吸上线本体无机械损伤,吸上线截面满足电气要求,吸上线电缆埋深不小于 300 mm。

(3)检查吸上线护管。吸上线护管无破损,封口完好。

(4)检查吸上线连接处。并沟线夹与回流线、吸上线连接面平整光洁,并涂有电力复合脂,连接应密贴牢固。并沟线夹状态良好无烧伤、裂纹,螺栓紧固无松动。并沟线夹两端分别用单股本线进行绑扎,绑扎应紧密而不重叠。吸上线与扼流变压器线圈中点牢固连接,螺栓紧固。

(5)检查完毕,撤除短接线。

(6)吸上线安装情况。吸上线安装方式是否正确,采用单(双)根铜缆与 PW 线用并沟线夹连接,并通过铜缆连接扼流变中性点。若发现通过支柱作为导体,PW 线未直接通过铜缆连接至扼流变中性点,先用短接线短接将要断开的部位。检查吸上线与扼流变连接状态及护管状态。检查吸上线电缆状态及固定状态。检查吸上线与回流线连接处状态的情况,或者固定肩架缺少的,应按标准予以安装。检查吸上线结构的紧固件、并沟线夹(包括与扼流变中性点连接)的螺栓螺母是否存在松脱现象。其中吸上线安装方式是通过支柱、PW 线支座与 PW 线相接的,应将 PW 线支座打开,检查线索是否存在烧伤,并按标准予以重新安装。

6. 回流线

在 BT 供电方式中,电流的回路是牵引变电所—馈电线—接触网—电力机车—钢轨—回流线—牵引变电所。回流线的作用是将牵引电流回送到牵引变电所,从而减少以至消除接触网线路对通信线路的干扰。

回流线架设在接触网支柱的田野侧,如图 1-17 所示。同时,每隔一定距离(1～2 km),用吸上线将钢轨和回流线进行连接,以保证回流线的作用和防护效果。

吸流变压器的变比为 1∶1,当牵引电流流经吸流变压器原边时,副边也反向流过同样大小的电流。实际上这部分电流是通过吸上线在钢轨及大地回流中取得的。这部分电流由回流线流回牵引变电所,于是吸上线到牵引变电所间的钢轨和大地回流近似为零。

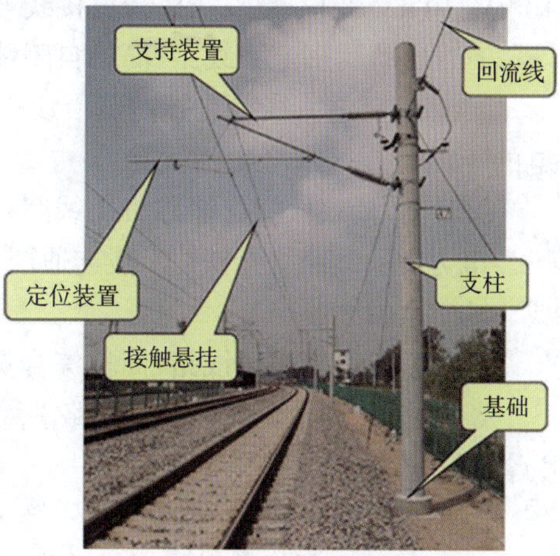

图 1-17　回流线

7. 捷接线

在线路弯曲、坡度较大及运输繁忙的区段上,由于接触网通过的电流较大,路径较长,易造成电压损失较大,影响电力机车正常工作。为了提高供电臂末端电压,一般在接触网迂回弯折的最近处,设置捷接线以缩短电流的流动路径,捷接线的架设与供电线基本相同。捷接线可以提高接触网的电压,保证电力机车的正常运行。

8. 并联线

由电工原理可知,并联电路可以减小线路阻抗,减小线路的电能损耗和线路上的电压降,从而提高了末端并联点的电压。在供电臂较长、坡度较大的线路上,为了减小线路阻抗,有时采用并联供电的方法提高接触网的末端电压。并联线为一相一地的架空电力线路。

9. 加强线

当铁路线路比较平直时,采用架空电力线路形式的并联线就不经济了,可改为沿接触悬挂架设,将腕臂长度适当延长,末端以钩头鞍子悬挂导线使其位于承力索的上方,称为加强线。加强线可以沿线路多设并联点,更好地起着并联线的作用,并且在坡度大的双机(或多机)牵引区段接触线的载流量不能满足要求时,加强线也是能起到分流作用的较简便方式。

10. 跳线

在 AT 供电方式中,每根支柱上安装跳线,如图 1-18 所示,用它将双重绝缘子靠支柱侧串接起来,再接到保护线上,当绝缘子闪络或击穿时,短路电流经跳线流进保护线。

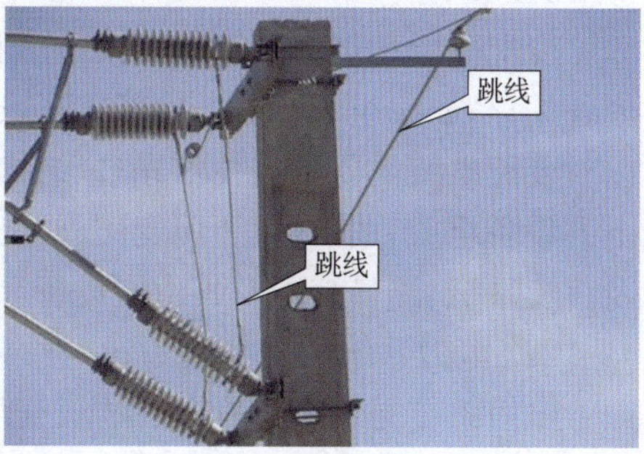

图 1-18　跳线

11. 分段绝缘器

分段绝缘器是接触网进行电分段时采用的一种绝缘设备。正常情况,受电弓带电滑行通过,当某一接触网分段发生故障或因施工停电时,打开分段绝缘器处的隔离开关将该部分接触网断电,而其他部分能正常供电。

12. 分相绝缘器

在单项交流牵引供电系统中,电力机车是由单相电供电的,为了平衡电力系统的 U、V、W 各相负荷,一般要实行 U、V 相轮流供电,所以 U、V 相之间要进行分开,这称为电分相。电分相通常是由分相绝缘器实现的,在变电所出口处及两牵引变电所之间(供电臂末端)必须设电分相装置。

13. 自动闭塞变配电所

自动闭塞变配电所是指专为铁路自动闭塞信号供电的变配电所,它的供电范围和容量都比较小。输入电压一般为 10～35 kV,输出电压为 0.4～10 kV。目前,铁路配电所大部分采用

10 kV/10 kV 调压器、10 kV 馈出接线方式。

14. 自动闭塞电力线路(简称自闭线路)

自动闭塞电力线路是指铁路沿线连通两相邻变配电所，主要对自动闭塞区段信号设备供电的 10 kV 或 35 kV 电力线路。

15. 电力贯通线路(简称贯通线路)

电力贯通线路是指铁路沿线连通两相邻变配电所，主要对沿线铁路用电负荷供电的 10 kV 或 35 kV 电力线路。

16. 综合负荷贯通线路(简称综合贯通线路)

综合负荷贯通线路是指以铁路沿线各类中小负荷为主要供电对象，由相邻变配电所以互为备用方式供电的高压电力线路。

17. 一级负荷贯通线路(简称一级贯通线路)

一级负荷贯通线路是指以铁路沿线一级负荷为主要供电对象，由相邻变配电所以互为备用方式供电的高压电力线路。

18. 公共电网

公共电网是指面向社会提供电能的电网。

19. 外部电网

外部电网是指向铁路供配电系统供电的电源，包括公共电网及其他电网的电源。

20. 铁路电力供电系统

铁路电力供电系统是为列车牵引供电以外的所有铁路设施提供电能的设备集合。它优先从国家(或地方)电网取得可靠电源，通过沿铁路线架(敷)设的输配电网向铁路车站、区间负荷供电。电力供电系统主要由高压电源线路、10 kV 配电所、铁路沿线两路 10 kV 电力贯通线路、站场及区间高低压电力线路、10 kV/0.4 kV 变电所、箱式变电站、远动开关站、室外照明、电气设备防雷接地等构成。

21. 变配电所

变配电所是电力系统中变换电压和接受、分配电能的场所。铁路变配电所是专门为铁路内各用户，如编组场、车站、检修工厂、通信设备、行车信号、桥梁、隧道等铁路设施供电的。所以对变配电所的要求是技术先进、结构合理、管理方便、供电可靠、安全适用。变配电所一般由下列设备组成：调压器、所用变压器、配电装置、继电保护装置、自动及信号显示装置、整流设备及直流系统、测量装置及其附属设备等。

22. 电力系统

电力系统是一个由发电、输电、变配电和用户四个部分组成的完整的工作系统，如图 1-19 所示。电力系统的结构比较复杂，一般由一个大区域内的许多发电厂通过高压输电线互联组成，在接近电力负荷的中心区，设置区域变电所，负责一个区域的供电任务。

从大的范围来看，铁路电力系统工作于公共电网的末端，属于电力系统发电、输电、供电三个环节中的供配电环节，但其对供电可靠性的要求却非常高。以沿线车站信号设备为例，铁路部门为保证列车的行车安全，要求铁路信号设备必须安全、可靠地工作。为了保证铁路沿线信号设备不掉电，铁路电力系统的变配电厂一般采用双电源供电方式，沿线每一个供电区间双端供电，供电区间之间一般采用专门为自动闭塞信号机供电的 10 kV 自闭电力线路(简称自闭线)和 10 kV 贯通电力线路(简称贯通线)双路供电至低压双电源切换装置，两路电源互为备用，失压自动切换。

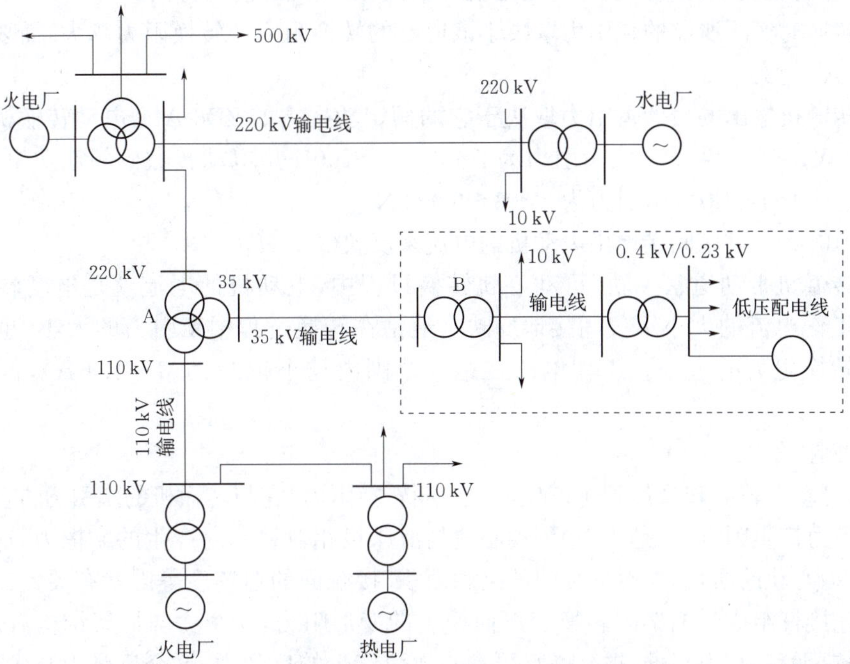

图 1-19　电力系统示意图

需要说明的是，随着铁路沿线一级负荷的日益增多，传统的自闭线功能正逐渐扩充为专门为一级负荷供电的 10 kV 电力线路，称为一级负荷电力贯通线路，传统意义的 10 kV 电力贯通线路因为要给沿线各类负荷供电，为了区别称为综合贯通线，两条线路配合实现铁路沿线供电任务。为了描述方便，本书统称自闭线路、贯通线路。

第二节　结合部关键设备及基本原理

一、道　岔

道岔是列车从一条线路转到另一条线路的轨道连接设备，它是铁路线路中最关键的特殊设备，也是铁路信号的主要控制对象之一。道岔转辙设备用来完成牵引道岔转换、对道岔实行机械锁闭、监督道岔位置，是保证列车及调车车列在车站范围内运行安全的重要基础设备。

(一)道岔转换受力分析

道岔尖轨、可动心轨在转辙机的带动下，由一个位置向另一个位置转换，直至与基本轨、翼轨密贴。尖轨、可动心轨在转换过程中会受到三个力的作用：一是牵引力，即转辙机的推(拉)力；二是尖轨、可动心轨的转换阻力；三是尖轨、可动心轨的密贴力。分析这三个力的产生、变化和相互关系是工电联合整治道岔的理论基础。

1. 牵引力

道岔尖轨、可动心轨受到的牵引力是转辙机将电能转变为机械能或将液压能转变为机械能而产生的。

牵引力是一个主动力，力的运动方向与尖轨、可动心轨位移的方向相同。牵引力克服尖轨、可动心轨的转换阻力，使尖轨、可动心轨产生位移，实现道岔的转换。

道岔转换时实际所需的牵引力取决于该道岔的转换阻力。转换阻力越大，需要转辙机输出的牵引力也越大。

电动转辙机输出的最大牵引力取决于它的额定功率。如 ZD6-A 型电动转辙机的额定功率为 2 450 W，它能产生的最大牵引力为 2 450 N。S700K 型电动转辙机额定功率为 3 000～6 000 W，它能产生的最大牵引力为 3 000～6 000 N。

牵引力的大小可以间接地由电动机的电流来反映（$P=U\times I$）。

电动转辙机带动道岔尖轨、可动心轨转换过程中，电动机的电流就是电动转辙机的工作电流。工作电流的大小不仅间接地反映了道岔在转换过程中牵引力的大小，也间接地反映了道岔转换阻力的大小。工作电流在标准范围内越小越好（0.8～1.4 A），但不得小于 0.8 A。

2. 转换阻力

尖轨、可动心轨在转换过程中产生的阻力叫转换阻力，它与转辙机的牵引力方向相反。

转换阻力产生因素：一是尖轨、可动心轨与滑床板相对移动时产生的摩擦力，这个摩擦力与尖轨、可动心轨的质量，与滑床板间的接触面积、接触面的粗糙度等因素有关；二是尖轨、可动心轨与连接杆组成的框架因转换变形而产生的变形阻力，这个力与框架结构有关；三是尖轨、可动心轨平移时，由于推（拉）尖轨、可动心轨而产生的反弹力，这个反弹力与尖轨、可动心轨的长度，跟端联结方式，与滑床板的接触状态等因素有关；四是锁闭前由于尖轨、可动心轨的抗劲产生的反弹力；五是特殊的卡阻力，如尖轨与基本轨、可动心轨与翼轨的肥边，尖轨与基本轨、可动心轨与翼轨间有或上、或下的卡阻现象等；六是尖轨与基本轨、可动心轨与翼轨密贴时，如顶铁过长使基本轨、翼轨产生的横向阻力。

这些阻力的产生及阻力的大小与道岔的状态有极大的关系。道岔尖轨、可动心轨在移动过程中，前三种阻力同时产生；如果道岔无肥边、无卡阻现象，就没有特殊卡阻力产生；尖轨与基本轨密贴时产生横向阻力，如果尖轨、可动心轨有抗劲，就会有反弹力产生。

从道岔转换阻力的产生可看出，道岔转换阻力的大小取决于道岔的结构、施工工艺、维修质量等诸多因素，它对道岔的正常转换影响很大。所以尽可能地减小道岔转换阻力是工电联合整治的主要目的。

3. 密贴力

当转辙机输出的牵引力克服了各种阻力，使尖轨密贴于基本轨、可动心轨密贴于翼轨后，保持这种密贴状态需要再增加的力为密贴力。

当道岔转换到位处于锁闭状态时，尖轨对基本轨、可动心轨对翼轨必须有一定的密贴力，以确保列车通过尖轨、可动心轨时，尖轨能可靠地密贴基本轨，可动心轨能可靠地密贴于翼轨。

若尖轨、可动心轨有由于抗劲产生反弹力，则尖轨、可动心轨的密贴力将增大。设尖轨、可动心轨无反弹力时的密贴力为 F_A，尖轨、可动心轨有反弹力时的密贴力为 $F_{A反}$，尖轨、可动心轨的反弹力为 F_X，则尖轨、可动心轨有反弹力时的密贴力为

$$F_{A反}=F_A+F_X$$

所以，尖轨、可动心轨密贴力的大小与尖轨、可动心轨抗劲的反弹力、特殊卡阻力等有关。调整密贴调整杆的螺栓，可调整密贴力的大小。

尖轨、可动心轨密贴力的大小也可间接地用电流大小来反映，这时的电流就是锁闭电流，

也叫密贴电流。

密贴力太大，有可能使 4 mm 锁闭，或者使道岔不能启动，或电动转辙机空转等，使转换设备发生故障。所以合理调整密贴力，也是工电联合整治道岔的一个重要内容。

（二）普通单开道岔构造

最常见的是普通单开道岔。普通单开道岔的组成包括转辙器、辙叉及护轨、连接部分，如图 1-20 所示。

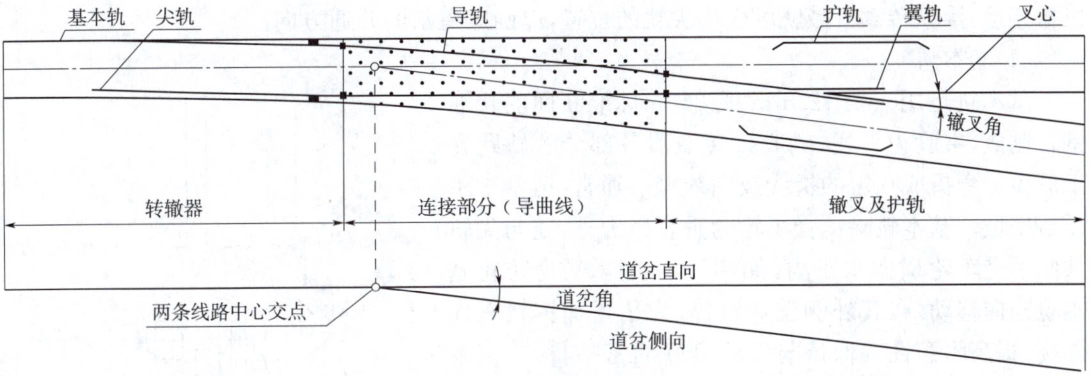

图 1-20　普通单开道岔构成

道岔的几个主要参数如图 1-21 所示。

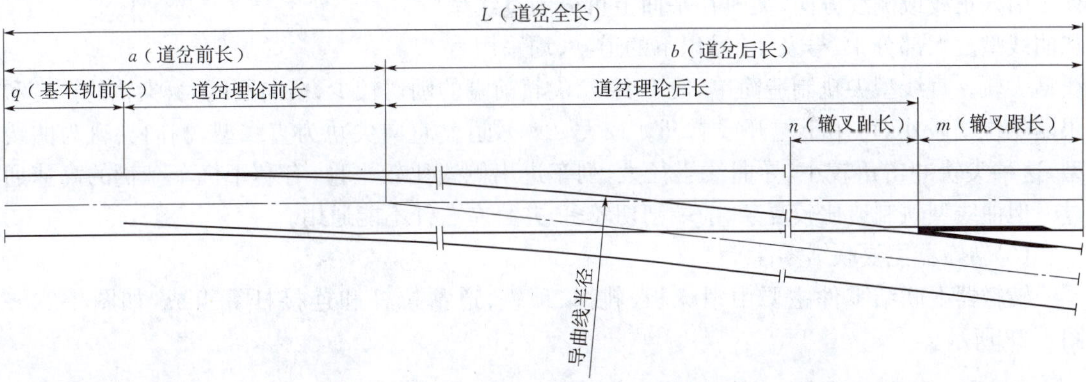

图 1-21　道岔主要参数

道岔主线：单开道岔和三开道岔中的直线轨道，其他道岔中主要方向的轨道。

道岔侧线：道岔中从主线分出来的轨道。

道岔中心：辙叉跟端侧股中心线（中心线为曲线时，为切线）与道岔始端轨道中心线的交点。

道岔始端：尖轨尖端前的基本轨端轨缝中心。

道岔终端：离道岔始端最远的辙叉跟端轨缝中心。

道岔基线：单开道岔指道岔主线中心线，对称道岔指对称轴线，其他道岔中指作为基准的直线。

道岔全长：道岔始端至道岔终端在道岔基线上的投影线。

道岔理论长度：尖轨理论尖端至辙叉心轨理论尖端在道岔基线的投影长度。

道岔前部理论长度：尖轨理论尖端至道岔中心在道岔基线上的投影长度。

道岔后部理论长度：道岔中心至辙叉心轨理论尖端在道岔基线上的投影长度。

道岔前长：道岔始端至道岔中心在道岔基线上的投影长度。

道岔后长：道岔中心至道岔终端在道岔基线上的投影长度。

基本轨前长：尖轨尖端前的基本轨在道岔基线上的投影长度。

1. 转辙器

由两根尖轨、两根基本轨及转辙机械组成。尖轨是转辙器的主要部件，通过连接杆与转辙机械相连，操纵转辙机械就可变换尖轨的位置，以确定道岔的开通方向。

(1)基本轨

基本轨是用一根 12.5 m 或 25 m 标准断面的普通钢轨制成，主股为直线，侧股按转辙器各部分的轨距在工厂事先弯折成规定的折线或曲线型。通常，道岔中不设轨底坡。基本轨除承受车轮的垂直压力外，还与尖轨共同承受车轮横向水平力，如图 1-22 所示。为防止基本轨横向移动，在其外侧设置轨撑，为了增加钢轨表面硬度，提高耐磨性并保持与尖轨良好的密贴状态，基本轨头顶面进行淬火处理。

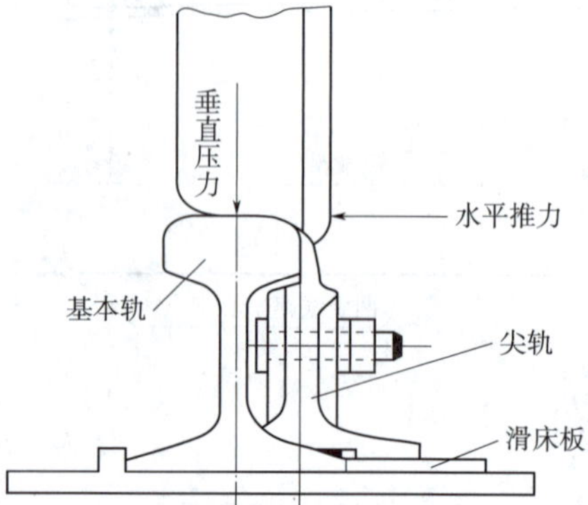

图 1-22　基本轨与尖轨共同承受横向水平力

(2)尖轨

尖轨是转辙器中的重要部件，依靠尖轨的扳动，将列车引入正线或侧线方向，尖轨在平面上可分为直线型和曲线型。大部分 12 号及 12 号以下的道岔，均采用直线型尖轨。直线型尖轨制造简单，便于更换，尖轨前端的刨切较少，横向刚度大，尖轨的摆度和跟端轮缘槽较小，可用于左开或右开。12 号、18 号道岔直向尖轨为直线型，侧向尖轨为曲线型，这种尖轨冲击角较小，导曲线半径大，列车进出侧线比较平稳，有利于机车车辆的高速通过。但曲线型轨制造比较复杂，前端刨切较多，并且左右开不能通用。

(3)转辙器主要联结零件

转辙器上联结零件主要由滑床板、轨撑、顶铁、道岔拉杆和连接杆等组成，如图 1-23～图 1-28 所示。

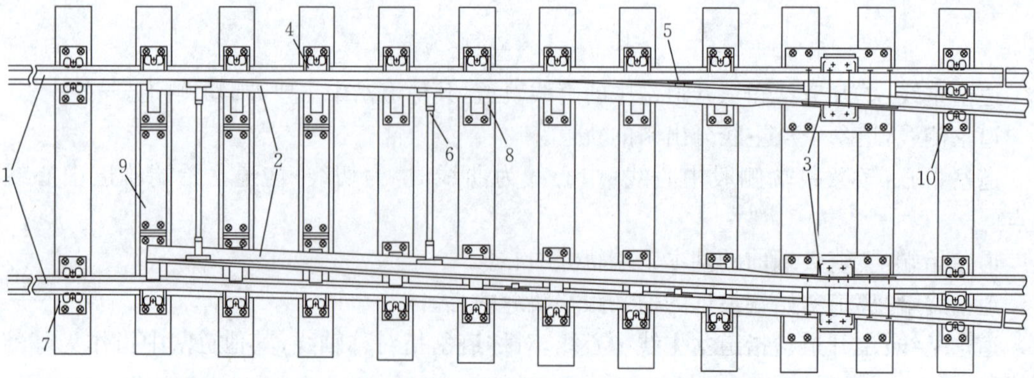

1—基本轨；2—尖轨；3—跟部结构；4—轨撑；5—顶铁；6—连接杆；7—辙前垫板；8—滑床板；9—通长垫板；10—辙后垫板。

图 1-23　转辙器构造

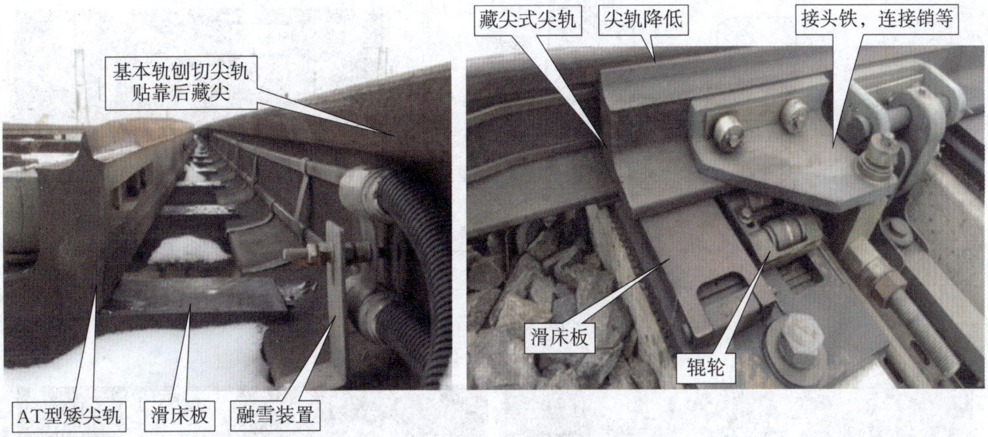

图 1-24　尖轨及融雪装置

图 1-25　转辙器部分构造(1)

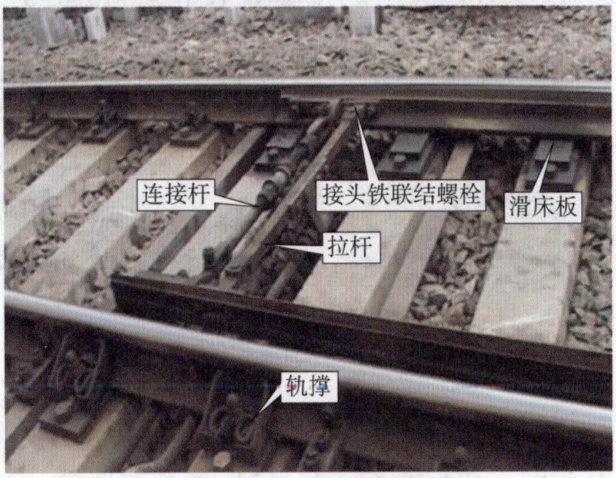

图 1-26　转辙器部分构造(2)

①滑床板

在整个尖轨长度范围内的岔枕面上，有承托尖轨和基本轨的滑床板。滑床板有分开式和不分开式两类，不分开式用道钉将轨撑、滑床板直接与岔枕联结；分开式是轨撑由垂直螺栓先与滑床板联结，再用道钉或螺纹道钉将垫板与岔枕联结。尖轨放置于滑床板上，与滑床板间无扣件联结。为减小振动阻力有带辊轮滑床台，如图 1-29 所示。

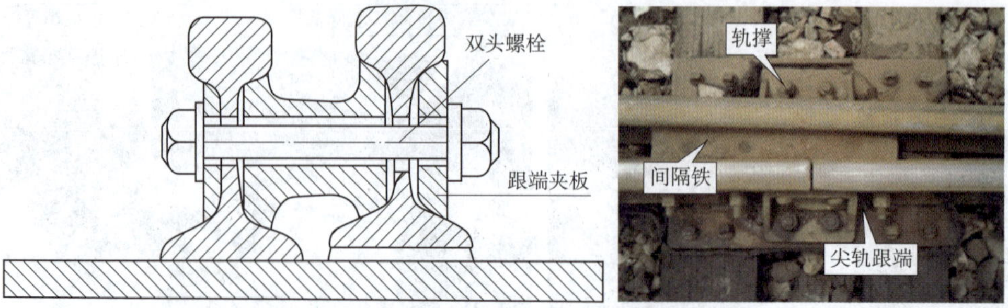

图 1-27　间隔铁式尖轨跟端结构(1)

图 1-28　间隔铁式尖轨跟端结构(2)

图 1-29　滑床台(弹性拉条)及辊轮

②轨撑

用以防止基本轨倾覆、扭转和纵横向移动的轨撑，安装在基本轨的外侧，如图 1-30 所示。它用螺栓与基本轨相连，并用两个螺栓与滑床板联结，轨撑有双墙式和单墙式之分。提速道岔中由于扣件扣压力足够大，未设轨撑。

③顶铁

尖轨刨切部位紧贴基本轨，而在其他部位则依靠安装在钢轨外侧腹部的顶铁，将尖轨承受的横向水平力传递给基本轨，以防止尖轨受力时弯曲，并保持尖轨与基本轨的正确位置。同时还有防跳顶铁、心轨防跳铁、尖轨防跳限位装置，顶铁、防跳铁和限位器如图 1-31 和图 1-32 所示。

图 1-30　轨撑

图 1-31　顶铁、防跳铁

④道岔拉杆和连接杆

道岔拉杆连接两根尖轨，并与转辙设备相连，以实现尖轨的摆动，故又叫转辙杆。连接杆为连接两根尖轨的杆件，其作用是加强尖轨间的联系，提高尖轨的稳定性，拉杆和连接杆如图 1-33 所示。

图 1-32 限位器

图 1-33 拉杆和连接杆

⑤转辙机械

最常用的道岔转换设备的种类有机械式和电动式。若按操纵方式分类，则有集中式和非集中式两类。机械式转换设备可以为集中式或非集中式，电动式转换设备则为集中式。道岔转换设备必须具备转换（改变道岔开向）、锁闭（锁闭道岔，在转辙杆中心处尖轨与基本轨之间不允许有 4 mm 以上的间隙）和显示（显示道岔的正位或反位）三种功能。

⑥外锁闭装置

虽然转辙机内部也有锁闭装置，但主要依靠转辙机外的外锁闭装置锁闭道岔，将密贴尖轨直接锁于基本轨，斥离尖轨锁于固定，是直接锁闭的方式。用于提速道岔的 S700 型电动转辙机和 ZYJ7 型电动转辙机均采用外锁闭方式，如图 1-34 所示。

图 1-34 外锁闭装置

⑦密贴检查器

用于检查尖轨和心轨的密贴状态，也用于道岔挤岔时切断表示。现在主要用于通过列车速度在 200 km/h 以上的道岔两牵引点间检查 5 mm，如图 1-35 所示。

2. 连接部分

连接部分是转辙器和辙叉之间的连接线路，包括直股连接线和曲股连接线（亦称为导曲线）。直股连接线与区间线路构造基本相同。导曲线的平面形式可以是圆曲线、缓和曲线及其组合，列车侧向过岔速度主要受其控制。我国铁路道岔导曲线多为圆曲线。

图 1-35　密贴检查器

3. 辙叉及护轨

(1)辙叉类型

辙叉是使车轮由一股钢轨越过另一股钢轨的设备。辙叉由叉心、翼轨和联结零件组成，按构造类型分为固定辙叉和活动辙叉两类。

固定辙叉从两翼轨最窄处到辙叉心实际尖端之间，存在一个轨线中断的空隙，称为有害空间。由于有害空间的存在，当机车车辆通过辙叉有害空间时，轮缘有可能走错辙叉槽而引起脱轨，故需设置护轨，如图 1-36 所示，以强制引导车轮的运行方向，保证车轮安全过岔。

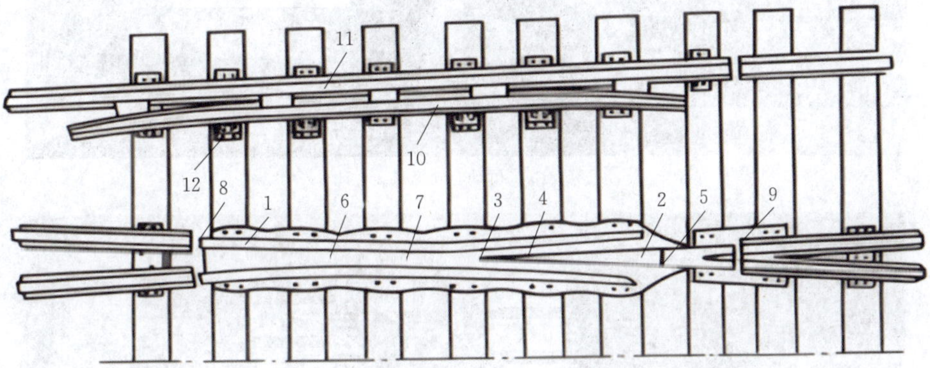

1—翼轨；2—心轨；3—理论尖端；4—实际尖端；5—辙叉角；6—咽喉；7—有害空间；8—辙叉趾端；9—辙叉跟端；10—护轨；11—主轨；12—护轨垫板。

(a) 固定辙叉构造

(b) 固定辙叉实物

图 1-36　固定辙叉

固定辙叉的有害空间是限制列车过岔速度的一个重要因素。活动辙叉消除有害空间，减轻车轮对翼轨和心轨的冲击，适应列车高速运行。活动辙叉又称可动心轨辙叉，如图 1-37 所示，当尖轨开通某一方向时，活动心轨的辙叉心就与开通方向一致的翼轨密贴，与另一翼轨分开，从而消除有害空间。

（a）可动心轨辙叉 1

（b）可动心轨辙叉 2

图 1-37　可动心轨辙叉

(2)道岔号数

辙叉心两侧作用边之间的夹角称为辙叉角 α,其交点称为辙叉理论中心(理论尖端)。由于制造工艺原因,实际上辙叉尖端有 6～10 mm 宽度,称辙叉实际尖端。直线辙叉如图 1-38 所示,曲线辙叉如图 1-39 所示。

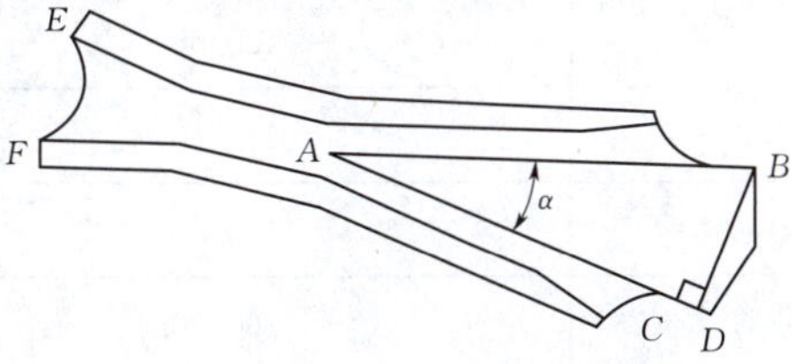

图 1-38　直线辙叉

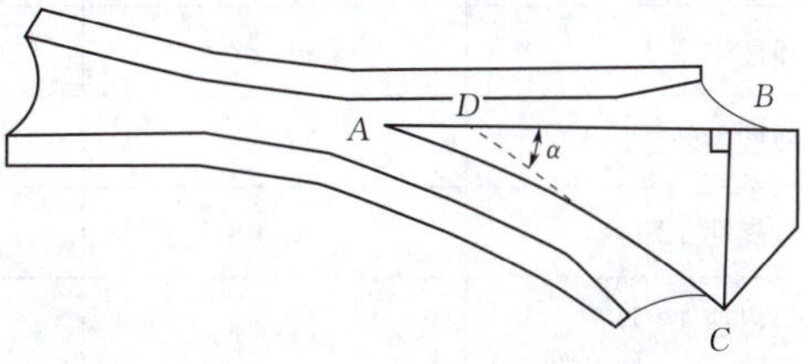

图 1-39　曲线辙叉

①直线辙叉如图 1-38 所示。辙叉角 α 愈小,道岔号数 N 愈大,两者之间的关系为

$$N=\cot\alpha=\frac{AC}{BC}$$

式中　N——辙叉号数(道岔号数);

α——辙叉角;

BC——叉心工作边任一点 B 至另一工作边的垂直距离;

AC——由叉心理论尖端至垂足 C 的距离。

②曲线辙叉如图 1-39 所示。

$$N=\cot\alpha=\frac{BD}{BC}$$

式中　D——曲边跟端 C 点的切线与直边工作边的交点;

BC——跟端 C 至直边工作边的垂直距离;

BD——由垂足 B 点至交点 D 的距离。

$$\alpha=\arctan\frac{1}{N}$$

道岔号数 N 以辙叉角 α 的余切值表示。道岔号数 N 与辙叉角 α 的关系见表 1-1。

表 1-1　道岔号数与辙叉角的关系

道岔号数	6	7	9	12	18	24
辙叉角	9°27′44″	8°07′48″	6°20′25″	4°45′49″	3°10′47″	2°23′09″

道岔号数在现场可用以下方法测定:先在心轨顶面找出 100 mm 和 200 mm 两处顶宽位置,然后量出这两处间的垂直距离(mm),用其除以 100,所得数即为道岔号数。

中国铁路主要采用的道岔号数为 6 号、7 号、9 号、12 号、18 号和 30 号等,其中 12 号为普速铁路主型道岔,18 号为客专线路主型道岔。道岔号数 N 越大,α 角越小,导曲线半径也越大,允许列车侧向通过道岔的速度越高,道岔号数的选用应符合有关设计规范的规定。

普速铁路常用 9 号、12 号、18 号三个型号的道岔,其尖轨长度及通过速度见表 1-2。

表 1-2　各种道岔尖轨长度及通过速度

道岔类型 (60 kg/m 钢轨)	尖轨长度/m	辙叉类型	通过速度(直向/侧向)/(km/h)
过渡型 12 号	7.7	固定	110/50
弹性尖轨 12 号	11.27	固定	120/50
弹性尖轨 12 号	11.27	可动	140/50
提速 12 号	13.88	固定	140/50
提速 12 号	13.88	可动	160/50
提速 18 号	15.68	可动	160/75
专线 18 号	22.01	可动	250/80
提速 30 号	27.98	可动	160/140

(3)护轨

护轨设于固定撤叉的两侧,用于引导车轮轮缘,使之进入适当的轮缘槽,防止与叉心碰撞,如图 1-40 所示。目前我国道岔的护轨类型主要有间隔铁型、H 型和槽型三种,如图 1-41 所示。护轨的防护范围应包括辙叉咽喉至叉心顶宽 50 mm 的一段长度,并要求有适当的余量。辙叉护轨由中间平直段 $l_{平}$、两端缓冲段 b 和开口段 a 组成。护轨平直段是实际起着防护作用的部分,缓冲段及开口段起着将车轮平顺地引入护轨平直段的作用。缓冲段的冲击角应与列车允许通过速度相配合。

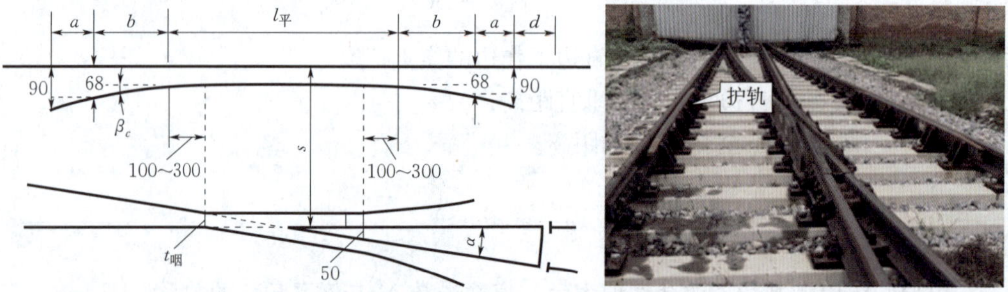

(a)护轨构造　　(b)护轨实物

图 1-40　护轨(单位:mm)

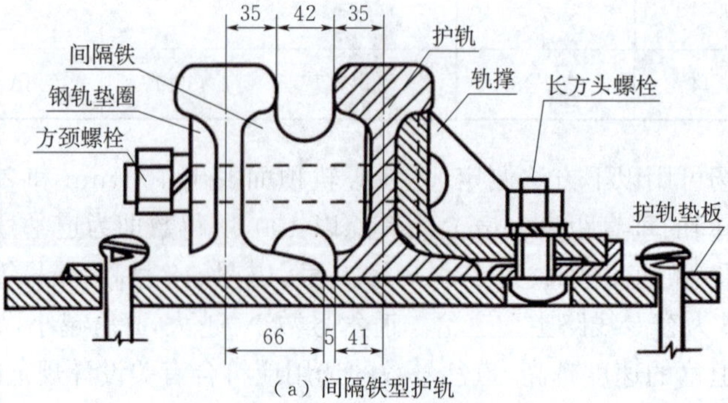

(a)间隔铁型护轨

图 1-41　护轨类型(单位:mm)

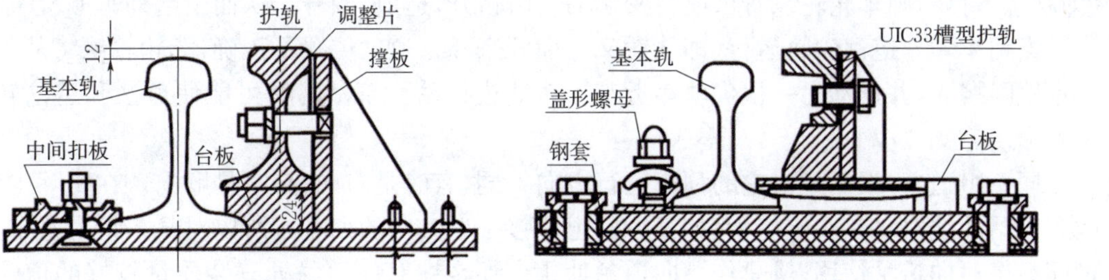

（b）H型护轨　　（c）槽型护轨

图 1-41　护轨类型（单位：mm）（续）

（三）道岔定位与动作

1. 道岔的位置和状态

道岔除使用、清扫、检查或修理时经常向某一线路开通的位置叫做定位，向另一线路开通的位置叫做反位，如图 1-42 所示，如果开通直向为定位，则图示开通侧向为反位。一般来说，与正线有关的道岔开通正线为定位状态，安全线、避难线道岔的定位位置为向安全线、避难线开通位置。

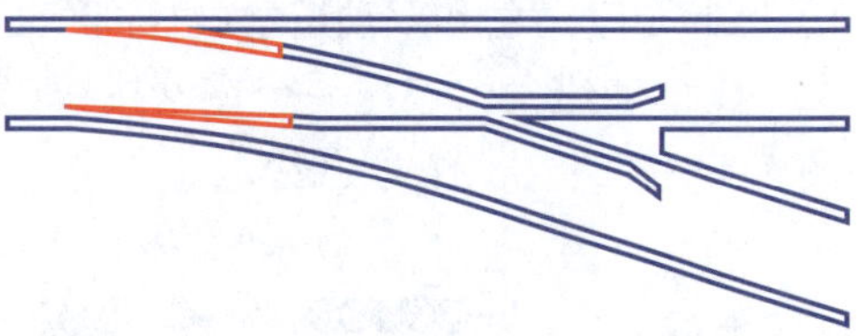

图 1-42　道岔的位置

尖轨与基本轨密贴的程度如何，对行车安全影响很大，比如列车迎着尖轨运行时，如果尖轨密贴程度差，即间隙超过一定限度（大于 4 mm）则车的轮缘有可能撞着或从间隙中挤进尖轨尖端而造成颠覆或脱轨的严重行车事故。因此，对尖轨与基本轨的密贴程度有严格的标准，道岔也可按尖轨与基本轨的密贴程度分“密贴”状态和“四开”状态。

依据相关规定，装有转换锁闭器、电动转辙机、电空转辙机的道岔，当在转辙杆处的尖轨与基本轨之间插入厚 4 mm、宽 20 mm 的铁板时，应不能锁闭和开放信号；如列车运行速度小于 160 km/h 线路上的道岔，尖轨斥离与基本轨间隙大于 10 mm 时，应切断道岔表示；列车运行速度大于 160 km/h 线路上的道岔，尖轨斥离与基本轨间隙大于 5 mm 时，应切断道岔表示。

当高速列车通过道岔时，虽道岔尖轨与基本密贴良好，但由于列车振动仍有使道岔改变状态的可能性，为了防止此种现象的发生，在上述几种道岔转换设备中，都附有锁闭装置，以便把道岔锁在密贴良好的规定状态。

2. 对向道岔和顺向道岔

道岔本身并无顺向和对向之分，只是根据列车运行方向而言的。列车迎着道岔尖轨运行时，该道岔就叫对向道岔。反之，列车顺着辙叉向道岔尖轨运行时，就叫顺向道岔，如图 1-43 所示。

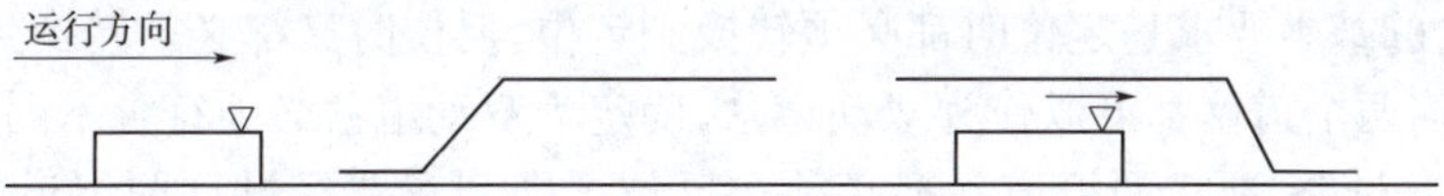

（a）对向道岔　　（b）顺向道岔

图 1-43　对向道岔和顺向道岔

对向道岔和顺向道岔的不安全因素不一样，导致事故的后果也不同。

当列车迎着道岔尖轨运行时，如果道岔位置扳错，则列车就被接向另一条线路上。如果这条线路已停有车辆，就会造成列车冲撞。另外，即使道岔位置正确，但其尖轨与基本轨不密贴

(即状态不良),则车轮轮缘有可能将密贴的尖轨挤开,造成"四开",从而引起列车颠覆事故。

当列车顺着道岔尖轨运行(即从辙叉方面开来)时,道岔位置不正确,车轮轮缘将从尖轨与基本轨间挤入,并推动另一根尖轨靠近基本轨造成挤岔。挤岔时有可能使道岔和道岔转换器遭到损伤。

同一组道岔,根据经由它的列车运行方向不同,有时是对向,有时是顺向。在实际工作中,因为车站的线路多是固定使用(如某一股道只接一个方向的列车),所以对某一组道岔来说,它可能只作对向道岔使用,或只作顺向道岔使用。那么在对向道岔处安装质量较好的道岔转换器和道岔锁闭器。在正常维修工作中,要加强对向道岔的维护。

为保证行车安全,凡是列车经过的道岔,不论对向还是顺向,都要和信号机实现联锁。在电动道岔转换器和锁闭器的结构上也要使之能够反映出道岔不密贴和挤岔等危险情况,一旦道岔不密贴或被挤时,就不能使信号机开放。

3. 道岔动作

(1)单动道岔和双动道岔(也称联动道岔)

①单动道岔。按压一个道岔按钮,如仅能使一组道岔转换,则称该道岔为单动道岔,如图 1-44 中 21 号、27 号道岔。

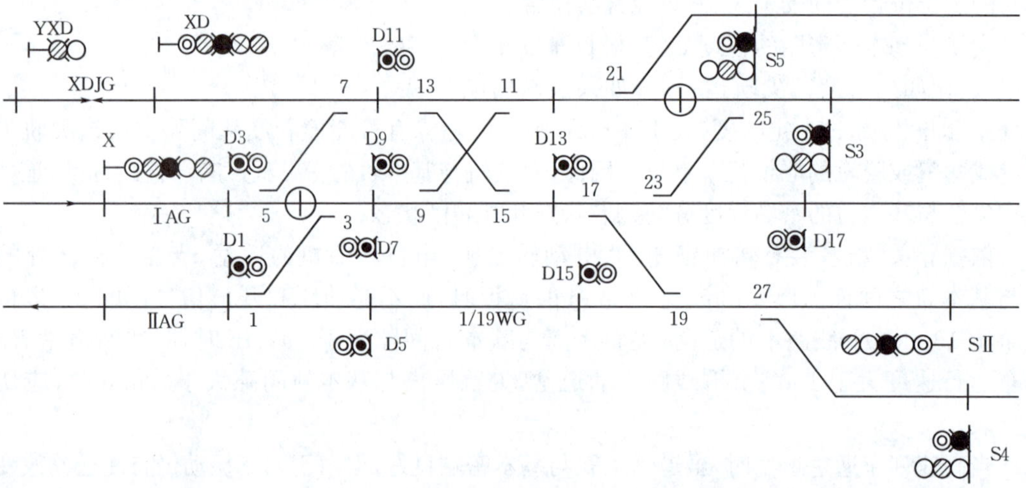

图 1-44　单动道岔、双动道岔

②双动道岔。按压一个道岔按钮能使两组道岔同时或顺序转换,则称为双动道岔。双动道岔有时也称为联动道岔,故它有三动和四动的情况。为了简化操作手续和联锁关系,凡是能双动的道岔必须使之"双动",即意味着两组道岔可作为一个控制对象来处理。使用"双动"不但简化手续,而且设备也简单了。图 1-44 中 1/3、5/7、9/11、13/15、17/19、23/25 均为双动道岔,对双动道岔的基本要求是定位时都必须转换到定位,反位时又都必须转换到反位。

但并非任何两个道岔都可以作为双动道岔,确定为双动道岔必须符合下列条件:

a. 开通一条进路,要求两组道岔都必须在反位。即列车要经过这两组道岔的反位位置,如图 1-44 中的 D3 到 D11 的进路,经过 5/7 道岔反位。

b. 开通一条进路,要求两组道岔中的任何一组在定位,而另一组也在定位时,并且不影响平行进路,如图 1-44 中 D9 到 D13 的进路,经过 9/11、13/15 道岔的定位。

双动道岔一般应用在渡线上,根据车站线路和道岔配列的情况除有单渡线外,还有双渡线,又叫交叉渡线或八字渡线,如图 1-44 中 9/11、13/15 道岔。双动道岔如图 1-45 所示。

(2)防护道岔和带动道岔

道岔按所起到的作用分为防护道岔和带动道岔。

①防护道岔。为防止侧面冲突,有时需要将不在所排进路上的道岔处于防护的位置,并予以锁闭。对于防护道岔必须进行联锁条件的检查,防护道岔不在防护的位置,进路就不能建立。例如 D11 到 D13 的进路,经过 13/15 道岔反位,此时必须将交叉渡线中的另一组 9/11 道岔防护至定位。

图 1-45　双动道岔

②带动道岔。为了满足平行作业的需要,排列进路时将某些不在进路上的道岔带动至规定的位置,并对其进行锁闭。例如由ⅡAG 至 D7 调车时,经过 17/19 道岔反位,此时可将 23/25 道岔带动到定位。

对于带动道岔则无须进行联锁检查,能带动到规定的位置就带动,不能带动到规定的位置(若还被锁闭),其不影响进路的建立,它不涉及安全,只是影响效率。

二、绝缘接头

(一)普通绝缘接头

普通绝缘接头包括槽型绝缘、轨端绝缘、绝缘管和绝缘垫圈等,如图 1-46 所示。

1. 技术要求

(1)钢轨绝缘应做到钢轨、槽型绝缘、接头夹板相吻合,轨端绝缘安装应与钢轨接头保持平直。

(2)装有钢轨绝缘处的轨缝应保持在 6～10 mm 范围内,两钢轨头部应在同一平面,高低相差不大于 2 mm;在钢轨绝缘处的轨枕应保持牢固,道床捣固良好。

(3)绝缘管和绝缘垫圈不得遗漏。

(4)绝缘垫圈和铁垫圈的位置不应装反。

(5)绝缘夹板相邻两螺栓应对向安装,紧固螺母时须使用扭矩扳手按规定扭矩紧固,无松动。

图 1-46　分体式绝缘接头

(6)当采用胶接式钢轨绝缘时,应保证绝缘体与钢轨的连接牢固、无松动,测试电气绝缘性能良好。

2. 注意事项

(1)更换钢轨绝缘由电务部门要点,工务部门更换,电务部门要确定好影响范围,工务部门要准备更换用具。

(2)新安装的钢轨绝缘必须进行轨端肥边处理,并对安装槽型绝缘处进行清扫,确保清洁无污物。

(3)更换完钢轨绝缘后必须测试合格才能销记开通。

3. 整治要求

(1)工务作业

①绝缘接头处钢轨必须使用工厂生产的标准钢轨,如需截断时,应将原始端放在绝缘接头处。

②两钢轨头部应保持水平，高低相差不大于 1 mm。

③接头处轨面应平顺，无低塌接头。

④接头钢轨两端面不得有肥边，以免钢轨两端面顶“死”，造成轨端绝缘失效。

⑤及时调整轨缝，且采取防爬措施，使轨缝保持在 6～10 mm 范围内，以避免轨缝太小，挤坏轨端绝缘，轨缝太大，拉弯紧固螺栓，挤碎绝缘管。

⑥接头处轨枕无失效，扣件应保持齐全，作用良好。

⑦接头处道床石砟应保持饱满、均匀，排水良好，无翻浆冒泥。

⑧夹板螺栓孔周围无毛刺及凹凸不平等缺陷。

⑨与槽型绝缘接触的夹板平面应平整光洁，无凸筋。

⑩接头处的夹板紧固螺栓无弯曲现象，应保持紧固，不得松动。

⑪混凝土枕地段，轨端绝缘两侧的扣板不得“上炕”，扣板螺栓不得松动。

⑫绝缘接头处的道钉应反钉在钢轨底，以防止道钉头部接触接头夹板。

⑬对于高强绝缘接头的整治还应强调下列两点：一是紧固螺栓、螺母和铁垫圈必须符合高强度的标准。二是紧固螺栓必须使用增力扳手，并经常保持紧固状态。

(2)电务作业

①采用符合标准的绝缘材料，特别是高强绝缘材料。

②更换有损伤的绝缘件。

③绝缘安装应符合技术要求。

(二)胶接绝缘接头

为保证铁路线路安全畅通，应加强胶接绝缘接头的安装和养护维修，及时整治胶接绝缘接头不良状态，延长胶接绝缘接头的使用寿命。胶接绝缘接头如图 1-47 所示。

图 1-47　胶接绝缘接头

1. 安装要求

(1)用于钢轨胶接接头的各种材料，包括夹板、螺栓、槽型钢板、绝缘材料、胶粘剂等材料，必须是具有资质企业提供的、经检验合格的产品。

(2)厂制胶接绝缘接头，要在上线使用之前，按照《钢轨胶接绝缘接头》(TB/T 2975)标准对各部件的外观尺寸进行检查，并应将厂制胶接绝缘接头搁置在干燥的绝缘体上测量绝缘电阻，绝缘电阻应大于 1 000 Ω，合格后方可上线使用。

(3)施工前，施工单位应对接头前后 20 m 范围内的线路进行整修，达到线路维修作业验收标准。轨枕及扣件状态良好，轨枕位置及间距符合规定，接头及前后无空吊板，道床清洁饱满。

(4)安装现场胶接绝缘接头时，应按说明书要求操作。无缝线路地段，气温不应低于 0 ℃。普通线路，气温不宜低于 0 ℃。未在设计锁定轨温范围内安装时，应在适宜温度进行应力放散或调整。尽量避开降雨、风沙天气，特殊情况无法避免时应采取必要的保护措施(如使用大伞、挡风棚等)。

(5)左右两股钢轨绝缘接头应相对铺设，且绝缘接头轨缝绝缘端板距轨枕边不宜小于 100 mm。

(6)施工前应检查所需材料和工具。确保材料齐全，工具可正常使用，并确认胶粘剂在有效期内。对各部件的外观尺寸进行检查，确认符合要求。测试并记录绝缘端板、绝缘套管、绝缘夹板的电绝缘性能。高强度螺栓、大六角螺母、垫圈应按批号配套使用。

(7)绝缘接头采用的钢轨应状态良好，接头无伤损、低塌、鞍磨、掉块、肥边等缺陷。速度小于 200 km/h 的线路，每根钢轨长度不应短于 3.0 m。速度大于或等于 200 km/h 的线路，钢轨应符合《钢轨　第 1 部分：43 kg/m～75 kg/m 钢轨》(TB/T 2344.1)规定。

(8)轨端全断面及螺栓孔应倒棱，倒棱尺寸为 0.8～1.5 mm，倒角 45°，达到无毛刺，手感光滑。要求轨端偏斜量不大于 0.15 mm，螺栓孔位置及间距偏差不大于 0.5 mm。

(9)施工时应对距轨端两侧 600 mm 胶接范围内进行打磨除锈，打磨至钢轨完全露出金属光泽、平整无锈斑，光滑无毛刺、无油污、无水气。应当用镜子检查轨颚部位的打磨情况，防止疏漏。打磨后钢轨的黏接面和轨端处要清洁干净。

(10)胶接作业要求：

①检查胶接夹板、轨端、螺栓、胶粘剂和绝缘套管等材料是否齐全。

②检查夹板胶接面有无脏污，胶接作业过程中必须保持夹板黏接面清洁。

③检查钢轨黏接面及钢轨端部，确保无异物，清洁干净。

④将胶粘剂中的 A、B 两种组分胶混合后，快速搅拌均匀，一般搅拌时间 3～5 min。当气温较低，胶粘剂不易搅拌时，应对两种组分胶提前进行加热后再混合搅拌。加热可采用将胶粘剂放入盛有热水的容器内等方式。

⑤用调胶板将搅拌均匀的胶粘剂分别涂在绝缘夹板和钢轨轨腰、上下颚处，要求快速涂抹均匀无遗漏。

⑥安装夹板时，使用扭矩扳手将接头螺栓按照 2、5，3、4，1、6 顺序穿入，严禁用锤打入，避免绝缘套管破损，拧紧夹板螺栓，螺栓扭矩应达到规定扭矩，不低于 1 100 N · m。最后从中间向两端复紧夹板螺栓，直至螺栓保持规定的扭矩不衰减。拧紧螺栓应采用预置式扭矩扳手。

⑦从混合胶粘剂开始直至拧紧螺栓的时间一般小于 30 min，具体符合厂家产品相关要求。

⑧整修胶接完成的钢轨接头，清理多余的胶液。

⑨以上为指导性要求，具体安装流程及标准按照所使用胶接料厂家的使用说明。

⑩高强度绝缘接头螺栓应从钢轨两侧交叉配置，不得从一侧安装。

(11)安装完后进行质量检查。绝缘端板应与轨顶面持平，高出时应打磨平整。接头用 1 m 直尺测量轨顶面平直度不应低凹。

对于速度小于或等于 200 km/h 的线路，轨顶面平直度不应超过 0.3 mm，轨头侧面水平方向最大偏差不应超过±0.3 mm(现场胶接绝缘接头只检查轨头工作边)。轨顶面垂直方向、轨头侧面水平方向错牙不应超过 0.3 mm(现场胶接绝缘接头水平错牙只检查轨头工作边)。

对于速度大于 200 km/h 的线路，轨顶面垂直方向、轨头侧面水平方向错牙不应超过 0.2 mm。

(12)上道前胶接绝缘测试应符合钢轨绝缘测试方法规定值。

(13)安装轨枕扣件时,应注意扣件与夹板、轨枕立螺栓与接头螺栓不得接触,以防连电。

(14)拧紧绝缘接头两端各 50 m 范围内的轨枕扣件,提高扣件阻力,加强线路锁定。

(15)要对施工人员进行培训,并经常指导现场安装施工。

(16)线上现场胶接后,由电务部门对接头绝缘情况进行测试并签认,经测试合格方可开通线路。线下现场胶接绝缘轨上线前,由电务部门对绝缘情况进行测试并签认,经测试合格方可上线。

(17)安装的胶接绝缘接头应保存现场安装记录,可以将原件扫描后保存电子版。安装记录应包括基本信息、人员情况、作业后的平直度、绝缘接头的电绝缘性能等。

2. 技术管理

(1)铁路局集团公司负责钢轨胶接绝缘接头管理工作,负责制定钢轨胶接绝缘接头管理办法。监督检查各单位钢轨胶接接头的质量,督促、指导各项规章制度的贯彻实施。

(2)工务段应有专职人员负责技术管理和指导安装、养护工作,组织专业小组进行安装。段、车间应保存相应的胶接绝缘接头台账、日常测试胶接绝缘预警管理台账并及时更新,掌握状态,确保准确。

(3)工务段应根据胶接绝缘上线时间、现场状态等情况,每年有计划的安排老化、状态不良的接头下线。通行旅客列车的正线、到发线的胶接绝缘上线满 5 年或累计通过总重 5 亿吨时,且同时存在下列问题的,应纳入更换计划,按照轻重缓急,逐步更换。

①日常测试阻值达到预警管理值,同时存在胶层及端板老化破损,接头存在拉开或轨缝不达标。

②轨头下颚等易封联部位存在明显锈透迹象。

(4)工务与电务部门应加强联系,按照铁路局集团公司工电结合部设备管理相关办法,做好胶接绝缘接头日常管理工作。

(5)车间、工区应按照线路和道岔设备检查周期对胶接绝缘接头进行检查,注意检查平直度、轨缝变化及螺栓是否松动等。检查发现问题记录到相应的线路和道岔检查记录本或状态检查记录本。

(6)严禁线路上存在废弃绝缘接头。

3. 日常养护

(1)养护重点:

①日常应加强胶接绝缘接头保养工作,保持轨道几何尺寸良好,加强接头捣固,整治道床翻浆冒泥,保持道床排水良好,及时消灭接头处所轨枕暗坑、吊板等病害。做到道床清洁、饱满,道床顶面(以轨底处为准)低于轨枕顶面 20～30 mm。轨枕及扣件状态良好,轨道平顺,无低接头、空吊板。

②接头处轨枕应与两端线路轨枕类型相同,扣件应齐全、不得歪斜、扭矩应达标。并注意轨距挡板或弹条不得顶住夹板,立螺栓与接头螺栓不得接触,以防止发生连电。

③加强轨顶面不平顺整治,预防接头轨顶低塌病害,及时打磨轨端肥边,防止发生肥边连电。位于曲线(特别是小半径曲线)地段的胶接绝缘钢轨应采取措施减少侧面磨耗,对因侧面磨耗产生的轨头下颚肥边要尽早打磨,防止轨头下颚肥边与夹板接触而构成连电故障。轨端肥边不得大于 2 mm,整修时应避免损伤绝缘端板。

④在正常养护中,胶接绝缘接头螺栓不进行涂油或复紧,但应注意观察螺栓是否有松动情

况。当螺栓折断或松动时，应及时进行更换或复紧。

⑤绝缘接头两端各一根轨枕的联结配件宜逐步替换为符合标准的具有绝缘作用的配件，主要包括轨距块、轨距挡板、弹条等。

⑥应力放散作业时，应优化施工方案，尽量减少胶接绝缘接头的位移量，避免影响其绝缘性能。

⑦胶接绝缘接头位置起拨道作业时，严禁在绝缘接头中间的端板位置使用起、拨道器。

⑧加强绝缘接头两侧 10 m 范围内钢轨养护，确保无鱼鳞纹、掉块，钢轨状态良好。

(2)当绝缘接头出现影响信号故障时，工务检查的重点有：

①轨端肥边是否连电。

②轨底角是否挤破绝缘端板。

③轨头下颚是否有车轮辗压的肥边与夹板接触。

④轨枕扣件是否顶靠夹板或接头螺栓。

⑤必要时逐个抽出接头螺栓，检查绝缘套管是否破损而构成连电。

⑥检查绝缘是否被击穿。

⑦是否有异物。

⑧绝缘端板是否损坏。

4. 胶接绝缘钢轨不良状态处理方法

(1)发现个别螺栓折断或松动时，应及时更换或复紧，扭矩应达到规定要求。

(2)普速铁路接头夹板伤损达到下列标准，应及时更换：

①折断。

②中间两螺栓孔范围内裂纹：正线、到发线有裂纹；其他站线平直及异型夹板超过 5 mm，双头及鱼尾型夹板超过 15 mm。

③其他部位裂纹发展到螺栓孔。

④胶接绝缘夹板性能不良。

(3)位于曲线上的胶接绝缘接头处的钢轨侧面磨耗达到轻伤标准时，应及时进行更换，防止发生连电。

(4)绝缘胶层出现局部裂损，绝缘轨端上部局部缺损时，可用绝缘性达标的环氧类密封胶填充缝隙，密封裂损部位，以隔绝水、空气，延长使用寿命。

(5)在线测试的绝缘阻值下降且小于 20 Ω，应实行预警管理，填写预警管理台账。

(6)胶接绝缘接头出现拉开迹象时，要先拧紧接头螺栓和前后 50 m 轨枕扣件螺栓锁定线路，之后应增加绝缘性能检测次数，并做好更换准备工作。

三、转辙机

转辙机是道岔转辙系统的核心和主体，除转辙机本身外，还有转辙装置，包括各类杆件、安装装置及外锁闭道岔的外锁闭装置，它们共同完成对道岔的转换和锁闭。

(一)转辙机的作用

1. 转换道岔的位置，根据行车需求将道岔转换至定位或反位。

2. 道岔转换到所需要的位置而且密贴后，对道岔实现机械锁闭(外锁闭道岔除外)，防止外力转换道岔。

3. 正确地反映道岔的实际位置，道岔的尖轨密贴于基本轨后(可动心轨道岔的心轨和翼轨密贴),给出相应的表示。

4. 道岔被挤或因故处于“四开”(两侧尖轨均不密贴)位置时,及时切断表示并给出报警提示。

(二)转辙机的要求

1. 对转辙机的基本要求

(1)作为转换装置,应具有足够大的拉力,以带动尖轨作直线往返运动;当尖轨受阻不能运动到底时,应随时通过操纵使尖轨恢复原位。

(2)作为锁闭装置,当尖轨和基本轨不密贴时,不应进行锁闭;一旦锁闭,应保证不致因列车通过道岔时的振动而错误解锁。

(3)作为监督装置,应能正确地反映道岔的状态。

(4)道岔被挤后,在未修复前不应再使道岔接通表示。

2. 对转辙机的技术要求

(1)转辙机的安装应与道岔成方正,转辙机外壳纵侧面的两端与直基本轨或线路中心垂直距离的偏差不大于 10 mm(外锁闭道岔不大于 5 mm)。

(2)列车运行速度大于 120 km/h 的道岔应采用外锁闭装置。

(3)多点(含两点及以上)牵引道岔应采用多机牵引方式。

(4)发生挤岔时,转换设备(快速转辙机除外)应可靠切断道岔表示。

(5)列车运行速度大于 120 km/h 的线路,道岔应采用三相 380 V 电源电压的交流电动、电液转辙机牵引。其他线路可采用额定电压 160 V 直流电动、电液转辙机牵引。

(6)多机牵引道岔使用不同动程的转辙机,应满足道岔同步转换的要求。

(7)尖轨、心轨的第一牵引点转辙机,应采用动作杆和锁闭杆同时锁闭的方式。

(三)转辙机的分类

1. 按动作能源和传动方式分类,转辙机分为电动转辙机、电动液压转辙机和电空转辙机。

电动转辙机由电动机提供动力,采用机械传动的方式。多数转辙机都是电动转辙机,包括我国铁路大量使用的 ZD6 系列转辙机和 ZD(J)9 系列电动转辙机。

电动液压转辙机简称电液转辙机,由电动机提供动力,采用液力传动的方式。ZY(J)系列转辙机即为电液转辙机。

电空转辙机由压缩空气作为动力,由电磁换向阀控制。ZK 系列转辙机即为电空转辙机。

2. 按供电电源种类分类,转辙机分为直流转辙机和交流转辙机。

直流转辙机采用直流电动机,工作电源是直流电。ZD6 系列电动转辙机就是直流转辙机,采用直流 220 V 电源供电。ZY(J)系列电液转辙机也是直流转辙机,也采用直流 220 V 电源供电。电空转辙机则由直流 24 V 电源供电。直流电动机由于采用换向器和电刷,因此存在易损坏,电源利用率不高,故障率较高等缺点。

交流转辙机采用三相交流电源或单相交流电源,由三相异步电动机或单相异步电动机作为动力。由于牵引道岔需要较大的功率,目前大多采用三相异步电动机。在提速区段正线道岔使用的 ZDJ9 型电动转辙机和 ZYJ7 型电液转辙机均为三相交流转辙机。交流转辙机采用感应式交流电动机,没有换向器和电刷,因此故障率低,而且单芯电缆控制距离比较远。

3. 按动作速度分类,转辙机分为普通动作转辙机和快动转辙机

绝大多数转辙机转换道岔时间都在 3.8 s 以上,属于普通动作转辙机。ZD7 型电动转辙

机和 ZK 系列电空转辙机转换道岔时间在 0.8 s 以下，属于快动转辙机。快动转辙机主要用于驼峰调车场，以满足分路道岔快速转换的要求。

4. 按锁闭道岔方式分类，转辙机分为内锁闭转辙机和外锁闭转辙机。

内锁闭转辙机依靠转辙机内部的锁闭装置锁闭道岔尖轨，是间接锁闭的方式。ZD6 系列等大多数转辙机均采用内锁闭方式。内锁闭方式，锁闭力量较小，锁闭可靠程度较差，列车对转辙机冲击力较大时，容易造成锁闭失效，因此只用在列车运行速度较低的非提速区段车站或非正线道岔。

外锁闭转辙机虽然内部也有锁闭装置，但主要依靠转辙机外的外锁闭装置锁闭道岔，将密贴尖轨直接锁于基本轨，斥离尖轨锁于固定位置，是直接锁闭的方式。用于提速区段的 ZDJ9 型电动转辙机和 ZYJ7 型电液转辙机（包括 SH6 型转换锁闭器）均采用外锁闭方式。外锁闭方式锁闭可靠，列车对转辙机几乎无直接冲击，因此主要用在提速区段或正线牵引道岔。

5. 按是否可挤分类，转辙机分为可挤型转辙机和不可挤型转辙机。

可挤型转辙机内设有挤岔保护（挤切或挤脱）装置，道岔被挤时，动作杆解锁，保护了整机。不可挤型转辙机内不设挤岔保护装置，发生挤岔时，挤坏道岔动作杆与整机连接结构，应整机更换。

电动转辙机和电液转辙机都有可挤型和不可挤型。此外，各种转辙机还有转换力和动程的区别。

（四）转辙机控制电路

每组单动或双动道岔都有一套道岔控制电路。道岔控制电路包括道岔启动电路和道岔表示电路两部分。道岔启动电路是动作转辙机、转换道岔的电路；道岔表示电路是反映道岔位置的电路。

传统铁路上广泛采用的是四线制道岔直流转辙机控制电路。在提速区段和高速区段推广使用五线制交流转辙机控制电路。

1. 转辙机控制电路概述

（1）道岔启动电路的技术条件

基于保证列车运行安全的基本要求考虑，结合大量运营实践的不断修正和完善，最终确认道岔启动电路必须保证实现以下技术条件：

①道岔区段有车占用，或道岔区段轨道电路发生故障时，该区段内道岔不能转换。对道岔的此种锁闭称为区段锁闭。

②进路在锁闭状态时，进路上的道岔不能再转换。对道岔的此种锁闭称为进路锁闭。

③道岔一经启动，就应转换到底，不受车辆进入影响。否则，在车辆进入道岔区段时，若道岔停转，可能造成脱轨或挤岔事故。

④道岔启动电路接通后，由于电路故障（如自动开闭器接点、电动机碳刷接触不良）使道岔未转动，应能自动断开启动电路，以免由于邻线列车振动等原因使故障消除后造成道岔自行转换。

⑤道岔转换途中受阻（如尖轨与基本轨的轨缝夹有道砟等）使道岔不能转换到底时，应保证经车站值班员操纵能使道岔转回原位。

⑥道岔转换完毕应能自动切断启动电路。

2. 道岔启动电路的操纵方式

对道岔有两种操纵方式，一种是对道岔进行进路方式操纵，另一种是对道岔进行单独操纵。进路方式操纵是指选路过程中使进路内各个道岔的 DCJ 或 FCJ 励磁吸起并自闭，利用 DCJ 或 FCJ 吸起接通道岔启动电路。道岔单独操纵是指车站值班员人工直接操纵道岔到定位或反位。

为了实现对道岔的单独操纵，在控制台上方、下行咽喉区各设置一组道岔操纵按钮，包括道岔总定位按钮 ZDA 和道岔总反位按钮 ZFA。另外，对应每一组单动或双动道岔专门设置一个道岔按钮 CA，道岔按钮 CA 是一个三位式按钮，拉出时不自复。单独操纵道岔到定位（或反位）时，需同时按下总定位按钮 ZDA（或总反位按钮 ZFA）和道岔按钮 CA。其中，按压的 ZDA（或 ZFA）用于确定道岔向定位（或反位）转换，按下的 CA 用于确定需单独转换的具体道岔。例如，单独操纵双动道岔 1/3 到反位时，需同时按下总反位按钮 ZFA 和 1/3CA 按钮；如果要单独操纵双动道岔 1/3 到定位，只需同时按下总定位按钮 ZDA 和 1/3CA 按钮。

3. 道岔启动电路的基本原理

图 1-48 为办理由 X 至ⅠG 的接车进路时，从道岔转换到开放信号过程中电路的时序逻辑关系。X 至ⅠG 的下行接车进路选路结束后，进路中各个道岔的道岔操纵继电器 DCJ（或 FCJ）励磁吸起。在道岔转换阶段，对进路中需要转换的道岔，利用其 DCJ 吸起（或 FCJ 吸起）作为道岔启动条件，依次使道岔启动电路工作：第一道岔启动继电器 1DQJ 励磁→第二道岔启动继电器 2DQJ 转极→电机电路工作，电机电路工作后带动道岔转换。道岔转换到规定位置后，道岔启动电路停止工作，同时接通道岔表示电路，使反映该道岔位置的道岔表示继电器 DBJ 或 FBJ 励磁吸起，至此道岔转换阶段结束。

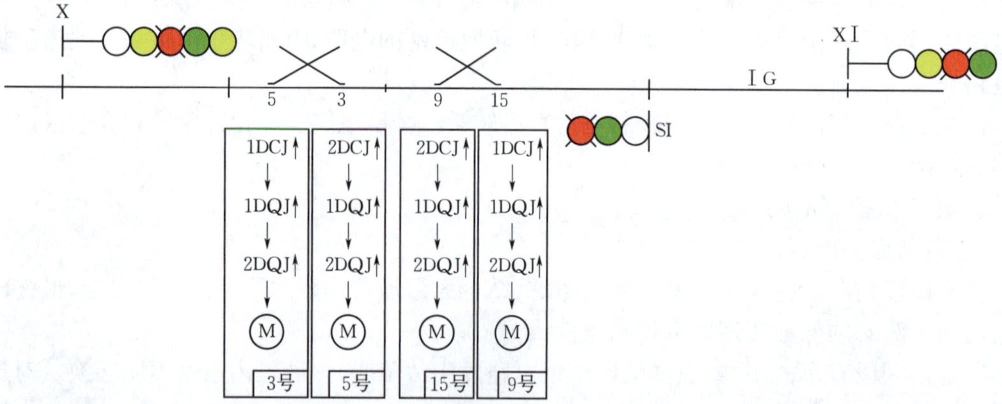

图 1-48　从道岔转换到开放信号电路的时序逻辑

4. 直流电动转辙机控制电路

（1）四线制单动道岔启动电路

单动道岔控制电路由室内电路和室外电路构成。室内和室外部分有 4 根连线，其中 X1 作为道岔定位时启动电路和表示电路的共用线，X2 作为道岔反位时启动电路和表示电路的共用线，而 X3 作为道岔表示电路的专用回线，X4 作为道岔启动电路的专用回线。室外部分包括电缆盒和转辙机内部电路。

四线制单动道岔控制电路如图 1-49 所示。道岔启动电路采用分级控制方式：首先由第一道岔启动继电器 1DQJ 检查联锁条件，然后由第二道岔启动继电器 2DQJ 控制电动机旋转方向，最后由直流电动机转换道岔。这些继电器动作，除需要满足一定联锁条件外，还需要满足一定的时序逻辑。

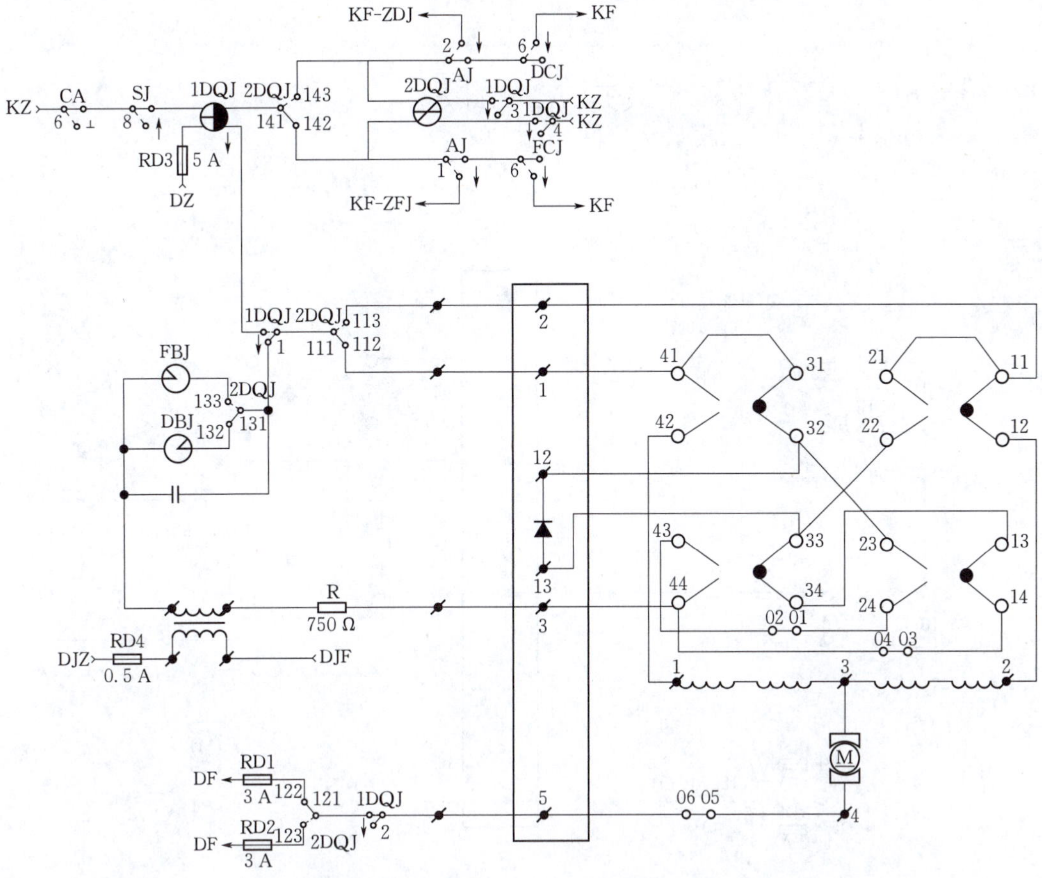

图 1-49　四线制单动道岔控制电路

转辙机内部有 4 列自动开闭器的动作接点和表示接点，以 1、3 闭合定位为例，其中，11-12 为定位向反位动作接点，21-22、23-24 和 43-44 为反位表示接点；41-42 为反位向定位动作接点，13-14、31-32 和 33-34 为定位表示接点。平时，道岔在定位时，定位表示接点 13-14、31-32 和 33-34 接通。

道岔控制电路室内部分包括 1DQJ、2DQJ、DBJ 和 FBJ。为避免 1DQJ 励磁带动 2DQJ 转极后立即断开 1DQJ 励磁电路，使得 1DQJ 不能可靠地通过自闭电路接通电机转换电路，因此 1DQJ 采用缓放型继电器。2DQJ 采用带加强接点的极性保持继电器，用以保证 2DQJ 转极后在断电情况下 2DQJ 接点依旧停留在当前所需要的位置。

四线制道岔启动电路一般采用三级电路：

CAJ↑(DCJ↑或 FCJ↑)→1DQJ↑→2DQJ 转极→Ⓜ

图 1-50 为道岔由定位向反位时的动作电路图。

当按进路操纵使道岔由定位向反位转换时，道岔启动电路的 lDQJ 励磁电路为

KZ—CA61-62—SJ81-82—1DQJ3-4—2DQJ141-142—AJ11-13—FCJ61-62—KF

lDQDJ 励磁后，其前接点接通 2DQJ 的转极电路，2DQJ 的转极电路为

KZ—1DQJ41-42—2DQJ2-1—AJ11-13—FCJ61-62—KF

上述 2DQJ 励磁电路接通后，2DQJ 开始转极。

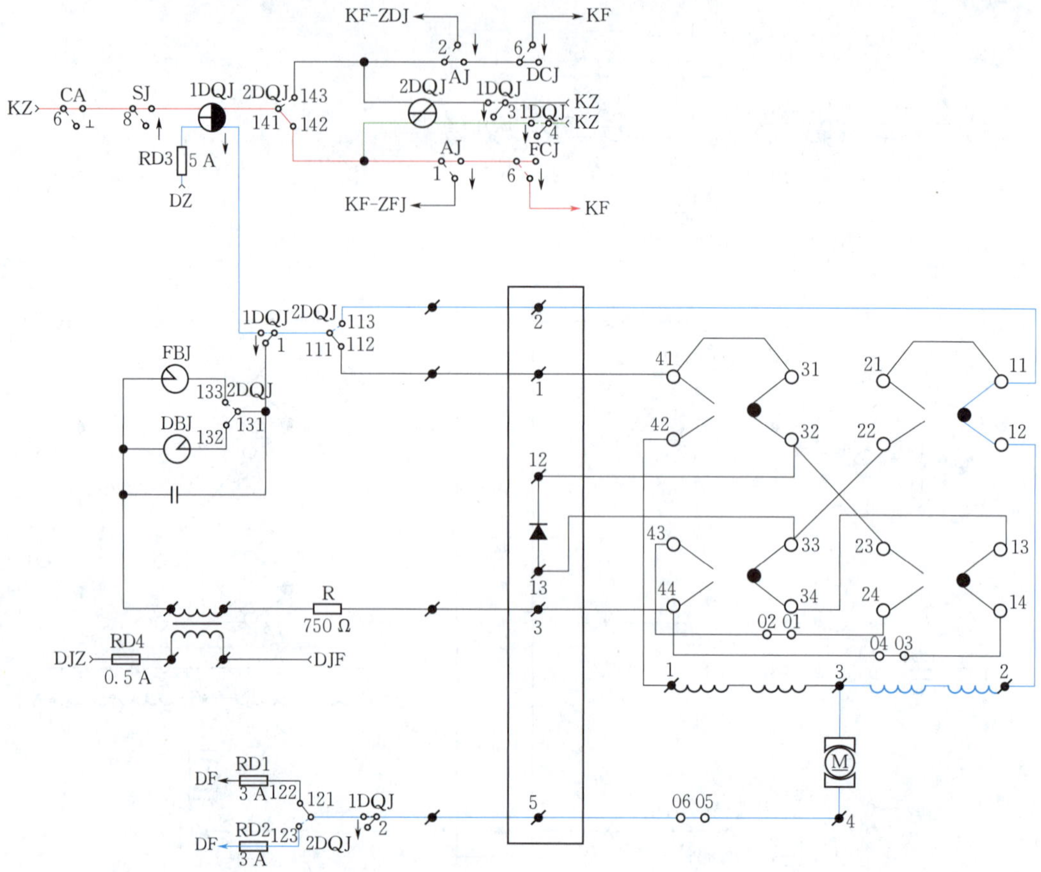

图 1-50　单动道岔电路三级动作示意

当 2DQJ 转极完成后，2DQJ 的第 4 组接点 141-142 断开、141-143 闭合，2DQJ 接点 141-142 的断开使得 1DQJ3-4 线圈励磁电路断开，1DQJ 缓放。当 2DQJ 转换完毕后，2DQJ 的第 1 组接点 111-112 断开且 111-113 接通，第 2 组接点 121-122 断开且 121-123 接通，这样，在 2DQJ 转换完成、1DQJ 缓放期间，1DQJ 经由其 1-2 线圈的自闭电路接通，其电路为：

DZ220—RD3—1DQJ1-2—1DQJ12-11—2DQJ111-113—自动开闭器 11-12—电动机定子绕组 2-3—电动机转子绕组 3-4—遮断接点 05-06—1DQJ21-22—2DQJ121-123—RD2—DF220。

1DQJ 的 1-2 线圈和电动机绕组串接在自闭电路中，lDQJ 的自闭电路即是电动机电路。上述经由 1DQJ1-2 线圈的自闭电路接通后，使处于缓放的 1DQJ 继续保持吸起。由于上述 1DQJ1-2 线圈的自闭电路同时又是电机的工作电路，这样，电机电路接通，带动道岔向反位转换。当道岔转至反位后，自动开闭器 11-12 接点断开，使电动机停转。同时断开 1DQJ 的 1-2 线圈自闭电路，使 lDQJ 经缓放落下，接通道岔表示电路。1DQJ 落下后，一方面使 2DQJ1-2 线圈的励磁电路断开，由于 2DQJ 采用极性保持继电器，所以其各组接点的后接点仍处于闭合状态，如 111-113、121-123 等均处于闭合状态；另一方面，1DQJ 的落下接通道岔反位表示电路（详细在道岔表示电路中介绍），使道岔反位表示继电器 FBJ 励磁吸起。很明显，如果电机电路由于故障而不能接通，则在 2DQJ 转换完成、1DQJ 缓放期间，由于 1DQJ1-2 线圈因无法接通而落下，使道岔启动电路无法工作，同时，1DQJ 的落下也使 2DQJ 停止工作。若要再将道岔转回定位，办理进路后 DCJ 吸起，重新接通道岔启动电路。

单独操纵道岔时，假如使道岔由定位向反位转换，按下道岔按钮 CA 和道岔总反位按钮 ZFA，道岔按钮继电器 CAJ 和道岔总反位继电器 ZFJ 吸起，条件电源 KF-ZFJ 有电，接通 1DQJ3-4 线圈的励磁电路。其电路是：

KZ—CA61-63—SJ81-82—1DQJ3-4—2DQJ141-142—AJ11-12—KF-ZFJ

1DQJ 吸起后，使 2DQJ 转极，接通 1DQJ1-2 线圈的自闭电路，使电动机转动。单独操纵道岔时，启动电路动作与进路操纵动作基本相同，只不过负电源是条件电源 KF-ZDJ 或 KF-ZFJ，并由 CAJ 将其接入 lDQJ 和 2DQJ 的电路中。

在 1DQJ3-4 线圈励磁电路中接有以下联锁条件：

①单独操纵道岔按钮 CA61-62。在 1DQJ3-4 线圈中接有道岔单独操纵按钮 CA 的定位闭合接点，在维修电动转辙机和清扫道岔时，可将该 CA 拉出，将道岔单锁，于是该道岔就脱离了进路式操纵和单独操纵对它的控制，无法转换，从而防止事故发生。

②锁闭继电器 SJ 第 8 组前接点用来检查道岔区段是否空闲，进路是否在解锁状态。道岔区段有车或办理了经该道岔的进路时，则 SJ 落下，用 SJ 前接点断开 lDQJ 的励磁电路，lDQJ 就不能吸起，道岔就不会转换。

③道岔按钮继电器 CAJ 前接点和条件电源 KF-ZDJ 或 KF-ZFJ 反映对道岔单独操纵的操作手续。只有按下道岔按钮，道岔按钮继电器 CAJ 吸起，同时按下道岔总定位按钮 ZDA 或道岔总反位按钮 ZFA，使 ZDJ 或 ZFJ 吸起，条件电源 KF-ZDJ 或 KF-ZFJ 有电，接通单独操纵时道岔启动电路。

④道岔定位操纵继电器 DCJ 和道岔反位操纵继电器 FCJ 第 6 组前接点实现对道岔的进路操纵。当办理进路时，选岔网路中的 FCJ 或 DCJ 吸起，自动接通进路操纵的道岔启动电路。

⑤第二道岔启动继电器 2DQJ 第 4 组接点是 1DQJ3-4 线圈励磁电路的电路区分条件，用来区分道岔由定位向反位转换，还是由反位向定位转换，用其极性接点分别接通 lDQJ3-4 线圈向反位转换或定位转换的励磁电路。

如果是以进路方式操纵道岔到反位，则道岔启动电路工作原理与道岔单独操纵时启动电路的工作原理类似。其不同处在于：1DQJ3-4 线圈和 2DQJ 中接入的电源均为 KF 电源，而不是 KF-ZFJ（或 KF-ZDJ）。例如，进路方式下操纵道岔到反位时，由于 FCJ 励磁吸起，则通过 FCJ 第 6 组前接点和 CAJ 第 1 组后接点为 1DQJ 和 2DQJ 提供 KF 电源，使 1DQJ 和 2DQJ 相继工作。由于 CAJ 后接点和 DCJ 或 FCJ 前接点相联，就说明单独操纵优先于进路操纵。这样做的好处是当进路式操纵无效或道岔因故不能正常转到底时，可采用单独操纵方式使道岔往回转或向规定方向转，以免烧毁电机。注意，要使道岔往回转时，须先按下总取消按钮 ZQA 使总取消继电器 ZQJ 吸起，以取消原进路操作命令且使 DCJ 和 FCJ 复原，否则道岔转回到原位后又会自动以原进路操纵命令再次将道岔转向原操纵位置。

（2）四线制单动道岔表示电路

单动道岔表示电路如图 1-51 所示。为实现上述技术要求①，分别采用两个继电器 DBJ 和 FBJ 来反映道岔的不同位置；为实现上述技术要求②，道岔表示电路采用交流电源，定位表示继电器 DBJ 和反位表示继电器 FBJ 都采用 JPXC-1000 型直流偏极继电器，以防交流混线使表示继电器错误励磁。道岔表示电路所用电源由变压比为 2∶1 的 BD1-7 型道岔表示变压器 BB 供给，BB 的初级输入电压为交流 220 V，次级输出电压为 110 V。DBJ 和 FBJ 线圈并联有 4 μF 500 V 的电容器 C。此外，该表示电路在转辙机内部还串接有二极管 Z、自动开闭器的动作和表示接点。

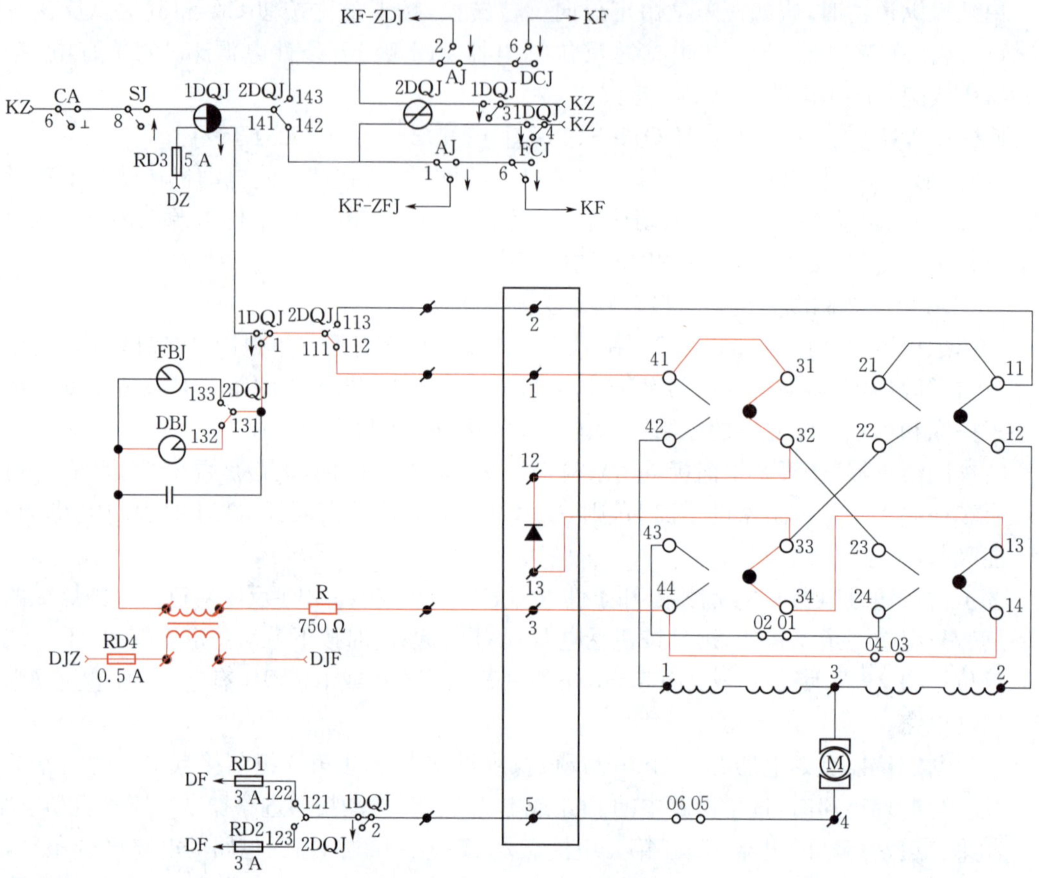

图 1-51 单动道岔表示电路

平时，道岔处于定位时，其反位向定位动作接点 41-42 断开、定位向反位动作接点 11-12 接通，定位表示接点 13-14、31-32 和 33-34 接通，反位表示接点 21-22、23-24 和 43-44 断开。此时，道岔定位表示电路接通：

BB3—R1-2—移位接触器 04-03—自动开闭器 14-13—自动开闭器 34-33—二极管 Z1-2—自动开闭器 32-31—2DQJ112-111—1DQJ11-13—2DQJ131-132—DBJ1-4—BB4

从上述单动道岔表示电路中可以看出，通过电动转辙机自动开闭器的定位表示接点接通电路，经二极管 Z 将交流电进行半波整流，整流后的正向电流方向正好与 DBJ 的励磁方向一致，使 DBJ 吸起，同时给电容 C 充电。在交流电负半周，通过电容器 C 的放电作用能使 DBJ 保持可靠吸起。

当道岔由定位向反位开始转换(或挤岔)时，定位表示接点 13-14、31-32 和 33-34 均断开，切断上述 DBJ 励磁电路，由于反位表示接点 21-22、23-24 和 43-44 也处于断开状态，FBJ 励磁电路也不通，DBJ 和 FBJ 均失磁落下，此时道岔处于四开状态，实现了上述③的技术要求。

当道岔转换到反位时，其反位向定位动作接点 41-42 接通、反位动作接点 11-12 断开，反位表示接点 21-22、23-24 和 43-44 接通。此时，道岔反位表示电路接通：

BB4—FBJ4-1—2DQJ133-131—1DQJ13-11—2DQJ111-113—自动开闭器 21-22—二极管 Z1-2—自动开闭器 23-24—移位接触器 01-02—自动开闭器 43-44—R2-1—BB3。

上述电路接通后，道岔反位表示继电器 FBJ 励磁吸起，道岔处于反位状态。

(3)四线制双动道岔启动电路

双动道岔的两组道岔位置必须一致，当其中一组道岔在定位时另一组道岔也应在定位，其中一组道岔转换至反位时另一组道岔也必须转换至反位。当道岔启动电路控制电动转辙机转换两组道岔时，两组道岔必须按规定的顺序动作。先动作的道岔称为第一动道岔，后动作的道岔称为第二动道岔，规定双动道岔中距离信号楼近的为第一动道岔，距离信号楼远的为第二动道岔，这是为了节省室外电缆芯线，避免迂回走线。四线制双动道岔控制电路如图 1-52 所示。

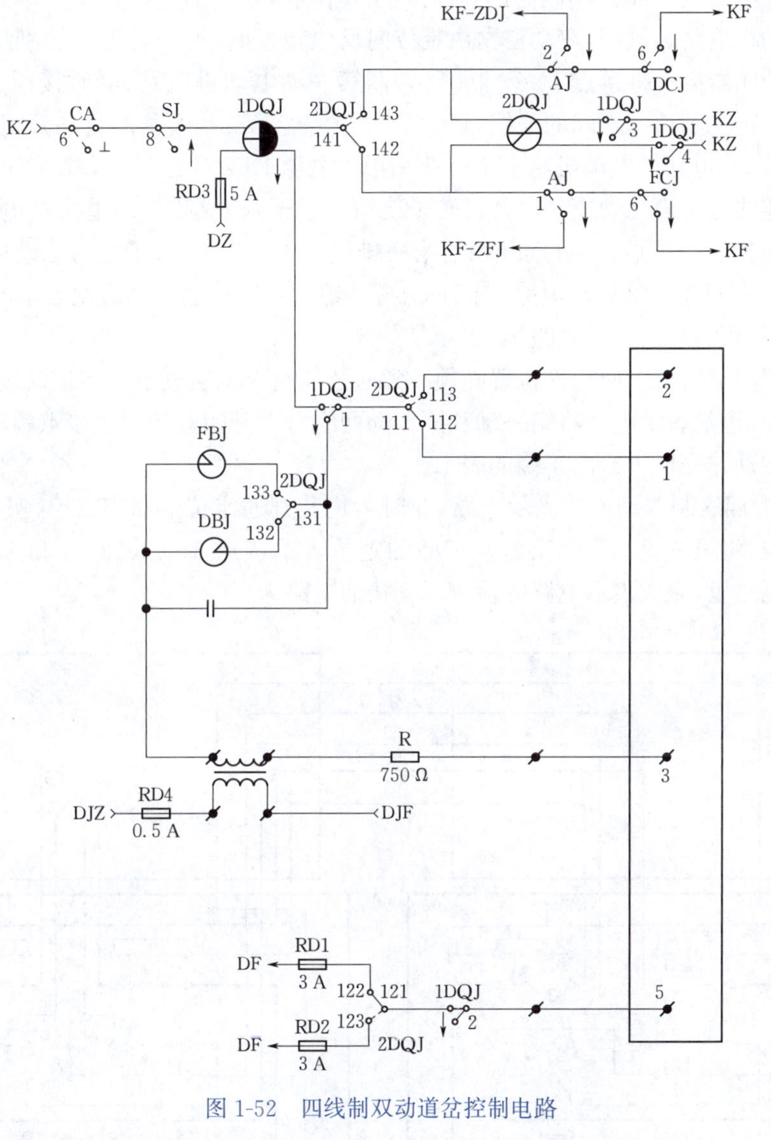

图 1-52　四线制双动道岔控制电路

由于双动道岔的两组道岔位置总是一致的，动作也应一致，因此，双动道岔可共用一套道岔控制电路。双动道岔控制电路与单动道岔控制电路原理基本相同。因为双动道岔控制电路的控制对象是两组道岔，其启动电路和表示电路与单动道岔不同之处有以下几方面：

①在道岔启动电路的室内部分，1DQJ3-4 线圈励磁电路上串接有 1SJ 和 2SJ 两个锁闭继电器的第 8 组前接点。这是因为双动道岔设有两个 SJ，而且 lSJ 和 2SJ 分属于不同的道岔区段，当任意一个道岔处于区段锁闭或进路锁闭状态时，lSJ 或 2SJ 落下，1DQJ3-4 线圈励磁电路

被切断,该双动道岔不得转换。

②在进路操纵的电路条件中,将单动道岔的 DCJ 接点换成双动道岔的 1DCJ 和 2DCJ 的第 6 组接点并联,将单动道岔的 FCJ 接点用双动道岔的 2FCJ 第 6 组接点代替。这是因为选双动道岔定位时,双动道岔的 1DCJ 和 2DCJ 分别在上、下两条平行网路中,它们不一定同时被选出,所以应将两个 DCJ 接点并联起来,而选双动道岔反位时,双动道岔的 1FCJ 和 2FCJ 动作一致,而且 2FCJ 总是后吸起,所以只需用 2FCJ 接点即可。

③在启动电路室外部分,由于两个道岔顺序动作,当第一动道岔转换完毕后,才能接通第二动道岔电动机电路。例如,双动道岔由定位向反位转换时,第一动道岔转到反位后,第一动道岔的自动开闭器第一排接点 11-12 断开,切断第一动电动机电路,同时接通 21-22 接点,经第一动道岔与第二动道岔之间的连线,将 DZ220 电源经第二动道岔的自动开闭器第一排接点 11-12 送至第二动道岔的电动机定子绕组 2 端子。电源 DF220 经 X4 及第一动道岔与第二动道岔之间的连线送至第二动道岔电动机转子绕组 4 端子,构成第二动道岔的电动机电路。当第二动道岔转换至反位后,其自动开闭器第一排接点 11-12 断开,于是第二动道岔电机停转,1DQJ 落下,断开双动道岔启动电路,由 1DQJ 第 1 组后接点接通双动道岔表示电路。

(4)四线制双动道岔表示电路

四线制双动道岔要求两道岔位置必须一致时才能给出相应表示。当道岔按规定顺序相继动作完成以后,道岔表示电路将第一动和第二动两组自动开闭器的表示接点串联起来,以此保证两组道岔均动作完毕再给出正确的表示。

图 1-53 为四线制双动道岔表示电路,此时为道岔开通定位的状态,DBJ 吸起需检查两组道岔都在定位,将第一动(Y)和第二动(M)的定位表示接点 31-32、33-34 和 13-14 均串联到 DBJ 的励磁电路里,完成表示电路的检查。其接通电路为:

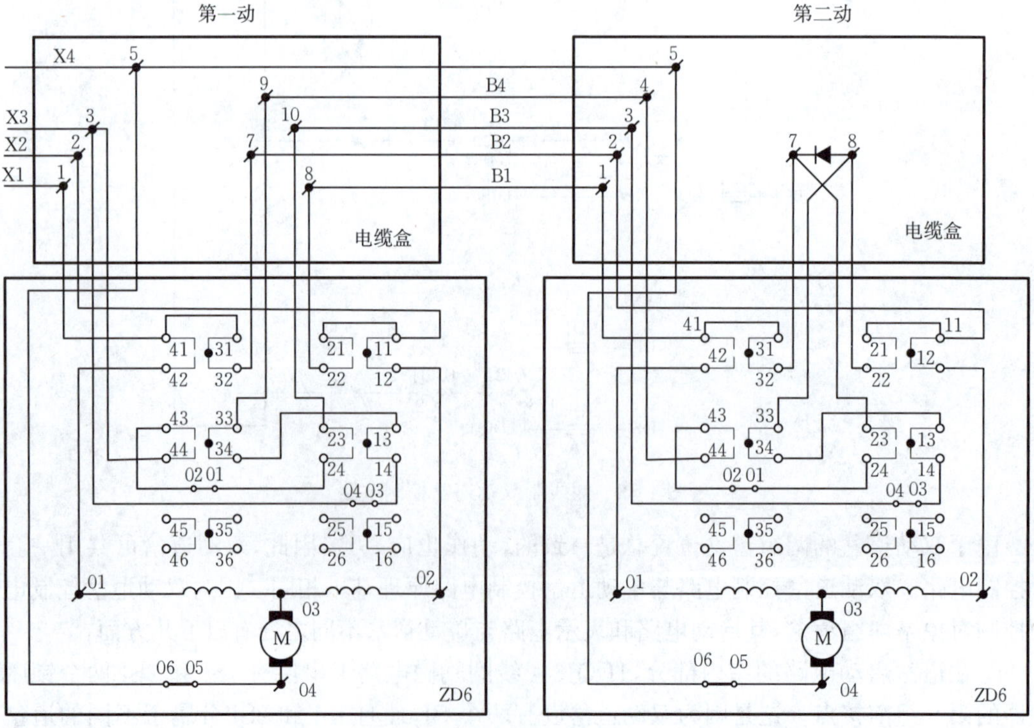

图 1-53 双动道岔表示电路

BB3—R1-2—第一动(Y)移位接触器 04-03—第一动(Y)自动开闭器 14-13—第一动(Y)自动开闭器 34-33—第二动(M)移位接触器 04-03—第二动(M)自动开闭器 14-13—第二动(M)自动开闭器 34-33—第二动(M)自动开闭器 32-31—第一动(Y)自动开闭器 32-31—2DQJ112-111—1DQJ11-13—2DQJ131-132—DBJ1-4—BB4。

道岔表示电路是由两个道岔自动开闭器的表示接点串联起来组成,二极管 Z 设于第二动道岔处。当启动电路控制第一动道岔和第二动道岔转换完毕后,接通道岔表示电路。检查两个道岔都在定位或反位后,使双动道岔的 DBJ 或 FBJ 吸起。

5. 挤岔报警电路工作原理

当道岔发生挤岔或因尖轨与基本轨之间有障碍物而使道岔转换途中受阻时,为了方便车站值班员和信号维修人员能及时发现,全站设置一套挤岔报警电路。

挤岔报警电路如图 1-54 所示。全站设一个挤岔继电器,将全站各组道岔的 DBJ 和 FBJ 的第 8 组后接点串联后并联起来,接入挤岔继电器 JCJ1 电路中。平时每组道岔的 DBJ 和 FBJ 总有一个吸起,JCJ1 电路不通;当某一道岔被挤后,该道岔的 DBJ 和 FBJ 都落下,接通 JCJ1 电路,使其吸起。

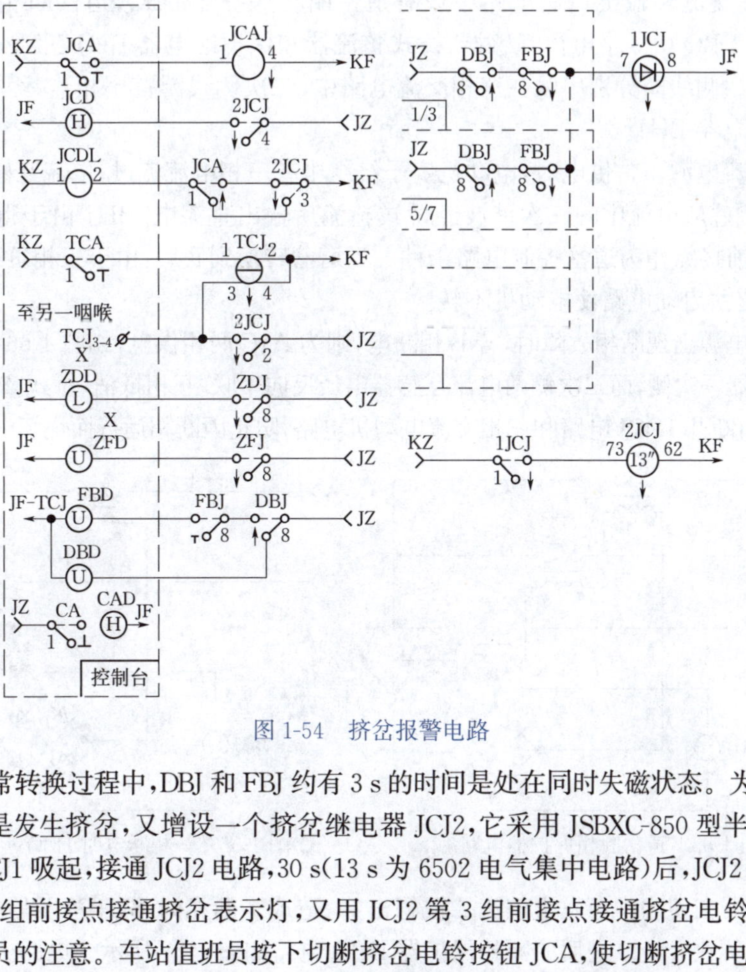

图 1-54　挤岔报警电路

道岔在正常转换过程中,DBJ 和 FBJ 约有 3 s 的时间是处在同时失磁状态。为了区别道岔是在正常转换还是发生挤岔,又增设一个挤岔继电器 JCJ2,它采用 JSBXC-850 型半导体时间继电器。挤岔时,JCJ1 吸起,接通 JCJ2 电路,30 s(13 s 为 6502 电气集中电路)后,JCJ2 吸起。JCJ2 吸起后,用其第 4 组前接点接通挤岔表示灯,又用 JCJ2 第 3 组前接点接通挤岔电铃,使其鸣响,以引起车站值班员的注意。车站值班员按下切断挤岔电铃按钮 JCA,使切断挤岔电铃按钮继电器 JCAJ 励磁,用其第 1 组后接点切断电铃电路,使电铃停响。待被挤道岔修复后,由于 DBJ 或 FBJ 有一个吸起,使挤岔继电器 JCJ1 和 JCJ2 都复原,所以又接通电铃电路,挤岔电铃再次鸣响,通知车站值班员道岔已修复。当拉出 JCA 后,电铃停止鸣响,至此挤岔报警电路复原。

当道岔尖轨与基本轨间有障碍物(如夹有道砟)时,会使道岔转换途中受阻而不能转换到底。此时,由于电动机空转,lDQJ 吸起,使 DBJ 和 FBJ 都落下,超过 13 s 后,挤岔电铃也会报警鸣响。在这种情况下,由于控制台电流表指针摆动,车站值班员确认后,可单独操纵道岔,使之转回原位,以免因长时间空转而烧坏电动机。

6. 交流转辙机道岔控制电路

为满足列车提速后对行车安全的要求,在车站正线改换为提速道岔后,道岔转换采用 ZYJ7 型交流电动液压转辙机,其有以下特点:

①道岔机械锁闭采用外锁闭装置。

②尖轨分动。两根尖轨由联动改为分动,减少了转换力。

③尖轨和可动心轨采用多点牵引,可实现全程密贴和全程夹物检查,确保了行车安全。

④以三相交流电动机作为动力。

(1)道岔断相保护器

交流转辙机采用三相交流电源,供电电压为 380 V。为防止在三相交流电源断相情况下烧坏电动机,在交流转辙机控制电路中设有道岔断相保护器 DBQ,道岔断相保护器电路如图 1-55 所示。DBQ 由 3 个电流互感器、桥式整流器和保护继电器 BHJ 三部分组成。3 个电流互感器的一次侧线圈分别串联在三相交流电路中,二次侧线圈首尾相连,经桥式整流后,输出端接保护继电器 BHJ。

当三相交流电源正常供电时,电动机定子绕组中有三相电流流过,电流互感器工作在磁饱和状态,二次侧感应电流中的三次谐波经桥式整流后输出直流电,BHJ 由于得到直流电而吸起,用 BHJ 的前接点作为道岔控制电路条件。当道岔转换到底后,由于三相负载断开,BHJ 复原落下,断开道岔启动电路使电动机不转。

三相交流电源出现断相故障时,若 B 相断电,则为 A、C 两相供电,如图 1-56 所示,其线电压加至电流互感器一次侧,而二次侧两电流互感器电压反向串联,互相抵消,桥式整流器无输出,使 BHJ 落下,从而断开 1DQJ 电路和三相交流电动机电路,防止因断相运行而烧坏电动机。

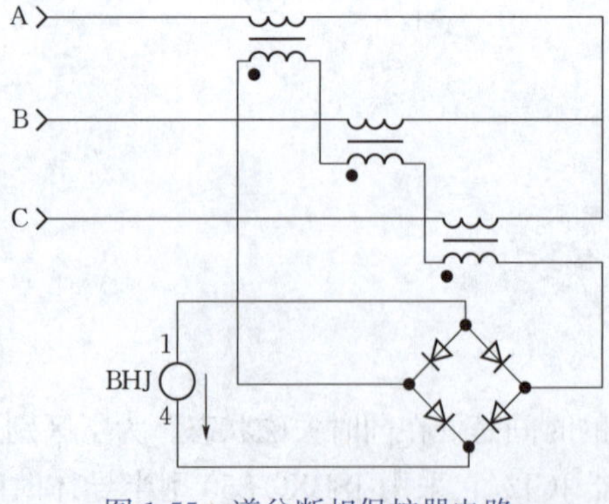

图 1-55 道岔断相保护器电路

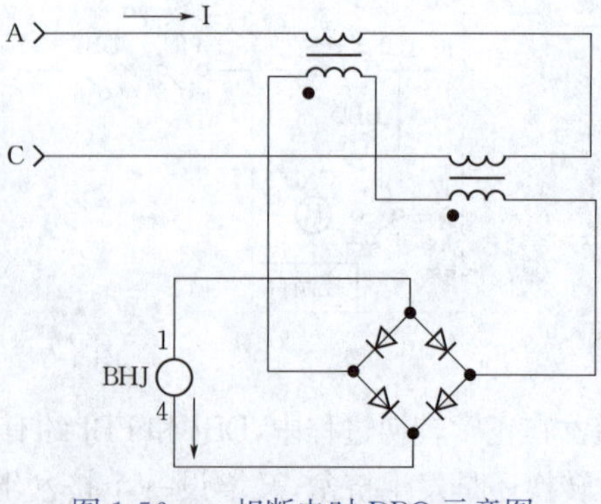

图 1-56 一相断电时 DBQ 示意图

断相保护器在使用中会发生整流二极管击穿,造成未断相时 BHJ 落下的故障,这是电路启动时过电压所致。经改进后的断相保护器 DBQ 电路如图 1-57 所示。电路中采用了耐压高的二极管,加大输入滤波电容 C_1 的容量(3 μF/160 V),并在输出端接有滤波电容 C_2(1 μF/160 V),使断相保护器工作稳定可靠。

在多机牵引情况下，应设总断相保护器 ZBHJ，对道岔的尖轨和可动心轨应分别设 ZBHJ，用来监督各牵引点转辙机的同步工作。图 1-58 为双机牵引尖轨时的 ZBHJ 电路，将两牵引点转辙机 BHJ 前接点接入 ZBHJ 的励磁和自闭电路中，再将 ZBHJ 前接点串接在 1DQJ 的 1-2 线圈电路中，实现对各牵引点转辙机电源的断相保护。

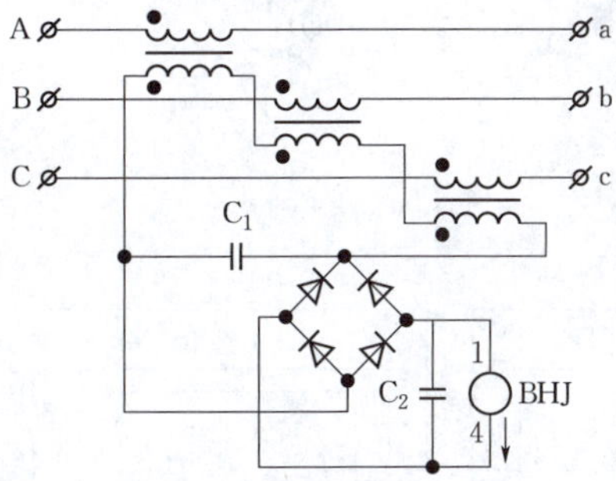

图 1-57　改进型 DBQ 电路

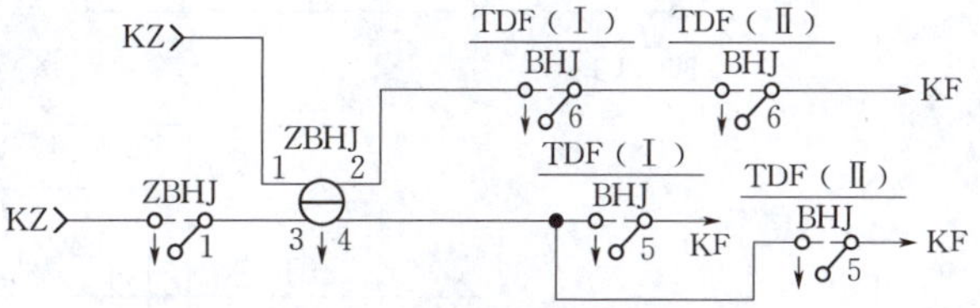

图 1-58　ZBHJ 电路

(2)道岔控制电路

图 1-59 为 ZYJ7 型交流电液转辙机控制电路。道岔启动电路包括 1DQJ 励磁电路、1DQJF 励磁电路、2DQJ 转极电路和电机电路。

①启动电路

当进路方式操纵道岔由定位向反位转换时，使 1DQJ 经 3-4 线圈励磁吸起，其电路为

KZ—CA61-63—SJ81-82—1DQJ3-4—2DQJ141-142—AJ11-13—FCJ61-62—KF

1DQJ 吸起后，1DQJF 随之吸起，其电路为

KZ—1DQJF1-4—TJ33-31—1DQJ32-31—KF

1DQJF 吸起后接通 2DQJ 转极电路，其电路为

KZ—1DQJF31-32—2DQJ2-1—AJ11-13—FCJ61-62—KF

上述 1DQJF 励磁电路中接入了时间继电器 TJ 第 3 组后接点。时间继电器 TJ 在 1DQJ 吸起后开始计时，延时 30 s 吸起，即当电动转辙机启动 30 s 时 TJ 吸起，断开 1DQJ 自闭电路和 1DQJF 励磁电路。由于 1DQJ 前接点、1DQJF 前接点和 2DQJ 前接点是接通电动机动作电路并使道岔转换的条件，因而，当延时时间到 30 s 时，TJ 励磁吸起，断开电动机动作电路，使电动机不至于长时间空转而被烧毁。如果道岔在启动后 30 s 之内就转换到位，则 1DQJ 复原，TJ 就不会吸起。需说明的是，当采用具有限时功能的断相保护器 DBQ 时，就无需设置时间继电器 TJ，当电机转换超过 30 s 时，通过 DBQ 中的限时电子开关切断相应的 BHJ 电路，使 BHJ 落下，达到断开道岔转换电路并使 1DQJ、1DQJF 等复原的目的。上述 1DQJ 励磁电路中接入了 2DQJ141-142 接点，当 2DQJ 转极完成后，1DQJ 励磁电路断开，1DQJ 缓放。

当 1DQJ、1DQJF 吸起，2DQJ 转极完成时，构成三相交流电动机电路，A、B、C 三相交流电源经 RD1～RD3 进入保护器 DBQ，接通电动机定子绕组电路，分别是

A 相—RD1—DBQ11-21—1DQJ12-11—电动机 A 绕组

B 相—RD2—DBQ31-41—1DQJF12-11—2DQJ111-113—转辙机接点 11-12—电动机 C 绕组

C 相—RD3—DBQ51-61—1DQJF22-21—2DQJ121-123—转辙机接点 13-14—遮断开关 K—电动机 B 绕组

电动机相序为 A—C—B，电动机反转。电动转辙机转动时，三相电源流过 DBQ，使 BHJ 吸起，接通 1DQJ 自闭电路。1DQJ 自闭电路为

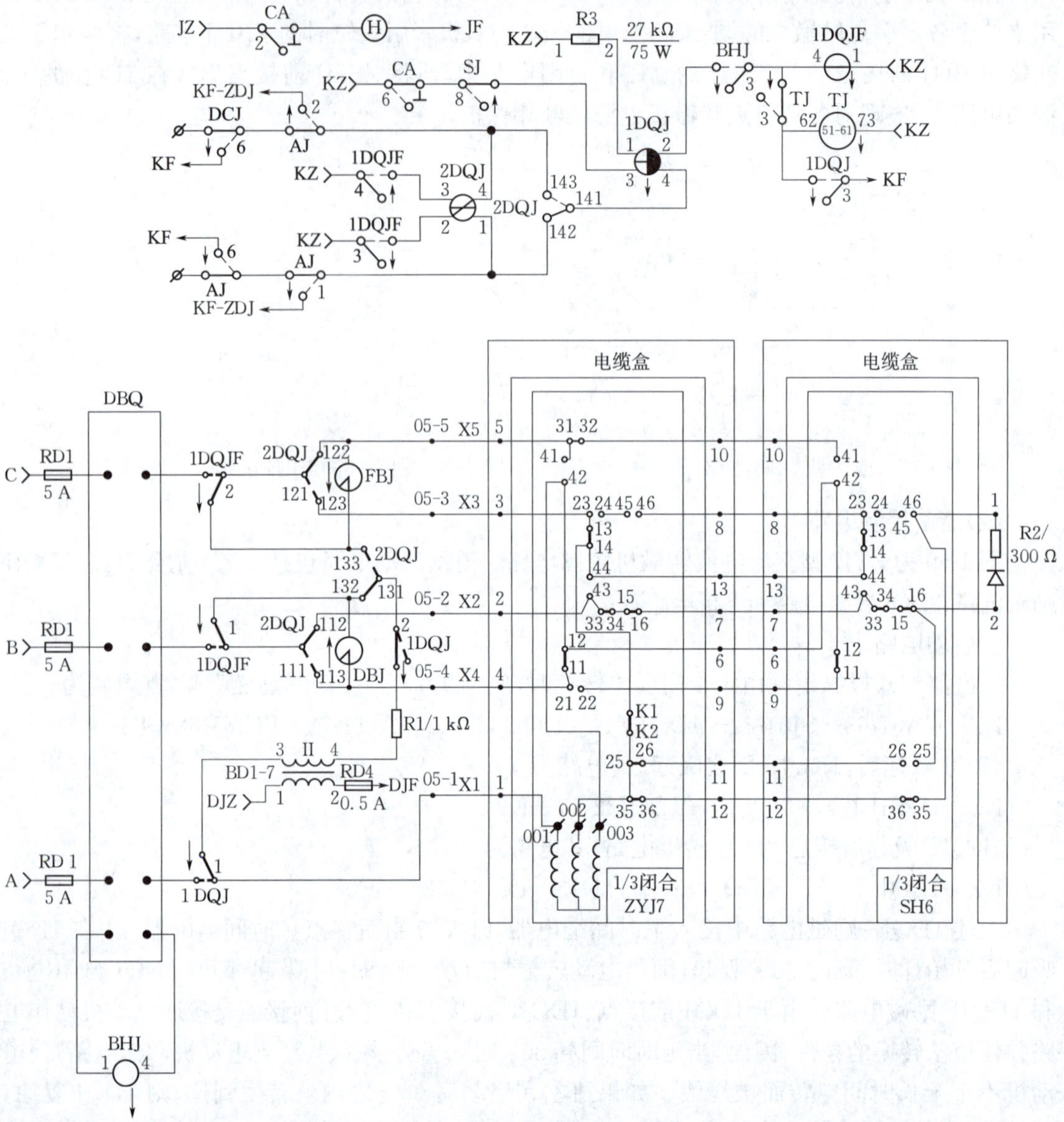

图 1-59　ZYJ7 型交流电液转辙机控制电路

KZ—R3—1DQJ1-2—BHJ32-31—TJ33-31—1DQJ32-31—KF

电动转辙机转换完毕，无电路流经 DBQ，BHJ 落下，断开 1DQJ 自闭电路，1DQJ 落下，随之断开 1DQJF、2DQJ 电路。

当进路方式操纵道岔由反位向定位转换时，1DQJ 吸起，1DQJF 吸起，使 2DQJ 转极，构成电动转辙机启动电路，三相交流电 A、B、C 经 RD1～RD3 进入保护器 DBQ，分别接通电动机定子绕组，其电路是

A 相—RD1—DBQ11-21—1DQJl2-11—电动机 A 绕组

B 相—RD2—DBQ31-41—1DQJFl2-11—2DQJ111-112—转辙机接点 43-44—遮断开关 K—电动机 B 绕组

C 相—RD3—DBQ51-61—1DQJF22-21—2DQJ121-122—转辙机接点 41-42—电动机 C 绕组

三相交流电动机相序为 A—B—C,电动机正转。

单独操纵道岔时,1DQJ 励磁电路、2DQJ 转极电路与四线制直流电动转辙机电路原理相同。1DQJ 自闭电路、三相交流电动机电路与上述进路操纵交流转辙机电路原理相同。

②表示电路

交流转辙机道岔表示电路用道岔表示继电器线圈与半波整流二极管并联的方式构成。定位表示时,DBJ 励磁电路在电源负半周接通。

正半周:

BDⅡ-3—R1—1DQJ23-21—2DQJ131-132—1DQJF13-11—2DQJ111-112—转辙机接点 33-34—转辙机接点 15-16—二极管 Z2-1—R2—转辙机接点 36-35—电动机绕组 B—电动机绕组 A—1DQJ11-13—BDⅡ-4

负半周:

BDⅡ-3—R1—1DQJ23-21—2DQJ131-132—DBJ4-1—转辙机接点 11-12—电动机绕组 C—电动机绕组 A—1DQJ11-13—BDⅡ-4

在电源正半周时,经整流二极管 Z 构成回路,电能消耗在电阻 R2 上;电源在电源负半周时,二极管不导通,使 DBJ 吸起,检查了电动转辙机的定位接点接通。

反位表示时,FBJ 励磁电路在电源正半周时接通。

正半周:

BDⅡ-3—R1—1DQJ23-21—2DQJ131-133—FBJ1-4—转辙机接点 41-42—电动机绕组 C—电动机绕组 A—1DQJ11-13—BDⅡ-4

负半周:

BDⅡ-3—R1—1DQJ23-21—2DQJ131-133—1DQJF23-21—2DQJ121-123—转辙机接点 23-24—转辙机接点 45-46—R2—二极管 Z1-2—转辙机接点 26-25—电动机绕组 B—电动机绕组 A—1DQJ11-13—BDⅡ-4

在电源正半周时,二极管 Z 不能导通,使 FBJ 吸起,FBJ 吸起检查了电动转辙机的反位接点接通;在电源负半周时,经整流二极管构成回路,电能消耗在电阻 R2 上。

四、道岔锁闭装置

道岔的锁闭是把尖轨或可动心轨等可动部分固定在某个开通位置,当列车通过时不受外力作用而改变。

道岔按其锁闭方式可分为内锁闭和外锁闭两种。

(一)道岔内锁闭装置

内锁闭是当道岔由转辙机带动转换至某个特定位置后,在转辙机内部进行锁闭,由转辙机动作杆经外部杆件对道岔实现位置固定。例如 ZD6 型转辙机就是由其内部锁闭齿轮的圆弧面和齿条块的削尖齿实现锁闭的。实质上内锁闭方式锁闭道岔是对道岔可动部分进行间接锁闭。

内锁闭转换设备的特点是:

1. 结构简单,便于日常维护保养,且转换比较平稳,属于定力锁闭;

2. 道岔的两根尖轨由若干根连接杆组成框架结构,使尖轨部分的整体刚性较高,而且框式结构造成的反弹力和抗劲较大;

3. 由于两尖轨由杆件连接,当杆件受到外力冲击时,如发生弯曲变形,会使密贴尖轨与基本轨分离，严重威胁行车安全；

4. 当列车通过道岔产生冲击时，其冲击力经过杆件将直接作用于转辙机内部，使转辙机部件易于受损，挤切销折断，移位接触器跳开等。

因此，内锁式转换设备已不能适应提速的需要，必须采用分动外锁闭道岔转换设备。

（二）道岔分动外锁闭装置

当道岔由转辙机带动转换至某个特定位置后，通过本身所依附的锁闭装置，直接把尖轨与基本轨或心轨与翼轨密贴夹紧并固定，称为道岔的外锁闭。即道岔的锁闭主要不是依靠转辙机内部的锁闭装置，而是依靠转辙机外部的锁闭装置实现的。

由于外锁闭道岔的两根尖轨之间没有连接杆，在道岔转换过程中，两根尖轨是分别动作的，所以又称为分动外锁闭道岔。

道岔作为铁路线路联结和分歧的重要设备，是轨道中最薄弱的环节之一。随着铁路运输向高速、重载方向的发展，重型钢轨、大号码道岔的采用，对转换设备提出了更高的要求。外锁闭装置能有效地克服道岔在尖轨密贴时的转换阻力，可靠地锁闭道岔尖轨和基本轨（心轨和翼轨），确保 4 mm 不锁闭功能，如果在锁闭状态下，则能牢牢地把尖轨（心轨）与基本轨（翼轨）锁闭在一起，即使连接杆折断，外锁闭仍在起着锁闭作用。同时，外锁闭能隔离列车通过时对转换设备的振动和冲击，提高转换设备的使用寿命和可靠性。与外锁闭装置相配套的安装装置，安装在轨枕上，有利于工务的养护、捣固，从而保证和提高列车运行的安全和运能。

钩式外锁闭装置的锁闭方式为垂直锁闭。锁闭力通过锁闭铁、锁闭框直接传给基本轨。锁闭铁和锁闭框基本不承受弯矩，锁闭更加可靠。同时各配件全部经过锻造调质处理，具有良好的综合机械性能，钩式外锁闭装置受力结构合理，能有效适应道岔尖轨的不良状态，锁闭可靠，安装调整方便。

外锁闭道岔转换设备消除了内锁闭方式的缺陷，适应列车高速运行的要求。

1. 分动外锁闭道岔转换设备的特点

（1）改变了传统的框架式结构，使尖轨的整体刚性大幅度下降。

（2）尖轨分动后，转换启动力小，而且一根尖轨的变形不影响另一根尖轨，由此造成的反弹、抗劲等转换阻力均减小很多。

（3）两根分动尖轨在外锁闭装置作用下，无论是在启动解锁，还是密贴锁闭过程中，所需的转换力均较小，避开了两根尖轨最大反弹力的叠加时刻。

（4）同时承担两根尖轨弹性力的过程是在密贴尖轨解锁以后到斥离尖轨锁闭以前这一较短的时间内，而此时正是电动机功率输出的最佳时刻，使电气特性和机械特性得到良好的匹配。

（5）外锁闭装置一旦进入锁闭状态，车辆过道岔时，轮对对尖轨和心轨产生的侧向冲击力基本上不传到转辙机上，即具有隔力作用，有利于延长转辙机及各类转换部件的使用寿命。

（6）由于两尖轨间无连接杆，所以密贴尖轨很难在外力作用下与基本轨分离，可靠地保证了行车安全。

（7）由于密贴尖轨与基本轨之间由外锁闭装置固定，克服了内锁闭道岔靠杆件推力或拉力使尖轨与基本轨密贴容易造成 4 mm 失效的较大缺陷。

分动外锁闭道岔尖轨转换采用分动方式，设多个牵引点（9 号和 12 号道岔两个牵引点，18 号提速道岔三个牵引点，30 号和 38 号道岔六个牵引点），做到尖轨全程密贴，以防止尖轨反弹。还做到多点检查尖轨密贴情况。可动心轨也采用多点牵引（12 号、18 号道岔两个牵引点，30 号、38 号道岔三个牵引点）。

(8)分动外锁闭道岔的技术特征：

分动外锁闭道岔的结构设计及材料的选用与内锁闭式道岔有着本质的区别，不论是工务的道岔设备还是电务的转换设备，都与内锁闭方式不同，先就上道的分动外锁闭道岔的特征和结构组成加以介绍。

2. 钩式外锁闭装置结构及工作原理

钩式外锁闭装置是目前应用最为广泛的外锁闭装置，分为分动尖轨用和可动心轨用两种。

(1)分动尖轨用钩式外锁闭装置结构

分动尖轨用钩式外锁闭装置由锁闭杆、锁钩、锁闭框、尖轨连接铁、销轴、锁闭铁组成，如图 1-60 所示。

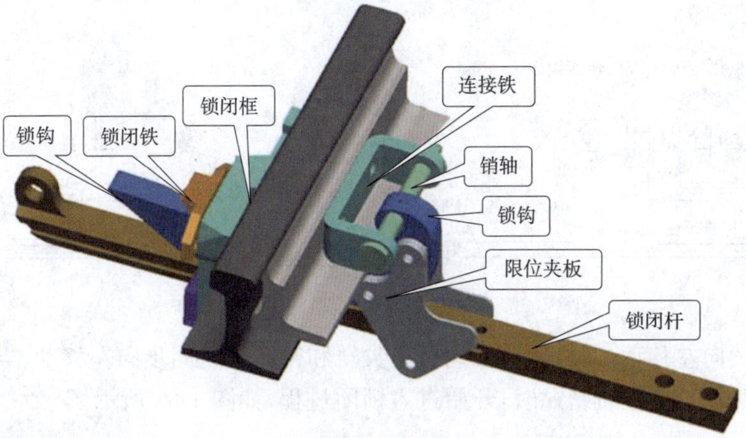

图 1-60　分动尖轨用钩式外锁闭装置

锁闭杆的作用是通过安装装置与转辙机动作杆相连，利用其凸台和锁钩缺口带动尖轨。第一牵引点锁闭杆与第二牵引点锁闭杆凸台尺寸不同，不能通用。锁钩头部与销轴连接，下部缺口与锁闭杆凸台作用，通过连接铁带动尖轨运动，尾部内斜面与锁闭铁作用锁闭密贴尖轨和基本轨。第一点牵引点锁钩与第二牵引点锁钩也不能通用。

锁闭框固定锁闭铁，支承锁闭杆。锁闭铁与锁钩作用锁闭尖轨和基本轨，导向槽在锁闭杆两侧槽内起导向作用。

锁闭框用螺栓与基本轨连接，锁闭铁插入锁闭框方孔内，并用固定螺栓紧固。尖轨连接铁用螺栓与尖轨连接，由销轴将其与锁钩连接。锁钩底部缺口对准锁闭杆的凸块，并与锁闭杆共同穿入锁闭框。

(2)分动尖轨用钩式外锁闭装置动作原理

当转辙机动作杆带动锁闭杆移动，密贴尖轨处的锁钩缺口随之入槽并移动，当动作到另一侧尖轨与基本轨密贴时，锁钩沿锁闭杆斜面向上爬起，锁钩升至锁闭杆凸块顶面时，锁钩同时被锁闭铁和锁闭杆卡住不能落下，从而实现了锁闭。本侧锁钩的缺口卡在锁闭杆的凸起处不能移动，保持尖轨与基本轨的开口基本不变。

分动尖轨用钩式外锁闭装置解锁、转换、锁闭过程：初始状态如图 1-61 所示，右侧密贴尖轨处于锁闭状态，左侧斥离尖轨与基本轨保持要求的开口，密贴尖轨锁钩同时被锁闭铁和锁闭杆卡住不能落下，斥离尖轨锁钩的缺口卡在锁闭杆的凸起处不能移动(外锁闭装置有空动时除外)，从而保持斥离尖轨与基本轨的开口基本不变。

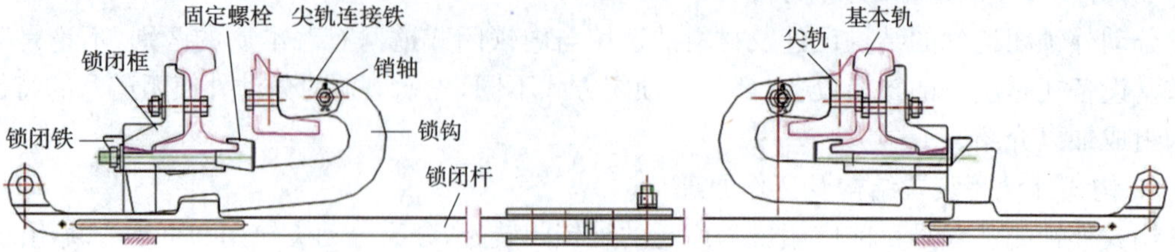

图 1-61　初始状态

解锁状态如图 1-62 所示，锁闭杆向左移动，斥离尖轨向密贴位移动，同时密贴尖轨处锁闭杆相对锁钩移动，当锁闭杆凸起与密贴尖轨锁钩缺口对齐时，锁钩落下卡在锁闭杆凸起内，尖轨与基本轨解锁。

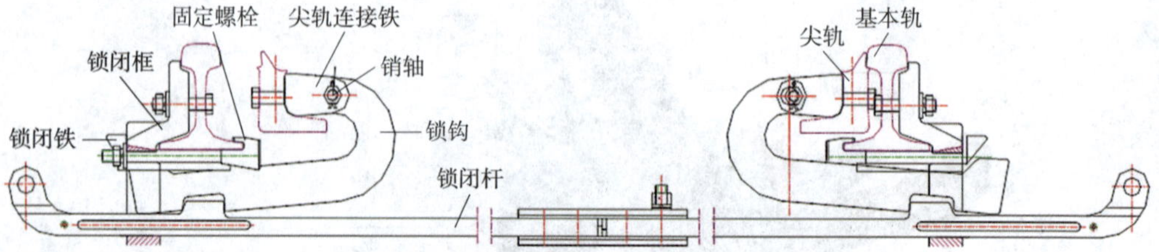

图 1-62　右侧尖轨解锁，左侧尖轨转换中

锁闭杆继续向左移动，通过锁钩带动斥离尖轨和密贴尖轨同步向左移动，当锁闭杆带动道岔转换至左侧尖轨与基本轨密贴时，开始进入锁闭过程，如图 1-63 所示。

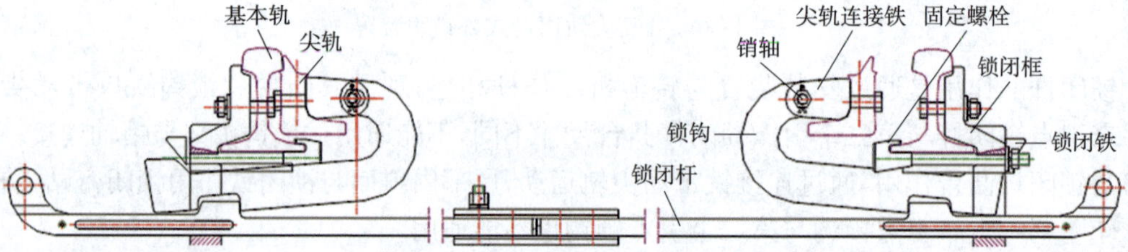

图 1-63　左侧尖轨到位过程

锁闭杆继续向左移动，左侧锁钩沿锁闭杆斜面向上爬起，当锁钩升至锁闭杆凸起顶面时，进入锁闭状态，同时右侧尖轨继续向左移动至规定开口，完成转换过程，如图 1-64 所示。

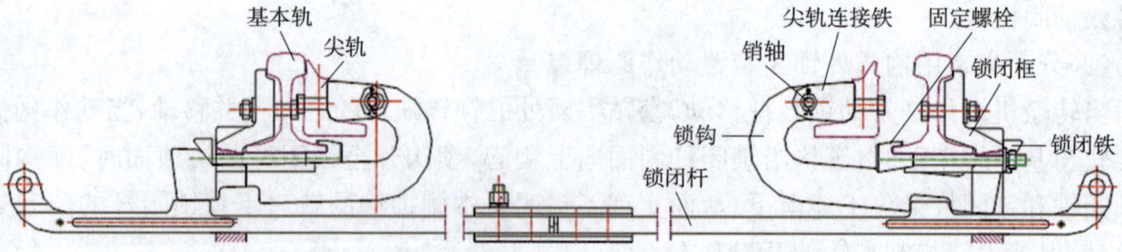

图 1-64　左侧尖轨锁闭完成，右侧尖轨转换到位

(3)可动心轨用钩式外锁闭装置结构

可动心轨用钩式外锁闭装置结构由锁闭杆、锁钩、锁闭框、锁闭铁组成，但锁闭杆的尺寸、锁钩的外形与尖轨所用完全不同，如图 1-65 所示。

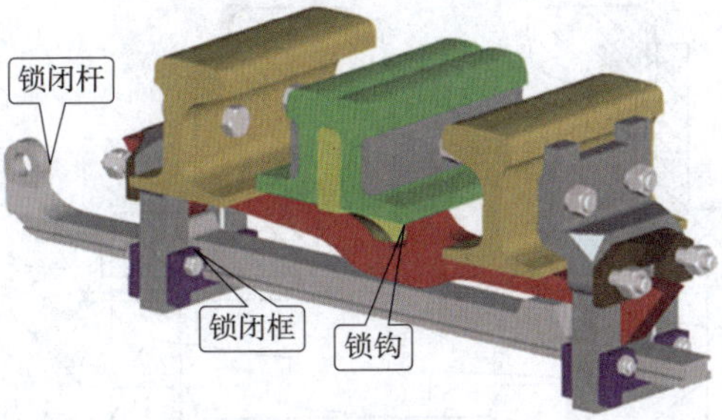

图 1-65 可动心轨用钩式外锁闭装置结构

锁闭框安装在翼轨补强板上，直接与翼轨相连，心轨的凸缘插在锁钩的楔形槽内，心轨在槽内可前后伸缩，通过锁闭杆的横向运动牵引心轨转换并锁闭。心轨一动外锁闭装置结构如图 1-66 所示，心轨二动外锁闭装置结构如图 1-67 所示。

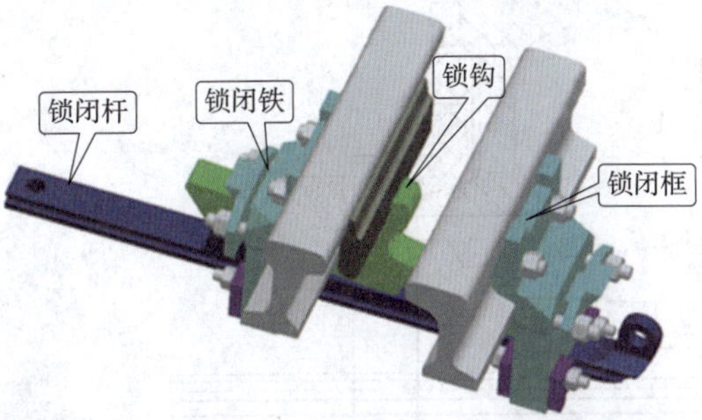

图 1-66 心轨一动外锁闭装置结构

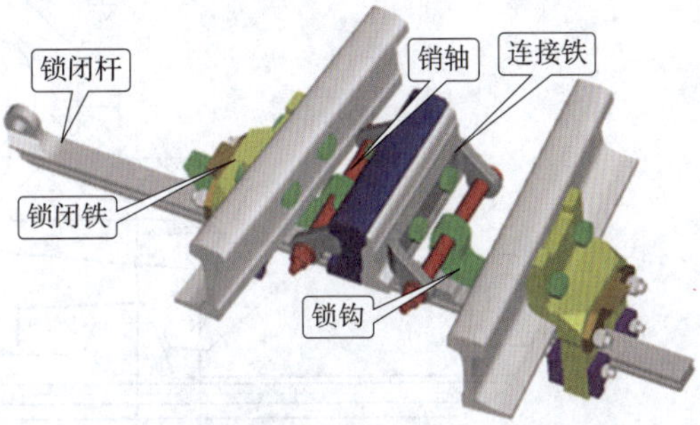

图 1-67 心轨二动外锁闭装置结构

(4)可动心轨用外锁闭装置的动作原理

可动心轨用钩式外锁闭装置的工作过程也分为解锁、转换、锁闭三个阶段。

初始状态如图 1-68 位置，心轨与右侧翼轨处于锁闭状态。

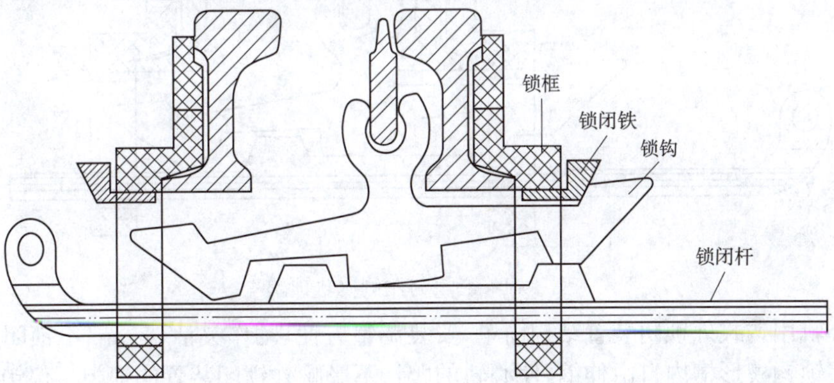

图 1-68 初始状态

锁闭杆向左运动到图 1-69 位置，锁钩转动解锁，解锁状态如图 1-69 所示。

转换心轨如图 1-70 所示，锁闭杆继续向左移动到达位置，并通过锁钩带动心轨转换到另一侧。

心轨与左侧翼轨锁闭如图 1-71 所示，锁闭杆继续向左移动到达位置 4，锁钩转动锁闭完成一个动作过程；在位置 4，锁闭杆向右运动动作过程与前述过程一致，完成另一个解锁—转换—锁闭动作。

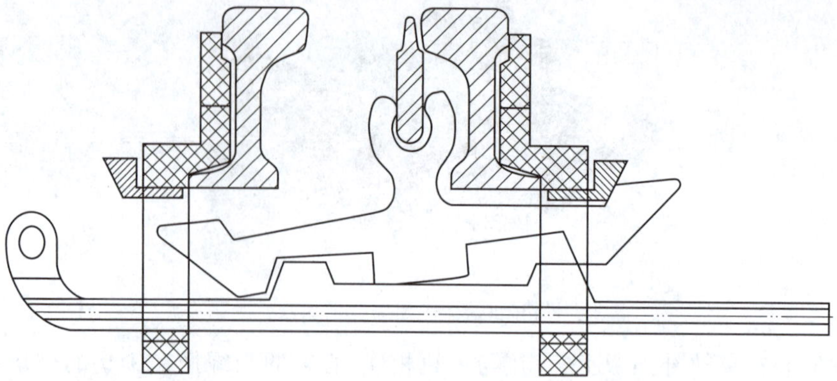

图 1-69　解锁状态

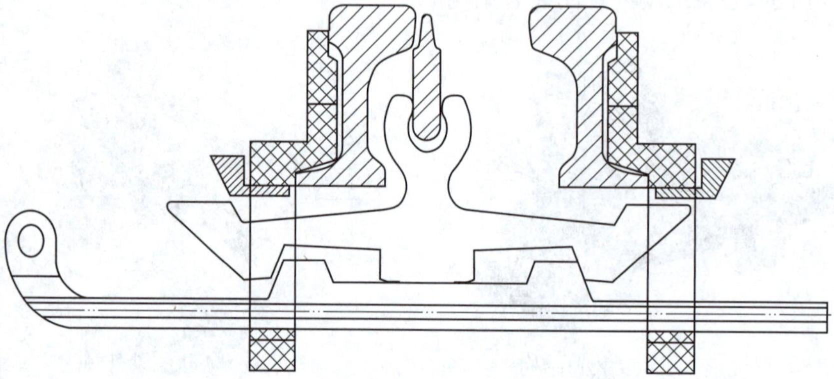

图 1-70　转换心轨

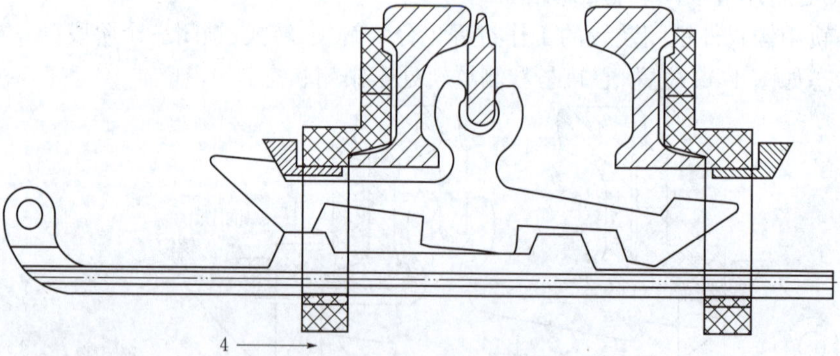

图 1-71　心轨与左侧翼轨锁闭

可动心轨用钩式外锁闭装置结构简单，安装调整方便，动作灵活，4 mm 不锁闭容易实现。心轨可以在锁钩楔形槽内自由伸缩，使心轨的爬行不影响外锁闭装置的锁闭。但锁钩较长，对生产工艺要求较高。

五、25 Hz 相敏轨道电路

(一)25 Hz 相敏轨道电路的结构

97 型 25 Hz 相敏轨道电路主要由送电端轨道变压器、限流电阻、送电端扼流变压器、钢轨线路、钢轨绝缘、受电端轨道变压器、受电端扼流变压器、防护盒、二元二位继电器(微电子相敏接收器)等组成，如图 1-72 所示。

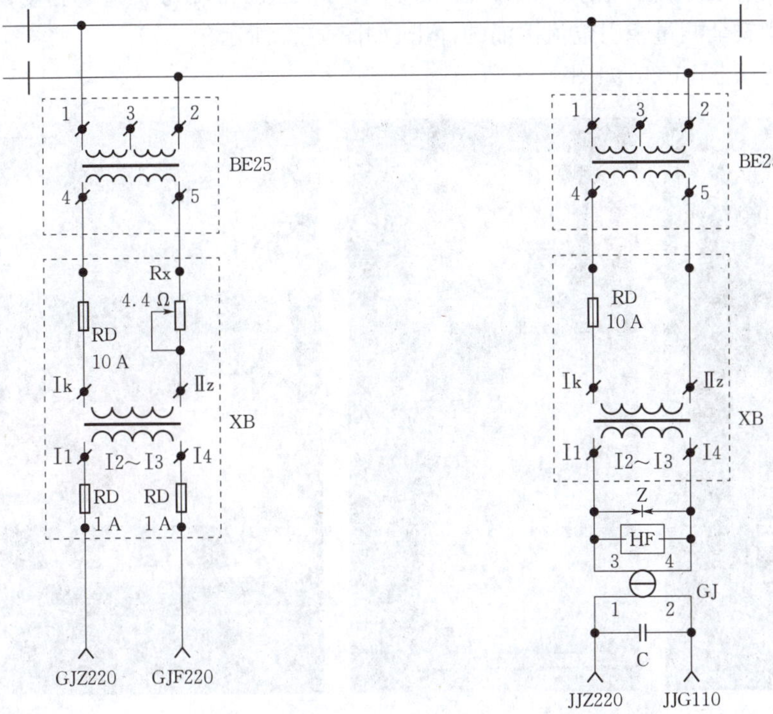

图 1-72　97 型 25 Hz 相敏轨道电路系统结构

1. 送电端设备构成

送电端设备包括室内轨道电源、1 A 保险、轨道变压器 BG25、限流电阻、10 A 保险、扼流变压器 BE25。

(1)室内轨道电源：给 25 Hz 轨道电路供电，如图 1-73 所示。

(2)1 A 保险：用于保护 220 V 电源，如图 1-74 所示。

(3)送电端轨道变压器 BG25：接设备的是Ⅱ次侧，接电源的是Ⅰ次侧；调整变压器Ⅱ次侧端子，轨道继电器正常工作，如图 1-75 所示。

图 1-73　室内电源屏

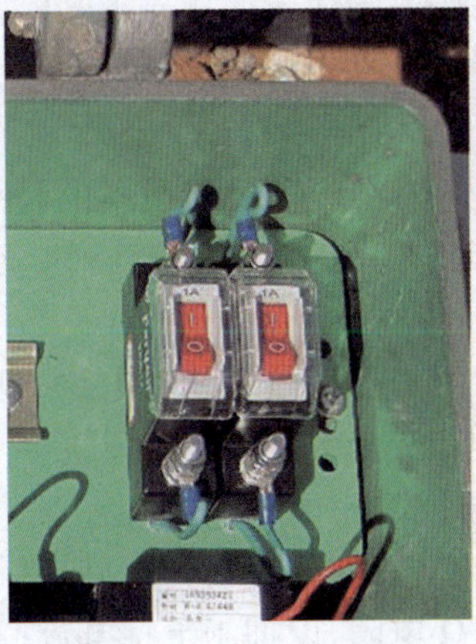

图 1-74　1 A 保险

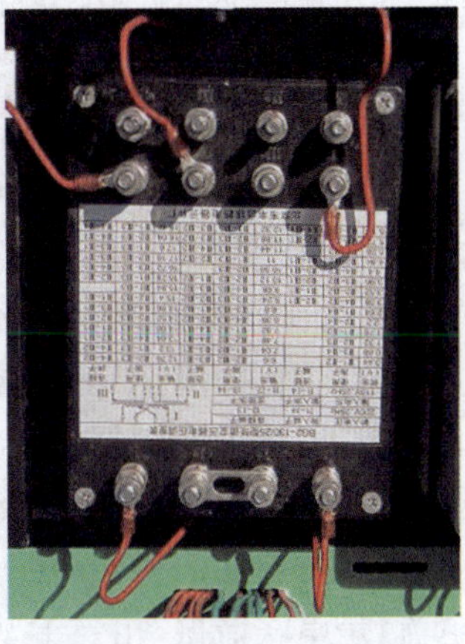

图 1-75　轨道变压器 BG25

(4)限流电阻：保护电源不致因为负荷而损坏，同时保证列车占用轨道电路时，轨道继电器可靠落下，应注意送电端限流电阻固定使用，不允许调整，如图 1-76 所示。

(5)10 A 保险:用于分级防护,保护器材,为了防止 25 Hz 相敏轨道电路受瞬间牵引冲击电流的干扰,能安全渡过牵引电流浪涌的冲击,如图 1-77 所示。

(6)扼流变压器 BE25,如图 1-78 所示。

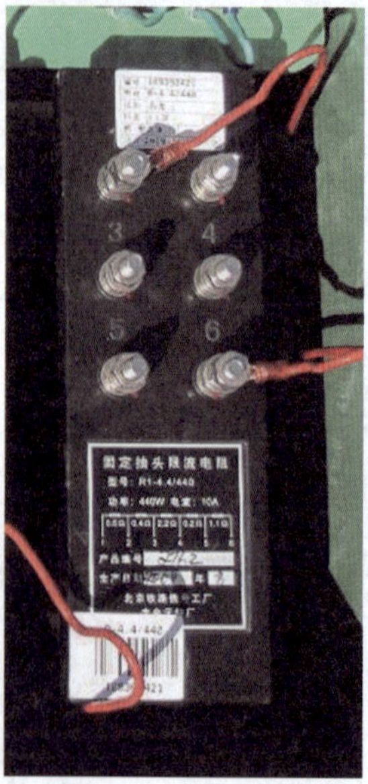

图 1-76　限流电阻

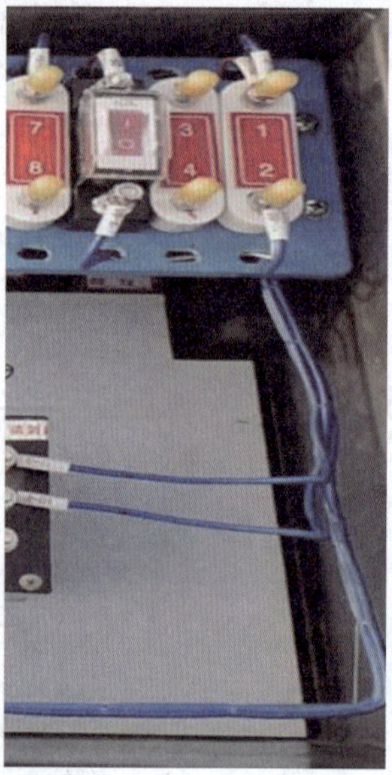

图 1-77　10 A 保险

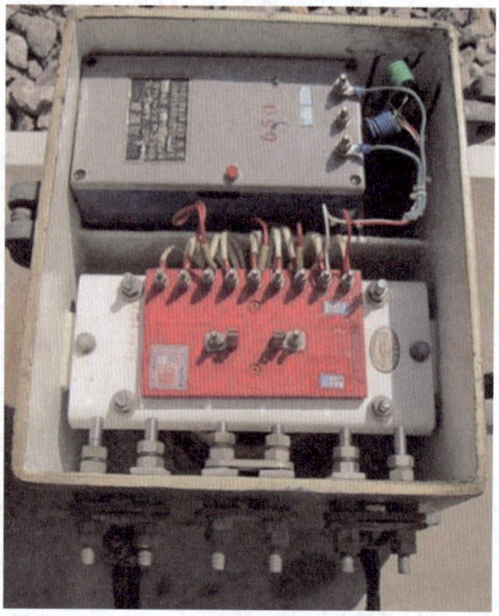

图 1-78　扼流变压器 BE25

a. 扼流变压器用于电气化区段,用来沟通牵引回流,为了解决牵引不平衡增加适配变压器(电感和电容构成)。

b. 牵引圈和信号圈的变比是 1∶3,其中牵引圈是 8+8 共计 16 匝,信号圈是 48 匝。

c. 送电端是降压,受电端是升压。

2. 受电端设备构成

受电端设备包括扼流变压器 BE25、10 A 保险、轨道变压器 BG25、防雷补偿器 FB、防护盒 HF、25 Hz 轨道继电器 GJ(JRJC1-70/240)、局部电源。

(1)扼流变压器 BE25:同送电端扼流变压器 BE25,用于升压。

(2)10 A 保险:同送电端。

(3)轨道变压器 BG25:(设备同送电端)接设备的是Ⅱ次侧,接电缆的是Ⅰ次侧,保证轨道继电器正常工作。受端轨道变压器变比固定使用。

(4)防雷补偿器 FB:电容用来提高局部线圈电路的功率因数,以减小变频器输出电流;整流硒堆用于钢轨不平衡牵引电流较大时作为二级防护,如图 1-79 所示。

图 1-79　室内电容和整流硒堆

(5)防护盒 HF:由电感、电容串联而成,对 50 Hz 牵引电流,呈串联谐振,相当于 15 Ω 电阻,以抑制干扰电流;对 25 Hz 信号电流,相当于 16 μF 电容,起补偿和减小相移作用。室内防护盒 HF 如图 1-80 所示。

(6)25 Hz 轨道继电器 GJ:1、2 线圈 110 V 局部电源;

3、4 线圈轨道电路电源。用于表示轨道电路情况，吸起表示空闲，落下表示占用，如图 1-81 所示。

图 1-80　室内防护盒 HF

图 1-81　轨道继电器 GJ

(7)局部电源：为轨道继电器的局部线圈(1、2)提供 110 V/25 Hz 局部电压，由室内电源屏供电。

(二)25 Hz 相敏轨道电路制式的特点

1. 相敏 25 Hz 轨道电路由于采用了二元继电器，其具有可靠的相位选择性和频率选择性，因而对轨端绝缘破损和外界牵引电流或其他频率电流的干扰能可靠地进行防护。

2. 25 Hz 轨道电路采用 25 Hz 频率后，与其他工频连续式轨道电路比较，在相同条件下，受道砟电阻变化影响小。

3. 25 Hz 电源是运用分频的原理构成的，由于 50 Hz 工频稳定，所以它也有频率稳定的特性，其频率衡定在 50 Hz 的一半。

4. 由于 25 Hz 分频器的固定特性，当两个分频器的输入端反向连接时，则其输出电压相差 90°，易于做成局部电源电压恒定超前轨道电源电压 90°，因而可以采用其中调相方式。

5. 25 Hz 分频器具有不可逆性，虽然 50 Hz 不平衡牵引电流通过扼流、轨道变压器流入轨道分频器的输出回路，但在其输入端不可能有 100 Hz 电流。同时室内轨道继电器的局部线圈是由局部电源单独供电，他不与钢轨或轨道分频器的输出相连，又不经过室外电缆线路，不受接触网电流产生的 50 Hz 干扰电压的影响。

6. "田"字型分频器的两线圈呈 90°位置放置，输入线圈的交流电产生的磁通不与谐振线圈完全相交，因而原则上排除了在输入线圈间有局部断路时输入线圈 50 Hz 电流向分频器输出电路的变化，大大降低 25 Hz 输出回路中 50 Hz 成分。

7. 分频器具有稳定特性，当输入的 50 Hz 电源电压在 220^{+33}_{-44} V 范围，负载由空载至满载的范围变化时，分频器的输出电压在 $220^{+6.6}_{-6.6}$ V 范围变化，因而提高了轨道电路工作的稳定性。

8. 25 Hz 轨道电路由于采用了连续方式，从而较为方便的找出其工作的最不利条件和肌线指标，更便于通过计算和实验手段加以验证。

(三)25 Hz 相敏轨道电路的工作原理

25 Hz 轨道电路的信号电源是由 25 Hz 电源屏室内铁磁分频器供给 25 Hz 交流电，以区分 50 Hz 牵引电流，通过电缆供向室外，经由送电端 25 Hz 轨道电源变压器(BG25)、送端限流电阻(RX)、送电端 25 Hz 扼流变压器(BE25)、钢轨线路、受电端 25 Hz 扼流变压器(BE25)、受电端 25 Hz 中继变压器(BG25)、电缆线路送回室内，经过硒堆(Z)及 25 Hz 防护盒(HF)给二元二位继电器(GJ)的轨道线圈供电；25 Hz 局部电源经并联 GJ 的局部线圈电容(C)直接供给 GJ 的局部线圈。这样使得 GJ 的轨道线圈由送电端 25 Hz 轨道电源经轨道传输后供电，局部线圈则由 25 Hz 局部分频器电源供电。

轨道继电器工作时，从轨道电路取得较少的功率而大部分功率是通过局部线圈的局部电源，因而轨道电路的控制距离可以延长，且只有轨道继电器上的轨道线圈 Ug 和局部线圈电压 Uj 之间的相位角接近或等于 90°时，转矩最大，使翼片绕轴旋转，带动接点动作，否则，翼片不能旋转，不能带动接点动作。所以，25 Hz 轨道电路既有对频率的选择性(区别开电力牵引电流)又有相位的选择性。当轨道线圈和局部线圈电源电压满足规定的相位要求时，GJ 吸起，轨道电路处于调整状态，即表示轨道电路空闲。其工作原理如图 1-82 所示。

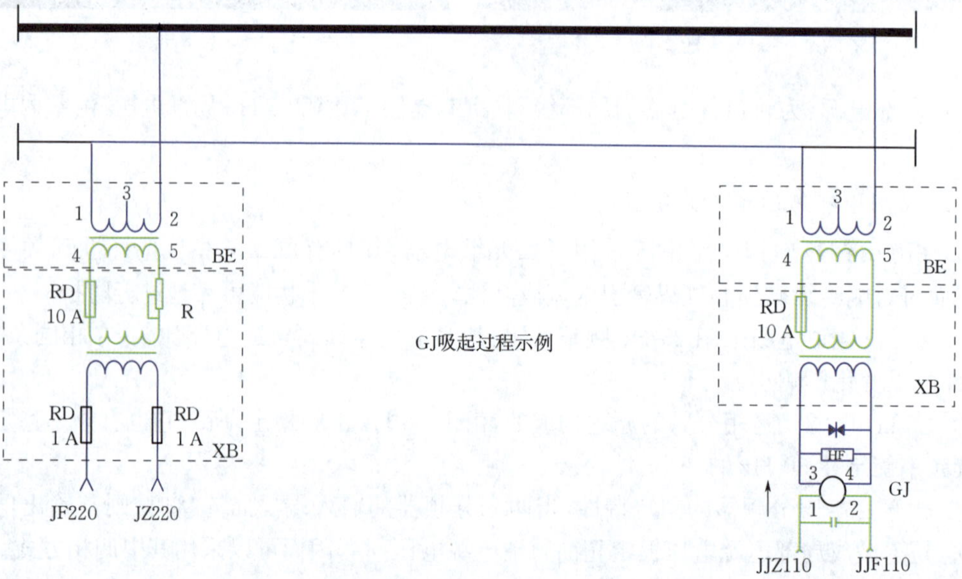

图 1-82　25 Hz 相敏轨道电路工作原理图(调整状态)

当列车占用时，轨道电路被分路，GJ 落下。若频率、相位不对时，GJ 也落下。25 Hz 电源屏由室内分别供出 25 Hz 轨道电路电源和局部电源。轨道电源由室内供出，当 GJ 的轨道线圈和局部线圈所得电源满足规定的相位、频率、电压值的要求时，GJ 继电器吸起，轨道电路处于工作状态；反之，GJ 继电器落下，轨道电路处于不工作状态。其工作原理如图 1-83 所示。

(四)25 Hz 相敏轨道电路的技术要求

1. 适用于钢轨连续牵引总电流不大于 800 A、不平衡电流不大于 60 A 的交流电气化区段的站内和预告区段的轨道电路。

2. 不设扼流变压器时，也可用于电气化区段内无电力机车行驶和非电气化区段的站内和预告区段的轨道电路。

3. 电源应采用集中调相方式。

4. 在最不利条件下，轨道继电器轨道线圈上的电压应不大于 50 V，调整和分路时的有效电压分别为不小于 15 V 和不大于 7.4 V。

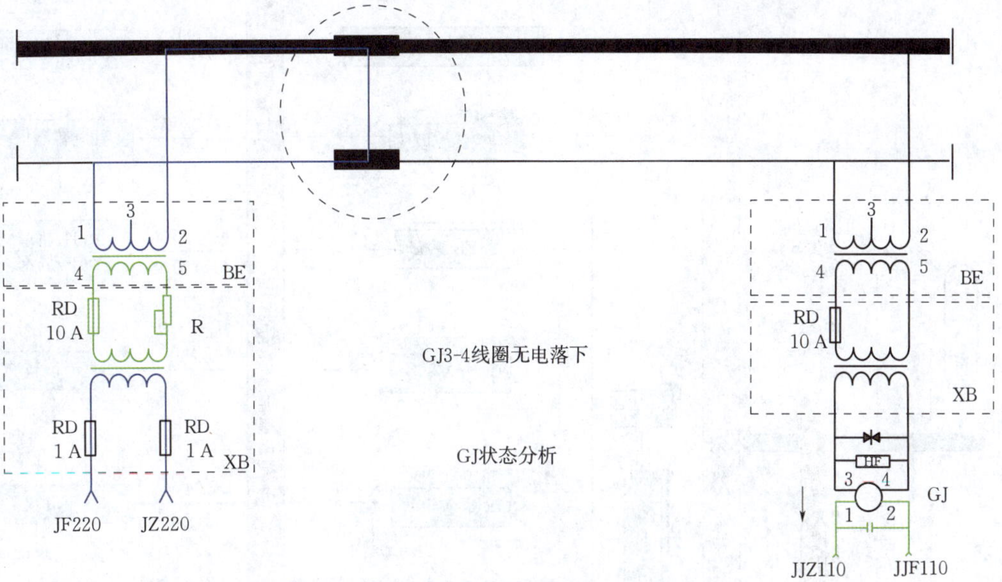

图 1-83　25 Hz 相敏轨道电路工作原理图(分路状态)

5. 频率为 25 Hz、电源电压在 160～260 V 范围内、钢轨阻抗不大于 0.62∠42° Ω/km、道砟最小电阻不小于 0.6 Ω · km,在极限长度范围内,能可靠地满足调整和分路的要求,并能实现一次调整。

6. 单受的轨道电路若不带无受电分支和为增设非轨道电路用的扼流变压器时,极限长度:带双扼流变压器和无扼流变压器的轨道电路均为 1.5 km。

7. 一送多受的轨道电路,以标准的 0.06 Ω 分路电阻在区段内任意点分路时,保证至少有一个轨道继电器可靠落下。

8. 每段轨道电路最多可设四个扼流变压器(包括空扼流变压器)。

9. 在无迂回回路的条件下,任何故障均有可靠的分路检查。

(五)25 Hz 相敏轨道电路的电气特性

调整状态时,轨道继电器轨道线圈(电子接收器轨道接收端)上的有效电压应不小于 15 V,且不得大于调整表规定的最大值,以保证继电器可靠吸起。

用 0.06 Ω 标准分路电阻线,在轨道电路送、受电端轨面任一处分路时,轨道继电器端电压(分路残压)97 型不应大于 7.4 V,其前接点应断开;电子接收器的轨道接收端电压,不应大于 10 V,输出端电压为 0 V,其执行继电器可靠落下。

六、信号电源屏

智能电源屏输入电源采用两路独立的交流三相四线制电源,由防雷配电箱引线进入电源屏输入端子,闭合输入断路器,经输入模块转换后,选择一路可靠电源进入汇流排;输入电源由汇流排进入与 UPS,经 UPS 滤波、变换后输出稳定的交流电源,供给各个交直流配电单元;工频交流电源采用变压器隔离供电方式,直流电源模块采用“N＋M”并联冗余工作方式。

交流转辙机电源采取变压器隔离、电网直供工作方式。

电源屏与电源屏之间由屏间连线跨接,以保证各屏可靠供电,闭合各隔离单元与模块输入、输出断路器,电源屏对外正常供电。电源屏工作原理示意如图 1-84 所示。

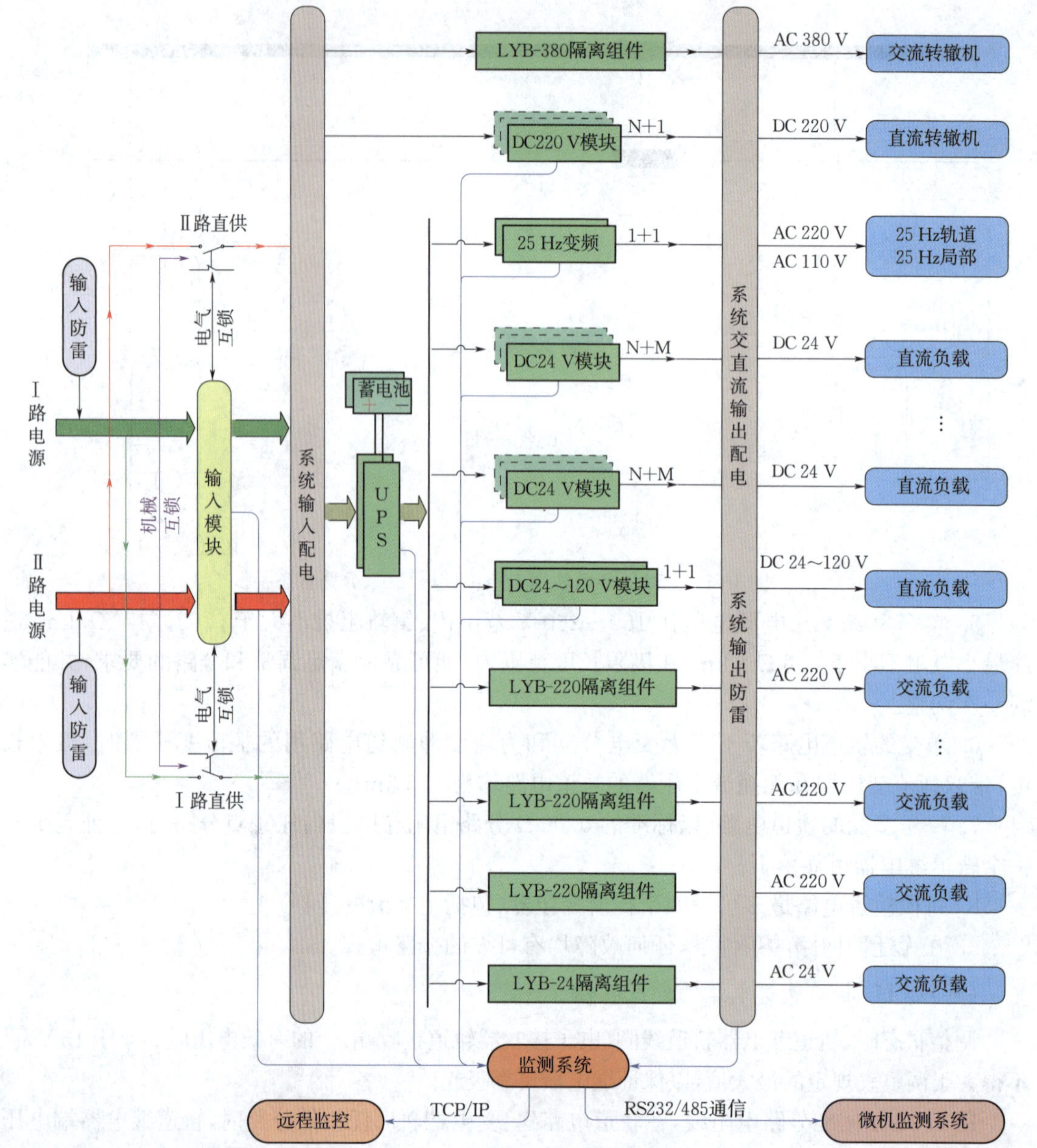

图 1-84　电源屏工作原理示意

电源屏主要模块包括输入模块、直流高频模块、直流工频模块、25 Hz 模块、监测模块，工作原理如下：

(1)输入模块

系统输入为一主一备的“Y”型供电模式，电源屏内设有两路输入电源转换电路，当某路供电电源发生故障或需要人为进行转换时，能在 0.15 s 内转换至另一路电源。输入模块面板及工作原理示意如图 1-85 所示。

(2)直流高频模块

直流电源模块采用电力电子技术，输入电源经过 AC—DC—DC 变换后，输出稳定的直流电源。系统配置时直流电源模块采用“N＋M”并联冗余输出的工作方式。直流高频模块面板及工作原理示意如图 1-86 所示。

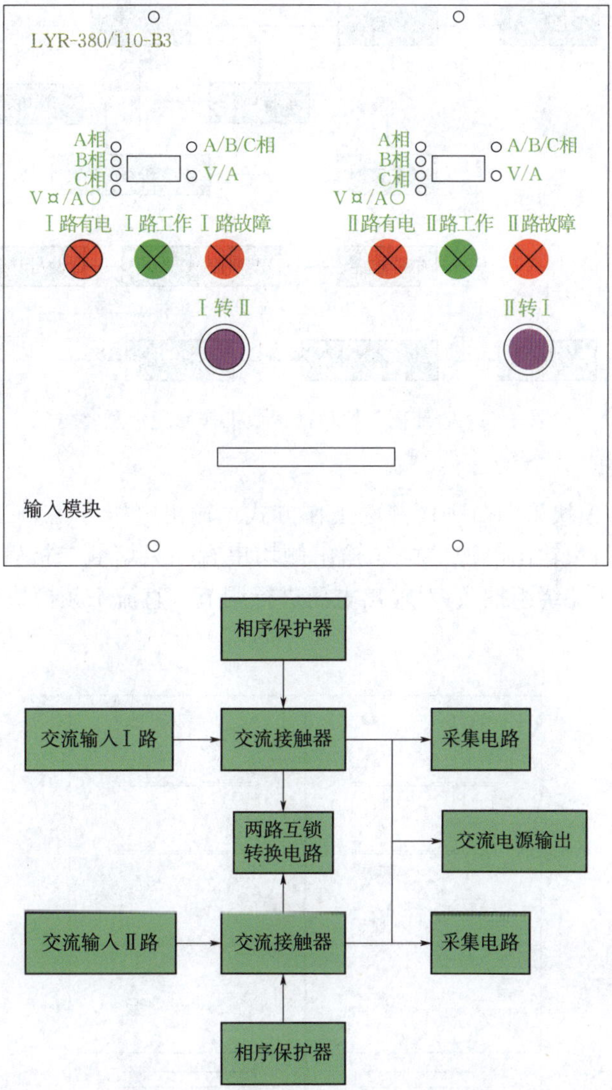

图 1-85　输入模块面板及工作原理示意

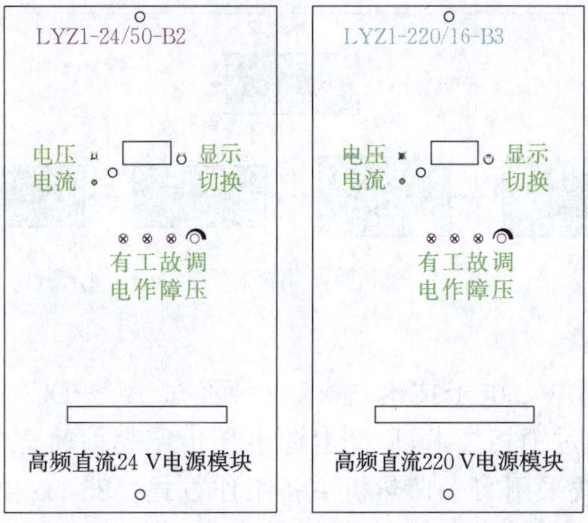

图 1-86　直流高频模块面板及工作原理示意

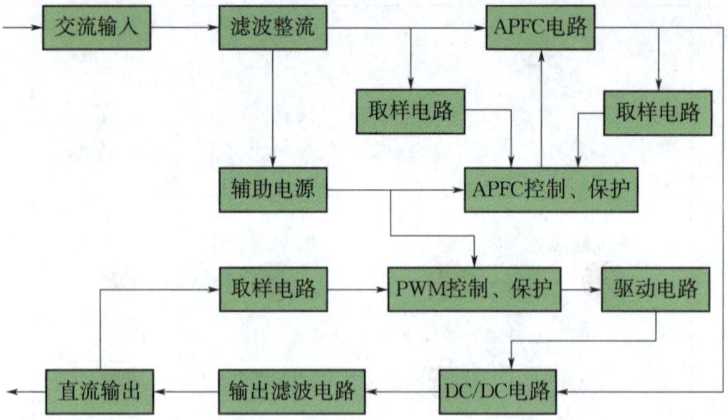

图 1-86 直流高频模块面板及工作原理示意(续)

(3)直流工频模块

站间联系(闭塞)模块采用“1+1”并联工作方式。输出电压可在 DC24～120 V 范围内分挡可调(6 V/挡),在每束输出电源的“+”输出侧均串有一只堵截二极管,模块面板上设有窗口,打开后可调整变压器绕组抽头,对输出电压进行调节。直流工频模块面板及工作原理示意如图 1-87 所示。

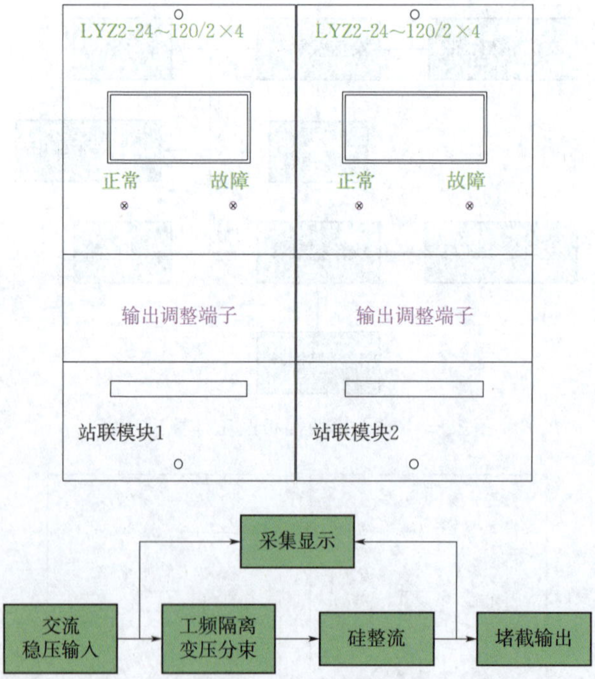

图 1-87 直流工频模块面板及工作原理示意

(4)25 Hz 模块

25 Hz 高频模块采用电力电子技术,输入电源经过 AC—DC—AC 变换后,输出两束稳定的 25 Hz 交流电源,通过锁相技术,局部电源电压恒定超前轨道电源电压 90°相位角。系统配置时 25 Hz 电源模块采用“1+1”热机主备工作方式。25 Hz 模块面板及工作原理示意如图 1-88 所示。

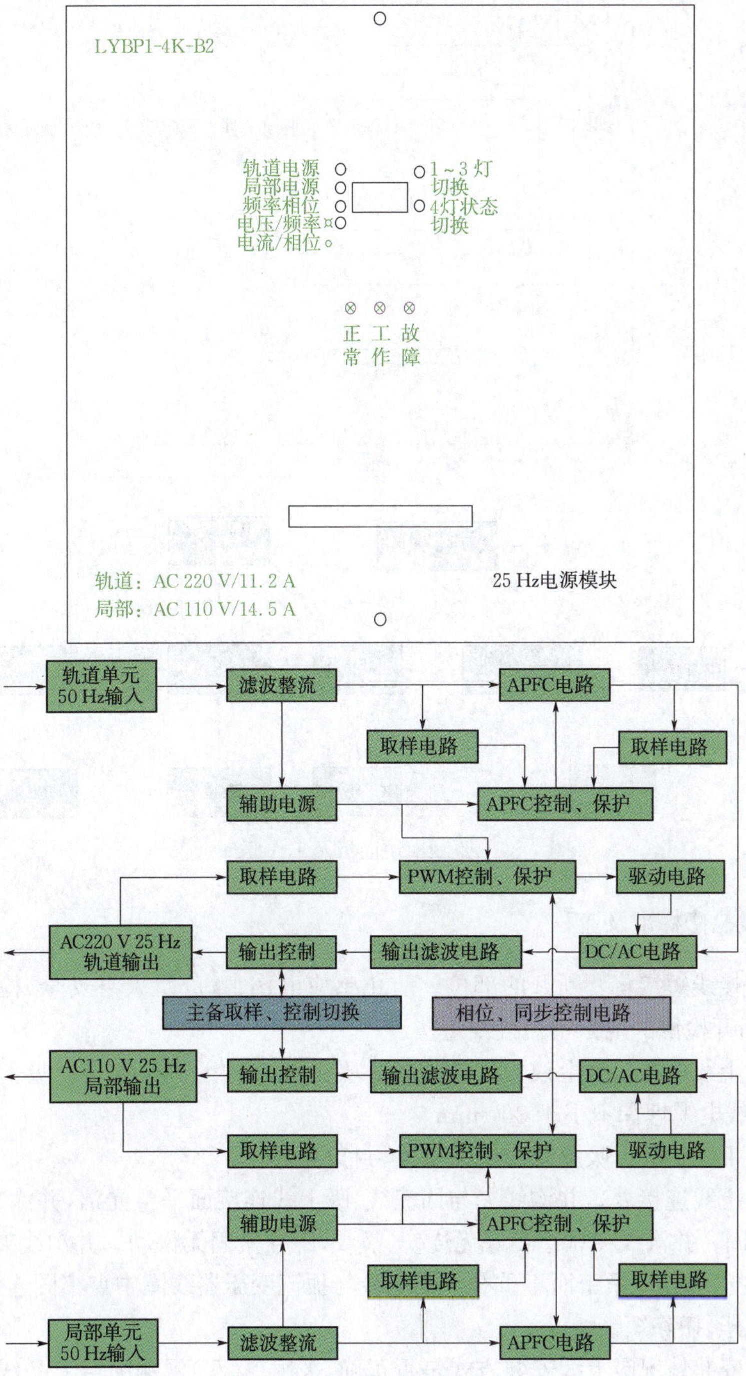

图 1-88 25 Hz 模块面板及工作原理示意

(5)监测模块

智能监测单元模块能够实时显示各供电单元的工作情况及状态信息，可将数据通过标准通信接口(注:标准通信接口 RS-485 在 1 号屏中，也可提供以太网通信方式)上传上位机或微机监测系统，支持历史数据查询。当输入停电时，监测系统由 UPS 供电，能维持正常采集、监测工作大于 10 min。监测模块面板及工作原理示意如图 1-89 所示。

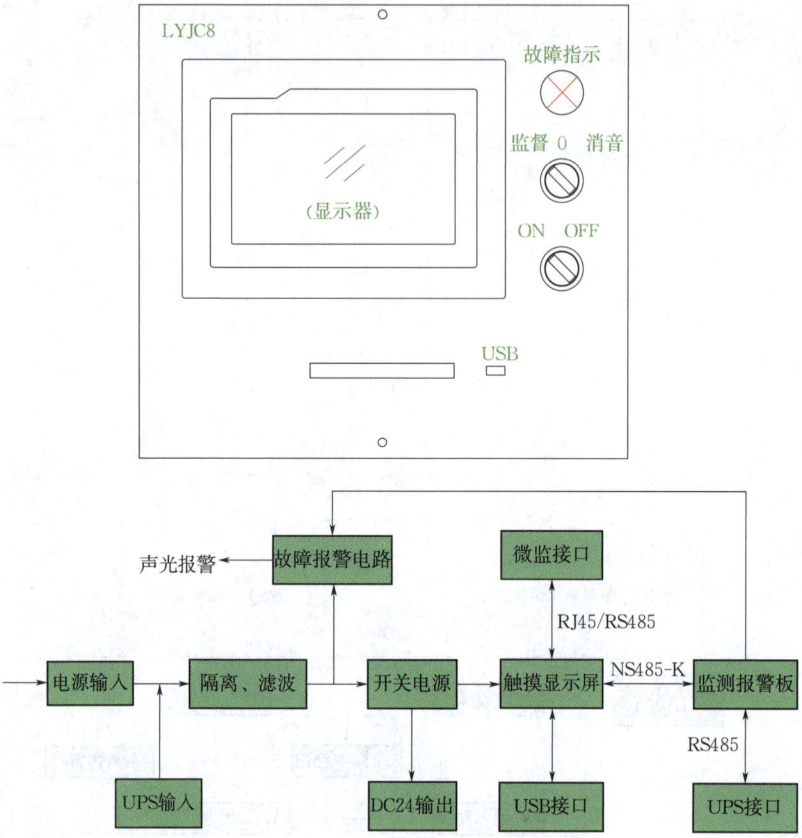

图 1-89　监测模块面板及工作原理示意

七、吸上线检修标准及流程

1. 先用短接线短接将要断开的部位。防止感应电伤害,危及人身安全,检修前应先装设短接线,将要断开检修的地方用短接线短接。

2. 检查吸上线电缆。吸上线无烧伤痕迹。吸上线本体无机械损伤。吸上线截面满足电气要求。吸上线电缆埋深不小于 300 mm。

3. 检查吸上线护管。吸上线护管无破损,封口完好。

4. 检查吸上线连接处。并沟线夹与回流线、吸上线连接面平整光洁,并涂有电力复合脂,连接应密贴牢固。并沟线夹状态良好无烧伤、裂纹,螺栓紧固无松动。并沟线夹两端分别用单股本线进行绑扎,绑扎应紧密而不重叠。吸上线与扼流变压器线圈中点牢固连接,螺栓紧固。

5. 检查完毕,撤除短接线。

6. 吸上线安装情况吸上线安装方式是否正确,采用单(双)根铜缆与 PW 线用并沟线夹连接,并通过铜缆连接扼流变中性点。若是发现通过支柱作为导体,PW 线未直接通过铜缆连接至扼流变中性点先用短接线短接将要断开的部位。检查吸上线与扼流变连接状态及护管状态。检查吸上线电缆状态及固定状态。检查吸上线与回流线连接处状态的情况,或者固定肩架缺少的,应按标准予以安装。检查吸上线结构的紧固件、并沟线夹(包括与扼流变中性点连接)的螺栓螺母是否存在松脱现象。其中吸上线安装方式是通过支柱、PW 线支座与 PW 线相接的,应将 PW 线支座打开,检查线索是否存在烧伤,并按标准予以重新安装。

八、"之"字值、拉出值

接触线直接与电力机车受电弓接触且发生摩擦，为了保证受电弓和接触线永远接触、不脱线和保证受电弓磨耗均匀，要求接触线在线路上按技术要求固定位置，即在定位点处保证接触线与电力机车受电弓滑板中心有一定距离，这个距离在直线区段叫做接触线的"之"字值，在曲线区段称拉出值。

接触线的"之"字值或拉出值的作用，主要是使在运行中的电力机车受电弓滑板工作面与接触线摩擦均匀（否则会使滑板工作面某些部分磨出沟槽，降低受电弓使用寿命），保证接触线与受电弓接触，不发生脱弓，避免因脱弓而造成弓网事故。

接触线"之"字值和拉出值的差别是"之"字值概念用于直线区段，拉出值概念用于曲线区段，两者只是使用地方不同。它们的共同点是"之"字值和拉出值均为接触线在定位点处距受电弓中心的距离。

接触线的拉出值与电力机车受电弓最大允许工作范围（950 mm）有关，与线路情况也有关系。在直线区段，线路中心线与机车受电弓中心线重合，接触线沿线路中心线上空成"之"字形对称布置，即所谓直线区段，接触线拉出值也称"之"字值的原因。

曲线区段电力机车车身随线路的外轨超高向内轨倾斜，受电弓也呈倾斜状，线路中心线与受电弓中心不重合，曲线区段上随曲线半径不同拉出值也有差异，一般设计值在 150～400 mm 之间。拉出值的允许误差为±30 mm。

九、分段绝缘器标准

1. 分段绝缘器处电力机车、动车组通过速度不得超过 120 km/h。空气绝缘间隙不小于 300 mm。

2. 分段绝缘器主绝缘应完好，其表面放电痕迹应不超过有效绝缘长度的 20%。主绝缘严重磨损应及时更换。

3. 分段绝缘器应位于受电弓中心，一般情况下偏差不超过 100 mm。相对于两侧吊弦点有 5～15 mm 的负弛度。滑道底面应平行于轨面连线，最大偏差不超过 10 mm。

4. 分段绝缘器导线接头、导流滑道端头处过渡平滑。承力索分段绝缘子应采用质量较轻的有机复合绝缘子。

5. 分段绝缘器不应长时间处于对地耐压状态。雨、雪、雾、霾、冻雨等恶劣天气下，起电分段作用的隔离开关严禁处于分闸状态。

6. 分段绝缘器安装位置符合规定，距离定位点不得小于 2 m。

7. 在装卸线、机车整备线、给水线等分段绝缘器内侧 2 m 处，检查"安全作业标"无破损、字迹清晰。

十、分相绝缘器标准

1. 分相绝缘器应位于受电弓中心，一般情况下偏差不超过 100 mm。双线区段，在列车运行方向为 1‰的上升坡度；单线区段，为(50±10) mm 的负弛度；滑道底面应平行于轨面连线。

2. 分相绝缘器需与钢轨两轨面连线平行，采六点测量法，各点间高差不得大于 10 mm。

3. 始触点是铜滑道下表面开始接触受电弓滑板的那一点，这一点在吊弦线夹附近的铜滑道鼓包处的中心线上。用水平尺测量该点处两根铜滑道的下表面和接触线的下表面应在同一平面上并平行于轨面。

第二章　固定设备结合部技术标准

第一节　工电供设备管界

一、工电联合整治道岔、钢轨绝缘维护分工

工电联合整治包括道岔(含转换设备)、钢轨绝缘(含轨距拉杆、地锚拉杆绝缘等)工电结合设备。

(一)道岔工电结合部设备管理分工

1. 道岔钢轨、辙叉、轨枕、滑床板、垫板、连接杆、拉杆、间隔铁、限位器、防跳限位装置、轨撑、顶铁、挡砟板、联结零件、连接销、螺栓,岔枕上用于安装道岔安装装置的螺栓孔,提速道岔钢岔枕与钢轨联结螺栓的绝缘垫板及绝缘套管,心轨牵引点处连接铁(拉板)及其联结螺栓等由工务负责维修管理。

2. 道岔转辙机、密贴检查器、锁闭装置、导管装置、动作杆、表示杆、防踩板、安装装置(含绝缘),可动心轨道岔的锁闭板、锁闭板绝缘垫片及锁闭板与钢枕的联结螺栓,心轨牵引点拉板安装外锁闭的方孔及安装转辙机托板的螺栓,CN 道岔下拉装置、辙叉夹紧杆、辙叉连接柄及其紧固件等由电务负责维修管理。

3. 岔枕等工务设备上用于安装电务设备的螺栓孔由电务负责检查,道岔钢岔枕与钢轨联结螺栓的绝缘垫板及绝缘套管由电务负责测试,发现失效时通知并配合工务修复。

4. 锰钢辙叉上的导电销由电务负责日常检查、工务负责维护;电务发现导电销脱落或无法安装跳线时,应通知并配合工务焊修。

5. 道岔辊轮安装、固定、维护由工务负责,辊轮调整由电务负责。辊轮及其部件缺失、脱落或破损时,由工务准备材料并安装恢复,电务负责调整。

(二)钢轨绝缘等工电结合部设备管理分工

1. 分体式绝缘接头接头夹板及其螺栓等有关线路强度的金属部分由工务负责维护,其保证电气特性的绝缘部分由电务负责维护。

2. 胶接绝缘、轨距杆、地锚拉杆由工务负责维护,其保证电气特性的绝缘部分由电务负责测试,测试发现绝缘部分存在问题时由工务负责维修。

3. 工务、电务发现绝缘接头不良需分解检查或更换时,应通知对方联合整治。

4. 钢轨绝缘维护管理工作的补充规定:

(1)钢轨绝缘实行等级管理

钢轨绝缘是轨道电路设备重要组成部分。为实现精准管理,按照风险程度,实行分级维护管理。

①胶接绝缘

a. 一级维护处所

惯性击穿、线路所、股道双向接发车牵引回流切断点处所影响动车组运行的胶接绝缘。

b. 二级维护处所

除一级以外的胶接绝缘。

②拼装绝缘：

a. 一级维护处所

侧磨严重以及电气化区段正线的拼装绝缘。

b. 二级维护处所

电气化区段侧线以及非电气化区段正线的拼装绝缘。

c. 三级维护处所

除一、二级以外的拼装绝缘。

(2)钢轨绝缘基础台账实行动态管理

工务、电务部门共同建立统一的"钢轨绝缘分级管理台账"，明确等级处所，每季度更新一次台账，数值准确翔实，工务、电务台账应保持一致。

(3)钢轨绝缘检查、测试周期

①一级维护处所的胶接绝缘每半月一次检查、测试。

②二级维护处所的胶接绝缘每月一次检查、测试。

③拼装绝缘每半年一次检查、测试。

④工务、电务部门对钢轨绝缘实行联合检查、测试。

(4)钢轨绝缘预警管理

①胶接绝缘：

a. 对一级维护处所电阻值小于 20 Ω 的胶接绝缘且阻值明显下降和二级维护处所电阻值小于 10 Ω 的胶接绝缘，经电务、工务部门共同判断后由工务部门组织更换。

b. 对二级维护处所电阻值小于 20 Ω 的胶接绝缘，应实行预警管理。

c. 对轨端绝缘与夹板间电阻值小丁 100 Ω 的胶接绝缘，应实行预警管理。

d. 对胶接绝缘测试前、后劣化值超过 20%的，纳入预警管理。

②拼装绝缘：

轨端绝缘小于 20 Ω 或钢轨与夹板间电阻小于 100 Ω，电务部门研判后通知工务部门，并配合及时采取分解检查处理。

③在更换前纳入预警管理，未对轨道电路特性造成影响的钢轨绝缘，由电务部门每日通过集中监测重点查看轨道电路电压曲线，每周进行一次绝缘阻值测试并做好记录，电务无人值守站每月至少进行两次绝缘阻值测试。对工务部门已安装集中监测设备的，工务部门要对预警处所进行重点查看监测分析。

④对普通、胶接轨绝缘在线测试电阻达到预警管理值的处所，由电务部门填写"绝缘设备测试情况反馈单"，电务、工务部门共同确认签字。

⑤工务部门日常应加强对钢轨绝缘接头前后 3 m 范围内的绝缘外观及钢轨鱼鳞纹、钢轨掉块等结合部问题的检查工作，发现问题要及时整治处理。电务部门在检查、测试绝缘发现上述问题，影响钢轨绝缘时，要及时通知工务部门处理。

(5)钢轨绝缘分解及更换管理

①胶接绝缘：

a. 一级维护处所不宜超过五年更换一次。

b. 二级维护处所执行状态修。

②拼装绝缘：

a. 一级维护处所执行每年一次分解检查、每五年一次更换。

b. 二级维护处所执行每三年一次分解检查、每八年一次更换。

c. 三级维护处所执行每五年一次分解检查、每十年一次更换。

③建立分解检查及更换绝缘台账，并纳入年度工作安排，检查发现一股绝缘烧损时，另一股绝缘要同时更换。

二、对行车设备的维护分工

1. 电务与车务部门对行车设备的维护分工见表 2-1。

表 2-1　电务与车务部门对行车设备的维护分工

设备名称	说　明	车务负责的工作	电务负责的工作
导管装置	导管调整器、各种拐轴和导轮	清扫	注油、调整
握柄装置	信号握柄及转辙握柄		
脱轨器		清扫	注油
道岔及路线遮断表示器	由电务维修的表示器	清扫	注油、调整
	灯	更换灯泡	刀闸盒至灯座引入线的检查修理
运转室（含调度所、机车受令点等）内信号设备	控制台、人工解锁盘、半自动闭塞控制箱等信号操纵设备	外部清扫	内部清扫、注油、调整
	计算机联锁鼠标、显示器等控显设备	外部清扫	维修
	TDCS、CTC 终端设备	外部清扫，更换色带、墨盒、硒鼓、打印纸、绘图纸等耗材	维修

2. 电务与工务部门对行车设备的维护分工见表 2-2。

表 2-2　电务与工务部门对行车设备的维护分工

设备名称	工务负责的工作	电务负责的工作
导管及送气管的横过轨道装置	导管及送气管横过轨道时线路上增加装置的维修，如抽换轨枕、清除道砟修理混凝土梁、钢梁及日常巡检	(1)维修上述信号设备； (2)无混凝土或钢结构及不变更轨枕位置的导管及送气管的简单过道设备的维修
道岔转换及锁闭装置	(1)在尖轨或基本轨上安装信号机件时的穿孔； (2)轨距杆、基本轨通长垫板、滑床板、尖轨间的连接杆、耳铁、耳铁螺栓及轨撑的维修； (3)电动、电液、电空转辙机的安装及维修的配合； (4)转辙设备以道岔轨枕作为基础者，保持轨枕不失效，轨枕下部捣固坚实； (5)锁板的安装及维修	(1)密贴调整杆、尖端杆、表示杆的维修； (2)转换锁闭器的垫板、保持轨枕距离的铁带维修； (3)电动、电液、电空转辙机的安装装置的维修； (4)轨道电路钢轨接续线、跳线及送受电端接续线的穿孔； (5)工务更换钢轨及起道调整轨距等的配合

续上表

设备名称	工务负责的工作	电务负责的工作
道岔外锁闭装置及其安装螺栓	(1)钢轨及其与钢轨的联结螺栓和绝缘装置； (2)可动心轨第一和第二牵引点拉板及其与心轨的联结螺栓； (3)尖轨防跳装置	(1)外锁闭装置及其安装螺栓； (2)可动心轨平板式锁铁，锁铁下绝缘装置及锁铁与钢枕的联结螺栓
密贴调整工作	(1)用重锤扳道器、弹簧扳道器操纵道岔的密贴调整； (2)保持联锁区内道岔轨距变化及其基本轨移动不超过限度按联合整治道岔要求，配合对方进行设备整治	用转辙握柄、按钮及由电务维修的带柄道岔表示器操纵的道岔密贴调整；按联合整治道岔要求，配合对方进行设备整治
道岔轨枕	安装联锁设备的道岔轨枕的维修及更换	配合轨枕更换(确定位置及距离)
轨道电路	(1)保持道砟与钢轨底面的距离在20～30 mm范围；根据电务电气测试的报告，道床电阻低于1 Ω·km时，负责清筛道砟； (2)负责胶接绝缘的安装、更换及绝缘区段钢轨联结零件(螺栓夹板等)的维修，根据电务关于轨端轨间绝缘的要求，拆装钢轨联结零件和施工防护及更换； (3)轨距杆、轨距板绝缘及尖轨连接杆绝缘的维修，根据电务要求配合更换绝缘配件； (4)按照电务要求和指定处所，负责电容轨枕的更换和维修	(1)钢轨接续线、跳线及送受电端引接线的维修； (2)轨道电路的定期及临时检查试验，发现轨端及轨间绝缘不良时，由工务配合更换； (3)维修轨端绝缘，安装绝缘垫、绝缘套及电气特性试验； (4)新设时由施工单位备料，电务做绝缘特性测试，绝缘良好方准安装； (5)工务更换钢轨、轨枕(限于安装有电务设备)、现场胶接绝缘的配合； (6)负责电容的维修，向工务提出安装电容轨枕需求并配合更换
车辆减速器	(1)道床的捣固、排水、道砟清理等； (2)基础轨枕的维修更换； (3)钢轨轨距、水平的检查调整； (4)钢轨的维修、调直、更换； (5)钢轨与支架的联结螺栓(包括卡铁)紧固； (6)减速器入口护轮轨的检查维修	(1)减速器的维修、清扫、注油、机械强度检查及各部规格尺寸的测量调整； (2)更换、调整减速器制动夹板； (3)减速器内部风管道系统的维修； (4)支架基础螺栓紧固； (5)清扫道床面油垢； (6)复轨机器的检查维修
驼峰限界接触检查器	(1)轨枕更换及轨枕捣固保持线路水平； (2)上述更换调整时通知电务部门配合	(1)限界检查器的更换、调整、维修； (2)配合工务进行调整、更换
其他	区间内无专人管理的道岔和信号、联锁、闭塞设备附近的除雪	导管附近的除雪

注：表中未列的信号、联锁、闭塞设备均由电务维修。

3. 电务与供电部门对行车设备的维护分工见表 2-3。

表 2-3 电务与供电部门对行车设备的维护分工

设备名称	供电(引入)方式	分界点	供电负责的工作	电务负责的工作	备注
区间信号点	单回路供电区段	杆上电务电缆盒引入端子以上 50 mm 处分界	杆上电缆盒引入端子以上部分	杆上电缆盒及端子以下部分	
	双回路供电区段	有杆上电缆盒时,分界点为杆上电务电缆盒引入端子以上 50 mm 处分界	杆上电缆盒引入端子以上部分	杆上电缆盒及端子以下部分	
		电源箱电源引入端子分界	电源箱电源引入线	电源箱及其电源引入端以下部分	
道岔标志		电缆盒内熔断器引出端子分界	电源电缆桩(含刀闸、熔断器)及端子	熔断器引出端子以下部分	
信号楼	采用架空引入	建筑物上的第一横担分界	横担以上的供电设备	横担至屋内侧(包括建筑物上的横担、绝缘子、导线)由建筑物产权单位管理	
	引至信号机械室墙外,并设有专用电力电源箱	电源箱引出线 50 mm 处分界	电源箱及引出端子	电源箱引出线 50 mm 以下部分	
	引至与信号楼合建的电源配电间	配电间电源柜引出线 50 mm 处分界	电源柜	电源柜引出线 50 mm 以下部分	
	引至机械室内电务专用配电箱	机械室内电务专用配电箱电源引入端子 50 mm 处分界	配电箱电源引入端子以上部分	配电箱	
	引至信号机械室内电力专用配电箱	电力专用配电箱引出端子 50 mm 处分界	电力专用配电箱引出端子 50 mm 以上部分	电力专用配电箱 50 mm 及以下部分	电力配电箱至电务配电箱间有房建专用配电箱时,电务负责房建专用配电箱引出端子 50 mm 以下部分
	电力电缆直接引至机械室内电务电源屏	距电源屏引入端子 50 mm 处分界	电源屏电源引入端子 50 mm 以上部分	电源屏引入端子以下部分	
	电力电缆引至机械室外接线盒	机械室外接线盒引出端子以下引出线 50 mm 处分界	接线盒及以上部分	接线盒引出线 50 mm 以下部分	

续上表

设备名称	供电(引入)方式	分界点	供电负责的工作	电务负责的工作	备　注
接触网	吸上线接向轨道电路扼流变压器中心连接板时	连接扼流变压器中心连接板的端子螺栓为界	连接扼流变压器中心连接板的吸上线、线卡、固定螺栓	扼流变压器中心连接板	
应急发电机组		切换箱进线端子前50 mm处	分界点至发电机侧	分界点至负荷侧	
融雪道岔		以控制柜总开关上端子分界	分界点至电源侧(包括电缆头及引入端子)	分界点至负荷侧设备	

三、铁路外部环境管理分工

(一)组织领导和工作职责

1. 铁路局集团公司工务部、电务部、供电部原则上负责区间(以站界标或车站两端最外方进站信号机为界)铁路外部环境安全隐患排查整治管理工作。

主要职责是拟定集团公司相关专业铁路外部环境安全隐患排查整治工作标准,督导开展铁路外部环境安全风险预警防范,针对铁路外部环境安全突出问题制定整治工作计划,组织开展整治活动。

2. 铁路局集团公司运输部、客运部原则上负责铁路车站(以站界标或车站两端最外方进站信号机为界)外部环境安全隐患排查整治管理工作。

主要职责是督导开展铁路外部环境安全风险预警防范,针对铁路外部环境安全突出问题制定整治工作计划,组织开展整治活动。

3. 基层站段负责管内外部环境安全隐患排查整治和外部环境安全管控等工作,承担主体责任。

主要职责是贯彻落实国家、中国国家铁路集团有限公司(以下简称国铁集团)、铁路局集团公司关于铁路外部环境安全管理的法律法规、制度、办法,制定本单位外部环境安全管理实施细则和有关规章制度;落实环境安全巡、防、管、控责任,组织开展日常巡查、定期排查,及时发现、报告、处置和管控环境安全问题,建立健全并规范管理外部环境安全隐患库和环境安全隐患档案“一事一档”;负责协调县(市、区)、乡(镇、街道)级地方人民政府及相关部门,落实路地联防联动工作机制和“双段长”制,配合推进环境安全隐患整治,共同做好铁路沿线环境安全管理工作;组织开展路外安全宣传教育活动。

(二)铁路外部环境安全隐患类别及排查整治分工

1. 违法施工类

违法施工类主要指在铁路线路安全保护区内取土、挖砂、挖沟、下穿上跨施工、采空作业等安全隐患。

分工:运输部、客运部、工务部按职责范围组织开展排查整治。

2. 危险物品类

危险物品类主要指在铁路沿线两侧不符合国家标准、行业标准规定的安全防护距离,建造、设立生产加工储存或者销售易燃、易爆或者放射性物品等危险物品场所仓库安全隐患。

分工:运输部、客运部、工务部按职责范围组织开展排查整治。

3. 上跨并行类

上跨并行类主要指公跨铁桥梁和公铁并行安全防护设备设施不达标、警示标志缺失、违规附挂上跨设备、通行车辆超限超载超速等安全隐患。

分工:工务部、电务部、供电部按专业管理组织开展排查整治。

4. 违法取水类

违法取水类主要指在普速铁路线路安全保护区内抽取地下水类安全隐患。

分工:运输部、客运部、工务部按职责范围组织开展排查整治。

5. 河道桥梁类

河道桥梁类主要指在铁路桥梁跨越河道上下游禁止区违法进行采砂淘金、疏浚作业、围垦造田、拦河筑坝、架设浮桥或者修建其他影响铁路桥梁安全设施以及桥区航标未按规定设置等安全隐患。

分工:由工务部负责组织开展排查整治。

6. 开采爆破类

开采爆破类主要指违法进行采矿、采石或爆破作业类安全隐患。

分工:由工务部负责组织开展排查整治。

7. 违建违占类

违建违占类主要指在铁路线路安全保护区内违法建筑房屋设施、违法占地、违法经营等安全隐患。

分工:运输部、客运部、工务部按职责范围组织开展排查整治。

8. 堆放隐患类

堆放隐患类主要指在铁路线路两侧、铁路桥下堆放杂物、材料、设备、弃土弃渣以及向铁路线路安全保护区倾倒垃圾和排污等安全隐患。

分工:运输部、客运部、工务部按职责范围组织开展排查整治。

9. 倒落隐患类

倒落隐患类主要指铁路沿线各类杆塔、上跨线缆、高大设施等存在的倒落安全隐患。

分工:电化区段上跨和并行电力线及其支撑线杆由供电部负责排查整治,上跨铁路的通信线缆、通信杆塔等通信设施由电务部负责排查整治,其他由运输部、客运部、工务部按职责范围组织开展排查整治。

10. 树植隐患类

树植隐患类主要指在铁路沿线一定范围内种植影响铁路线路安全和行车瞭望的树木等植物,以及铁路电力线下影响供电的树木等植物。

分工:电化区段路外产权的由供电部负责,非电化区段路外产权的由工务部负责,路内产权的由运输部、客运部、工务部按职责范围组织开展排查整治。

11. 违法排放类

违法排放类主要指在电气化铁路附近从事排放粉尘、烟尘及腐蚀性气体的生产活动,超过国家规定的排放标准,危及铁路运输安全隐患。

分工:由供电部负责组织开展排查整治。

12. 硬飘浮物类

硬飘浮物类主要指邻近铁路线路安全保护区一定范围内彩钢瓦房、广告牌等金属材料建(构)筑物在大风天气下侵入铁路限界安全隐患。

分工:运输部、客运部、工务部按职责范围组织开展排查整治。

13. 轻飘浮物类

轻飘浮物类主要指在铁路沿线一定范围内升放风筝、气球、无人机等低空飘浮物以及各种网类、塑料类等轻体物品在大风天气下侵入铁路限界安全隐患。

分工:运输部、客运部、供电部按职责范围组织开展排查整治。

14. 危害铁路通信信号设施类

危险铁路通信信号设施类主要指危害铁路地下、过河光(电)缆等设施安全的违法行为。

分工:运输部、客运部、电务部按职责范围组织开展排查整治。

15. 危害电气化铁路设施类

危害电气化铁路设施类主要指攀登铁路电力线路杆塔或者在杆塔上架设、安装其他设施设备,在铁路电力线路杆塔、拉线周围 20 m 范围内取土、打桩、钻探或者倾倒有害化学物品,向电气化铁路接触网抛掷物品和触碰电气化铁路接触网等违法行为。

分工:运输部、客运部、供电部按职责范围组织开展排查整治。

16. 非法通行类

非法通行类主要指私设非法道口和非法人行通道,非法进入铁路线路以及封闭站场等问题。

分工:运输部、客运部、工务部按职责范围组织开展排查整治。

17. 非法烧荒类

非法烧荒类主要指在铁路线路安全保护区内烧荒问题。

分工:运输部、客运部、工务部按职责范围组织开展排查整治。

18. 放养牲畜类

放养牲畜类主要指在铁路线路安全保护区内放养牲畜问题。

分工:运输部、客运部、工务部按职责范围组织开展排查整治。

19. 其他隐患类

分工:各专业部按职责范围组织开展排查整治。

20. 特殊情况规定

车站与区间并行段(指两者相距最近距离在 200 m 及以下)由客运部、运输部负责组织排查整治。

高速铁路与普速铁路并行段(指两者相距最近距离在 200 m 及以下),高速铁路侧及中间部分由高铁维管部门和单位负责进行排查整治,普速铁路侧由普铁维管部门和单位负责进行排查整治。

两条普速铁路并行段(指两者相距最近距离在 200 m 及以下),高等级铁路一侧及中间部分由该线路维管部门和单位负责进行排查整治,另一侧由该线路维管部门和单位负责进行排查整治。

四、固定设备管理分工

依据《工电联合整治道岔、钢轨绝缘管理办法》(工电线路函〔2018〕28 号)和《中国铁路北

京局集团有限公司普速铁路行车组织规则》,工、电、供结合部分工如下:

(一)道岔转辙设备

1. 工务负责的工作

(1)道岔转换及锁闭装置

①在尖轨或基本轨上安装信号机件时的穿孔。

②钢轨、辙叉、轨枕、轨距杆、基本轨通长垫板、滑床板、尖轨间的连接杆、间隔铁、限位器、顶铁、挡砟板、联结零件、耳铁、连接销、耳铁螺栓及轨撑的维修,如图 2-1 所示。

③电动、电液、电空转辙机的安装及维修的配合。

④转辙设备以道岔轨枕为基础者,保持轨枕不失效,轨枕下部捣固坚实。

⑤锁板的安装及维修。

⑥滑床板辊轮的安装、固定、维护,如图 2-2 所示。

(2)道岔外锁闭装置

①钢轨及其与钢轨联结螺栓和绝缘装置。

图 2-1　道岔各部零件

图 2-2　滑床板辊轮 1

②可动心轨第一和第二牵引点拉板及其与心轨的联结螺栓,如图 2-3 所示。

③尖轨防跳装置,如图 2-4 所示。

(3)道岔轨枕

安装联锁设备的道岔轨枕的维修及更换,如图 2-5 所示。

(4)密贴调整工作

①用重锤扳道器,弹簧扳道器操纵道岔的密贴调整。

②保持联锁区内道岔轨距变化及其基本轨移动不超过限度,按联合整治道岔要求,配合对方进行设备整治。

2. 电务负责的工作

(1)道岔转换及锁闭装置

①密贴调整杆、尖端杆、表示杆的维修,如图 2-6 所示。

图 2-3　可动心轨联结螺栓

图 2-4　尖轨防跳装置

图 2-5　安装联锁设备的联结轨枕

图 2-6　密贴调整杆、尖端杆、表示杆

②转换锁闭器的垫板、保持轨枕距离的铁带维修。

③电动、电液、电空转辙机的安装装置的维修。

④钢轨上接续线、跳线及送受电端接续线的穿孔。

⑤工务更换钢轨及起道调整轨距等的配合。

⑥滑床板辊轮的调整，如图 2-7 所示。

(2)道岔外锁闭装置及其安装螺栓

①外锁闭装置及其安装螺栓。

②可动心轨平板式锁铁，锁铁下绝缘装置及锁铁与钢枕的联结螺栓。

(3)道岔轨枕

配合工务轨枕更换(确定位置及距离)。

图 2-7 滑床板辊轮 2

(4)密贴调整工作

用转辙握柄、按钮及由电务维修的带柄道岔表示器操纵的道岔密贴调整;按联合整治道岔要求,配合对方进行设备整治。

(5)道岔标志电源电缆桩熔断器引出端子以下部分。

3. 供电负责的工作

道岔标志的电源电缆桩(含刀闸、熔断器)及端子。

(二)轨道电路设备管界划分

1. 工务负责的工作

(1)保持道砟与钢轨底面的距离保持在 20～30 mm 范围内。根据电务电气测试的报告,道床电阻低于 1 Ω · km 时,负责清筛道砟。

(2)负责胶接绝缘的安装、更换及绝缘区段钢轨联结零件(螺栓夹板等)的维修,根据电务关于轨端轨间绝缘的要求,拆装钢轨联结零件和施工防护及更换。

(3)轨距杆、地锚拉杆、轨距板绝缘及尖轨连接杆绝缘的维修,根据电务要求配合更换绝缘配件。

(4)按照电务要求和指定处所,负责电容轨枕的更换和维修。

(5)锰钢辙叉上导电销的维护。

2. 电务负责的工作

(1)钢轨接续线、跳线及送受电端引接线的维修。

(2)轨道电路的定期及临时检查试验,发现轨端及轨间绝缘不良时,由工务配合更换。

(3)维修分体式轨端绝缘,安装绝缘垫、绝缘套及电气特性试验。

(4)新设时由施工单位备料,电务做绝缘特性测试,绝缘良好方准安装。

(5)配合更换有电务设备的钢轨、轨枕。

(6)负责电容的维修,向工务提出安装电容轨枕需求并配合更换。

(7)锰钢辙叉上导电销的日常检查。

(8)扼流变压器中心连接板。

3. 供电负责的工作

连接扼流变压器中心连接板的吸上线、线卡及固定螺栓，如图 2-8 所示。

图 2-8　吸上线、线卡及固定螺栓

（三）信号电源设备管界划分及技术标准

1. 供电负责的工作

(1)区间信号点或区间道口设备杆上电缆盒引入端子以上部分。

(2)双回路供电区段的区间信号点或区间道口设备电源箱电源引入线。

(3)电力电缆引至信号机械室墙外的电力电源箱及引出端子。

(4)电力电缆引至与信号楼合建的电源配电间的电源柜。

(5)电力电缆引至机械室内电务专用配电箱的电源端子以上部分。

(6)电力电缆引至信号机械室内的电力专用配电箱的引出端子 50 mm 以上部分。

(7)电力电缆直接引至电务机械室电源屏的引入端子 50 mm 以上部分。

(8)电力电缆引至机械室外的接线盒及以上部分。

2. 电务负责的工作

(1)区间信号点或区间道口设备杆上电缆盒引入端子及以下部分。

(2)双回路供电区段的区间信号点或区间道口设备电源箱引入端子及以下部分。

(3)电力电缆引至信号机械室墙外的电力电源箱引出线 50 mm 以下部分。

(4)电力电缆引至与信号楼合建的电源配电间的电源柜引出线 50 mm 以下部分。

(5)电力电缆引至机械室内电务专用配电箱。

(6)电力电缆引至信号机械室内的电力专用配电箱的引出端子 50 mm 以下部分。

(7)电力电缆直接引至电务机械室电源屏的引入端子及以下部分。

(8)电力电缆引至机械室外的接线盒引出线 50 mm 以下部分。

五、供电与电务设备分界

（一）供电负责的工作

1. 区间信号点或区间道口设备杆上电缆盒引入端子以上部分。

2. 双回路供电区段的区间信号点或区间道口设备电源箱电源引入线。

3. 电力电缆引至信号机械室墙外的电力电源箱及引出端子。

4. 电力电缆引至与信号楼合建的电源配电间的电源柜。

5. 电力电缆引至机械室内电务专用配电箱的电源端子以上部分。

6. 电力电缆引至信号机械室内的电力专用配电箱的引出端子 50 mm 以上部分。

7. 电力电缆直接引至电务机械室电源屏的引入端子 50 mm 以上部分。

8. 电力电缆引至机械室外的接线盒及以上部分。

（二）电务负责的工作

1. 区间信号点或区间道口设备杆上电缆盒引入端子及以下部分。

2. 双回路供电区段的区间信号点或区间道口设备电源箱引入端子及以下部分。

3. 电力电缆引至信号机械室墙外的电力电源箱引出线 50 mm 以下部分。

4. 电力电缆引至与信号楼合建的电源配电间的电源柜引出线 50 mm 以下部分。

5. 电力电缆引至机械室内电务专用配电箱。

6. 电力电缆引至信号机械室内的电力专用配电箱的引出端子 50 mm 以下部分。

7. 电力电缆直接引至电务机械室电源屏的引入端子及以下部分。

8. 电力电缆引至机械室外的接线盒引出线 50 mm 以下部分。

（三）应急发电机组的维护分界

供电与电务的分界点为切换箱进线端子前 50 mm 处，分界点至发电机侧由供电段负责，分界点至负荷侧由电务段负责。

1. 国铁集团配属铁路局集团公司的部备应急发电机由供电部门负责维护、使用。

2. 铁路局集团公司配备的信号应急发电机，设备维护由供电段负责；设备使用由用户负责，站区设有电务人员的由电务段负责使用，无电务人员的由车务站段负责使用。

3. 铁路局集团公司配备的站房应急发电机，设备维护由供电段负责，设备使用由车务站段负责；铁路局集团公司调度楼应急发电机组维护、使用由供电段负责。

4. 铁路局集团公司为道岔融雪装置配备的应急发电机，设备维护由供电段负责，设备使用由电务段负责。

5. 各单位自用的其他各类型发电机，由各单位自行管理，负责设备维护、使用。

6. 维护主要职责。各设备维护单位应负责发电机设备的新建、更新、改造、设备维护、功能性检测、负载测试和故障处置等工作。

7. 使用主要职责。发电机的设备使用单位应负责发电机设备的应急启动、定期启动试验、燃油加注及储备等工作。

8. 车站信号应急发电机（以下简称应急发电机）是在电力电源全部停电的情况下，为信号、通信及车站站房一级负荷供电的应急辅助设备。

9. 应急发电机组电源采用切换开关接入信号机械室，切换开关的两个输入端分别为贯通电源（电力远动箱Ⅱ路电源）和应急发电机组，输出端接至信号电源防雷箱Ⅱ路电源，两个输入端不得同时接入，防止并相和反送电，不设熔断器。

六、供电与工务设备分界

（一）道口设备分界

道口铺面、距道口最外股钢轨 2 m 以内（看守道口栏杆、栏门以内）的道路路面、同一道口两相邻线路股道间的道路路面（不包括货场道口及平过道）、栏杆（门）及其红色圆牌和警示信号灯、护桩（栏）、鸣笛标、公告牌、宣传牌等由工务部门负责维护。

道口自动信号、自动通知、遮断信号、无线报警装置、直通电话、由电务部门装设的列车无线调度通信等设备由电务部门负责维护。电务部门应及时核对道口报警距离、报警时间；提供道口通信、信号设备使用说明；培训道口作业人员正确使用道口通信、信号设备（安装有地方设备厂家的道口防护设备由设备厂家负责维护）。

道口房由产权部门管理。对道口加装的作业记录仪、栏杆（门）开闭显示装置、视频监视设备等，由看守单位负责使用维护。

车站按规定与道口做好联控，按规定时机开放进、出站信号，避免因过早开放进、出站信号可能造成的站内或邻近车站道口交通堵塞。

供电部门负责所属道口限界门、揭示牌以及道口电力照明（路灯）防护桩等设备设施的安装和维修管理；定期维修、巡检道口供电设施（使用地方电源的道口由看守单位负责）。

设备管理单位应按相关技术标准要求加强检修，保持设备完好和正常使用。道口自动信号、自动通知、道口电话、电源、栏杆（门）、铺面、标桩等设备发生故障、缺损时，要及时通知设备管理单位，并在“设备检修及故障处理记录簿”上登记。设备管理单位接到通知后要及时组织抢修，并在 24 h 内予以修复。当自动信号、自动通知、栏杆（门）等关键设备停用时，看守单位必须派人到现场监控。

有人看守道口看守分工：区间（进站信号机以外）道口由工务段负责看守；站内（进站信号机以内）道口由车务站段负责看守；段管线、货物线及走行线上的道口由归属单位负责看守；路产专用线及走行线上的道口，以有利于安全、作业为原则，由铁路局集团公司确定看守管理单位；非路产专用线上的道口，应由产权单位负责看守，也可委托相关铁路单位代为看守。当道口仅由一个单位使用时，由该单位负责看守；临时道口由申请单位负责看守。特殊情况由铁路局集团公司确定。

（二）线路障碍自动监测报警系统设备分界

供电段：以系统主机柜供电开关上端子为界，负责开关端子（不含）向供电电源侧线缆及附属电源设备的日常检查维护。

工务段：负责除通信设备、光电缆、报警灯、电源线缆以外现场设备的日常检查维护和紧急控制箱、主机柜开关钥匙的保管。

（三）隧道内设备分界

1. 隧道内设备洞室及消防设施、专用空调、照明、静电地板、排风扇、洞室门等设备设施由洞室内设备管理单位管理维护。

2. 隧道内排水沟由工务段管理维护。

3. 隧道内电缆槽及盖板：单独布缆由电缆槽内设备管理单位管理维护，综合布缆有排水功能的由工务段管理维护，综合布缆无排水功能的由电务段管理维护。

4. 隧道照明、通风系统、消防系统、救援站台及通道、紧急出口标示、水沟电伴热设备由工务段管理维护。

工务与供电以上述设备第一控制箱的电源引入端子(进线开关上口)为分界点,设备第一控制箱(含联结螺栓)及出线端设备由工务部门管理维护,分界点(不含联结螺栓)至电源方向设备由供电部门管理维护。

第二节　道岔转辙设备技术标准

一、道岔工电结合部的要求

《普速铁路信号维护规则　技术标准》第 3.1.19 条指出道岔工、电结合部应满足下列要求:

1. 道岔各部框架轨距、牵引点处开程、锁闭量应符合标准。

2. 尖轨、心轨、基本轨的爬行、窜动量不得超过 20 mm,限位铁两边应有间隙,尖轨、心轨、基本轨爬行、窜动不得影响道岔方正,造成杆件别劲、磨卡及外锁闭锁闭框调整孔无调整间隙。

3. 道岔的转换阻力不得大于电动(液)转辙机的牵引力,转辙机的牵引力应符合规定标准。

4. 尖轨、心轨无影响道岔转换、密贴的翘头、拱曲、侧弯、肥边和反弹,甩开转换道岔杆件,人工拨动尖轨、心轨,刨切部分应与基本轨、翼轨密贴。心轨、尖轨尖端至第一牵引点范围内其缝隙不应大于 0.5 mm,其余部位不应大于 1 mm。

5. 尖轨、心轨顶铁与轨腰的间隙均不应大于 1 mm,且间隙均匀。

6. 道岔转辙部位的轨枕间距符合标准,窜动不得造成杆件别劲、磨卡,影响道岔方正和道岔的正常转换。

7. 道岔转换时基本轨横移不得导致道岔的 4 mm 锁闭。道岔尖轨防跳限位器、各部轨距调整块作用良好,不得影响道岔正常转换,斥离轨游离不得造成道岔静态失去表示。

8. 尖轨、心轨底部与滑床台、辊轮间隙符合要求。

9. 滑床板无影响道岔转换的脱焊、断裂、塌陷、凹槽、倾斜等。

二、结合部相关的转辙机及外锁装置技术标准

1. 道岔表示缺口标准

(1)内锁闭道岔第一牵引点转辙机表示缺口标准为(1.5±0.5)mm;第二牵引点为(4±1.5)mm。

(2)两牵引点外锁闭道岔第一牵引点转辙机表示口标准为(2±0.5)mm;第二牵引点为(4±1.5)mm。

(3)驼峰分路道岔 ZD7 型转辙机表示口为(3±1)mm。

2. 转辙机摩擦电流及溢流压力标准

(1)ZD6 转辙机 A、D、F、G、H、K 型摩擦电流标准为 2.3～2.9 A。

(2)ZD7A 转辙机摩擦电流为 7.8～8.7 A;D7C 转辙机摩擦电流为 13.5～16 A。

(3)ZD9-A、C 转辙机摩擦电流为 1.9～2.3 A,ZD9-B、D 转辙机摩擦电流为 2.2～2.6 A。

(4)ZY4 和 ZY6 转辙机溢流压力为 3.6～4.5 MPa。

(5)ZYJ7 转辙机溢流压力为 11～14 MPa。

3. 密贴力调整的标准

(1)尖轨尖端至第一牵引点处，尖基轨间缝隙不得大于 0.5 mm，其余部分缝隙不大于 1 mm。

(2)内锁闭道岔第一牵引点处夹试验板进行密贴力试验时，2 mm 应接通表示，4 mm 不应接通表示；其他牵引点试验时，6 mm 不得接通表示。

(3)外锁闭道岔密贴力试验方法：道岔尖轨、心轨第一牵引点在锁闭铁与锁闭框间累加 0.5 mm 密贴调整片，直到道岔不能锁闭为止，然后再取出(1.5±0.5)mm 调整片，密贴段其他牵引点密贴调整时，在锁闭铁与锁闭框间累加 0.5 mm 密贴调整片，直到道岔不能锁闭为止，然后再取出(2±1)mm 调整片。

4. 内锁闭道岔密贴调整杆空动距离不得小于 5 mm。

5. 外锁闭道岔锁闭量标准：第一牵引点≥35 mm；其他牵引点≥20 mm，且两侧锁闭量应均等，偏差不大于 2 mm。

6. 道岔开程符合其安装图标准，绝对值误差不大于 3 mm，两侧偏差量不大于 2 mm。

三、工电联合整治道岔项目及标准

1. 工电联合整治道岔项目及标准(适用于内锁闭道岔)见表 2-4。

表 2-4　工电联合整治道岔项目及标准(适用于内锁闭道岔)

类别	项　目	整 治 标 准
几何尺寸	轨道几何尺寸	符合作业验收标准
	尖轨动程	符合《普速铁路线路修理规则》标准
	斥离尖轨非工作边与基本轨工作边的最小距离	不小于 65 mm
钢轨	基本轨上角钢安装孔位	两基本轨角钢安装孔相错量不影响角钢安装状态
	尖轨、基本轨肥边	肥边≤1 mm
	尖轨与基本轨密贴	尖轨尖端至第一牵引点处离缝≤0.5 mm，其他离缝≤1 mm
	尖轨与滑床台密贴	牵引点前后滑床台应与尖轨接触，其他滑床台与尖轨轨底缝隙<2 mm，不得有连续空吊
	尖轨反弹力	活接头尖轨跟部固定装置作用良好，不得使尖轨产生弹性
		手摇无过大反弹力、转辙机解锁时尖轨无明显反弹
配件	轨撑	轨撑齐全，作用良好，与钢轨离缝≤2 mm
	顶铁	顶铁齐全，作用良好，0 mm<与尖轨间隙≤2 mm，且间隙均匀
	各类螺栓	螺栓齐全，作用良好，扭矩符合标准
	限位器	限位器齐全、作用良好
	扣件	扣件齐全、扭矩达标、作用良好；轨距块作用良好，离缝≤1 mm
	调整片	调整片作用良好，防脱落措施良好
	滑床台板	滑床台板作用良好、平直、油润适量，无断裂、脱落，磨耗不大于 3 mm
	铁垫板、胶垫	铁垫板、胶垫齐全，作用良好
	连接销	道岔连接杆销子与孔旷动，合计磨耗≤1 mm

续上表

类别	项　目	整治标准
岔枕	岔枕	岔枕应方正，防爬设备齐全，作用良好
		牵引点处岔枕间距偏差≤10 mm，其他岔枕间距偏差≤20 mm且宜采取加固措施
		无失效，无空吊(≤2 mm)
绝缘接头	绝缘接头轨缝	绝缘接头轨缝>6 mm，分体绝缘应保持6～15 mm，减少轨缝变化量
		绝缘接头采用高强度绝缘件和紧固件，螺栓紧固良好
		绝缘接头轨端肥边≤2 mm
	绝缘	绝缘无破损，在线测试绝缘电阻值≥20 Ω
转换装置	密贴调整	尖轨第一牵引点处2 mm锁闭、4 mm不锁闭，其他牵引点密贴符合标准
	开口销、销子	轨撑横穿螺栓、开口销齐全
		销子与孔径合计磨耗不大于1 mm，表示拉杆销孔间隙不大于0.5 mm
	各种连接杆	工务各连接杆安装应平直、撑紧
		电务各杆件安装应平直、无碰卡，活动部位无别劲，密贴调整杆空动距离>5 mm，动作杆、密贴调整杆应成一条直线，偏差<5 mm
		接头铁螺栓不缺少、不松动
		杆件调整丝扣余量不小于10 mm，调整活动部位油润
	安装装置	安装应方正，偏差<10 mm
		角钢与轨底间隙>5 mm，角钢长边距枕木不小于10 mm
		消除角形铁上端与基本轨轨头下颚、下端与基本轨轨底上面、小垫板与基本轨下端的缝隙
		安装装置绝缘良好、无破损
		安装弯板变形<10 mm，无锈蚀
其他	转辙机	动作电流、故障电流、拉力、溢流压力符合标准
	作业平台	硬面化不影响线路排水

2. 工电联合整治道岔项目及标准(适用于采用GW型外锁闭装置的道岔)见表2-5。

表2-5　工电联合整治道岔项目及标准(适用于采用GW型外锁闭装置的道岔)

类别	项　目	整治标准
几何尺寸	轨道几何尺寸	符合作业验收标准
	斥离尖轨非工作边与基本轨工作边的最小距离	不小于65 mm
钢轨	基本轨上锁闭框安装孔位	两基本轨锁闭框安装孔相错量不大于10 mm
	两尖轨相对位置	道岔两尖轨尖端相错量≤20 mm
	查照间隔	符合标准
	尖轨与基本轨、可动心轨与翼轨肥边	肥边≤1 mm

续上表

类别	项　目	整治标准
钢轨	尖轨(可动心轨)与基本轨(翼轨)密贴	尖轨第一牵引点前与基本轨、心轨第一牵引点前与翼轨的间隙＜0.5 mm，其余部位间隙＜1 mm
	尖(心)轨与滑床台	尖(心)轨轨底与滑床台间隙：160 km/h 以上区段＜1 mm，160 km/h 及以下区段＜2 mm，不得有连续空吊，牵引点前后滑床台应与尖(心)轨接触
	绝缘接头	120 km/h 以上区段应采用胶接绝缘接头
		绝缘接头轨端肥边≤2 mm
		绝缘无破损，在线测试绝缘电阻值≥20 Ω
配件	轨撑	轨撑齐全，作用良好，与钢轨离缝≤2 mm
	顶铁	顶铁齐全，作用良好；与尖轨或心轨轨腰间隙：160 km/h 以上区段＜1 mm，160 km/h 及以下区段＜2 mm，且间隙均匀
	防跳限位装置	防跳限位装置作用良好，存在虚开时防跳限位装置铁卡可与斥离尖轨轨底侧面接触
	限位器	限位器齐全、作用良好
	各类螺栓	螺栓齐全、作用良好，扭矩符合标准
	辊轮	密贴状态下，1 mm≤尖轨轨底与辊轮间隙＜2 mm； 斥离状态下，1 mm≤尖轨轨底与滑床板间隙＜3 mm，转换过程中辊轮与尖轨轨底接触
	扣件	扣件齐全、扭矩达标、作用良好，无碰绝缘夹板等造成短路现象，轨距块离缝≤1 mm
	调整片	调整片作用良好，防脱落措施良好
	滑床台板	滑床台板作用良好、平直，无断裂、脱落或磨耗超过 3 mm 现象
	铁垫板、胶垫	铁垫板、胶垫齐全，作用良好
岔枕	有砟道岔岔枕	岔枕应方正，防爬设备齐全，作用良好
		牵引点处岔枕间距偏差≤10 mm，其他岔枕间距偏差≤20 mm 且宜采取加固措施
		无失效，空吊≤2 mm
外锁闭和安装装置	安装装置	基础托板与岔枕垂直、平顺，道岔各部杆件安装偏移量≤10 mm
		转辙机外壳边缘与基本轨直线距离偏差＜5 mm
	外锁闭装置	尖轨、心轨各牵引点动程和锁闭量不超标，尖轨各牵引点处开口值符合标准，两侧偏差不大于 3 mm；心轨第一牵引点处开口值符合标准，偏差不大于 2 mm
		尖轨、心轨各牵引点定反位锁闭量偏差不超标，且偏差位于同侧
		尖轨牵引点间有 10 mm 及以上间隙时(直向通过速度大于 160 km/h 道岔，密贴检查器处有 5 mm 间隙时)不应接通表示

续上表

类别	项　　目	整 治 标 准
外锁闭和安装装置	外锁闭装置	设表示杆的牵引点处密贴尖轨与基本轨、心轨与翼轨间有 4 mm 及以上水平间隙时，不应锁闭或接通道岔表示
		转换过程中，锁闭框与锁闭杆无卡阻；尖轨连接轴销与锁钩间灵活、无卡阻
		转换部件与钢岔枕或滑床台板的间隙＞10mm
杆件	杆件	各表示杆与岔枕平行偏差≤10 mm，长表示杆托架作用良好
		锁闭、连接、表示杆，其水平方向两端高低偏差＜5 mm(以基本轨工作面为基准)，各连接杆连接平顺，无别卡现象
		各部绝缘良好、无单边短路
		各连接杆的连接销与销孔磨耗间隙＜1 mm，表示杆销孔间隙＜0.5 mm
其他设备	转辙机	各部转辙机表示缺口符合标准
		液压转辙机主、副机宏观同步
		转辙机摩擦力(溢流压力)符合标准
		转辙机动作杆、连接杆、锁闭杆成一直线，偏差≤5 mm
	作业平台	硬面化不影响线路排水

第三节　轨道电路设备技术标准

一、轨道电路结合部相关标准

1. 调整状态：当轨道电路在规定范围内发送电压值最低、钢轨阻抗值最大、道床电阻值最小、轨道电路为极限长度和空闲的条件下，受电端的接收设备应可靠工作。

2. 分路状态：当轨道电路在规定范围内发送电压值最高、钢轨阻抗值最小、道床电阻值最大的条件下，用标准分路电阻线在轨道电路的任意处可靠分路(不含死区段)，轨道电路应可靠表示轨道占用。

3. 适用于电力牵引区段的轨道电路，应能防护连续或断续的不平衡牵引电流的干扰。当不平衡电流在规定值以下时，应保证调整状态时轨道继电器可靠吸起，分路状态时轨道继电器可靠落下。

4. 装有钢轨绝缘处的轨缝宽度：胶接绝缘应保持 6 mm。分体绝缘应保持 6～15 mm。轨缝两端钢轨轨头部位应保持平顺，高低相差不大于 2 mm，无低塌接头和轨面错牙、接头肥边。在钢轨绝缘处的轨枕应保持坚固，道床捣固良好。

5. 在轨道电路区段内道床，应保持清洁及排水良好。道砟面与钢轨底面的距离保持 30 mm 以上。

6. 轨道电路内的各种绝缘装置，均须保持绝缘良好。邻接轨道电路间钢轨绝缘破损时，轨道接收设备不应受邻接轨道电路电流影响而误动或有符合设计要求的防护措施，电码化轨道区段应采取串码防护措施。

7. 异型钢轨接头处不得安装钢轨绝缘。

8. 在平交道口处的钢轨绝缘，应安装在公路路面两侧外不小于 2 m 处。桥梁(隧道)护轮轨两端应安装钢轨绝缘，护轮轨超过 200 m 时，每根护轮轨间隔 200 m 增加一组钢轨绝缘。

9. 跳线和引接线处不得有防爬器和轨距杆等物，穿越钢轨处，距轨底不应小于 30 mm，不得与可能造成短路的金属件接触。

二、道床电阻标准

一般区间交流轨道电路碎石道床电阻不得小于 1 Ω · km，站内交流轨道电路碎石道床电阻不得小于 0.6 Ω · km。

三、各种轨道电路工作电压及残压标准

各种轨道电路工作电压及残压标准见表 2-6。

表 2-6　各种轨道电路工作电压及残压标准

轨道电路制式	调整状态工作电压	分路线阻值/Ω	残　压
97 型 25 Hz	≥15 V	0.06	≤7.4 V
旧型 25 Hz	≥15 V	0.06	≤7 V
电子接收器 25 Hz	≥15 V	0.06	≤10 V
UM71	限入≥240 mV	0.15	陷入≤130 mV
ZPW-2000A	主轨出≥240 mV	0.15	主轨出≤140 mV
	小轨出≥100 mV		
ZPW-2000R	主接入≥240 mV	0.15	主接入≤140 mV
	调接入≥750 mV		调接入≤170 mV
JZXC-480 型	≥10.5 V	0.06	≤2.7 V

四、钢轨绝缘整治标准及测试方法

(一)工务标准

1. 绝缘接头处应使用厂制标准长度钢轨，使用非标准长度钢轨时，应将厂制端放在绝缘接头一侧。

2. 接头处轨枕无失效，扣件应保持齐全，作用良好。

3. 装有钢轨绝缘处的轨缝宽度：胶接绝缘应保持 6 mm，分体绝缘应保持 6～15 mm。轨缝两端钢轨轨头部位应保持平顺，高低相差不大于 2 mm，无低塌接头和轨面错牙、接头肥边。

4. 接头处道床应经常保持饱满、均匀、排水良好，无翻浆冒泥。

5. 正线上的绝缘接头必须采用高强度螺栓和高强度钢平垫紧固件。

6. 高强度绝缘接头应采用符合标准的绝缘接头夹板和紧固件，无毛刺及凹凸不平缺陷。

7. 高强度绝缘接头螺栓应从钢轨两侧交叉配置，不得从一侧安装，安装后确保扭矩不小于 700 N · m。

（二）电务标准

1. 高强度绝缘接头的绝缘件应采用高强度绝缘。严禁有裂纹、变形缺陷绝缘件上道使用。

2. 安装钢轨绝缘接头时要做到钢轨、槽型绝缘、接头夹板吻合良好，轨端绝缘安装应与钢轨接头保持平直，工字绝缘头部不得高于轨面，两者相差不大于 2 mm，高强度绝缘垫有凹槽的一面，应贴靠在高强度绝缘钢平垫的一侧，钢平垫的外侧不得增设弹簧垫圈。

（三）测试标准及方法

钢轨绝缘的测试均由电务完成。

1. 上道前胶接绝缘测试

(1)测试标准

①胶接绝缘接头(或黏接式轨距杆)：上道铺设前，应将厂制胶接绝缘接头放在干燥的绝缘体上测量绝缘电阻，两钢轨间以及钢轨与夹板间的绝缘电阻应大于 1 000 Ω(与《普速铁路信号维护规则　技术标准》冲突，其中为 1 MΩ)。

②胶接绝缘夹板：上道铺设前，在干燥状态下电阻值大于 20 MΩ 为合格。在潮湿状态下电阻值大于 1 000 Ω 为合格。

(2)测试方法

①干燥状态绝缘电阻测试

a. 胶接绝缘接头：用 500 V 兆欧表测量两钢轨间以及钢轨与夹板间的电阻值。

b. 胶接绝缘夹板(带槽型钢板)：用 500 V 兆欧表测量两块槽型钢板以及槽型钢板与夹板间的电阻值。

c. 胶接绝缘夹板(或无槽型钢板)：将胶接绝缘夹板组装在专用绝缘测量台上，测量夹板与测量台钢轨间的电阻值。

②潮湿状态绝缘电阻测试

a. 胶接绝缘接头：在端板处浇水 2 L，1～2 min 间用不低于 10 V 的万用表测量两钢轨间以及钢轨与夹板间的电阻值。

b. 胶接绝缘夹板(带槽型钢板)：经浸水 30 s，取出后在自然平放状态下，60 s 内用不低于 10 V 的万用表测量两块槽型钢板以及槽型钢板与夹板间的电阻值。

c. 胶接绝缘夹板(或无槽型钢板)：经浸水 30 s 后，将胶接绝缘夹板组装在专用绝缘测量台上，60 s 内用不低于 10 V 的万用表测量夹板与测量台钢轨间的电阻值。

2. 上道后绝缘在线测试

使用轨道绝缘在线测试仪测试绝缘参考电阻值，轨端绝缘预警值不小于 20 Ω、钢轨与夹板间电阻预警值不小于 100 Ω。

3. 日常检查测试

(1)胶接绝缘：轨端绝缘下降且小于 20 Ω 或钢轨与夹板间电阻小于 100 Ω，应实行预警管理。

(2)分体绝缘：轨端绝缘小于 20 Ω 或钢轨与夹板间电阻小于 100 Ω，应立即分解检查处理。

(3)轨距杆绝缘：两端绝缘小于 20 Ω、中间金属部分与两端小于 100 Ω，应立即更换。

(4)地锚拉(撑)杆：两端绝缘小于 20 Ω，应立即更换。

第四节 信号机限界技术标准

一、基本建筑限界要求

《铁路技术管理规程(普速铁路部分)》中对基本建筑限界的要求为一切建(构)筑物、设备，均不得侵入铁路建筑限界，如图 2-9 所示。与机车车辆直接相互作用的设备，在使用中不得超过规定的侵入范围。在设计建(构)筑物或设备时，距钢轨顶面的距离应附加钢轨顶面标高可能的变动量(路基沉降、加厚道床、更换重轨等)。

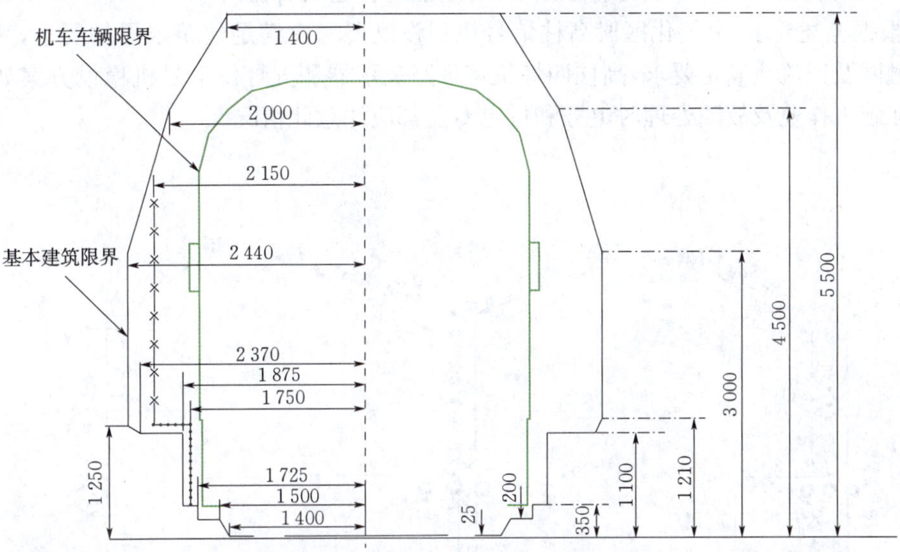

图 2-9 建筑限界(单位：mm)

二、信号设备建筑限界要求

《普速铁路信号维护规则 技术标准》对信号设备建筑限界的要求为信号设备除车辆减速器、限界检查器、脱轨器以及车轮传感器外，任何机件的任何部分均不得侵入表 2-7 规定的建筑限界。

表 2-7 建筑限界

<table>
<tr><td colspan="3" rowspan="2">设备名称或距轨面距离/mm</td><td>设备凸出边缘距邻近线路轨道中心的距离/mm</td><td rowspan="2">说　明</td></tr>
<tr><td>v<200 km/h</td></tr>
<tr><td colspan="3">信号机距邻近正线、通行超限货物列车站线</td><td>2 440</td><td rowspan="2"></td></tr>
<tr><td colspan="3">信号机距邻近站线</td><td>2 150</td></tr>
<tr><td rowspan="6">继电器、变压箱、盒及表示器等</td><td rowspan="2">1 100 以上</td><td>距邻近正线、通行超限货物列车站线</td><td>2 440</td><td rowspan="6">1. 凸出边缘包含高柱信号机构。
2. 矮型信号机(含表示器)应分别测量线路两侧机构。
3. 电气化区段通过信号机机构改装在所属线路侧</td></tr>
<tr><td>距邻近站线</td><td>2 150</td></tr>
<tr><td colspan="2">350～1 100(含 1 100)</td><td>1 875</td></tr>
<tr><td colspan="2">200～350(含 350)</td><td>1 725</td></tr>
<tr><td colspan="2">25～200(含 200)</td><td>1 500</td></tr>
<tr><td colspan="2">25 以下</td><td>1 400</td></tr>
</table>

三、电气化区段对信号设备的要求

(一)电务专业要求

1.《普速铁路信号维护规则　技术标准》第 13.2.1 条规定:信号设备的金属外缘与接触网带电部分的距离不得小于 2 m;与回流线、架空地线、保护线距离不得小于 1 000 mm,当在 700～1 000 mm 时,应对回流线、架空地线、保护线加绝缘防护。

2.《铁路技术管理规程(普速铁路部分)》第 15 条规定:站内正线须保证能通过超限货物列车。此外,双线铁路上、下行各另有一条线路,须能通行超限货物列车。

3. 根据上述要求,电气化区段高柱信号机稳设既要考虑满足建筑限界的要求,又要考虑距离接触网及回流线满足要求,高柱四灯位带进路表示器和五灯位信号机稳设方案如图 2-10 所示。在施工作业及故障处理时电务和供电专业都应注意此情况。

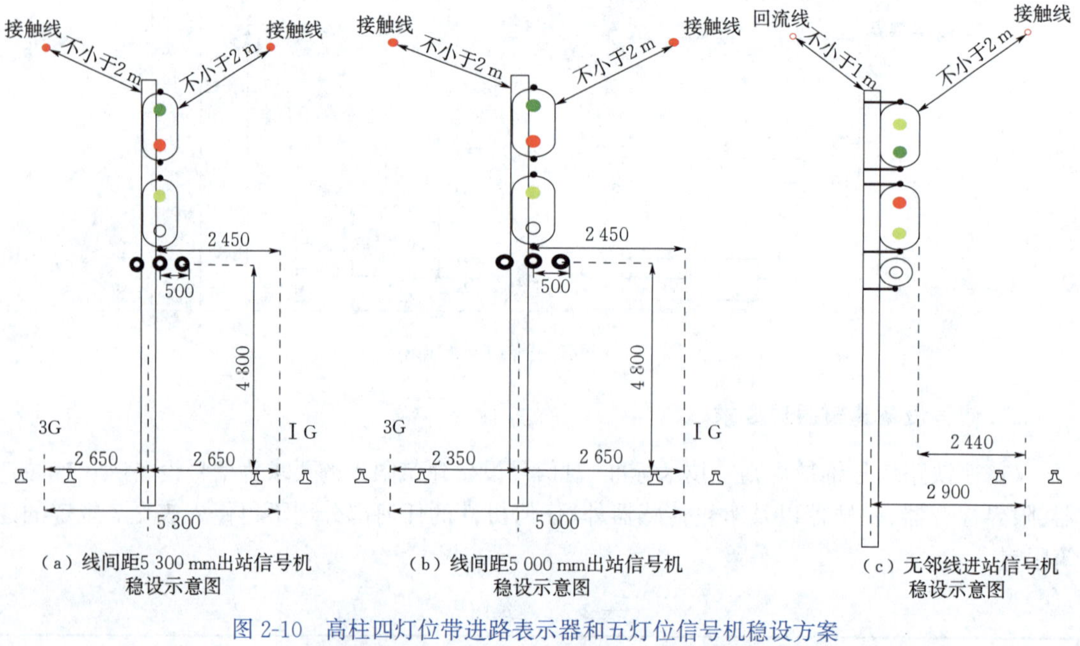

图 2-10　高柱四灯位带进路表示器和五灯位信号机稳设方案

第五节　供电设备技术标准

一、架空电力线路在桥梁电力支架上通过时的技术标准

1. 引向桥梁电力支架的邻近电杆应为耐张杆,并装设分段开关。

2. 当电力线路跨越能通航或浮运的河流时,导线最大弧垂的最低点应比桥梁下缘外廓的最低点高出 0.5 m。

3. 导线在最大风偏时,对桥梁凸出部分的最小水平距离:

信号线:0.5 m;

0.38 kV 导线:1.0 m;

10 kV 导线：2.0 m。

4. 自动闭塞高压导线与信号线在支架上的垂直净距离不应小于 1.5 m。

5. 当桥梁较低，河内经常无水时其支架上的导线对河(地)面的距离不应小于规定距离。

6. 架空电力线路在桥墩支架上架设时，桥墩支架分为耐张型(附加荷载为 250 kg)和中间型(附加荷载为 100 kg)两种，最大挡距为 80 m，每一耐张线段不大于 400 m。

7. 桥墩支架除本体与基础及横担拉杆等采用螺栓连接外，其余采用铆钉铆接，若采用螺栓连接时应加弹簧垫圈。桥墩支架固定在预埋的角钢构件上，预埋构件一般应装设于墩台顶帽下边，如需要设置在墩台顶帽上边时，则要求支斜主筋角钢基础深度减少 100～200 mm。支架除零件需镀锌外，其余采用涂红丹，灰漆各一道。

8. 支架均应接地，每座支架预埋角钢应与桥墩内主钢筋连接不少于 2 处，并以架空地线将各支路连接在一起，桥墩两端的终端支架为重复接地引下线，引下线采用 8 mm 圆钢，引下线与架空地线用并沟线夹连接，每处重复接地电阻不应大于 30 Ω。架空地线采用镀锌钢绞线，其截面不应小于 25 mm^2。接地引下线沿支架引下时每隔 1～1.5 m 用 1.6 mm 镀锌铁线与角钢支架绑扎，沿桥墩引下时采用支持卡子固定在桥墩上。

9. 支架上应设有步行板，桥墩台帽距步行板高时可作一台阶。

二、电缆在隧道内敷设时的技术标准

电缆在铁路隧道内采用混凝土槽和钢索以及支架固定敷设时，应符合下列要求：

1. 混凝土槽

(1)混凝土槽设在线路一侧应予固定，并将槽间隙封实。

(2)槽内铺细砂或自熄性泡沫塑料垫层。

(3)盖板应予封实。

2. 钢索

(1)支持钢索用的托架，其间距在直线部分不宜大于 20 m，曲线部分不宜大于 15 m。

(2)钢索每隔 300～500 m 应设耐张段。

(3)钢索上悬挂电缆固定点间的最大距离：电力电缆为 0.75 m，控制电缆为 0.6 m。

(4)在潮湿处所电缆与隧道壁间的距离不应小于 50 mm。

3. 电缆采用支架固定

(1)支架应有足够的机械强度和防腐蚀的要求，支架的间距不应大于如下规定：

水平敷设电力电缆：1.0 m；

控制电缆：0.8 m；

垂直敷设电力电缆：1.5 m；

控制电缆：1.0 m。

(2)电力电缆对其他电缆、接触导线和隧道壁的最小距离不应小于如下规定：

高压电缆：

距隧道壁：0.10 m；

距 10 kV 电力电缆：0.15 m；

距低压电缆：0.30 m；

距接触导线(27.5 kV)：2.0 m。

低压电缆：

距隧道壁：0.05 m；

距 10 kV 电力电缆：0.30 m；

距低压电缆：0.10 m；

距接触导线：2.0 m。

(3)隧道内同侧敷设的各种电缆的排列应按高压电缆、低压电缆、控制电缆的顺序由上而下排列。

(4)电缆固定支架不应侵入建筑限界内。

(5)高压电缆固定支架下端距钢轨面不应小于 4.5 m；低压电缆支架下端距钢轨面不应小于 4 m。

三、电缆在桥梁上敷设的技术标准

电缆沿桥梁上敷设时，应符合下列要求：

1. 电缆沿较短桥梁敷设时，可穿管敷设，其水平支点距离为 1.5～2.0 m；电缆沿较长桥梁敷设时，可用复合材料槽道或钢板槽道敷设。电缆槽道宜设在桥梁人行道旁。

2. 槽道内应垫自熄性泡沫塑料或铺细沙垫层，槽道盖板应予封严。

3. 在桥梁伸缩缝处和桥墩外侧电缆应留有余量，并将电缆余量加以固定。防止由振动和风吹而损伤电缆，桥梁上敷设的电缆应有减振措施。

4. 桥梁上敷设的电缆宜采用交联聚乙烯电缆。

5. 桥梁上敷设的电缆在无减振措施时不应采用铅包电缆。

四、电缆与铁路平行交叉的技术标准

电缆与铁路交叉的技术标准，如图 2-11 所示。电缆与铁路平行的技术标准，如图 2-12 所示。

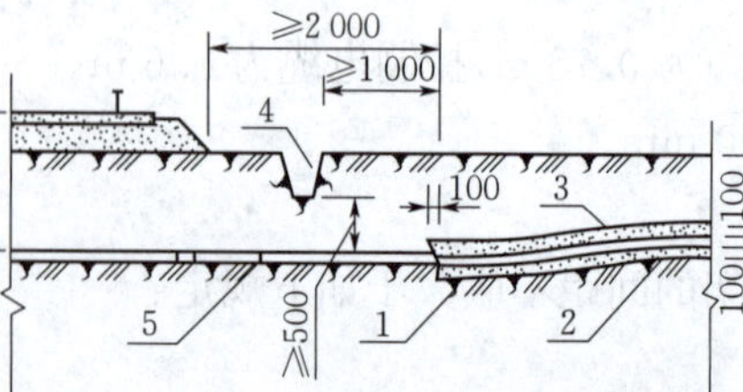

1—电缆；2—砂或软土；3—保护板；4—排水沟；5—保护管。

注：在铁路站场内保护管宜伸出铁路轨枕头0.5 m。

图 2-11　电缆与铁路交叉的技术标准(单位：mm)

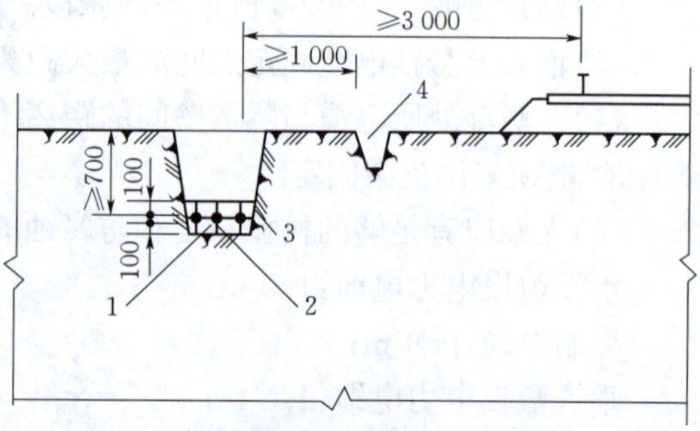

1—电缆；2—砂或软土；3—保护板；4—排水沟。

图 2-12　电缆与铁路平行的技术标准(单位：mm)

五、灯　　柱

1. 站台灯柱应设在站台中心，灯具应顺铁路方向布置。灯柱间距离：采用白炽灯时，一般为 30 m；采用高压钠灯或高压水银灯时，一般为 45 m。灯具的安装高度不应低于 4.5 m。

2. 广场灯柱宜设在四周，灯具安装高度不应低于 5.5 m。

3. 道路照明灯柱距道边不应小于 500 mm，有侧沟时设在侧沟外边。灯柱间距离一般为 30～50 m。灯具安装高度不应低于 5.5 m。

4. 道口照明灯柱距道路不应小于 2 m，距铁路中心不应小于 3 m。较重要的道口应在两侧设置道口灯柱。

5. 道岔区、编组场的边缘一般是在电力线路上同杆架设普通弯灯照明。

六、灯塔及灯桥

1. 灯塔一般布置在股道两侧，当需要在股道之间布置时，灯塔柱体的外缘距轨道中心不应小于 2.45 m，距有调车作业的牵出线或梯线不应小于 3.5 m，位于站场最外站线外侧时，距轨道中心不应小于 3 m。

(1)灯桥应按照规定设置在下列场所：

8 股道及以上列车编组站(场)及到发场(或有作业的站、线)；

10 股道及以上的客车整备线。

(2)两座灯桥间的距离一般为 400～500 m。

(3)灯桥的每个桥柱外缘距轨道中心不应小于 2.45 m，距有调车作业的牵出线或梯线不小于 3.5 m，位于站场最外站线外侧时，距轨道中心不应小于 3 m。

(4)投光灯具中心距轨面的高度，一般不应低于 18 m。

七、道口供电设备

道口设备须有可靠的供电电源。交流电源设置一主一备，优先采用一路贯通、一路地方电源供电(或自备 UPS、发电机等)；采用自闭电源供电要经铁路局集团公司批准，同时道口管理部门要加强道口看守人员的用电管理，严禁在电源上使用非信号设备。道口电源要安装双电源自动切换装置，具备故障音响报警功能。同时道口设备要具备电源停电的应急保障功能，确保道口运行绝对安全。

对于电气化区段限界门、揭示牌、安全标识、防护桩、道口电力电源等供电设备设施，每月巡视检查不少于 1 次，对发现的各类问题要及时组织整修处理，并将巡检情况在“道口设备检修登记簿”上登记，同时要将巡视检查情况在所在工区“道口巡视检查薄”内进行登记，确保道口设备及各种安全标示状态良好。

道口供电电源只负责道口生产用电，不得引接其他负荷，车间作业人员巡视中发现私拉乱接影响供电安全时，应及时进行调查、拆除并上报电力给水技术科，情节严重者向铁路局集团公司有关部门汇报；道口涉及电务信号设备时，巡检时应注意检查双路电源情况。

为便于看守人员检查道口设备，机动车及行人有序通过道口，应设置道口室外照明，道口宽度在 7 m 及以下时，在铁路两侧对角设置照明路灯两盏；道口宽度大于 7 m 时，在道口四角设置照明路灯 4 盏。其照度应能够满足现场作业及车辆、行人通行需要。

八、电力系统

(一)铁路电力系统运行方式

1. 变配电所运行方式

铁路系统电源取自地方供电局的变电站，供电方式为专盘专线，电压等级一般为 110 kV、35 kV 或 10 kV，少量使用 220 kV。35 kV 正逐步取消，10 kV 应用最广泛。典型 10 kV 变配电所接线图如图 2-13 所示。铁路系统为了提高供电可靠性，一般采用双电源同时运行、母线母联分段供电方式。

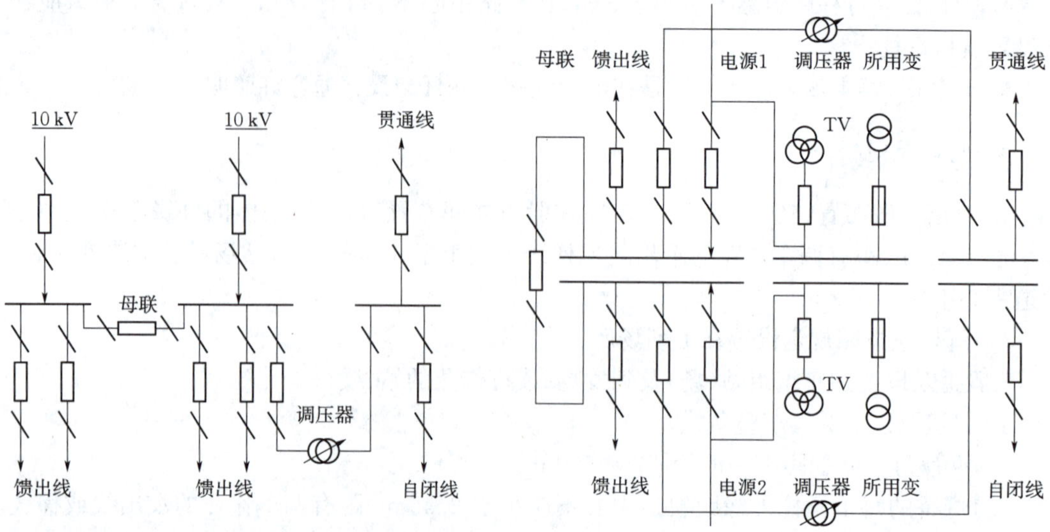

（a）单母线分段运行配电所接线图　　（b）双母线分段运行配电所接线图

图 2-13　典型 10 kV 变配电所接线图

2. 供电区间供电方式

铁路电力系统通常以供电段作为基本行政管理单位，供电线路沿铁路线分布，每 40～60 km 设一个配电所。配电所的电源进线取自地方电力系统（专盘专线），两个配电所之间构成一个供电区间，每个供电段管理若干供电区间。目前，有的线段只有电力贯通电力线路供电，而许多线段为了保证供电可靠性还铺设了自动闭塞信号专用电力线路给信号电源供电，贯通线作为备用电源。供电区间接线图如图 2-14 所示。

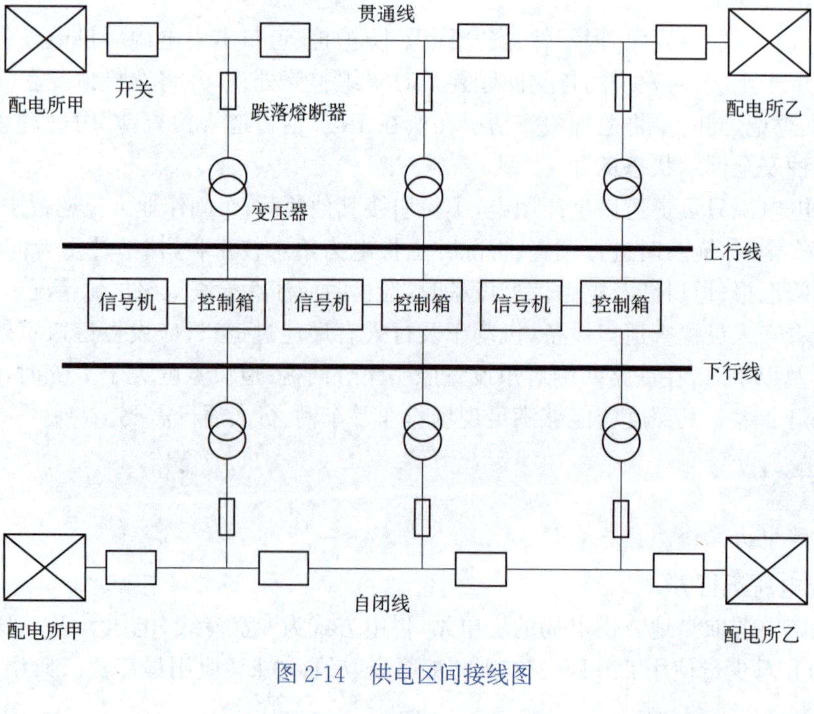

图 2-14　供电区间接线图

3. 双电源供电方式

铁路一、二级负荷要求采用双电源供电方式。以信号电源为例，每台信号机控制箱由自闭、贯通两路供电，互为备用，没有自闭线的需要从地方电源或牵引供电系统另外引一路电源，构成双电源回路，经信号变压器降压(380 V/220 V)供电至控制箱，然后由控制箱输出电源为行车信号等设备供电。信号设备双电源供电原理如图 2-15 所示。

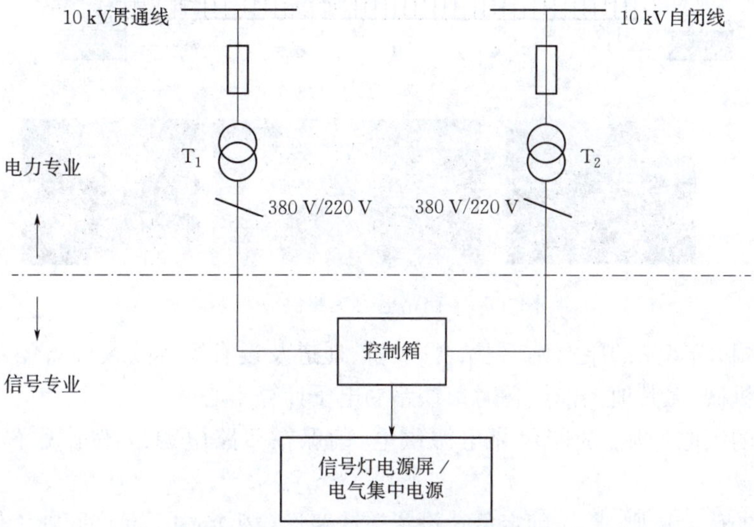

图 2-15　信号设备双电源供电原理

(二)铁路电力系统特点

1. 供电容量小

铁路配电所一般为 2 000 kVA 左右(有的铁路变配电所容量已达 10 000 kVA)。整个线路轻载运行，电流一般不超过 10 A。短路电流也相对较小，再加上调压器的限流作用(调压器容量般为 180～500 kVA)，短路电流一般只有几十安培至上百安培。

2. 供电臂长，负荷呈线状分布，运行环境恶劣，故障多发

地方电力系统 35 kV 供电半径一般为 30 km，10 kV 供电半径一般为 15 km。而铁路供电线路除向站区供电外，还向铁路沿线设备供电，一般条件下供电臂为 40～60 km，当电源条件不允许时可延长到 70 km。在故障情况下跨所供电有时可达近百千米。而且地形、气象条件复杂，线路故障多发，故障查找和维修由于受自然条件等因素影响相对比较困难。

3. 供电可靠性要求高

铁路负荷，特别是一级负荷、二级负荷突然停电，影响正常的铁路运行秩序。因此，铁路一、二级负荷一般采用双回路电源供电，或环网供电。

(三)铁路电力系统用户等级

铁路电力系统用户按其重要程度和中断供电时所造成的损失或影响程度，可分为三级，不同等级的电力负荷对电源的可靠性要求不同。铁路电力主要供应对象如图 2-16 所示。

1. 一级负荷

一级负荷：中断供电将引起人身伤亡，主要设备损坏，大量减产，造成铁路运输秩序混乱。

属于此类负荷有：调度集中、大站电气集中联锁、自动闭塞、驼峰电气集中联锁、驼峰道岔自动集中、机械化驼峰的空压机及驼峰区照明、铁路局通信枢纽及以上的电源室、中心医院的

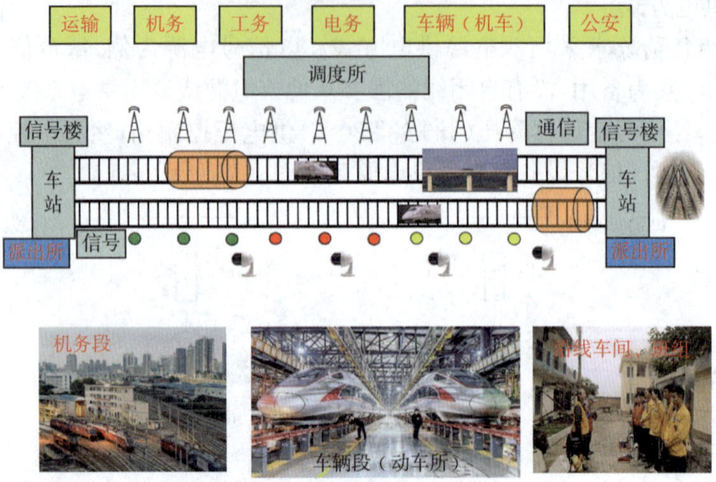

图 2-16　铁路电力主要供应对象

手术室、特等站和国境站的旅客站房、站台、天桥、地道及设有国际换装设备的用电设备、内燃机车电动上油机械(无其他上油设备时)、铁路局电子计算中心站。

一级负荷的供电原则:两路可靠电源供电,确保在一路电源故障情况下也能够不间断供电。

一级负荷的认定原则:首先确定负荷设备在铁路运输生产中不允许间断工作,并提供相应的依据;所有负荷设备均具备不间断工作的条件;经国铁集团审批。

2. 二级负荷

二级负荷:中断供电将引起产品报废,生产过程被打乱,影响铁路运输。

属于此类负荷有:机车、车辆检修和整备设备、给水所、非自动闭塞区段的小站电气集中联锁和色灯电联锁器联锁、通信枢纽及以下电源室、调度通信机械室、编组站、区段站、洗罐站、大、中型客(货)运站、隧道通风设备、加冰所、医院、红外线轴温测试装置、道口信号、TIMS、DIMS、ATIS、微机售票系统。

二级负荷的供电原则:两路电源或一路可靠电源供电,确保除电力设备检修及故障情况外的不间断供电。

二级负荷的认定原则:由铁路局集团公司审批。

3. 三级负荷

三级负荷:不属于一、二级负荷者。

九、电能质量标准

电力设备都是在一定电压和频率下工作的,电气设备的额定电压和额定频率,是其正常工作且能获得最佳经济效果的电压和频率。电压和频率的过高或过低都将影响设备的正常运行,缩短使用寿命甚至直接损坏电气设备。电压和频率是衡量电能质量的重要指标。另外,三相电压的不平衡度和非正弦性也是衡量电能质量的标准之一。

(一)供电电压

为使电力工业和电工制造业的生产标准化、系列化和统一化,世界各国和有关国际组织都制定了额定电压标准,我国三相交流电网和电力设备的额定电压见表 2-8。

表 2-8　我国三相交流电网和电力设备的额定电压

分类	电网和用电设备额定电压/kV	发电机额定电压/kV	电力变压器额定电压/kV	
			一次绕组	二次绕组
低压	0.22	0.23	0.22	0.23
	0.38	0.40	0.38	0.40
	0.66	0.69	0.66	0.69
高压	3	3.15	3,3.15	3.15,3.3
	6	6.3	6,6.3	6.3.,6.6
	10	10.5	10,10.5	10.5,11
	—	13.8,15.75,18,20	13.8,15.75,18,20	—
	35	—	35	38.5
	66	—	66	72.5
	110	—	110	121
	220	—	220	242
	330	—	330	363
	500	—	500	550

1. 电网的额定电压

电网的额定电压等级是国家根据国民经济发展的需要和电力工业的水平，经全面的分析后确定的，它是确定各类电力设备额定电压的基本依据。

2. 用电设备的额定电压

由于用电设备分布于电力线路的各个点上，它在投入运行时使电力线路上产生电压损耗，故线路上各点的电压是不同的。由于用电设备是成批生产的，其额定电压按使用地点的实际电压来制造的可能性不大，而只能按电力线路首端电压与末端电压的平均值即电网的额定电压 UNL 来制造。所以，用电设备的额定电压与电网的额定电压是一致的。一般要求用电设备的运行电压在其额定电压值偏差±5%内应能正常运行。

3. 铁路电力系统电压等级和质量

(1)供电的额定电压：

低压供电：单相 220 V；三相 380 V。

(2)受电电压根据用电容量、可靠性和输电距离，可采用 110 kV、35 kV(63 kV)、10 kV 或 380 V/220 V。

(3)用户受电端电压波动幅度应不超过额定电压的：

①35 kV 及其以上高压供电的，电压正、负偏差的绝对值之和不超过额定值的 10%。

②10 kV 及以下三相供电的，为额定值的±7%。

③220 V 单相供电的，为额定值的+7%～－10%。

④自动闭塞信号变压器二次端子，为额定值的±10%。

在电力系统非正常情况下，用户受电端的电压最大允许偏差不应超过额定值的±10%。

(二)供电频率

我国国家标准规定工业用交流电能的额定频率为 50 Hz，这也是国际电工学会规定的工业用交流电的标准频率。

当电力系统有功功率电源不足或缺乏备用容量时，往往会造成低周波运行。供电频率低于额定频率运行时，将会产生很大的危害，频率的变化，不仅严重影响用户的正常工作，而且对电动机和电力系统本身也有严重的危害。

1. 影响发电厂的安全运行：由于系统低频率运行(45～47 Hz 时)，将会造成汽轮机低压级叶片振动加大而产生裂纹，甚至造成折断事故。另一方面由于低频率，使发电厂的水、风、煤系统的电动机转速下降，影响发电机输出的有功功率，使频率进一步降低，造成恶性循环。

2. 由于频率下降，使用户的电动机转速下降，影响企业产品的质量和数量。

3. 另外还影响电钟行走的准确性。当供电频率降低 2%时，电钟每天将慢 29 min，频率过高使电动机转速增加，因为电动机的转子转速与频率成正比。由于转子转速增加使其离心力增加，转子的机械强度受到威胁，被拖动的机械设备相应加速，对安全运行十分不利。

《电能质量　电力系统频率偏差》(GB/T 15945—2008)中对正常情况下电力系统频率的允许偏差和冲击负荷引起的系统频率变动规定如下：

(1)电力系统正常运行条件下频率偏限值为±0.2 Hz。当系统容量较小时，偏差限值可放宽到±0.5 Hz。

(2)冲击负荷引起的系统频率变化为±0.2 Hz，根据冲击负荷性质和大小以及系统的条件也可适当变动，但应保证近区电力网、发电机和用户的安全、稳定运行以及正常供电。

(三)三相电压的不平衡度和非正弦性

在电力系统的用电负荷中，有很大一部分是冲击性负荷和单相负荷(例如轧钢机、电弧炉、电力机车等)，它们除引起电压偏移和波动外，还会引起三相电压的不平衡，造成三相系统的零点偏移现象，直接影响电气设备的正常运行。而由于大量单相大功率整流设备的采用，引起电力系统电压波形的畸变，产生大量的高次谐波，直接影响了电气设备的正常工作。

十、电力专业轨旁设备

电力轨旁设备是指位于铁路正线、到发线列车运行线路周边，松动、脱落、倒落后可能影响列车安全的标志标识类、盖板(附挂)类、安全防护类等路产设备设施(不含主运行设备)，主要包括标识标牌、电缆沟盖板、电缆保护管、箱变箱体、电缆分支箱体、电缆槽道及其固定件、隧道壁挂电缆固定件、隧道洞室门(栅)、废弃设备设施等。

1. 轨旁设备各部位紧固件不松动，无下垂侵限、无卡滞、无相磨、无断丝断股、无裂纹、无脱落、无锈蚀、无破损、无老化，杆件及管线防护管、卡具等安装紧固，相关防松脱措施良好，箱门铰链良好、门锁齐全、锁闭牢固，开口销齐全，开口角度适当。

2. 轨旁设备完整，紧固件、金具齐全，各类卡具、锁具完整良好。

3. 轨旁设备安装牢固，符合规定，不倾斜、不侵限。杆塔(桥)结构符合要求；杆塔(桥)埋设深度符合要求，杆塔(桥)及拉线根部基础稳固；电缆槽道等电力设施完整，安装牢固；隧道内电力设备洞室门锁闭牢固，金属部件良好。

4. 轨旁设备维护作业后，必须对设备进行复查，恢复正常运行状态，确保安装牢固，及时填写相关记录。

5. 轨旁设备要确保功能作用良好，防止失效引发问题。

6. 新增的轨旁设备必须符合相关设计和安装规范、标准。

7. 针对施工临时存放、废弃、遗留的路材路料，比照轨旁设备安全隐患进行整治，及时进行清理。在完成清理前，要结合实际情况制定有针对性的管控措施，缩短检查周期，防止因路材路料管理不到位导致影响行车问题发生。

第三章　固定设备结合部作业管理

第一节　工务与电务结合部作业管理

一、管理原则

1. 工电联合整治应坚持源头治理，消除结构性、基础性病害，提升道岔框架结构强度。积极推进以下工作：创造条件、不断改进方法，在具备条件的区段通过脱杆捣固恢复岔区平纵断面、消除转辙部位空吊；通过开展清筛整治道床板结、翻浆，恢复道床弹性；通过调整轨缝、应力放散或换轨等方法解决尖轨、基本轨纵向爬行超标问题；结合大修、更新改造，有计划地更换老旧型号道岔和木枕道岔；通过整体更换病害、磨耗超标轨件，提升道岔框架结构强度、稳定性；通过逐步改造电务作业平台，解决排水问题。

2. 铁路局集团公司应制定工电联合整治作业指导书，明确结合部设备主要检查部位及检查测量方法，制定联合整治作业流程、作业标准。工、电系统应创建联合整治信息共享平台，进行道岔维修档案标准化管理，建立结合部设备问题传递、互控机制和设备动、静态检测数据共享机制。

3. 工、电联合整治应实行规模化集中作业，在普速铁路枢纽站合理划分天窗区域，提高天窗综合利用率。工、电双方要根据作业项目、参加人数等因素合理确定影响范围，保证天窗的充分利用。

二、作业要求

1. 联合整治应贯彻设备等级管理理念，按照“先干线后支线、先正线后到发线”的原则，结合道岔维修周期、结合部设备实际状态合理制定年、月度联合整治计划。

普速铁路繁忙干线、重载线路正线道岔每年整治数量不少于道岔总数的五分之一；其他正线、动车段(所)道岔每年整治数量不少于道岔总数的六分之一；到发线、繁忙编组站站线道岔每年整治数量不少于道岔总数的八分之一；其他站线道岔根据设备状态进行联合整治。

道岔出现动、静态检测大值偏差、严重结构性病害或电务监测相关参数突变等问题，应及时进行整治。道岔特殊部位需搬动、拆检的探伤作业纳入联合整治项目，按探伤周期有序推进。

2. 工务段对正线钢轨绝缘接头、轨距杆、地锚拉杆、道岔连接杆等结合部设备每月进行检查(巡检)；其他线路宜每月检查，具体由工务段根据情况明确。电务应按周期测试绝缘性能。

3. 发现绝缘阻值低于预警值时，工务、电务应及时进行联合检查、处理。

三、管理制度

联合整治实行“联合检查、联合分析、联合计划、联合作业、联合验收”的联合管理制度。

1. 联合检查

(1)联合检查范围及重点。道岔及钢轨绝缘设备，重点检查道岔转辙(可动心)和绝缘处所工电结合部存在的问题。

(2)联合检查的实施。工务、电务车间每月 20 日前完成各自设备检查。每月 20 日由电务车间牵头,工务、电务车间主任(副主任),工务、电务工长参加,根据年度联合整治计划和月度自检结果制定工电联合检查计划。

每月 25 日前由工务车间牵头,按"工电联合检查计划"组织工务、电务相关人员进行检查,检查依据为工电联合整治道岔项目及标准。如日常维护发现结合部严重问题(含检测车发现结合部动态大值偏差、电务监测相关参数突变)时,及时组织联合检查。

2. 联合分析

联合检查完毕后,由工务车间牵头,工务车间主任(副主任)、电务车间工长及以上人员参加,对联合检查的结果进行分析,确定出需进行整修的数量、地点、项目、时间等,并在"月度联合整治计划协调会"上进行汇报。

3. 联合计划

(1)作业分类。

A 类作业:工务、电务均有各自作业内容的(含电务测试、调试),属工电联合作业,不填写工电作业配合单。工务由车间干部盯控,电务由工长(副工长)及以上人员盯控。

B 类作业:工电一方作业,另一方只监护、检查,属工电配合作业,填写工电作业配合单,胜任人员配合。

联合、配合作业适用于工电日常维修及车间组织的施工作业,不含段级及以上组织的重点施工及大机作业。

(2)作业计划提报。根据"月度联合整治计划协调会"和"周联合整治计划协调会"确定的计划安排提报月、周作业计划。其中,每月 3 日前提报月度施工计划,每周三前提报周天窗计划、站批计划,月、周计划均提报至铁路局集团公司施工调度管理系统。

(3)作业计划提报原则。普速线路 A 类作业一般由工务单位、B 类作业由计划提出单位向车务段、集团公司主管部门提报周维修天窗或月度施工计划。

4. 联合作业

(1)作业登记

普速铁路 A 类作业一般由工务单位负责作业登(销)记;B 类作业由计划提出单位负责作业登(销)记。

(2)防护

驻站防护:工、电双方均需设置驻站防护员,其中作业登记单位的驻站防护员负责作业登(销)记、传达施工(作业)命令。工、电双方驻站员分别向现场防护员通报来车情况。电务人员在操控设备前,必须提前通知现场并征得同意后方可操作。

现场防护:A 类作业根据作业范围和现场实际,工、电双方要指派足够的现场防护人员,负责及时通知人员、机具下道;B 类作业由作业登记单位指派足够的现场防护人员,负责及时通知人员、机具下道。

参加作业的工务、电务人员,必须服从作业登记单位负责人的统一指挥。工、电双方负责各自机具、材料不侵入限界。

(3)作业配合

A 类作业应严格按照"作业计划"执行。"作业计划"至少于作业前 3 天,由工务车间牵头组织,工、电双方共同参与制定,双方负责人签字后生效。

除应急抢修外，B类作业、处理结合部设备缺陷和日常结合部问题以及需要配合的施工作业，工电部门均需填写“工电作业配合单”。“工电作业配合单”至少提前三日，按对等原则提报给配合方工区或车间，双方负责人签字后生效。受理方不得无故拒签。确因工作安排、作业方案等原因不能配合时，双方应积极协商安排。

5. 联合验收

实行车间、站段、铁路局集团公司三级评价、验收。

(1)车间质量回检

联合作业后，由主体单位作业负责人组织工务、电务依据工电联合整治道岔项目及标准进行联合验收，填写验收记录。确认设备具备开通条件后，销点、开通线路。

(2)段级验收

每季度末月由工务段、电务段主管段长联合组织相关人员参加，对联合整治工作进行季度验收并对验收结果进行通报。验收车间数量不少于工务段管辖车间的1/4，并验收对应的电务车间；每车间抽验不少于联整设备数量的1/2。

(3)集团公司评价

每半年，由工务部、电务部组织对联合整治工作进行验收。验收覆盖所有工务段、电务段；每个工务段抽验不少于2个工务车间和对应的电务车间；每个车间抽验不少于联合整治设备数量的1/4。

验收评分：验收满分100分，管理方面40分、设备方面60分。

管理方面：未完成联合整治任务扣5分；不落实会议制度，工作协调、推进不力扣5分；不按规定组织季度验收扣3分/次；联合作业计划及落实率低于95%，每低1%扣1分；联合检查、作业计划完成率低于95%，每低1%扣1分；月计划、周天窗安排不合理，造成作业计划被取消扣1分/次；管理资料缺失扣1分/项、不规范扣0.5分/项。

设备方面：以组为单位，按工电联合整治道岔项目及标准进行验收，满分60分。超出整治标准，每项扣1分，所有道岔的平均分为工、电双方设备质量得分；设备质量验收每组道岔55分以上为合格，如验收合格率低于95%(合格率＝合格道岔数量/验收道岔数量)，每低1%扣1分；联合整治后的道岔一年内结合部发生责任卡阻、失表，绝缘连电等设备故障，每次扣2分。

管理方面得分＝40分－管理方面各单项扣分

设备方面得分＝设备质量得分－验收合格率扣分－故障扣分

验收最终得分＝管理方面得分＋设备方面得分

对验收结果按工务系统、电务系统分别进行排名并予以通报。

联合整治过的结合部设备，工、电双方要通过监测、动态检测及现场检查等手段对设备状态进行跟踪，分析变化规律，掌握后续的调整、整治经验与方法，实现设备质量动态可控、常态达标。

第二节　供电与电务结合部作业管理

一、管理原则

1. 信号设备电源正常运行时，两路电源应选择一路为主供电源，一路为备用电源，具备自动转换条件。信号设备正常情况下应选择主供电源供电，另一路作为备供电源，在一路电源停电或故障时投入供电。

2. 主供电源和备供电源确定。供电段应向电务段明确电源种类，并根据《铁路电力管理规则》，对信号一级负荷主供和备供电源规定如下：

(1)自闭、贯通双回路供电区段，自闭电源为行车设备的主供电源，贯通电源为备供电源，信号设备正常情况下应由自闭电源供电。

(2)自闭(或贯通)单回路供电区段，自闭(或贯通)电源为行车设备的主供电源，其他电源为备供电源，信号设备正常情况下应由自闭(或贯通)电源供电。

(3)其他供电方式，供电段、电务段共同确定主供及备供电源。

3. 信号设备电源正常运行时应由主供电源供电，由于供电部门或负荷侧原因，切换至备供电源供电时，主供电源具备供电条件后，电源屏应及时切换至主供电源供电，严禁信号设备长时间选择备供电源供电。

二、作业要求

(一)电力设备检修作业管理

1. 供电段在计划检修前提前 2 至 7 天发停电电报，在“主送单位”中选择相应的电务段、车务段、直属站，由电务段通知相关车间，车务站段通知相关车间(中间站)进行配合。主供电源停电作业时，停电电报要注明：作业完毕车站要根据电务要点登记及时给点倒回主供电源供电。

2. 车站值班员汇报列车调度员，由车站值班员利用列车运行间隔，安排 3 min 电务倒路时间。

3. 信号设备电源未能在停电作业前切换至非作业路电源供电时，电务段应及时通知供电段取消停电作业，供电段及时停止停电作业。

(二)电力应急抢修管理

1. 供电段发现电源异常、设备缺陷、进行故障处理或其他原因需立即停电处理时，应及时上报供电段安全生产调度指挥中心，由供电段安全生产调度指挥中心上报铁路局集团公司应急指挥中心，同时通知相关电务段调度指挥中心。

2. 电务段调度指挥中心安排电务工区在相关车站“行车设备检查登记簿”(故障登记)内登记“因×路电力设备故障，危及行车安全，须立即切换电源”，并在“行车设备施工登记簿”(维修天窗)登记“因×路电力设备故障，须进行电源切换，影响××站站内及××区间信号设备停用，要点 3 min”。在未给点前应安排人员盯控，随时准备进行应急处置。

3. 车站值班员及时报告列车调度员，并对电务登记内容及时签认，安排给点进行倒路切换。

4. 供电段接到电务段电源切换完成的通知后，及时组织进行应急处置处理。故障处理结束后，及时通知电务段。

(三)应急发电机带载试验

1. 应急发电机的带载试验，应纳入年度检修计划；同时纳入调度管理。

2. 发电机带载试验由电务部门申请天窗，供电、电务共同联合进行。

3. 发电机带载试验前，由供电部门负责检查应急发电机组状态，确认无问题后启动应急发电机组。

4. 带载试验前，供电部门应认真核对贯通电源、三路电源、发电机组电源相序是否一致。

5. 应急发电机组达到额定转速，输出电压正常后，供电部门将电气集中电源倒入应急发电机组电源供电。

6. 供电、电务共同确认应急发电机组电压、相序正常，电务部门进行电源切换及负载投切。电务部门应按照10%、25%、50%、75%、100%顺序逐步投入负载，确认带载正常后，按照75%、50%、25%、10%顺序减载，试验完毕及时通知供电部门。

7. 供电部门在带载试验期间应不间断监视应急发电机组运行情况，分别记录不同负荷率时的应急发电机组转速、输出频率与压、负载电流及水温等相关参数。

8. 带载试验结束，供电部门倒入贯通电源供电后，双方应共同在应急发电机组带载试验项目登记表中签字确认。

三、管理制度

1. 供电段在计划检修前提前2至7天发停电电报，在"主送单位"中选择相应的电务段、车务段、直属站(以下简称车务站段)，由电务段通知相关车间，车务站段通知相关车间(中间站)进行配合。

2. 对于需要一路停电的供电臂内的车站信号电源，电务段根据供电段的停电电报要求，核实信号电源一、二路电源使用情况，需进行切换倒路作业时，在相关车站运统46(维修天窗)中"施工项目"栏登记"配合电力电源切换进行电源转换"，在影响范围栏登记"××站内及××区间信号设备停用"内容。

3. 车站值班员汇报列车调度员，由车站值班员利用列车运行间隔，安排3 min电务倒路时间。

4. 信号设备电源未能在停电作业前切换至非作业路电源供电时，电务段应及时通知供电段取消停电作业，供电段及时停止停电作业。

第三节　工务与供电结合部作业管理

工务、供电结合部是指工务、供电专业各自在日常管理、设备检测、检查、维修、大修以及技术改造等生产管理过程中涉及另一方配合或支持的工作。

一、管理原则

工务、供电结合部管理应遵循的原则。

1. 工务段、供电段每年相互提供设备参数及技术资料(工务线路的平面、纵断面、曲线超高的实测数据，供电接触线导高、拉出值的实测数据)。

2. 工务、供电联合设计应遵守《铁路技术管理规程(普速铁路部分)》及相关规定。

3. 涉及线路平面、纵断面、曲线超高等参数变化和接触网导高、拉出值参数变化的施工，应在遵循技术规则的基础上，按现状优化和趋向于原始设计的原则进行设计。

4. 确需改变工务线路平面、纵断面和曲线超高、供电接触网导高、拉出值原始设计参数时，应遵循工务、供电设备同步改善的原则，工务、供电原始设计参数同步改变时，以工务为准。

5. 工务段负责轨面标准线的日常管理，保持其清晰醒目。每年工务段、供电段根据双方提供的技术参数，共同对轨面标准线进行复测。特殊情况需调整轨面标准线时，由工务段、供电段共同确认。

二、作业要求

须纳入工务、供电结合部管理的项目。

1. 工务、供电相互提供设备参数及技术资料。

2. 工务换枕、更换道岔、更换钢轨、捣固、清筛、拨线、调整超高及沉降整治、收卸路料。

3. 隧道内起拱线以上漏水整治、衬砌加固，棚洞施工，钢桁梁上部维护，上跨设备病害整治，危石处理，路堑施工。

4. 磁感应器自动过分相装置结合部管理。

5. 涉及工务、供电结合部检测监测装置安装。

6. 防洪工作及汛期工务、供电水毁设备整治。

7. 铁路沿线危树处理。

8. 上跨铁路线路、接触网的设施、设备管理。

9. 新线建设提前介入。

10. 供电、电力、给水专业在路基段穿管、顶管、埋设电缆、管线。

11. 应急处置结合部管理。

12. 工务、供电结合部设备其他项目。

工务、供电结合部关键项点及参考标准见表 3-1。

表 3-1　工务、供电结合部关键项点及参考标准

检查内容	检查关键项点	检查参考值
接触网几何数据	接触网导高	接触线导高达到标准状态(设计值±30 mm)，任何情况不低于该区段允许的最低值
	接触线拉出值	接触线拉出值达到标准状态(设计值±30 mm)，任何情况下不大于 450 mm
	轨面标准线	轨面与轨面标准线运营过程当中误差不大于±30 mm
结合部设备	隧道、上跨设备	隧道壁结实牢固，无脱落情况。隧道漏水得到有效整治。上跨桥及附属设施状态良好，与供电设备带电距离保持在 500 mm 以上
	工务、供电设备上安装有对方设备	各种标志螺栓紧固，无锈蚀脱落隐患，防灾、监测等工务附属设备安装牢固，无脱落和影响供电坠砣升降、设备运行等问题。桥墩、壁墙供电锚固设备固定牢靠，无脱落，侵限问题
	防洪	工务线路状态良好，供电支柱基础护砌完好
	树木	路内沿线树木不侵入线路、供电线限界

三、管理制度

1. 工务专业需供电专业配合施工的基本原则。

(1)工务施工作业因不满足电气设备安全距离，需供电设备停电的施工。

(2)因工务线路平面、纵断面变化引起的接触网数据变化超过警示值的施工。

(3)因工务专业作业影响，需供电专业改移或防护设备的施工。

(4)按照联合设计方案，工务专业卸石砟、钢轨、轨枕以及工务线路施工后接触网相应导高、拉出值等参数不超警示值的施工，供电专业可不进行现场施工配合，工务专业应严格按照联合设计进行施工，确保设备施工后工务、供电设备运行安全。施工期间发生突发问题，施工单位要第一时间通知供电段，双方按照应急预案要求，联合处置。

2. 供电专业需工务专业配合施工的基本原则。

(1)供电专业在路基段进行基坑开挖、支柱护砌、开挖电缆沟、电缆过轨等扰动线路基础的施工。

(2)供电专业在桥墩(台)进行打孔、埋设螺栓、基础螺栓施工。

(3)供电专业在隧道内(口)进行打孔、埋设锚栓、基础螺栓施工。

3. 施工地段线路的设计和既有标高由工务段标注，供电段确认，并按照双方确认的标高施工。

4. 因工务线路变化引起供电设备参数变化的施工，施工前工务、供电专业均需对现场数据进行测量并提供给对方。供电专业依据工务专业线路调整量研究确定供电设备调整方案。由于轨旁设备需对方配合时，施工前由施工单位组织对方进行现场调查、设备确认，双方依据现场条件确定施工方案。

5. 需供电段配合的施工，由工务施工单位在周四前向供电段提供下周施工轮廓计划，并在施工前三日提供施工日计划。

6. 如需停电，工务施工单位在施工前三日向供电段提出停电申请，供电段向工务段提供停电范围，并向供电调度提报停电计划。

7. 需在停电点内进行的作业项目，工务施工单位应与供电段确认接触网已停电，并具备作业条件后，方可进行作业。作业完毕，工务施工负责人应向供电配合施工负责人提出送电申请，供电段确认具备送电条件后与供电调度员办理送电手续。

8. 点毕开通前，应由工务、供电专业共同确认开通条件，若不满足开通条件时，应由双方协商处理。

第四节 结合部联合作业管理

一、防洪标准化管理

工务、电务、供电等设备管理单位要适时对铁路基础设施的抗洪能力和周边环境进行状态检查、风险评估，积极改善抗洪能力不足的铁路运输设备；对危及行车安全的设备病害，必须采取工程措施及时整治，切实提高设备的抗洪能力。

(一)主要职责

1. 各单位主要职责

(1)工务

负责检查和掌握桥涵、隧道、路基等防洪基础设施状态和周边环境情况；排查整治防洪隐患，持续开展防洪三项基础工作(完善排水系统、修建检查通道、清理边坡杂灌)；研判防洪安全风险，确定防洪重点地点；汛前组织做好防洪抢险备料、大型机械准备，组建抢险队伍；汛期掌握铁路沿线水情、库情，负责雨情监测、天气预警和雨中雨后防洪巡查和看守；及时抢修水害设备，尽快恢复；组织水害抢修，按期完成防洪预抢、水害复旧等相关防洪工程。

(2)电务

负责通信信号设备的防洪隐患排查整治，发生水害及时抢修，尽快恢复，确保技术状态良好；负责装设防洪看守电话；对纳入《列车运行图技术资料》LKJ 基础数据章节的Ⅰ级防洪地点数据，及时按规定实施LKJ数据换装；做好抢险现场的应急通信保障，根据上级指示及时将水害现场图像信息传送至国铁集团应急救援指挥中心。

(3)供电

负责接触网、变配电设备、电力线路的防洪隐患排查整治，发生水害及时抢修，尽快恢复供电；负责防洪看守点照明及抢修现场用电。

(4)运输、调度、客运、货运

负责防洪抢险人员、机具、材料、物资的运输，调度抢险备用车辆，及时将抢险料具运抵指定地点；沟通运输、灾情信息，按照水害现场的请求和雨情报告，发布调度命令，指挥列车运行；做好车流疏解、列车迂回和折返、站车旅客疏散安抚等应急处置工作。

2. 工务段防洪办公室主要职责(其他站段防洪办公室主要职责可参照执行)

(1)贯彻落实集团公司防洪工作部署，结合段防洪工作实际制定当年段防洪工作安排。

(2)组织对管内设备、沿线江河水库、周边环境防洪隐患调查评估，建立健全防洪设施台账，按照相关规定确定防洪重点地点，提出防洪预抢工程计划，及时上报集团公司防洪办审定，对有安全隐患的处所组织制订防控措施。

(3)组织编制、修订防洪预案和防洪示意图，报铁路局集团公司防洪办备案。组织段、车间防洪抢险演练，配合职教科做好防洪培训工作。

(4)管理用于气象、水情和灾情信息接收与传递的监测设备和网络终端。

(5)组织做好本段防洪抢险料具、车辆、大型抢险机械、人员的储备，做好抢险队伍和物资调配工作。

(6)组织做好防洪工程项目的实施，掌握防洪工程进度，加强施工现场监督管理，确保施工安全、质量达标。

(7)汛期安排人员昼夜值班，掌握管内雨情、水情和病险水库和蓄滞洪区运用情况，及时发布预警信息，检查指导和督促车间(工区)落实雨量警戒制度，及时报告相关信息；传达上级领导防洪工作指示。

(8)参加水害抢险，制定水害抢险及复旧工程方案，做好信息传递工作；组织复旧工程方案审查，做好施工过程检查和重点工程竣工验收工作。

(9)整理分析管内汛期气候、降雨、水害等资料，管理防洪资料及水害档案，总结当年防洪工作经验教训，探索防洪规律，改进防洪管理工作，并上报铁路局集团公司防洪办。

(10)推动防洪抢险新技术、新设备和新工艺的研发与应用。

(11)负责管内汛期施工的审批。

(12)建立与地区运输站段和地方防汛部门的联系，协调防洪抢险救灾工作。

3. 站区防洪领导小组主要职责

(1)定期召开站区防洪会议，开展站区防洪联合检查，发现问题及时协调处理。

(2)降雨封锁、发生严重水害及区间情况不明时，根据相关规定及时组织开行路用车进入区间巡查，掌握设备状态和水害情况。

(3)一旦发生灾害断道，迅速组织各单位实施抢险。

(二)防洪准备

1. 汛前检查

(1)检查重点。

①工务：结合上年水害地点和秋检结果，综合运用现场核查、无人机、卫星图片等手段，对

沿线地质灾害易发地点(必要时会同当地自然资源、应急部门进行联合检查)、路基桥涵隧道设备、河调设施、排水设施、挡护设施、施工扰动处所、新开通设备、上游水库、河道、江河堤坝、塘坝、贮木场、矿场(尾矿)、路外施工、沿线危树、农田水利设施及周边环境等影响铁路度汛安全的处所进行全面检查,组织开展地质灾害风险评估,对排查发现的问题,研究落实安全度汛措施;提出当年普速铁路防洪重点地点,安设普速铁路防洪重点地段标志牌;在铁路沿线显著位置设置警示牌,公告铁路灾害应急电话;制定防洪网格化检查监控措施、普速铁路Ⅰ级防洪地点汛期看守、Ⅱ级防洪地点降雨看守和Ⅲ级防洪地点加强检查的措施。

②供电、电务:应检查沿线水围电杆、光电缆径路、接触网支柱、铁塔、供电线路、通信基站、变配电所亭等处所,发现问题及时处理。

(2)构建防洪安全风险分级管控和隐患排查治理双重预防机制,把防洪设备设施、线路位置、周边环境、行车密度、速度等级等作为一个整体,系统研判防洪风险,建立防洪风险库,汛期纳入防洪地点进行等级管理;全面排查防洪设备设施的不安全状态、人的不安全行为、周边环境的不安全因素和管理存在的缺陷隐患等,建立防洪隐患库,加强隐患治理力度。

检查人员在发现其他设备管理单位管辖设备的防洪安全隐患时,应当及时通报相关单位或部门。

检查出的安全隐患及整改情况填写“防洪准备工作调查表”“防洪风险库”“防洪隐患问题库”“危树调查表”,纳入防洪台账。检查结束应进行总结,对检查出的问题进行统计,隐患问题库未整改销号的应跟踪管理,直至销号。

2. 汛前设备整治

(1)工务段要对管内的桥涵基础冲刷,护锥损坏,上下游淤塞,隧道衬砌开裂、漏水,防护网锈蚀、失效,天沟、吊沟、侧沟等排水沟和泄洪桥涵进行全面清理和整修。并在汛期做到随淤随清,确保排水畅通。

(2)工务段要组织对管内堑(山)坡、隧道进出口仰坡危石进行全面清理加固,对不能清理加固的危石要进行标志、标记,加强检查观测,汛期纳入防洪地点进行等级管理。对可能存在行车安全隐患的危树进行清理。

(3)工务段要对危土、挡墙、护坡坡面及泄水孔、滋生树、杂草进行清理,对砌体失效勾缝、破损、变形进行整治。对路基裂缝、冲沟、空洞、陷穴、狼窝进行夯填或注浆处理。长大路堤路堑地段要开设安全检查通道,重点加强对常年下沉的高路堤以及浸水路基的检查和观测。

(4)电务、通信段要对电缆径路、漏缆径路、光电缆径路以及高柱信号机、区间信号机、各种杆塔等进行加固处理,防止汛期塌方影响设备正常使用。

(5)供电段要对接触网、供电线路立柱、塔架基础进行加固处理,防止汛期倒杆或塌网。对影响供电设备安全的危树及时组织处理。

3. 防洪物资准备

(1)各部门、各单位要根据汛期防洪地点分布情况及可能发生的水害类型,储备足够的抢修料具及防洪备用车辆。按规定建立铁路局集团公司级、段级、车间、工区、Ⅰ级防洪地点防洪料库,并建立动态管理制度。各工务段、车间、工区防洪料库储备料具根据管内设备特点,并参考“工务段防洪料库储备料具数量表(参考)”(表3-2)确定。铁路局集团公司防洪办负责将主要防洪储备料具的数量、地点报国铁集团防洪办备案。

表 3-2　工务段防洪料库储备料具数量表(参考)

序号	材料名称	单位	段级防洪库	车间防洪库	工区防洪库	备　注
1	发电机组(3～5 kW)	组	1～2			
2	移动照明设备	套	4～8			
3	土镐(带柄)	把	50	10	10	
4	铁锹(带柄)	把	50	10	10	
5	开口撬棍	根	20			
6	撬棍	根	20			
7	齿条式起道机	台	8			
8	12/16 磅锤(带柄)	把	4/6			
9	吊轨车	部	4			
10	伸缩钢锯弓(30 mm)	把	2			配锯片 4 盒
11	钢轨钳	副	10			
12	木工锯	把	4			
13	杂木桩	根	200			
14	斧头(带柄)	把	2～8			
15	克丝钳	把	6			
16	活动扳手(350 mm)	把	4～10			
17	小手锤	把	4～10			
18	编织袋	个	4 000			
19	彩条布(4×50 m)	卷	10			
20	杉圆木(4～8 m)	根	30			
21	木板(厚 50 mm)	块	50			
22	活动帐篷	套	4			
23	大号太阳伞	把	4	2	1	
24	U 形爪钉	kg	50			
25	各种规格铁钉	kg	各 10			
26	镀锌铁线(ϕ35 mm)	kg	300			
27	各种直径麻绳	kg	各 50			
28	各种直径白棕绳	kg	各 50			
29	安全帽	顶	100	50	20	
30	帆布手套	双	200	100	20	
31	三节手电筒	个	50	20	10	
32	电池	节	150	60	30	

续上表

序号	材料名称	单位	段级防洪库	车间防洪库	工区防洪库	备　注
33	电灯线	m	100			
34	电缆线(2.5 mm^2 或 4 mm^2)	m	1 000			
35	绝缘胶布	卷	10			
36	电工工具	套	1			
37	信号防护用品	套	2	1	1	带反光标志的停车牌、慢行牌(各种速度)、地点标,红、黄色信号旗,充电式信号灯
38	电话机(携带式)	部	4	2	1	
39	安全带(含安全绳)	副	5			
40	雨衣、裤	套	60			
41	木枕	根	300			

供电段工区防洪料具储备最低定额包括普速网电运行工区防洪料具储备表,电力工区防洪料具储备表和变配电巡检工区、给水工区防洪料具储备表,详见表 3-3～表 3-5。

表 3-3　普速网电运行工区防洪料具储备表

序号	料具名称	单位	储备量	备　注
1	方头铁锹	把	5	
2	尖头铁锹	把	5	
3	抬筐	个	5	
4	抬杠	根	5	
5	石砟叉	把	5	
6	编织袋或草袋	条	200	
7	镀锌铁线	kg	50	
8	钢镐	把	5	
9	组合支柱	根	1	按管内设备标准配置
10	升降弓信号标志	套	1	按管内设备标准配置
11	锚钎	根	2	按管内设备标准配置
12	锚板及拉线	套	2	按管内设备标准配置
13	50 m 皮尺	把	2	
14	照明工具	套	1	轻型升降泛光灯含发电机
15	水泥(砂石料)	m^3	供应能力不低于 10	落实料源和联系方式,随时能装运

注:以上防洪抢险料具为最低定额,各车间可根据实际增加防洪料具和数量。

表 3-4　电力工区防洪料具储备表

序号	料具名称	单位	储备量	备　注
1	方头铁锹	把	5	
2	尖头铁锹	把	5	
3	钢镐	把	5	
4	编织袋(或草袋)	个	200	
5	抬筐	个	5	
6	抬杠	根	5	
7	照明工具	套	1	轻型升降泛光灯含发电机
8	镀锌铁线	kg	50	
9	水泥(砂石料)	m^3	供应能力不低于 10	落实料源和联系方式，随时能装运

注：以上防洪抢险料具为最低定额，各车间可根据实际增加数量和其他料具。

表 3-5　变配电巡检工区、给水工区防洪料具储备表

序号	料具名称	单位	储备量	备　注
1	铁锹	把	4	
2	抬筐	个	2	
3	抬杠	根	2	
4	编织袋	个	50	
5	钢镐	把	2	
6	排水泵	台	1	排水量应满足使用要求
7	镀锌铁线	kg	20	
8	应急灯	个	2	
9	水泥(砂石料)	m^3	供应能力不低于 10	落实料源和联系方式，随时能装运

注：以上防洪抢险料具为最低定额，无人值守所、亭不备，由所属变电所、网电工区储备，各车间可根据实际增加数量和其他料具。

(2)工务段、车务段(直属站)、建设项目管理机构要调查了解沿线厂矿、企业、私营业主、施工单位项目部所拥有的推土机、挖掘机、装载机、打桩机、自卸车等大型抢险机械和工字钢、钢塔架等抢险物资，掌握其拥有的型号、数量、状态、存放地点，根据需要签订租赁合同或有关协议，明确联系方式，以便应急时租用。

(3)电务、通信段要储备一定数量的信号、通信电缆和水害抢修设备，确保水害抢险的需要。供电段要储备发电、照明、供水和接触网供电设备，保证水害抢险使用。根据抢险需要，机务段要及时出动救援列车赶赴水害事故现场参与救援。

(4)工务段轨道车要配备一定数量的抢险料具，根据铁路局集团公司发布的预警级别做好热备。

(5)防洪储备料具未经有关防洪组织批准，不得挪用。防洪备用物资应随使用随补充。汛

期结束后，经铁路局集团公司防洪指挥部批准后，方可解除。

（三）汛期行车安全措施

1. 雨情预警响应制度

(1)防洪值班

铁路局集团公司机关、各单位汛期执行防洪值班制度，安排专人 24 h 防洪值班。

铁路局集团公司防洪办和各工务段防洪值班人员要加强与当地防汛、气象、自然资源、水利等部门的联系，要动态掌握管内雨情、水情、库情变化，及时进行预报预警。遇灾害性天气过程，安排专人昼夜跟踪雨情变化，充分运用卫星云图、气象雷达等实况气象信息，结合沿线实测雨量和线路抗洪能力等有关情况，观云追雨，分析预判可能发生的灾害，对于防洪重点地段、关键处所的降雨信息，要具体到线和点，做好小时预报、短时预报等阶段性报告，有针对性地做好抢险各项准备工作。同时，要及时传达防洪命令，及时收集有关资料、及时上报防洪抢险信息。

汛期，各运输站段车间、班组要安排足够人员昼夜值班，并有领导带班。各单位应建立健全防洪值班管理制度，优化防洪信息处理流程和应急处置流程，并加强对防洪值班人员的业务培训。

(2)雨情预警基本规定

①汛期雨情预警实行分级预警、分级响应，各部门（单位）和各级防洪机构在接到铁路局集团公司防洪指挥部、铁路局集团公司防洪办发布的雨情预警后，必须立即履行相应职责，并接受上级的指挥和监督。

②雨情预警信息的发布依据气象台及铁路气象专网的天气预报，按管内铁路分地区进行发布。

③设备单位防洪机构可根据管内降雨情况，结合上级发布的雨情预警信息，适时提高预警等级。

(3)雨情预警标准

雨情预警分为四级：Ⅰ级（特别严重，极易发生严重灾害）、Ⅱ级（严重，可能发生严重灾害）、Ⅲ级（较重，可能发生较重灾害）、Ⅳ级（一般，可能发生灾害）。分别用红色、橙色、黄色、蓝色标示。

Ⅰ级预警（红色）：24 h 雨量预报大暴雨及以上的地区，或者连续降雨量已达 250 mm 以上且降雨可能持续的地区。

Ⅱ级预警（橙色）：24 h 雨量预报有暴雨的地区，或者连续降雨量已达 100 mm 以上且降雨可能持续的地区。

Ⅲ级预警（黄色）：24 h 雨量预报有大雨的地区，或者连续降雨量已达 50 mm 以上且降雨可能持续的地区。

Ⅳ级预警（蓝色）：24 h 雨量预报有中雨的地区。

(4)雨情预警的发布和解除。

Ⅰ级（红色）、Ⅱ级（橙色）预警：铁路局集团公司防洪办负责起草预警通知，铁路局集团公司防洪指挥部领导签发。

Ⅲ级预警（黄色）：铁路局集团公司防洪办起草预警通知，铁路局集团公司防洪办领导签发。

Ⅳ级预警（蓝色）：各设备站段防洪办起草预警通知，值班领导审核后发布。

预警解除按照“谁发布谁解除”的原则执行。

(5)预警响应

各单位根据预警信息及管内降雨情况，要及时调整预警级别和范围，并根据四级预警制定详细的预警响应预案。

①Ⅰ级预警(红色)响应

有关各部门和单位收到“红色”预警信息后，严格采取以下措施。

a. 铁路局集团公司防洪指挥部总指挥带班值守，常务副总指挥、副总指挥带领机关各部室负责人赶赴包保区域或添乘单机、轨道车、列车到达强降雨区域，对各单位应急准备情况进行部署，铁路局集团公司机关各部室(各铁路办事处)包保人员到岗到位。

b. 站段领导班子及站区防洪领导小组人员到岗到位，对各自单位应急准备情况进行布置。

c. 各建设项目管理机构通知所在区段的各路外施工单位负责人，抢险队伍待命，并向车站或铁路局集团公司防洪办报告。

d. 站区防洪领导小组组长(站长)通知所在站区各成员单位派员到站共同值班，商榷处理防洪有关事宜。

e. 各铁路办事处要及时联系相关省市防汛指挥部，收集、传达防洪信息，并代表铁路局集团公司参加当地政府的防洪抢险工作。

f. 机务段要对出勤机车乘务员进行传达，并加强添乘指导。列车运行中，机车乘务员要加强瞭望、严守速度，认真执行车机联控。列车调度员(车站值班员)加强与机车乘务员雨情通报。

g. 各单位沿线抢险队伍、机具要立即到岗到位，相应区段的大型抢险机械装车待命；救援列车和抢险机械操作人员、值班轨道车和汽车驾驶员必须到岗待命；医疗、物资、宣传及生活部门有关人员集结待命，并做好随时出动的准备。

②Ⅱ级预警(橙色)响应

有关各部门和单位收到“橙色”预警信息后，严格采取以下措施。

a. 铁路局集团公司防洪指挥部常务副总指挥或主管运输副总指挥带班值守，机关各部室负责人在岗盯控，主管副主任赶赴包保区域对各单位应急准备情况进行布置，铁路局集团公司机关各部室(各铁路办事处)包保干部到岗到位。

b. 站段党政正职及站区防洪领导小组组长(站长)到岗到位，对本单位应急准备情况进行布置。

c. 站区防洪领导小组组长(站长)掌握站区各成员单位值班情况，建立联系，及时商榷处理防洪有关事宜。

d. 各单位沿线抢险队伍、机具等要到岗到位，轨道车、抢险车辆上要备足料具，发生险情随时出动抢险。所有通信设备一律处于开机状态。

e. 机务段要对出勤机车乘务员进行传达，并加强添乘指导。列车运行中，机车乘务员要加强瞭望、严守速度，认真执行车机联控。列车调度员(车站值班员)加强与机车乘务员雨情通报。

③Ⅲ级预警(黄色)响应

有关各部门和单位收到“黄色”预警信息后，严格采取以下措施。

a. 铁路局集团公司各业务部室安排一名副主任在岗盯控，并对本系统应急准备情况进行布置，各部室包保干部到岗到位。

b. 站段值班领导立即对本单位应急准备情况进行布置、安排。

c. 工务、电务、供电等各主要行车工种人员应在辖区内待命；抢险料具准备到位。机车乘务员加强瞭望。列车调度员（车站值班员）加强与机车乘务员雨情通报。

④Ⅳ级预警（蓝色）响应

各单位相关科室按照职责分工落实相关要求，各车间收到“蓝色”预警信息后，严格采取以下措施。

a. 预警区域所在的车间接到预警通知后，对辖区应急准备情况进行部署、安排，对工区人员在岗情况进行检查。

b. 车间负责人必须赶赴本单位值班。

c. 预警区域所在的车间、工区人员接到预警通知后，根据雨情及时出巡检查，并将检查情况及时向段调度汇报。

2. 雨量警戒制度

（1）一般规定

①雨量警戒分为出巡警戒、限速警戒和封锁警戒。

②雨量警戒主要防范山洪和边坡坍塌、滑坡等水害。可按照主要水害类型致灾降雨量的90%作为封锁基准值，致灾降雨量的75%作为限速基准值。致灾降雨量按照铁路沿线或当地多年主要水害类型的成灾降雨量统计分析确定。存在明显挡护质量缺陷和周边环境问题的边坡，其致灾降雨量不应作为基准值。

③一般情况下，山区干线铁路以防范山洪、泥石流和边坡坍塌为主，采用时雨量和连续雨量+时雨量警戒模式；平原和丘陵干线铁路以防范水淹线路、边坡溜坍为主，一般采用时雨量警戒模式，部分重丘和路基病害地段可保留连续雨量+时雨量警戒模式。

④连续雨量指一个降雨过程中任一时刻的累计降雨量，时雨量为对应任一时刻最近 1 h 的累计降雨量。24 h 内累计雨量小于 0.1 mm 时连续雨量中断。

⑤各线雨量警戒值由各工务段汛前根据线桥设备状态、沿线地质、地形条件和周边环境状况，调查分析历年水害类型、水害规模、成灾雨量和致灾雨型，提出修订意见，并报铁路局集团公司防洪办审定后，在铁路局集团公司年度防洪工作通知中公布。

⑥当雨量达警戒值报警时，普速铁路警戒区段按照报警雨量计站点及前后相邻雨量计站点所覆盖区间掌握。发出雨量报警的观测点工区、车间、段要立即通知相邻的工区、车间、段采取相应的雨量警戒。

（2）出巡警戒

当降雨量达到出巡警戒值时，各设备管理单位要立刻冒雨对警戒区段出巡检查。出巡检查连续进行，做到降雨不停，检查不止，确保重点地段不失控，一般地段不漏检。

解除条件：当降雨停止后（小时雨量小于 2 mm），经全面检查并确认无险情时，解除出巡警戒。暴雨后 2～3 天内加强添乘检查。

（3）限速警戒

当降雨量达到限速警戒值时，报警雨量计站点前后区间（或区段）采取限速警戒措施，工务段应立即到车站行车室（集中楼）办理警戒区段列车限速运行登记手续，同时向工务部调度、铁路局集团公司防洪办汇报。调度部门要根据工务段限速需求或雨量监测子系统报警信息，及时发布限速调度命令。

当限速地点内有列车运行时，车站值班员（列车调度员）口头通知司机限速运行。机车乘务员要加强瞭望，严格按命令要求控制速度运行，严禁超速，发现险情及时停车。列车限速后，工务段应立即通过添乘检查、徒步检查等形式，对警戒区段内设备进行全面检查。因降雨限速警戒时，限速时间超过 24 h 按规定设置减速信号标志。

解除条件：当小时雨量警戒时，时雨量低于出巡警戒值解除警戒；当 24 h 雨量或连续雨量＋时雨量警戒时，雨停后可逐步恢复行车速度。

解除时均需经现场检查确认具备常速条件。对于Ⅰ、Ⅱ级防洪地点所在区间，工务段应根据地质、地形和雨情适当延长限速警戒时间。Ⅰ、Ⅱ级防洪地点夜间限速或封锁开通后，要延时限速到天亮。

（4）封锁警戒

当降雨量达到封锁警戒值时，报警雨量计站点前后区间（或区段）采取封锁警戒措施，工务段应立即到车站行车室（集中楼）办理警戒区段封锁登记手续，实施封锁检查，同时向工务部调度、铁路局集团公司防洪办汇报。调度部门要根据工务段封锁需求或雨量监测子系统报警信息，及时发布封锁调度命令。封锁后，工务段应立即通过轨道车检查、徒步检查等形式，对警戒区段内设备进行全面检查。出动轨道车检查时，由工务段提出申请，经铁路局集团公司防洪办批准，列车调度员发布调度命令，准许轨道车进入封锁区段检查，列车凭信号机显示信号运行。

解除条件：当十分钟雨量警戒时，降雨停止后，经检查确认线路具备开通条件时解除封锁警戒；当小时雨量警戒时，时雨量低于对应限速警戒值解除封锁警戒；当连续雨量＋时雨量警戒时，时雨量降至 15 mm 及以下并持续半小时解除封锁警戒。解除封锁时需经检查确认线路具备开通条件。开通后应避免直接常速开通，要根据雨量和现场实际情况进行限速警戒，降雨量符合限速警戒解除条件时逐步恢复行车速度。

（5）客货分开雨量封锁警戒

①根据车流密度，京哈、京沪、京广、西长、京九、津山、石太、丰沙、京原、京包、石德铁路实行客车与货车分开的封锁警戒模式。封锁警戒值在每年汛前公布。

②货车封锁解除警戒值与客车封锁解除警戒值相同（与客车封锁同时解除）。

③客车封锁警戒后，货车兼作巡查车继续运行，工务等有关专业人员可添乘机车进入区间，同时可根据需要并经列车调度员同意，在区间安排巡查人员上下车。

（6）相关要求

①当发生局地强降雨区间情况不明时，或者连续降雨土体饱和时，应适当降低雨量警戒值。遇有险情，要及时拦停列车。

②各部门、单位要及时登录局域防洪网，密切关注“雨量监测实时报警系统”，适时掌握管内降雨实况，及时采取应对措施。

③对于存在高位坍塌风险，并且平时难以检查到位的个别防洪重点地段，当出现多日连续强降雨时，除按雨量实施警戒外，雨后 48 h 普速铁路客车可适当降速运行。降速申请由设备站段根据现场情况提出并按规定进行登销记。

④工务人员在沿线各站登乘机车进行添乘检查时，应严格遵守机车登乘管理规定，车务、机务部门应提供登乘条件。

⑤出巡检查包括徒步巡检、防护网外检查、添乘机车检查、添乘动车检查、开行轨道车检查、视频监控等方式。

⑥其他有关要求按照《铁路技术管理规程（普速铁路部分）》雨天行车办法等有关规定办理。

3. 防洪地点等级管理制度

(1)对防洪检查中发现的汛期风险地点,综合分析设备状态、环境状况、行车密度、速度等级、灾害特征、降雨相关性、灾害后果严重程度等因素,评判确定防洪重点地段(Ⅰ、Ⅱ、Ⅲ级防洪地点)。

Ⅰ级防洪地点:灾害风险较大,风险分布于整个汛期,一旦发生将可能影响行车安全的地点,评判为Ⅰ级防洪地点。如:重度危岩、多发岩溶陷穴等存在严重路基病害的处所等。

Ⅱ级防洪地点:水害风险较大,风险发生在雨中和雨后一段时间,一旦发生将影响行车安全的地点,评判为Ⅱ级防洪地点。如山洪、泥石流、边坡坍塌等降雨可能诱发严重水害的地段。

Ⅲ级防洪地点:降雨可能诱发路基防护设施状态变化,或可能发生一般水害的地点,评判为Ⅲ级防洪地点。如:隧道口、高堤深堑、滨河路堤等虽无明显质量缺陷但所处环境复杂的防洪关键处所。

(2)以下地段应列为汛期防洪地点,并根据隐患严重程度确定等级。

①路基

a. 未经汛期强降雨考验的新线、新改造的路基及桥梁、框构桥台后路基可能存在下沉地段;

b. 填料不良、边坡未有效防护的路堤,地质条件不良、堑顶无排水设施或地表径流排水不良的路堑;

c. 大江大河行洪区和蓄滞洪区内的路基,沿江河受水流冲刷影响的路基,受病险水库和山塘泄洪影响以及坡脚受水浸泡的路基,蓄放水时水位变化较快的库区路基,山前、戈壁漫流区路基,未进行有效防护、未设置有效河调建筑物,路肩未达到设计洪水位标高的地段;

d. 受河流冲刷未得到有效防护的桥梁台后路基;

e. 汛期强降雨易造成线路几何尺寸变化的地段;

f. 已发现病害尚未及时整治的路基;

g. 陈旧性挡护墙、拦石墙、护坡、柔性防护网等既有防护设备发生局部裂损尚未得到整治的地段;

h. 经抢险临时开通、未及时复旧地段;

i. 受采矿沉陷影响或岩溶、黄土地区的路基;

g. 受地方灌溉影响易发生崩塌、滑塌的路基地段;

k. 杂灌植被覆盖的高陡边坡。

②桥梁

a. 孔径不足、基础埋深不明、淤积严重、河道变迁的过洪桥梁;

b. 浅基桥梁;

c. 扩大基础的过洪桥梁;

d. 受病险水库、山塘泄洪、泥石流等不利影响的桥梁;

e. 受河道挖沙、拦河筑坝、河道被束窄挤占影响行洪和河滩高杆作物(树木)、构筑物等阻碍行洪等影响的桥梁;

f. 挖方设桥地段。

③隧道

a. 进出口高陡边坡、仰坡,山洪沟口;

b. 岩溶地段未完全处理的隧道;

c. 漏水隧道，斜竖井洞口封堵不良的隧道；

e. 岩层节理发育，上方地表存在积水坑、汇水沟槽的浅埋隧道；

f. 高压富水隧道及其地表存在积水洼地、岩溶漏斗，上拱变形、衬砌掉块的隧道；

g. 可能出现泥流倒灌、外部汇水涌入和有机械排水的隧道（含导洞、斜井、救援通道等）。

④涵洞

a. 孔径不足、排水不畅的涵洞；

b. 泥石流易发地段的涵洞；

c. 位置较低、经常淤积的涵洞；

d. 管节变形、漏土的涵洞；

e. 山前戈壁漫流区的涵洞。

⑤周边环境

a. 危岩落石地段，石质路堑边坡风化严重地段，岩层裂隙纵横交错且岩层面倾向线路的地段；

b. 因周边排水、抽水、取土、开矿、堆载、钻探等人为活动对桥涵、路基、隧道稳定造成影响的地段；

c. 受城镇建设、修建公路、邻线建设、村民耕种等环境变化影响，改变铁路周边排水径路的地段；

d. 线路附近的地方沟渠、池塘、蓄水井等蓄排水设施存在老化、失修、渗透问题，可能诱发不利影响地段；

e. 易发山洪和泥石流、滑坡等地质灾害的地段；

f. 线路附近垭口地貌、地形易汇水冲击的地段。

⑥其他

a. 排水不良的站场；

b. 排水不良、地势低洼处所的通信信号机房、变配电所亭；

c. 易受洪水和泥石流、滑坡、崩塌等地质灾害影响的通信杆塔、电力杆塔、供电线路、“四电”房屋等；

d. 未经汛期强降雨考验的接触网支柱及拉线基础；

e. 其他存在度汛安全隐患的地段。

(3)防洪地点(段)管理规定。

普速铁路汛期防洪重点处所分为Ⅰ、Ⅱ、Ⅲ级防洪地点，具体管理规定如下：

①Ⅰ级防洪地点管理规定

a. Ⅰ级防洪地点由电务部门按照有关规定写入 LKJ 基础数据进行语音提示，实行守机联控。具体地点由工务部门确定。

b. 工务段选派经培训合格的人员汛期昼夜看守。看守长度根据现场实际情况合理确定。

c. 每处Ⅰ级防洪地点均要设置牢固的看守房，选址应远离崩塌落石、滑坡、边坡溜坍等地质灾害处所，保证看守人员安全。看守房门口外墙上悬挂看守点标牌，标牌统一规格为 0.8 m×0.6 m，白底蓝字横向分两行书写“××线××公里看守点”字样，每个字体大小不超过 0.15 m×0.15 m。

d. 看守房应配齐必要的生产、生活设施。看守房内要悬挂看守工当班制度、守机联控制度、列车时刻表、检查巡回图及应急处置预案，应急处置预案中应明确相邻车站、工区、车间及段值班电话，每个制度统一以 A2(420 mm×594 mm)纸打印、装框后悬挂整齐。同时，每处看守房内要放置交接班记录簿、检查登记簿、行车登记簿和安全检查指导簿。

e. Ⅰ级防洪地点应设置"看守点呼叫标""防洪重点地段"标志牌。标志牌应于每年上汛前一日 18:00 时前设置到位，汛期新增的Ⅰ级防洪地点要随时设置到位。Ⅰ级防洪地点取消后要及时撤除标志牌。

f. 看守点要配备电话和应急通信设备，配齐应急防护备品。具体包括铁路电话 1 部、大功率电台 1 部及备用电池、无线对讲机 1 台及备用电池、红色信号旗 2 面、黄色信号旗 1 面、信号灯 2 盏、磁铁式短路铜线 1 根(自闭区段)等。

g. Ⅰ级防洪地点看守点房要按规定备齐必要的防洪备品料具，见表 3-6。

表 3-6　Ⅰ级防洪地点备用料具明细表(参考)

序号	名称	单位	数量		备注
			双线	单线	
1	道尺	把	1	1	检查工具
2	钢尺(30 m)	把	1	1	
3	弦线(20 m)	套	1	1	
4	盒尺(5 m)	个	1	1	
5	活口扳手(450 mm)	把	2	2	
6	手电	把	2	2	
7	望远镜(8 倍)	台	1	1	
8	短路铜线	条	2	1	
9	信号旗(3 红 1 黄)	套	2	1	
10	喇叭(带嘴)	个	2	2	
11	停车信号	个	4	2	
12	信号灯	台	2	2	
13	减速地点标	个	4	2	
14	减速信号	套	16	8	
15	减速防护地段终端信号	个	4	2	
16	联控电台	台	2	2	
17	防洪专用电话	台	1	1	
18	抬筐	个	100	80	抢险料具
19	抬杠	根	20	20	
20	铁锹	把	20	20	
21	编织袋(或草袋)	个	500	300	
22	扒镐(带把)	把	10	10	
23	石砟叉	把	10	10	
24	FW6100GC-J 强光泛光工作灯	套	2	2	
25	撬棍	根	20	20	
26	道镐	把	20	20	
27	扣件拐子	把	2	2	
28	大锤	把	4	2	
29	起拔道机	把	4	2	

注：工务段可根据水害类型、现场实际需要相应增减防洪备品料具数量及种类。

h. Ⅰ级防洪地点看守人员与机车乘务员进行联控，守机联控用语为：列车头部越过“看守点呼叫标”后，列车司机：“××（看守点）××（次）接近”；看守人员：“××（次）××（看守点）正常（或停车）”；列车司机：“××（次）正常（或停车），司机明白”，看守点名称用整千米数命名。

列车三次呼叫无应答，应采取降速或停车措施。停车后向临近车站报告，同时继续进行守机联控，得到明确答复后方可按有关规定行车。

②Ⅱ级防洪地点管理规定

a. Ⅱ级防洪地点由机务部门写入IC卡进行运行安全提示。工务段落实降雨看守人员和相应地段，接到降雨预警通知，看巡守人员做好准备。降雨量达到限速警戒值时，看守人员要进行降雨看守。

b. Ⅱ级防洪地点雨后要延时看守：对于短时强降雨可能诱发山洪、泥石流、水冲线路、桥涵闷孔、桥涵冲毁等水害的Ⅱ级防洪地点，雨后延长看守3～6 h；对于连续降雨可能诱发坍塌、滑坡、过渡段下沉等严重地质灾害的Ⅱ级防洪地点，雨后应延长看守12～24 h；其他Ⅱ级防洪地点，雨后看守6～12 h。对位于大区间内或交通不便的Ⅱ级防洪地点，要采取就近租住民房等措施，保证及时检查到位。

c. 每处Ⅱ级防洪地点可设置临时看守帐篷，选址应远离崩塌落石、滑坡、边坡溜坍等地质灾害处所，确保看守人员安全。

d. 看守人员应携带看守工当班制度、应急处置预案，统一以A4（210 mm×297mm）纸打印、塑封。看守人员同时应携带检查登记簿，并做好看守记录。

e. 看守人员要配备通信、信号备品，包括无线对讲机1台、红色信号旗2面、黄色信号旗1面、信号灯1盏、磁铁式短路铜线1根（自闭区段）等。

f. 看守人员发现危及行车安全的险情时，应立即按照相关规定拦停列车，并向临近车站及段防洪办报告。

③Ⅲ级防洪地点管理

加强雨中巡查和添乘检查。当降雨量达到出巡警戒值后，设备管理单位要安排职工按照巡回图分批次、不间断冒雨巡查，巡查人员携带对讲机、防护用品和应急工具。一般降雨检查到Ⅲ级地点时要折返检查，极端降雨或连续强降雨要增加巡查力量，分段临时看守。遇大雨及以上雨情，雨中及雨后3天要加强添乘检查。

④Ⅰ、Ⅱ级防洪地点由铁路局集团公司掌握，Ⅲ级防洪地点由站段自行掌握，并报铁路局集团公司备案。

⑤对于动态检查发现危及行车安全的新增水害，要设置临时看守，报铁路局集团公司防洪指挥部核准后比照Ⅰ级防洪地点办理，在病害得到彻底整治、消除安全隐患后方可撤除。

（4）看守人员外包管理。

①设备单位职责

a. 负责签订防洪看守外包合同，合同必须符合铁路局集团公司业务外包管理办法相关规定。

b. 负责防洪重点处所看守位置的确定，制定每处防洪处所的看守制度和巡回路线图。

c. 负责列出管内每处防洪重点看守处的检查项点，项点要具有针对性、通俗性，并明确影响行车安全的项点。

d. 负责配备防洪重点处所看守点各类生产备品。

e. 负责防洪重点处所看守点的日常检查、指导。段干部抽查管内看守处所每月不少于

5处,其中夜查不少于2处。车间干部对管内看守点每月全覆盖检查不少于2遍(至少含1遍夜查)。

②外包单位职责

a. 负责招募组建安排看守人员,安排的看守人员应责任心强、遵纪守法、遵守工务段有关规章制度。每处看守处所安排的看守人员应原则固定,不得因人员替换影响防洪看守工作。

b. 负责看守人员的健康体检,确保人员身体健康,无心脑血管病等可能引起突发疾病的其他病症。

c. 负责看守人员保险购买、工资发放、劳保发放、考核奖励发放等工作。

d. 负责建立健全工作制度、看守人员奖惩制度、看守人员培训学习制度。

e. 负责看守人员的培训,包括看守制度、检查项点、人身安全、通信工具、设备情况(包括线路名称、里程、行别、区间及车站联系方式等)、水害识别和上报等内容,考试合格后方能上岗。并将培训内容塑封成册,分发给看守人员。

f. 根据工务段要求,组织看守人员开展工作。

③看守人员职责

a. 执行工务段制定的看守制度,及时发现并上报水害。

b. 执行防洪看守外包单位相关规章制度。

④安全措施

a. 有护网地段的防洪看守处所,看守人员严禁擅自进入护网内。

b. 无护网地段的防洪看守处所应在看守地点设置软隔离和"严禁上线"标识,提示看守人员禁止擅自上线。软隔离及标识牌要经常检查,确保设置牢固。

c. 看守人员违反下列任何一条"红线"规定,防洪看守外包单位应立即更换看守人员,且不得再次将违规人员安排到其他防洪看守点。

ⓐ班前或班中饮酒。

ⓑ发现险情后未立即上报。

ⓒ脱岗或私自找人替班。

ⓓ擅自改变巡查路线。

ⓔ坐卧道床边坡或钢轨。

ⓕ扒乘、钻、爬、跳列车或轨道车。

ⓖ偷盗铁路器材。

ⓗ私自用火或野外用火。

ⓘ在车站停放的列车下传递工具和物品等。

ⓙ散播有关铁路方面的不实信息。

(5)看守工当班制度。

按图巡守:看守人员应严格按照工务段制定的巡回图进行巡守,执行规定的检查观测制度,填写检查记录。做到坚守岗位、勤检细查,不得擅离职守。按规定穿着黄色反光防护服进行检查,沿路肩行走。检查时必须带齐防护用品,并保证使用状态良好。

迎送客车:Ⅰ级防洪地点看守人员值班时要佩戴臂章,当客车通过看守地段时,应站在安全地点手持规定信号迎送客车(上山、下河检查时除外)。Ⅰ级地点看守人员要按规定将列车通过时间记入守机联控记录簿内。

日汇报:看守人员每日将看守点的当班情况、检查发现问题、病害变化情况等向工务段调度汇报，工务段在每日交班会上要对看守点情况进行通报。

交接班：看守人员在接班前应充分休息，不得饮酒。交班者应将值班时的检查情况、设备变化、存在问题和处理措施向接班者介绍清楚，清点防洪工具备品，正确填写交接班记录。

水害防护处置：看守点发生危及行车安全的险情时，必须遵守“先防护、后处理”的原则。看守人员应立即使用列车无线调度通信设备通知车站值班员或列车司机紧急停车，同时在水害影响地点设置停车信号。当确知一端先来车时，应急速奔向列车，用手信号旗（灯）或徒手显示停车信号。如不知来车方向，应在水害影响地点注意倾听和瞭望，发现来车，应急速奔向列车，用手信号旗（灯）或徒手显示停车信号。

设有固定信号机时，应先使其显示停车信号。

水害报告程序：看守点发生水害后，看守人员要及时将水害发生的时间、地点、类型、大小程度上报工务段调度。

(6)标志牌设置。

①“防洪重点地段”标志牌设置

设置范围：Ⅰ级防洪地点。

设置式样：标志牌正面白底黑字，标注“防洪重点地段”，背面白底黑竖杠，正面、背面均具有反光效果。标志牌长1.0 m，宽0.24 m，下端距地面1.1 m，立柱埋深不小于1 m。标志牌埋设基础应牢固，防止倾斜侵限。

设置位置：

a. 标志牌内侧至线路中心距离不得小于3.1 m。

b. 标志牌至防洪重点地段两端的距离，参照《铁路技术管理规程（普速铁路部分）》关于列车紧急制动距离限值表等有关规定办理。

c. 当线路为单线时，起点标志牌设在线路左侧，终点标志牌设在线路右侧，起点和终点标志牌背面均朝向防洪地点；当线路为双线或多线时，应按线路名称分别设置，起点和终点标志牌均设在列车运行方向的左侧，起点标志牌正面、终点标志牌背面朝向来车方向。

②“看守点呼叫标”设置

Ⅰ级防洪地点应设置看守点呼叫标。标志牌正面白底黑字，标注“呼”字，背面白底，正面、背面均具有反光效果。呼叫标内侧至线路中心距离不得小于3.1 m，立柱埋深不小于1 m，设置牢固，防止倾斜侵限。呼叫标的位置距离看守点两侧的距离一般为1.5～2.5 km，具体位置根据现场情况确定。

(7)其他。

①对于地质条件复杂、瞭望距离短、巡视区段长的Ⅰ、Ⅱ级防洪地点，工务段应根据现场实际，合理安排巡守人员，制定针对性的看守巡视办法。

②各单位要比照机车乘务员对管内轨道车等自轮运转设备司机进行专题培训和考试，并编制提示卡，出勤携带普速铁路Ⅰ、Ⅱ级防洪地点，并执行与普速铁路Ⅰ级防洪地点守机联控制度。车务站段要在车站行车室揭示相邻区间普速铁路Ⅰ、Ⅱ级防洪地点。

③各单位要根据现场情况，及时修订防洪地点防洪预案，普速铁路Ⅰ、Ⅱ级防洪地点要做到“一处一案”，并根据预案认真开展防洪演练，提高应急管理水平。

④加强对防洪重点地点的检查、监控，有条件的应安设实时监测报警装置及视频监控设备。

⑤除普速铁路Ⅰ级防洪地点看守外，其他看守处所应满足瞭望条件，不得设置在铁路限界

内、崩塌落石下方、低洼汇水处所等危险处所，搭建的看守设施应牢固可靠，距离看守位置原则上不应大于100 m，并设有"防洪看守"字样的显著标识。看守处所内防护备品原则上比照普速铁路Ⅱ级防洪地点规定办理，并根据看守处所预计水害进行调整。

4. 扣停拦行车措施

（1）车站值班员（列车调度员）得到设备单位登记或口头因降雨封锁线路的通知时，严禁向封锁区间发出列车；对已进入区间的列车，要通知司机以遇到阻碍随时停车的速度运行至前方站（列车通过分相、长大坡道等特殊地段时运行速度由机车乘务员根据现场实际情况掌握），列车到达前方站后再下达封锁命令。

车站值班员（列车调度员）接到设备部门危及行车安全的报告时，应立即采取扣车措施，车站内列车不得向区间发车，区间列车立即通知司机停车。

车站值班员（列车调度员）接到机车乘务员因降雨减速或停车报告时，车站值班员报告列车调度员，列车调度员及时对后续列车组织调整。

对并行区段，机车乘务员报告本线水害时，车站值班员（列车调度员）应对邻线同时采取扣停措施。

普速铁路车站值班员（列车调度员）在汛期接到司机晃车的报告后，立即通知已进入区间的后续列车停车，并通知关系车站，不再向该区间放行列车。待工务部门现场检查确认后，按工务部门登记的条件组织列车运行。

（2）遇降雨天气，机车乘务员要加强瞭望。山区铁路遇突发暴雨前方情况不明不能保证安全时，应适当减速或停车，并及时向车站值班员（列车调度员）报告。

机车乘务员发现险情时，要果断采取停车措施，并立即向就近车站值班员（列车调度员）报告。

机车乘务人员接到车站减速、停车命令时，或遇设备单位巡检人员显示减速、停车信号时，机车乘务员要果断采取减速或停车措施。

机车乘务员在看到路外人员拦车时，应果断采取停车措施。

（3）设备单位雨中、雨后巡检人员或其他路内人员发现危及行车安全的险情时，要果断拦停列车，并立即通知车站封锁线路。因水害抢险开通后，第一列不得放行旅客列车。

（4）从其他渠道得到危及行车安全的水害报警信息时，各部门、各单位均有权申请封锁线路，拦停或扣发列车。

5. 洪水位警戒制度

（1）洪水位警戒值，要在充分统计和分析历史洪水位与铁路灾害产生之间关系的基础上，结合各地区铁路的地质、水文、周边环境和设备质量等因素，慎重确定动态调整，不断提高警戒值的科学性。对影响铁路安全较大的河流实行二级洪水位警戒值，即注意洪水位警戒值和危急洪水位警戒值。工务段应在受大江大河或行洪区洪水影响程度较大的铁路桥梁、路基等设备适当位置对洪水位警戒值做好醒目标识，定期对水位标尺进行涂刷维护，便于巡查人员、看守人员随时掌握。

（2）当水位达到注意警戒水位值时，工务段巡查人员应每隔2 h测量一次水位，做好记录并立即向工务段调度汇报，工务段调度立即将观测数据报铁路局集团公司工务调度。当洪水位超过设计洪水位，虽然尚未淹没支座、梁体，但桥墩已受到较大的洪水冲击力时，工务段应派人看守巡查，加强对墩台、梁体、线路的监视。当洪水下降趋势明显，水位明显下降，并经检查确认设备正常后方可撤销，并及时向铁路局集团公司工务调度汇报。

(3)当水位达到危急警戒水位值时。

①工务段主管段长应立即赶赴现场,工务工区(或车间)派人至相关车站驻站联络。看守巡查人员应每隔1 h测量一次洪水位,做好记录后立即向工务段调度汇报,工务段调度立即将观测数据报铁路局集团公司工务调度。

②当洪水位继续上涨,淹没支座底部时,工务段应立即在车站“行车设备检查登记簿”(运统46)登记,对列车进行限速,登记格式为:“××桥×时×分洪水位淹没×号支座底部,××站至××站间上(下)行线××km××m至××km××m限速××km/h”。并派人疏导、打捞河槽内漂浮物,防止撞击桥墩。当水位下降趋势明显,不再淹没支座,并经检查设备正常后,应当及时提速或恢复常速,并在车站做好销记;当洪水继续上涨,淹没支座并接近(或淹没)梁体底部,根据河槽内漂浮物情况可采取封锁措施,工务段应立即在车站“行车设备检查登记簿”(运统46)登记,对区间进行封锁,登记格式为:“××桥×时×分洪水位淹没(接近)×号梁体底部,需封锁××站至××站间上(下)行线检查”,当水位下降后,应根据水面至梁底高度和河槽内漂浮物情况,并经检查设备正常后,及时限速开通区间线路,水位继续下降不再淹没支座并经检查设备正常后,应及时办理恢复常速手续。

③工务段调度应及时将洪水位观测数据、限速、封锁线路等信息报铁路局集团公司防洪办。

6. 雨中、雨后检查制度

(1)雨中检查是指工务、电务、供电等设备单位降雨期间按照雨量警戒值对管辖设备和周边环境进行检查。检查人员观察现场适时雨情,遇短时强降雨要及时向工区、车间汇报雨情。

雨后检查是指工务、电务、供电等设备单位降雨结束后一定时间内对管辖设备和周边环境进行的检查。遇大雨雨情时,降雨结束后设备单位要及时组织对降雨区域设备和周边环境全部检查一遍,确认无影响行车安全的险情后结束雨后检查。遇暴雨及以上雨情或连续雨量达70 mm及以上时,降雨结束后两天内每天对降雨区域设备进行添乘检查和徒步检查各一遍,确认无影响行车安全的险情后结束雨后检查。

(2)检查方式。

雨中、雨后检查应实行地面检查和添乘检查相结合的方式。地面检查应按事先划分的责任区段分组分段进行。各设备单位要结合沿线设备状况、人员配备和防洪地点分布等实际情况,合理划分责任地段,确定每个区段的检查重点,并编制巡回图,地面检查人员按图巡回检查。当降雨量达到出巡警戒时,段及车间干部要进行添乘检查或地面检查;当降雨量达到限速警戒时,要对山区铁路、繁忙干线和主要运输通道加大检查和添乘频次。添乘检查人员要密切注意线路变化,发现水害或险情时须立即要求司机限速或停车,并通知段或车间迅速赶赴现场处理。同时,通过添乘掌握地面检查人员的工作情况,保证检查制度的落实。

(3)检查重点。

①检查路堤边坡、坡脚是否出现溜坍、裂纹。路堑边坡、隧道进出口仰坡、铁路一侧自然山坡是否有危石松动和溜坍滑坡迹象。挡护设备是否出现裂纹、倾斜、变形。

②涵洞上下游端墙、上下游河床铺砌是否存在冲刷。桥梁墩台基础是否存在冲空。涵渠、桥梁与路基结合部是否冲刷、淘空。

③河调建筑物是否损坏失效、沿河路堤边坡是否受到洪水冲刷。

④各类排水设施是否齐全、有效,泄洪能力是否满足流量要求。

⑤是否会有集中地表水冲刷铁路,是否水漫线路,是否有桥涵闷孔,是否有路基边坡溜坍,泥

石掩埋线路等。铁路上游山塘水库溢洪、溃坝是否会冲毁下游铁路设施,铁路上方山坡是否有地方施工(修路、筑坝、开发建设等)改变原有排水系统形成滑坡、泥石流等水害直接危及铁路安全。

⑥检查沿线电缆沟槽、供电线路、信号机、通信杆、接触网杆及供水设备、沿线危树等其他行车设备是否存在水害影响正常使用。

⑦检查路基表面雨后积水的情况,避免因长时间水浸路基,导致路基抗洪能力降低。

(4)雨中、雨后检查要求。

①普速铁路地面检查:应沿路肩进行巡查,注意人身安全,并在检查途中按规定避车。

②雨中、雨后检查发现问题处理原则:检查人员在巡查途中发现侧沟堵塞、集中水流冲刷设备等问题时应立即处理。发现水淹路基、边坡溜坍、挡护墙变形等水害险情时,要立即报告工区或车间,然后留一人就地看守,另一人继续巡查;遇危及行车安全的水害时,要按照相关规定处置。各单位检查人员发现危及行车安全的非自管设备水害时,应立即采取拦车措施,并通知就近车站值班员(列车调度员),由车站值班员(列车调度员)通知相关设备管理单位进行处置。

③检查期间,工区必须留有值守人员,随时收集责任区段的检查情况,保证信息畅通。车间主任、工班长应与检查人员加强联系,根据检查人员反馈的情况及时采取相应措施。

④区间限速或封锁检查期间,工务应指派胜任人员驻站或驻调,驻站或驻调人员要坚守岗位,随时与检查人员保持联系,根据检查人员的指令或雨强变化情况,及时在"行车设备检查登记簿"(运统46)上办理登、销记手续。并做好"雨中、雨后出巡检查记录表"的填写。

(5)雨中、雨后的检查(巡查、巡防)人员、防洪地点的看守人员、添乘检查人员发现危及行车安全的险情时,应果断拦停列车,迅速设置防护,立即向车站值班员(列车调度员)报告险情。判断行车条件如下:

①中断行车的判断

a. 路堑和山坡

ⓐ崩塌、落石、滑坡、塌方发生后,岩(土)体已经侵入基本建筑限界;

ⓑ当有间歇性的崩塌落石发生时,线路上的石块清除后,仍有石块不断滚入线路;

ⓒ堑坡、山坡有裂缝,在短时间内裂缝迅速扩大或下错,处于明显变化过程中,随时有坍塌的危险;

ⓓ滑坡体滑动,使线路向上隆起或横向位移,处于明显变化之中;

ⓔ滑坡、错落体位移,使支挡、防护建筑物错动开裂,已侵入限界或有倒塌侵限迹象。

b. 线路及路堤

ⓐ区间正线水漫轨顶,水下情况不明;

ⓑ路堤浸水后软化或路基下沉、横移使轨道几何尺寸发生变化且已不具备限速行车条件;

ⓒ线路轨道、道床被水冲毁、冲空;

ⓓ路堤冲毁、沉陷、坍塌,道床失稳,不能保证限速行车;

ⓔ路堤边坡坍滑、下错,其滑动面上部已侵入道床以内;

ⓕ黄土及易瞬间坍塌的路堤边坡开始向下错动,裂缝扩大,速度较快,已产生"错台",坍滑后能侵入列车荷载作用范围以内;

ⓖ路堤内因水力渗透作用形成较大的管涌,路堤有坍塌破坏的可能。

c. 桥涵及隧道

ⓐ桥梁墩台被水冲毁;

ⓑ桥梁墩台受到洪水冲刷，墩台稳定受到威胁或已严重晃动；

ⓒ桥梁墩台受洪水冲刷后已倾斜；

ⓓ墩台发生位移后，桥上限界不足；

ⓔ浅基桥墩受洪水冲刷，墩台基础情况不明时；

ⓕ洪水流速超过设计流速，桥下水位已超过《普速铁路桥隧建筑物修理规则》相关规定时；河道内漂浮物撞击桥墩(梁体)后可能引起中断行车的事故；

ⓖ桥梁振动异常时；

ⓗ涵洞管节冲失或基础冲空；

ⓘ涵洞翼墙、端墙或桥梁护锥冲毁、坍塌；桥涵背后冲空或冲刷严重，不能保持道床稳定；

ⓖ隧道内或仰坡落石及圬工脱落侵限时(含未坠落石块)，或隧道过水淹没钢轨；

ⓚ因山体滑坡、错落引起隧道衬砌严重变形，达到临界失稳状态或衬砌侵入限界时。

d. 其他

当站台、接触网、信号机柱及其他设备或树倒后侵入限界时。

②限速行车的判断

a. 路堑及山坡

ⓐ堑坡土壤趋于饱和状态，不断向下坍滑，清除至限界外以后仍不断缓慢向下坍滑，处于边清边坍、不清就会侵限的状态；

ⓑ坍方、落石发生后已派人看守，但仍有可能继续落石；

ⓒ滑坡缓慢滑动，轨道几何尺寸变化较慢，经整修和不断整修可以限速通车；

ⓓ堑坡下部支挡设备倾斜，已采取临时加固措施。

b. 线路及路堤

ⓐ区间水漫道床，且水还在流动；

ⓑ线路下沉，基床浸水软化，轨道几何尺寸变化较大，经整修可以限速行车；

ⓒ路堤边坡溜坍，坍体边缘未侵入路肩；

ⓓ路堤内形成管涌、溶洞、陷穴等隐患，在处理前判断路基发生变形后对轨道变形影响较小；

ⓔ线路部分道床冲失，轨下道砟未动。

c. 桥涵及隧道

ⓐ桥梁基础受洪水冲刷，冲刷深度已接近或达到《普速铁路桥隧建筑物修理规则》相关规定，但墩台尚稳定；

ⓑ桥墩台受洪水冲击后已微量倾斜，退水后不再受冲刷威胁，桥上线路经拨道后可以限速行车(应检算墩台承载能力)；

ⓒ浅基桥墩台经检算，允许在某一冲刷深度以内限速行车；

ⓓ因山体滑坡、错落等引起隧道衬砌变形，变形部位或加固结构已侵入基本建筑限界，尚未侵入机车车辆限界；

ⓔ桥台后路基下沉并因护锥变形使一部分线路严重缺道砟。

7. 水害处置和抢险

(1)水害应急响应。

①应急响应标准。根据铁路局集团公司管内水害造成人员伤亡、直接经济损失(包括抢修费、复旧费及运营收入损失)和列车中断运行程度等情况，水害应急响应分为Ⅰ、Ⅱ、Ⅲ、Ⅳ四个等级。

a. Ⅰ级应急响应标准(符合以下条件之一)。

ⓐ死亡 30 人及以上;

ⓑ四大干线中断行车,抢修困难,经抢修在 48 h 内无法恢复通车;

ⓒ造成直接经济损失 1 亿元及以上;

ⓓ国务院决定需要启动Ⅰ级应急响应的其他铁路水害。

b. Ⅱ级应急响应标准(符合以下条件之一)。

ⓐ死亡 10 人及以上 30 人以下;

ⓑ主要干线中断行车,抢修困难,经抢修在 24 h 内无法恢复通车;

ⓒ造成直接经济损失在 5 000 万元至 1 亿元之间;

ⓓ国铁集团决定需要启动Ⅱ级应急响应的其他铁路水害。

c. Ⅲ级应急响应标准(符合以下条件之一)。

ⓐ死亡 3 人及以上 10 人以下;

ⓑ主要干线中断行车,抢修困难,经抢修在 12 h 内无法恢复通车;

ⓒ造成直接经济损失在 500 万元至 5 000 万元之间;

ⓓ铁路局集团公司决定需要启动Ⅲ级应急响应的其他铁路水害。

d. Ⅳ级应急响应标准(符合以下条件之一)。

ⓐ死亡 3 人以下;

ⓑ主要干线限速或中断行车,经抢修在 8 h 内无法恢复通车;

ⓒ造成直接经济损失在 100 万元至 500 万元之间;

ⓓ铁路局集团公司决定需要启动Ⅳ级应急响应的其他铁路水害。

②应急响应行动。

a. Ⅰ级、Ⅱ级应急响应

Ⅰ级、Ⅱ级应急响应由铁路局集团公司报请国铁集团,由国铁集团上报国务院,由国务院或授权国铁集团启动。铁路局集团公司及以下各级单位启动相应级别的应急响应。

Ⅰ级、Ⅱ级应急响应批准后,按照国务院及国铁集团的统一部署,铁路局集团公司组织开展防洪抢险应急处置工作,并及时提出支援请求。

发生Ⅰ级、Ⅱ级应急响应标准的水害,由铁路局集团公司防洪指挥部立即向国铁集团防洪指挥部报告,同时通告相关地方省、市政府防汛抗旱指挥部。铁路局集团公司防洪指挥部领导立即率领工务、调度、运输、机务、供电、车辆、电务、劳卫、公安等各专业部门负责同志迅速赶赴现场,组织开展抢险救援工作。

b. Ⅲ级应急响应

Ⅲ级应急响应由铁路局集团公司负责启动。

ⓐ铁路局集团公司向国铁集团报告水害情况。铁路局集团公司领导带领机关各相关部室负责同志立即赶赴水害现场组织指挥水害抢险工作。

ⓑ参与现场抢险的各单位协同配合,及时疏散滞留旅客和职工群众,尽量减少财产损失;调度部门及时调整列车运行方案,尽快开通线路,优先保证各种抢险救灾物资的运输。

ⓒ迅速开通铁路局集团公司防洪指挥部与现场临时指挥部的通信联系,随时掌握水害抢险进展情况。

ⓓ根据现场实际需要,铁路局集团公司防洪指挥部请求属地地方政府或相关厂矿企业支援防洪抢险。必要时,商请属地驻军或武警部队支援。

c. Ⅳ级应急响应行动

ⓐ铁路局集团公司立即向国铁集团报告水害情况，由铁路局集团公司防洪指挥部组织协调相关部门进行抢险救援工作。

ⓑ根据水害情况，铁路局集团公司防洪指挥部组织人员，赶赴现场参与协调指挥抢险救援工作。

ⓒ各抢险单位有序稳妥快速疏散滞留旅客，努力减少财产损失，尽快开通线路。

ⓓ迅速开通铁路局集团公司防洪指挥部与现场的通信联系通道，随时掌握水害抢险进展情况。

ⓔ铁路局集团公司防洪指挥部及时协调解决水害现场提出的各种抢险要求。

(2)一般小水害，短时间可以抢通的，由水害发生地各运输单位按照各单位防洪应急预案规定，启动防洪应急响应，就近组织抢险。遇有较大水害，抢险比较困难，短时间不易抢通的，应立即上报铁路局集团公司防洪指挥部请求支援，符合Ⅲ级或Ⅳ级防洪应急响应条件的按照铁路局集团公司防洪应急预案相关规定启动，相关部门及时按照铁路局集团公司防洪应急预案规定做好应急响应行动；水害严重或特别严重，抢险技术复杂、施工困难、工期较长的，由铁路局集团公司及时向国铁集团防洪指挥部报告，请求国铁集团支援，国铁集团防洪指挥部启动Ⅰ级或Ⅱ级防洪应急响应时，铁路局集团公司相关部门按铁路局集团公司防洪应急预案相关规定做好应急响应行动。

(3)水害抢险中，可根据需要，邀请就近的工程、设计单位或有关专家参加，必要时可申请当地驻军和厂矿企业的支援。

(4)水害抢险应首先确定抢修方案，抢修方案应坚持“先通后固、永临结合”的原则，兼顾后续复旧的工程条件。在保证安全的前提下，尽可能缩短抢修时间。抢修通车后，应继续做好加固与整修工作，逐步提高速度，尽快恢复正常运输。也可根据具体情况一次抢修到位，防止发生次生灾害。水害抢修要优先采用大型施工机械、大型养路机械，优先安排抢险人员、机具、物资运输。发生大型水害地点前后的车站，必须预留抢险列车通道。

(5)水害抢险要掌握沿线水库、蓄滞洪区，特别是病险水库、山塘的运用情况，提前采取应对措施。抢险工作要在分水害类型防洪抢险应急预案指导下有序进行。

(6)中断行车的水害地段，开通线路必须符合列车放行条件，杜绝冒险放行列车，并根据现场情况确定行车速度。同时，要统筹考虑相邻水害地点的抢险情况，防止旅客滞留在水害地点之间。抢修通车后，应继续做好加固与整修工作，逐步提高速度，尽快恢复正常运输。

(7)发生影响行车的水害，相关单位防洪办、车间、工区接到信息后，应及时上报单位领导，并在接到信息后快速组织好检查、抢险人员、机具、材料等，做好出动准备，以最快速度赶赴现场，同时要安排做好驻站联络和现场防护；巡查人员或到达现场后的抢险人员应及时根据水害影响程度确定线路行车条件和监控措施，并立即将发生水害的区间、里程、水害类别、坍体(落石)数量及侵限情况、水位、对行车的影响等基本情况报告段防洪办，段防洪办立即上报铁路局集团公司防洪办。现场负责人应尽快组织制订抢险方案并组织抢险。

(8)发生水害后，由现场负责人确定相应线路行车条件、线路防护和抢险措施。

(9)铁路桥涵等排水设备是保障铁路防洪安全的重要设施，任何单位或个人不得擅自设障阻水。

(10)在非常情况下，为保护国家防汛预案确定的重点地区安全需要破路排洪时，由铁路局集团公司防洪办立即报国铁集团防洪办，并迅速采取措施确保运输安全。

(11)普速铁路水害信息报备。

①设备管理单位检查发现影响行车安全的水害时,要及时采取限速或封锁措施,按要求在车站(集团公司调度所)“行车设备检查登记簿”(运统 46)登记。

②除影响行车安全的水害外,在铁路保护区范围内且不能随即处置完的水害类型,如倾倒的树木(挡墙、护网)、线路两侧的落石、山体防护网内落石、路堑(路堤)边坡溜坍、需在天窗点内处置等水害,设备管理单位应在邻近车站“行车设备检查登记簿”(运统 46)登记,并注明不影响正常行车。

(12)信息报送。

①报送内容。包括:水害发生的时间、地点、雨情、水情、灾情、处置情况、预计抢通时间、水害现场图片(像)、现场抢险所需路料品名、数量、到站、卸车地点等。灾情包括线路、桥隧、涵渠、接触网、附属设施等受灾体的受灾范围、损害程度、水害直接损失、影响列车车次、人员伤亡等情况。

②报送时限。水害信息由铁路局集团公司防洪办负责汇总,按照“谁主管,谁负责”的原则,由各相关部门负责在规定时间内报铁路局集团公司防洪办。上报信息内容力求全面、数据力求准确,如上报内容或数据有误,经核实准确后应立即重报,并说明原因。

a. 正线发生水害,预计中断 2 h 以内时,要及时报告发生的时间、地点、水害类型等简要信息。每 1 h 向铁路局集团公司防洪办报告水害现场抢险情况。抢险结束后,要报告简要情况。

b. 正线发生水害,预计中断 2 h 以上时,要补充报告水害影像、雨情(水情)、灾情、抢险情况和预计抢通时间等详细信息。每 2 h 向铁路局集团公司防洪办报告水害现场抢险情况。抢险结束后,中断 6 h 以下的水害要报告简要总结。

c. 正线发生水害,预计中断 6 h 以上时,除报告上述信息内容外,抢险当日要报告简要总结,抢险结束后要形成总结分析报告,包括水害简况、应急处置、抢险情况、原因分析、后续措施等内容。

d. 站线及其他线路发生水害,要及时报告发生的时间、地点、水害类型、水害图片等简要信息。抢险结束后,要报告简要情况。

③报送程序。

a. 水害信息原则上按照站段、铁路局集团公司、国铁集团三级逐级上报,即站段防洪值班人员在收到现场人员灾情报告信息后,立即向铁路局集团公司防洪办报告,铁路局集团公司防洪办立即向铁路局集团公司防洪指挥领导报告,同时将干线水害信息向国铁集团防洪办报告。站段、铁路局集团公司防洪指挥部根据有关规定及时通告相关人民政府防汛抗旱指挥部。

b. 各工务段在水害(包括设备损坏水害)发生 3 天内要将水害资料录入“铁路防洪信息管理系统”数据库,以便上级调用。

(13)应急结束。铁路水害应急结束遵循“谁启动,谁结束”的原则,由相应的部门负责宣布应急结束。

(四)防洪总结

汛后,各级防洪机构应做好防洪工作总结,其内容主要有:

1. 贯彻上级防洪命令、有关防洪文件、制度和防洪准备工作情况。

2. 当年雨情、水情和灾情,冒雨出巡人次统计,并进行统计分析,与常年值进行比较。

3. 水害概况,包括水害次数、中断行车时间、灾害直接损失等,并进行分析,主要水害发生原因、发生过程和抢险情况。

4. 防洪工作的经验、教训及典型事例。

5. 防洪抢险新技术的研究及应用。

6. 存在的问题及改进意见。

7. 填报有关资料表。主要包括：正线断道水害概况表、正线慢行水害概况表、站线水害概况表、雨量警戒慢行、封锁统计表、主要江河、桥梁水位统计表、水害损失统计表。

（五）普速铁路防洪网格化管理

1. 机构及职责

(1)工务、电务、供电、通信和房建公寓段是防洪网格化管理工作的主要实施单位，在铁路局集团公司相关业务部的指导下开展防洪网格化管理工作。

(2)防洪网格化管理实行主要领导负责制，统一指挥，分工负责。

(3)工务、电务、供电、通信和房建公寓段应明确防洪网格化日常管理机构，负责制定本单位网格化管理制度，收集相关信息并建立数据库，定期上报铁路局集团公司相关业务部。组织相关科室按照分工落实职责，确保网格化工作有序开展。

(4)网格化执行三级责任管理。

第一级网格长由段领导担任，第二级网格长由车间干部担任，第三级网格长由工区、班组负责人或责任心强的技术骨干担任。每一级网格配备相应的网格员。

①一级网格职责：负责二级网格的划分、二级网格长人员选定及二、三级网格长培训工作；负责段管辖范围内防洪隐患排查和防洪工程的组织部署、验收工作；在收到铁路局集团公司发布降雨预警后或监测到有短临降雨预报时，组织二、三级网格启动和结束；负责抽查二、三级网格执行情况，并负责二级网格应急事件的处置和上报。

②二级网格职责：负责三级网格划分及三级网格长人员选定工作；负责协调组织三级网格防洪隐患排查、预警响应的具体工作，检查执行情况；负责三级网格应急事件的处置和上报。

③三级网格职责：按照网格巡查作业流程、标准对责任网格进行巡查，检查网格内防洪地点看守到岗到位情况。发现隐患问题及时向上一级网格汇报，并及时采取处置措施。

(5)工务、电务、供电、通信和房建各专业网格间应建立横向信息沟通机制，涉及相关专业的安全信息要及时相互通告。

(6)车务(调度)、机务、建设项目管理机构是网格化工作配合单位。

①站区防洪领导小组负责督促、协调各设备管理单位按规定开展巡查工作。

②车务、机务、调度部门应为登乘轨道车、单机或列车方式出巡提供保障。当有暴雨预报时，要根据设备管理单位提出的需求及时安排轨道车运行计划。对巡查人员到达困难的区段，接到站区设备管理单位请求后，应安排轨道车、单机或列车运送巡查人员到达责任区段。

③建设项目管理机构指导、督促施工单位对邻近营业线施工的影响范围开展雨中巡查和雨后隐患排查。

2. 网格运用

(1)网格单元划分原则

工务、电务、供电、通信和房建公寓段按照“横向清晰、纵向到底”的原则，将工务、电务、供电、房建设备沿线路及两侧一定范围内风险项点划分为三级网格责任单元。一、二级网格划分按机构管辖范围划分，三级网格具体划分原则：

①工务：网格纵向原则上按照山区、重丘不宜超过 5 km，微丘、平原不宜超过 8 km 划分，具体网格长度应根据线路所处地形地貌、线路等级、生产力布局、桥隧设备分布等综合确定。

网格横向应根据防洪风险类型和分布范围、周边环境影响、检查路径等因素清晰界定。

线桥专业按照分工分别划定防洪网格：桥梁网格负责沿线桥隧涵及其附属设施、路基挡护设施、山体危石、路堑天沟、吊沟、泥石流沟、影响度汛的周边环境等专业检查和整治。线路网格负责路基本体、路肩、路堤、路堑边坡，路堤排水沟，路堑侧沟等设备的检查及整治。

②电务：以工务划定的防洪网格区域为基础单元，具体网格长度应根据现场生产力布局、通信信号设备分类、防洪重点处所位置分布、专业间沟通合作等综合因素确定。

③供电：按区间并考虑周边环境、道路交通、设备数量及隐患处所等因素划分网格，变电所、配电所、给水所可独立或相近的几个为一个网格，电力供电线与铁路并行时按照线路的网格划分并纳入网格管理，距铁路线路较远时按照供电臂单独划分网格。具体网格长度应根据生产力布局、设备分布等综合确定。

(2)网格巡查要求

各单位应以职工(含供电维管工)为主，担任三级网格员。巡查力量不足时，可由培训合格的外雇劳务人员补充组成。

①巡查方式

防洪网格巡查以现场徒步巡查为主，视频远程检查、添乘机车和轨道车巡查为辅。无人值守变配电所、电务无人值守车站(中继站)的巡查可采取现场检查和视频远程检查相结合的方式完成。

②巡查要求

a. 网格巡查至少 2 人一组，通过隧道、桥梁时加强监听、瞭望，注意及时安全避车，要严格执行国铁集团、铁路局集团公司有关安全规定，做好安全防护工作。

b. 网格员按照规定的范围和频次开展巡查，及时发现问题，做好相应处置，确保安全。汛前、汛期按规定巡查主要内容做好巡查。汛期发现水害后，判别行车条件执行防洪标准化管理办法。

(3)汛前巡查主要内容

①路堤(堑)

工务段要对路堤(堑)的所有挡护设施进行排查、建账，重点对各类老旧挡护设施、高大土质边(堑)坡、天沟、吊沟、泄水孔、挡墙上方钢轨拦网等状态进行排查，要通过无损检测、现场破检、查询历史资料等手段确定使用状态，分门别类的制定整治方案。

②隧道口

工务段要对所有隧道口边(仰)坡状态、周边山体、周边环境和防护设施进行全面检查，并拍照、建档。

③下凹式 U 形槽(隧道)

工务段应重点排查 U 形槽(隧道)排水系统(含设计、实施、移交和养护)、泵站使用状态、检查井是否满足要求、排水系统径路和出口是否通畅、是否因周边环境变化而导致径路变化。

④地质灾害

a. 工务段要会同当地市县相关部门建立联系机制，掌握铁路沿线地质灾害分布情况。主要包括山体滑坡、崩塌落石、泥石流、不稳定边坡、地面沉降等；对采矿采石、开山爆破、取土挖砂、挖沟采空、倾倒土石、抽取地下水等可能危及铁路运输安全的隐患，按照可能引发的地质灾害进行专项排查，登记造册，必要时设置相应的警示标志，加强监测预警。

b. 加强对钢轨拦网、线路障碍自动监测地段和已安装护网地段的山体进行检查。

c. 对隧道口、沿江沿河、小半径曲线地段进行从严评判，查清高陡边坡岩层、岩性、覆盖层状况和周边环境影响、排水系统变化。

d. 对历年发生过落石的处所要进行全面检查和专业检查。

⑤排水系统

工务段要重点查看天沟、吊沟、侧沟、排水沟、立交桥的泵站和排水设施等状态。

⑥行洪桥涵

工务段要对管内行洪桥涵桥墩(护锥)冲刷、上下游河床(堤)防护和河调建筑物等处所进行检查。

⑦未度汛工程

既有线改造、新顶桥涵处所重点对排水路径、新旧路基结合部、路桥过渡段、挡护设施等处所进行认真检查，对存在问题的要及时进行整治。

⑧防洪地点(地段)

工务段要对历年确定的普速铁路Ⅰ、Ⅱ、Ⅲ级防洪地点未进行彻底整治的，要全面排查，制定合理的整治方案。

⑨周边环境

工务段要对铁路上游基建、地方市政工程、地方排水集中冲刷、村民耕种、违章建筑等有可能改变汇水面积的处所进行全面检查。

⑩危树

工务段对影响行车和设备安全的危树，及时采取截枝、削顶、砍伐等措施进行处理。对路堑上方、高大挡墙、隧道口上方的滋生树，要开展光头行动，加大排查与处理力度。

⑪立交积水

工务段要对立交积水处所进行统计排查，完善台账，特别是地方反应强烈的处所，梳理明确积水抽排责任单位；路内单位负责的立交积水处所要制定出整治方案及计划。

⑫下穿路基段过水桥涵

工务段要梳理下穿路基的过水桥涵处所并建立台账，特别对建设年代久远或未设保护套管的重力流管线要联系产权单位进行结构检测。

⑬其他防洪安全隐患

供电、通信、电务杆塔基础不牢、电缆沟槽填埋不实、房屋漏雨等防洪隐患排查。

(4)汛期巡查主要内容

①工务

a. 路堑地段

ⓐ线路上是否有落石、坍体等障碍物，线路设备是否损坏，线路几何尺寸是否有明显变化。

ⓑ堑坡、山坡是否有落石、坍塌、溜坍的可能，是否有开裂、错台、变形等变化。

ⓒ吊沟、侧沟是否有开裂、变形等变化，排水是否顺畅。

ⓓ坡面、沟谷是否有发生泥石流的迹象。

ⓔ既有支挡设备是否有开裂、错台或倾斜变形等变化。

ⓕ封闭网区段是否发生封闭栅栏倒伏、倾斜。

b. 路堤地段

ⓐ线路方向、高低等是否有变化，道床是否完整饱满，路基是否有下沉、空穴、轨枕悬空等。

ⓑ路堤坡面是否有下沉、溜坍、开裂、鼓凸变形等。

ⓒ沿江(河)路堤是否存在水位异常涨落、坡脚冲刷、坡面变形、开裂等现象。

ⓓ既有支挡防护和河调设备是否有开裂、错台或倾斜变形等变化。

ⓔ封闭网区段是否发生封闭栅栏倒伏、倾斜。

c. 涵洞

ⓐ涵洞排水是否顺畅,涵附设施是否完好。

ⓑ涵洞上游是否有泥石流,沟内是否严重淤积。

ⓒ涵洞是否损坏并影响线路稳定。

ⓓ涵洞两端路堤是否有变形。

ⓔ涵路过渡段线路方向、高低等是否有变化,道床是否完整饱满,路基是否有下沉、空穴、轨枕悬空等。

d. 桥梁

ⓐ桥路过渡段线路方向、高低等是否有变化,道床是否完整饱满,路基是否有下沉、空穴、轨枕悬空等。

ⓑ桥台护锥是否变形、损坏。

ⓒ桥梁墩台基础冲刷是否影响桥基稳定。

ⓓ河调建筑是否损坏并影响桥基稳定。

ⓔ是否有危岩落石或溜坍威胁墩台或梁体安全。

ⓕ桥梁墩台所处山体是否有滑坡现象并引起墩台滑移、变形,梁体及桥面线形发生变化。

ⓖ洪水高涨、桥下泄洪净空不足,或江面漂浮物威胁桥墩安全。

ⓗ上、下游护岸是否有损坏。

e. 隧道

ⓐ是否有排水不良、水淹道床现象。

ⓑ侧沟是否损坏变形、线路高低方向是否发生变化。

ⓒ是否发生严重漏水、射水、涌水、涌砂现象,是否影响接触网。

ⓓ衬砌是否有变形、开裂、掉块、剥落、错台等现象。

②电务

a. 新建、改造及高路基处所的电务设备,信号中继站、通信基站集装箱基础及院内场平,成组更换道岔和配合大机清筛换砟等施工后移设过的电务设备,山区防洪重点处所的电务设备。

b. 高柱信号机、漏缆杆塔、区间通信中继房屋、各种标志牌,低洼处所的各种箱盒。

c. 管内新顶立交桥处所、桥涵等关键部位的通信、信号光电缆径路以及既有线排水设备、导流设施附近的电务设备。

d. 信号机械室、集装箱、通信机房、电缆井等重点处所房屋渗、漏雨情况。

e. 各种电源接地、互混,电缆对地绝缘,防雷设备,各种地线接地电阻。

f. 对信号、通信防雷系统设施进行重点检查,尤其是新开通站场的防雷系统,确保运用良好。

g. 视频监控系统专项检查,确保系统设备运用良好。

h. 检查光、电缆下桥处防护和水泥包封是否完好,下桥处至机械室(基站、中继站)电缆径路土方是否有塌陷,发现问题及时处理。

③供电

a. 接触网支柱、拉线、电力杆塔及其他设备与基础有无破损、下陷、变形等异常。

b. 接触网、电力线路两侧的危树是否侵限或存在侵限风险。

c. 牵引变电所亭、电力变配电所、箱式变电站、无人室、给水所生产房屋是否渗漏雨。

d. 供电电缆沟槽、通信信号机械室电源、给水管路是否积水。

e. 供电设备周围排水是否顺畅,积水是否危及供电设备安全。有无护坡、道床等其他系统的设备发生异常可能影响供电设备安全。

f. 有无因塌方、落石、山洪水害危及接触网供电和行车安全的现象。

g. 有无轻飘物、树枝等周边环境问题危及接触网供电和行车安全。

h. 施工现场有危及接触网供电和行车安全的现象。

(5)汛前网格运用

一级网格编制防洪隐患排查实施方案,组织专业人员对管内设备防洪隐患进行一次全面排查,原则上安排在上年冬季至当年春季,建立"一格一案"模板;二、三级网格对一级网格排查的防洪隐患进行复查,原则上 3 月底前完成;三级网格应结合日常设备维修工作进行常态化检查。

通过巡查建立防洪隐患问题库,按照边排查、边整治的原则,及时安排整治,整治后及时销号。二、三级网格自行整治不了的,及时上报一级网格进行集中整治。

通过巡查建立防洪风险数据库,对检查发现的防洪风险动态纳入防洪地点进行等级管理。

(6)汛期网格运用

一、二级网格按照降雨预警及时启动Ⅰ级(红)、Ⅱ级(橙)、Ⅲ级(黄)、Ⅳ级(蓝)响应程序。

①工务:三级线路网格对沿线山体危石、挡墙护坡、路堑边坡、桥梁、隧道口仰坡、涵渠、泥石流沟、周边环境等进行一般性检查,三级桥梁网格雨后上山下河进行专业性排查,并按照规定做好记录。

②电务:三级网格重点对高柱信号机、通信杆塔;新顶立交桥处所、非路肩、桥涵等关键部位的通信信号光、电缆径路以及既有线排水设备、设施附近的电务设备;低洼处所的各类通信信号设备;信号机械室(中继站)、通信机械室、电缆井等重点处所、房屋渗漏雨情况;各种电源接地、电缆对地绝缘及各种地线接地电阻,信号、通信防雷系统设施进行出巡检查测试,并按照规定做好记录。

③供电:三级网格对变配电所设备及其基础、房屋及场坪、电缆沟排水,接触网、电力杆塔及其基础,沿线电缆沟槽、供电线路、供水设备、危树及外部环境等是否存在水害情况影响正常使用进行检查,并按照规定做好记录。

④网格员在出巡过程中发现隐患问题后及时报告网格长,由网格长带队复核,确需立即处置的按规定及时进行应急处置,同时汇报上级网格。网格员发现不影响行车的隐患时,报告网格长后,可继续巡查,网格长应立即派人复核;发现可能危及行车安全的隐患时,立即按规定做好应急处置,确保行车安全。

(7)检查盯控

一、二级网格员通过现场检查、登乘检查、定位手机追踪、影像资料检查调阅等方式盯控网格巡查到位情况,加强检查指导。

(8)汛后工作

汛后各单位做好网格化工作总结,补强薄弱环节,固化推广好的做法。细化职责、规范标准、优化流程,不断提高网格化管理水平。

(六)奖励与处罚

1. 对防洪抢险有功人员和单位，具有如下事迹之一者，可按照铁路局集团公司有关规定分别给予表彰奖励。

(1)认真执行汛期行车安全措施，在灾害地点及时停车、拦停列车、扣停列车，防止行车事故者；

(2)坚持巡查看守，遇有险情及时报告，果断处置，减少灾害损失成绩显著者；

(3)在抗洪抢险工作中，组织有力，指挥得当，担当作为，奋力抢险，积极协调、保障到位，完成任务出色者；

(4)准确预报预警，及时传报灾情，准确监测水情，保障救灾供给，工作业绩突出者；

(5)有其他特殊贡献，成绩显著者。

2. 有下列行为之一者，视情节和危害后果，由其所在单位或者上级主管部门按照管理权限依据有关规定给予处分；涉嫌犯罪的，移送司法机关处理。

(1)拒不执行经批准的防御洪水方案、防洪调度方案和防洪抢险指令者；

(2)玩忽职守，在防洪抢险中临阵退缩者；

(3)非法堵塞桥涵等排水通道或扒掘路基者；

(4)挪用、盗窃、贪污防洪救灾款物者；

(5)阻碍防洪工作人员依法行使职责者；

(6)水情、雨情测报不及时，灾情信息传递迟报、瞒报，造成不良影响和严重损失者；

(7)其他危害防洪抢险者。

二、冬季除雪联合作业

(一)降雪预警响应

1. 预警要求。

(1)雪情预警实行分级预警、分级响应，各单位(部门)接到铁路局集团公司发布的雪情预警后，必须立即履行相应职责，并接受上级的指挥和监督。

(2)雪情预警信息依据气象台、铁路气象专网的天气预报发布。

(3)各单位(部门)可根据管内降雪实际情况，结合上级发布的雪情预警信息，适时调整响应等级。

2. 预警标准。

雪情预警分为蓝、黄、橙、红四个等级。

蓝色预警：预报有小雪，降雪时水平能见距离大于1 000 m，地面积雪深度在30 mm以下的地区。

黄色预警：预报有中雪，降雪时水平能见距离在500～1 000 m之间，地面积雪深度为30～50 mm的地区。

橙色预警：预报有大雪，降雪时水平能见距离小于500 m，地面积雪深度等于或大于50 mm的地区。

红色预警：预报有暴雪、大暴雪，地面积雪深度达80 mm及以上的地区。

3. 预警发布和解除。

蓝色预警：由各站段安全生产调度指挥中心根据天气预报，编辑预警信息，经站段值班领导审核后发布。

黄、橙色预警：工务部负责编辑预警信息并通报铁路局集团公司应急指挥中心，由铁路局集团公司应急指挥中心报请分管运输副总经理或总调度长审核后发布降雪预警指令，启动应急预案。

红色预警：工务部负责编辑预警信息并通报铁路局集团公司应急指挥中心，由铁路局集团公司应急指挥中心报请铁路局集团公司主要领导或分管运输副总经理审核后发布降雪预警指令，启动应急预案。

预警解除按照“谁发布、谁解除”的原则执行。

4. 预警响应。

(1)蓝色预警响应。各车间、中间站、工区接收到降雪蓝色预警信息后，采取以下措施：

①车间、中间站、工区负责人必须赶赴车间值班，对除雪准备情况进行部署、安排。

②车间、中间站、工区负责人组织检查除雪设备设施及工具备品，各单位除雪队伍到岗待命，做好除雪准备工作。

③车站、动车所、客车技术整备所车务人员及时组织启动电热道岔融雪装置，并按××站(所)电热道岔融雪装置操作。

④站段安排专业技术干部对重点车站、动车所、客车技术整备所、线路所进行除雪包保。

(2)黄色预警响应。各单位(部门)接收到降雪黄色预警指令后，采取以下措施：

①铁路局集团公司分管运输副总经理或总调度长在岗值班值守，铁路局集团公司其他领导班子成员视雪情赶赴重点地区包保。业务部室负责人在应急指挥中心盯控，业务部室(铁路办事处)包保干部到岗到位，深入现场检查指导督促除雪工作。

②站段党政正职到岗到位，对本单位除雪工作进行安排布置；主管副职在安全生产调度指挥中心盯控指挥，准确掌握并及时反馈相关信息，正确及时指导现场应急处置；其他副职按照包保分工赶赴现场组织除雪。

③车间、中间站、工区负责人组织检查除雪设备设施及工具备品，各单位(部门)包保干部和除雪队伍到岗待命，随时做好上线除雪准备。

④车站、动车所、客车技术整备所车务人员及时组织启动电热道岔融雪装置。

(3)橙色预警响应，各单位(部门)接收到降雪橙色预警指令后，采取以下措施：

①铁路局集团公司分管运输副总经理在岗值班值守，其他领导班子成员按照包保分工或除雪包保应急指令，及时赶赴现场指挥除雪工作；业务部室主要负责人在应急指挥中心盯控，业务部室副主任按照除雪包保应急指令赶赴包保区域组织本系统现场除雪工作；业务部室(铁路办事处)包保干部到岗到位，深入现场检查指导督促除雪工作。

②站段党政正职到岗到位，对本单位除雪工作进行安排布置；主管副职在安全生产调度指挥中心盯控指挥，准确掌握并及时反馈相关信息，正确及时指导现场应急处置；其他副职按照包保分工赶赴现场组织除雪。

③车间、中间站、工区负责人组织检查除雪设备设施及工具备品，各单位(部门)包保干部和除雪队伍到岗待命，随时做好上线除雪准备。车务站段必须安排专业技术干部到动车所、线路所检查督促除雪组织工作，确保运输安全畅通。

④车站、动车所、客车技术整备所车务人员及时组织启动电热道岔融雪装置。

(4)红色预警响应，各单位(部门)接收到降雪红色预警指令后，采取以下措施：

①铁路局集团公司主要领导到岗到位，铁路局集团公司分管运输副总经理在岗值班值守，其他领导班子成员按照包保分工及除雪包保应急指令，立即赶赴现场指挥除雪工作；业务部室

主要负责人在应急指挥中心盯控，业务部室副主任按照除雪包保应急指令赶赴包保区域组织本系统现场除雪工作；业务部室（铁路办事处）包保干部到岗到位，深入现场检查指导督促除雪工作。

②站段党政正职到岗到位，对本单位除雪工作进行安排布置；主管副职在安全生产调度指挥中心盯控指挥，准确掌握并及时反馈相关信息，正确及时指导现场应急处置；其他副职按照包保分工赶赴主要客运站、编区站、主要装卸站、线路所、动车所、客车技术整备所等重点处所，现场组织除雪；必要时成立应急小分队，赶赴重点车站、动车所、线路所支援除雪工作。

③站区除雪保安全畅通领导小组组长组织召开站区除雪工作紧急会议，对照预案核实各单位（部门）包保干部、除雪人员、工具备品准备情况，提示人身安全注意事项，明确驻站和现场防护人员等具体事宜。车间、中间站、工区负责人组织检查除雪设备设施及工具备品，喷灯和风力除雪机加注燃油（安装电池），燃气除雪器安装调试到位，做好随时上线除雪准备。

④车站、动车所、客车技术整备所车务人员及时组织启动电热道岔融雪装置。

（二）除雪作业组织

1. 各单位（部门）按照以下原则组织力量开展除雪防冻保安全畅通工作。

(1)小雪天气，确保全部道岔正常使用，车站正常办理接发列车及调车作业。

(2)中雪天气，必保正线和客车进路、客运站客车底取送进路、动车所动车组出入库进路、编区站机车出入库以及多方向车站接发列车进路上的关键道岔正常使用。

(3)大（暴）雪天气，原则上以正线和客车进路畅通为主，中间站固定正线通过或上下行各1条侧线接发车进路，最大限度减少道岔扳动次数，必须扳动的关键道岔安排专人重点清扫包保。

(4)持续大（暴）雪天气，采取抽线运行措施。调度所结合列车运行、车底交路实际，洽商客运部、车辆部、运输部制定列车停运计划，跨铁路局集团公司列车报国铁集团批准。

2. 调度所、车站提前向现场除雪人员布置接发列车、调车作业、机车出入库计划和运行径路，关键道岔加强力量，组织工务、电务部门开展联合除雪作业，优先保障正线畅通和旅客列车安全正点。

3. 工务、电务部门在车务部门组织下，落实道岔除雪防冻主体责任，加强道岔设备巡视检查，及时清除道岔周围影响转换的冰雪杂物。电务部门加强道岔扫雪除冰的技术指导，确保除雪人员掌握操作要领，电热道岔融雪装置应在降雪来临前至少 3～5 h 开启，提高扫雪除冰工作的质量和效率。

4. 机务、车辆部门落实段管线除雪防冻主体责任，加强对段管线道岔和电力机车、动车组车顶积雪的清除，做好受电弓的清洁工作，在电力机车、动车组出库前认真检查受电弓、绝缘子是否洁净，防止发生污闪；同时做好机车受电弓损害抢修工作。

5. 供电部门做好接触网清雪除冰及供电抢修工作。供电人员做好上线或开行轨道作业车对上跨桥、隧道漏水结冰情况检查工作。向调度所申请出动装有铜基粉末合金滑板的机车、动车组进行接触网除冰。遇行车设备供电中断时，及时启用备用电源。

6. 客运部门加强降雪天气安全知识广播宣传，提醒旅客注意防滑，并在坡道、台阶等易滑处所设立防滑标识，铺设防滑物品，在旅客通行的露天地段、旅客乘降上下车必经地段清理出旅客安全通道，设专人防护引导，防止旅客、职工摔伤，确保非露天站台面、踏步台阶、地道、进出站口等处不得有影响旅客通行的积雪、积冰。同时增强上水工等客运服务人员股道间作业安全保护意识，作业中严格人身安全的自控、互控。

7. 货运部门组织对货场、货物线、货运站台等积雪进行清理。专用线、专用铁路内线路由货运部门督促企业除雪。及时准确掌握煤炭等重点物资运输需求情况，组织好装卸车工作。

8. 土房、建设部门应加强检查，随时监测结构变化情况。有重点地消除要害部位的积雪，加固处理变形量较大的结构，迅速排除险情。对故障的给水、供暖设备，应立即组织抢修，保证生产、生活用水、用暖。对安全没有保障的建筑物，应临时封闭，停止使用。

（三）除雪作业安全

1. 各单位（部门）现场除雪作业严格按照未设置防护、未采取可靠性安全防护措施不准上线的原则，落实人身安全管控、专职人员防护、作业联系制度等方面的要求。

2. 严格按照“除雪不行车，行车不除雪”的原则组织上线除雪（含涂刷融雪防冻液等）作业。信号楼（行车室）设“行车设备检查登记簿”（上线除雪），上线除雪作业前室内防护人员（驻站防护员）必须登记“××咽喉（××、××号道岔）上线除雪作业”，得到车站值班员签认后方准上线。车站值班员未得到“除雪完毕，人员、机具全部下道”的销记，不得开放相关列车、调车信号。

3. 除雪作业必须按照除雪作业地点“两人两端监控防护”的要求设置现场防护员。现场防护员须站在便于瞭望的地点随时注意机车、车辆动态，严禁现场防护员参与除雪作业或做与防护工作无关事项。使用风力除雪机、燃气热除雪器上线除雪作业时，严格执行一人作业、一人防护的要求，必须采取拉绳防护安全措施。防护使用的对讲机等防护备品必须齐全良好。

4. 各单位按照分工，及时清除走行径路和作业场所的积雪积冰，必要时采取撒盐和铺设防滑垫等措施。具备条件的站段要为作业人员配备防滑鞋垫，严防滑倒摔伤等问题发生。上线除雪作业必须行走固定径路，做到同去同归；作业中，严格落实人身安全基本制度；除雪作业完毕及时清点收回工具备品，确保不发生影响列车运行安全的问题。

5. 各单位（部门）制定的冬季除雪保安全畅通工作实施细则和除雪防冻应急预案，应纳入降雪恶劣天气、夜间上线作业、山区铁路瞭望及通信困难地段、长大隧道、大站咽喉区等防护困难处所的人身安全卡控措施，制作涵盖现场避车地点及防护人员站立位置等内容的现场防护图。

6. 客运专线和装设电热道岔融雪装置的普速车站原则上以电热道岔融雪为主。特殊情况，必须人工上线除雪时，比照设备故障上线处置的相关规定和要求执行。

第四章　固定设备联合应急处置

第一节　联合指挥

一、建立联合应急指挥体系

建议由车务站段牵头成立由工务、电务、供电、车务组成的联合应急领导小组。联合应急领导小组主要负责结合部突发事件应急处置工作规划及制度建设，统一领导结合部突发事件的应急处置工作，协调相关站段参与应急处置，沟通协调地方政府或相关部门共同开展应急处置，决定向铁路局集团公司应急机构请求和报告，负责重大、紧急事项的决策，组织召开总结分析会等工作。各站段及各站段调度分中心之间均应通过蓝信平台、视频会议系统等，分级建立联合应急指挥系统，用于应急处置过程中的共同指挥、决策及信息共享等工作。

(一)工务职责

1. 负责在应急处置中为现场提供工务方面的技术规章、制度措施、相关应急预案及处置办法，并做好专业指导和技术支持。

2. 负责本着属地和就近迅速到达现场的原则，协调有关车间派人赴现场处置。

3. 负责根据突发事件造成的固定设备损伤程度，评估抢修队伍、工机具的需求情况，组织做好抢险路材、路料、机具准备、装载加固，并协调运送，根据实际情况提出处置方案或建议。

4. 负责加强与现场处置人员的联系，实时掌握应急处置进度，督促安全、快速处置。

5. 负责自然灾害抢修的协调组织工作，根据现场情况或要求提出行车限制条件。

6. 负责参加应急领导小组组织的应急处置过程分析会，对典型事件进行总结分析与评价。

7. 负责结合部突发事件预防与应急准备、监测预警、恢复重建等工作。

8. 负责完成应急领导小组临时交办的事项。

(二)电务职责

1. 负责电务设备故障(事故)应急处置，分析电务设备故障(事故)的影响程度及预计处置完毕时间，组织抢修人员进行应急处置。

2. 负责本着属地和就近迅速到达现场的原则，协调有关车间派人赴现场处置。

3. 负责及时与现场处置人员联系，实时掌握应急处置进度，督促安全、快速处置，并根据实际情况提出处置方案或建议。

4. 负责应急人员、备品物料的调配运送，及时调配设备厂家技术人员、电务应急专家组成员给予技术支持，并协调运送电务设备复旧所需器材物资到故障(事故)现场。

5. 负责电务故障(事故)处置情况的上传下达，及时将电务故障(事故)修复情况应急领导小组汇报，并将处置要求传达至应急现场。

6. 负责自然灾害造成电务设备损害的风险研判，根据自然灾害的影响程度及现场电务设备的损害情况，及时进行安全风险研判，并视情况提出行车限制条件。

7. 负责参加应急领导小组组织的应急处置过程分析会，对典型事件进行总结分析与评价。对存在问题的处置过程提出整改建议。

8. 负责结合部突发事件预防与应急准备、监测预警、恢复重建等工作。

9. 完成应急领导小组交办的其他事项。

(三)供电职责

1. 负责供电设备应急救援处置工作的组织、协调，确定并组织实施供电系统设备应急处置方案。

2. 负责本着属地和就近迅速到达现场的原则，协调有关车间派人赴现场处置。

3. 负责供电专业应急救援力量和资源的协调，做好供电设备的应急保障和处置工作；根据应急领导小组安排，适时为救援应急现场提供照明。

4. 负责供电系统现场应急处置整体过程的掌控，对现场应急救援处置工作进行指导、把关。

5. 负责贯彻落实应急处置领导小组要求和工作部署，组织制定并实施供电系统应急处置工作目标、保障方案。

6. 负责参加应急领导小组组织的应急处置过程分析会，对典型事件进行总结分析与评价。

7. 负责结合部突发事件预防与应急准备、监测预警、恢复重建等工作。

8. 完成应急领导小组交办的其他事项。

(四)车务职责

1. 负责车务专业应急指挥、牵头组织协调结合部突发事件的应急处置及应急处置领导小组有关工作。

2. 负责研究制定应急临时行车措施、临时列车运行图。

3. 负责共同研究制定突发事件情况下滞留危险区段旅客列车，驶出危险区段、中途折返、迂回运输等处置方案。

4. 负责共同收集整理列车影响情况，根据应急处置需要，提出客车停运、折返、待避及受困客车救援等旅客列车运行调整方案建议。

5. 负责加强与现场处置人员联系，掌握车务现场情况和处置进度，协调解决问题，及时反馈处置信息。

6. 负责应急处置完毕后运输秩序恢复相关工作。

7. 负责参加应急领导小组组织的应急处置过程分析会，对典型事件进行总结分析与评价。

8. 负责结合部突发事件预防与应急准备、监测预警、恢复重建等工作。

9. 完成应急领导小组交办的其他事项。

(五)政策保障

在应急处置过程中，各设备单位均是要求必须要有自己站段的防护员和驻站员的情况下才允许上线作业。但是目前受到人员不足、交通堵塞等因素的困扰，导致人员到达护网门后，因缺少人员而无法及时上线处置，所以建议制定有关措施对以上情况进行支持。

1. 联合应急上线条件设置。一是建议两组人员可以合并成一组，从而满足上线标准。二是联合应急处置过程中，当在同一地点作业时，其中一个成员站段率先到达现场并上线后，若另一站段人员缺少防护员、驻站员的情况下，建议允许两组人员可以共用防护员或者驻站员共同作业，并由驻站员、防护员将另一单位人员纳入到防护范围。

2. 完善联合应急处置作业过程。当确定突发事件由某一专业设备问题引起时，在其他专业登记设备正常后，其他专业按照联合应急处置领导小组的要求在现场支援或者辅助的过程中建议允许其按照考取的职业资格，跨专业参与到简单的、力所能及的作业过程中去，补充作业力量。

3. 注重日常跨专业培训。日常工作中加强对干部职工跨专业知识的学习培训，建议允许干部职工跨专业考取任职资格。

4. 建议建立适当的容错及奖励机制。联合应急处置过程中要给予跨专业支援的干部职工一定的容错机会，对于一些情节较轻的问题要免于处罚，同时要结合各段小额快奖制度，对于应急处置中作用发挥明显，防止隐患作用突出的各段职工都要进行一定的奖励，并通过各段、铁路局集团公司手机报广泛宣传引导，提高广大干部职工发现防止隐患、联合应急处置的积极性。

5. 建议允许设备单位利用车站运转录音设备口头销点。

6. 情况紧急时，上线处置时建议允许口头核对作业计划、以录音为准，不必等待计划审批完毕。

7. 当设备故障短时间内无法恢复时，车务应根据设备单位登记的行车条件，及时组织恢复行车。

8. 经过联合应急处置领导小组联合审议通过的关于联合应急处置的文件规定，各段均应执行。

二、建立联合应急处置基础数据库

（一）基础数据共享

基础数据库在指导现场应急处置时，起到至关重要的作用，为应急处置提供依据和根本遵循，是应急处置最重要的保障。联合应急处置领导小组可以基于联合云平台建立一个数据涵盖全面、准确、调取方便的应急基础数据库，要包含各类应急处置文件、设备基础台账、各类备用物资、抢险施工队伍及大型机械、轨道车基本情况、数据分析中心的专项分析结果、各类监测系统的日常监测数据等，并对数据进行分类存放、由各主管站段进行动态更新维护。需各段提供资料见表 4-1。

表 4-1　需各段提供资料

序号	站段	基础资料名称
1	工务段	应急处置有关规章文件
2		防洪备用料分布图
3		进出场交通路线图及各有关单位联系方式
4		沿线水库位置、抢险救援机械储备分布图
5		Ⅰ、Ⅱ、Ⅲ级防洪处所台账及处置预案

续上表

序号	站段	基础资料名称
6	工务段	栅栏门位置及交通路线图
7		轨道车统计表及分布情况表
8		地方防洪抢险支援力量及联系方式统计表
9		管内设备台账及基础数据
10		数据分析中心的分析结果
11		各类监测系统日常监测结果
12	电务段	应急处置有关规章文件
13		站场及区间信号平面图、电缆径路图、电缆贯通图、联锁系统图、CTC/TDCS网络图
14		各型号ATP设备故障应急处置资料
15		道岔、轨道电路、电源屏、计算机联锁、CTC/TDCS、列控中心等各类单项设备应急预案
16		各电务设备厂家技术支持电话，各类车型车载设备厂家技术支持电话及各有关单位联系方式
17		各线别车站、区间电务设备动态台账（含设备信息、器材信息、维修信息、特性台账、电子图纸）
18		4G单兵部署台账、卫星电话配备台账
19		各站防洪、防寒物资及备用器材台账
20		数据分析中心的分析结果
21		各类监测系统日常监测结果
22	供电段	应急处置有关规章文件
23		供电示意图
24		接触网平面图
25		上跨电力线台账、上跨桥防抛网屏台账
26		设备分界表及各有关单位联系方式
27		LKJ数据(接触网分相里程对应表)
28		牵引供电分段示意图
29		主接线图
30		电力线路示意图
31		一所一档
32		发电机组台账
33		融雪道岔电源台账
34		移动照明灯具台账
35		接触网作业车分布表
36		数据分析中心的分析结果
37		各类监测系统日常监测结果

续上表

序号	站段	基础资料名称
38	车务段	应急处置有关文件
39		各站站场示意图
40		各站《站细》
41		列车运行图
42		各类监测系统日常监测结果
43		各有关单位联系方式

(二)应急处置有关监控设备共享

对于在应急处置过程中常用的、各站段特有的各类监控系统，例如信号集中监测系统、综合视频监控系统、车务站场视频、单兵记录仪、TDCS系统等，需要同步接入各站段安全生产调度指挥中心并且要做到数据共享、账号同级，保证联合应急处置时对现场处置情况的同步监控，应急处置有关监控设备共享见表 4-2。

表 4-2　应急处置有关监控设备共享

序号	设备名称	系统简介	应急处置作用发挥
1	信号集中监测系统	对电务设备的日常监控	分析事件发生原因
2	综合视频监控	包含线路视频监控、隧道口监控、道口视频监控、机动车驾驶员监控	监控现场处置进度及盯控作业安全
3	车务站场视频	对各站站场设备的监控	监控现场处置进度及盯控作业安全
4	单兵记录仪	用于作业过程的记录	对现场情况的实时监控
5	TDCS系统	实时显示列车运行情况	掌握列车运行情况

联合应急处置领导小组应组织建立应急资料汇总图，将各站段抢险力量位置在沿线的分布位置、各界救援力量分布、联系方式、供电、工务轨道车位置等信息进行标注，为联合应急指挥提供依据。联合应急处置资料汇总如图 4-1 所示。

(三)应急处置过程中的信息共享

联合应急处置过程中，各成员站段之间需要在联合应急指挥平台内及时更新本专业应急处置进度，包括应急处置有关资料在基础数据库内的位置、监控设备使用情况、现场处置人员姓名、职务及联系方式、去往现场最优路径、率先到达现场人员反馈的影响资料、初步处置方案、大概需要时间、应急处置的进度及登销记情况等，尽快确认突发事件起因，无关专业尽快销点，销点后按照联合应急处置领导小组要求进行支援或者辅助处置。

××线联合应急处置资料汇总图（2024年度）

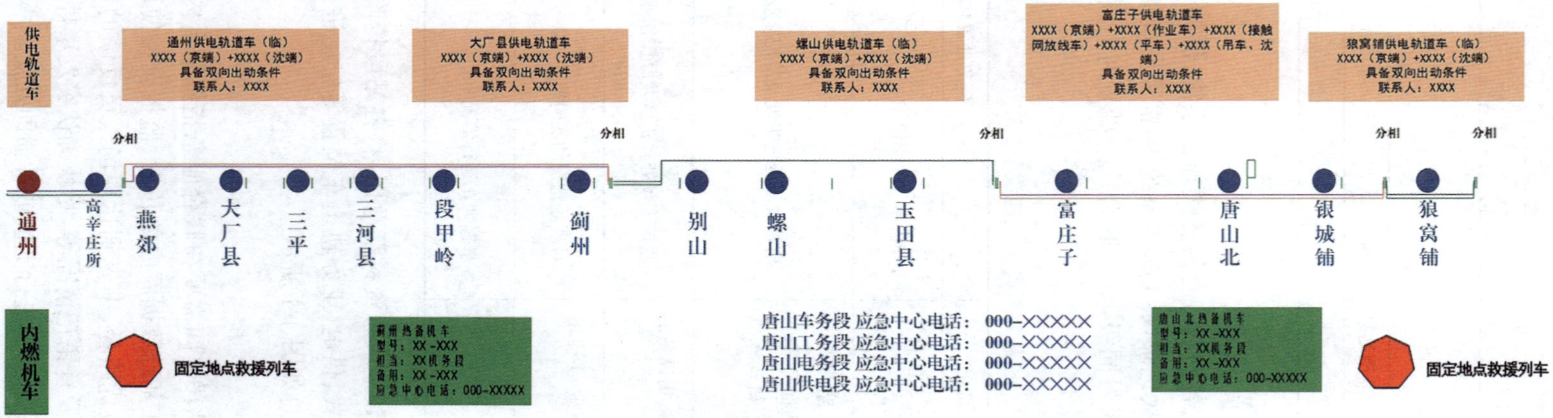

路内防洪抢险人员表

序号	工务段别	车间（地点）	里程	工务联系人/电话	手机号	抢险人数	电务联系人/电话	抢险人数	供电联系人/电话	抢险人数	车务联系人/电话	抢险人数
1	唐山	Ⅱ	××线K×××+×××~K×××+×××	×× 000-×××××			×× 000-×××××		×× 000-×××××		×× 000-×××××	

应急发电机组台账（供电配属）

序号	站名	公里标	容量（kW）	厂家	管理单位
1	三河	××	50	×××	唐山供电段

地方可支援力量表

序号	工务段	线别	里程	联系人	联系方式	抢险人数	备注（村名、部队名称）
1	唐山	京哈	××线K×××+×××~K×××+×××	×××	×××××××	50	××市××镇××村

图4-1　联合应急处置资料汇总

联合应急处置过程中各段数据分析中心也要切实发挥作用，为联合应急处置领导小组提供日常机车车载数据、人工添乘信息、综（轨）检车数据、静态检查分析数据等，并按照技术标准为应急指导小组确定列车限速及放行条件提供依据，减少应急处置的时间。

（四）各项数据保密规定

联合应急处置基础数据库内数据，涉及较广，内容涵盖各站段大量基础数据，需严格管控。联合应急处置领导小组应建立相应的保密规定，对基础数据平台的使用、维护、管理进行规定。明确责任人、定期检查机制及考核标准，各段均应遵照执行。

1. 平台登录密码由各站段安全生产调度指挥中心主管应急人员管理，并负责日常维护工作，仅用于联合应急处置时使用，不得无人员看管且长时间保持登录状态。

2. 严禁利用手机及互联网电脑传阅基础数据库内容（蓝信平台除外）。

3. 所有使用人员均须认真遵守有关保密规定，自觉履行保密义务，不以任何方式泄露所接触、知悉的基础数据。

三、应急响应标准及处置方法

（一）铁路局集团公司三级响应流程

1. 达到三级响应标准时，铁路局集团公司应急值班主任决定启动三级响应，启动三级响应时，由应急值班主任组织各专业值班人员通知本部室有关三级响应人员。应急值班主任通知调度所值班主任、调度所主任（副主任）。如有必要时，由应急值班主任通知铁路局集团公司总值班室（应急管理办公室）、安全监察室、党委宣传部（企业文化部）等相关部门。

2. 总调度长或调度所主任（副主任）负责制定应急响应初步运输组织方案和救援方案，相关部室值班领导赶赴应急指挥中心负责本专业应急指挥工作。

（二）铁路局集团公司二级响应流程

1. 达到二级响应标准时，由调度所主任（副主任）征得铁路局集团公司分管运输副总经理、总调度长、值班领导同意后，决定启动二级响应。启动二级响应时，由应急值班主任组织各专业值班人员通知本部室有关二级响应人员。应急值班主任通知调度所值班主任、调度所主任（副主任）、铁路局集团公司总值班室（应急管理办公室）、安全监察室、党委宣传部（企业文化部）、北京铁路公安局等部门。

2. 分管运输副总经理、总调度长、值班领导赶赴应急指挥中心指挥，应急领导小组其他相关副组长赶赴应急指挥中心或处置现场指挥。

3. 各部室主任（副主任）应立即赶赴应急指挥中心，调度所及各专业部门协同制定应急响应运输组织调整方案和现场救援处置方案，各专业部室同时负责本专业应急指挥工作，必要时，并安排其他相关副主任赶赴现场。

（三）铁路局集团公司一级响应流程

1. 达到一级响应标准时，由调度所主任（副主任）向铁路局集团公司分管运输副总经理、总调度长、值班领导报告，由分管运输副总经理、总调度长征得铁路局集团公司董事长、总经理同意后，决定启动一级响应。启动一级响应时，应急值班主任组织各专业值班人员通知本部室有关一级响应人员。应急值班主任通知调度所值班主任、调度所主任（副主任）、铁路局集团公司总值班室（应急管理办公室）、安全监察室、党委宣传部（企业文化部）、北京铁路公安局等部门。

2. 铁路局集团公司总值班室（应急管理办公室）负责向国铁集团、相关省市应急管理部门报告，根据突发事件情况通知铁路局集团公司其他相关领导。铁路局集团公司安全监察室负责向国铁集团安监局、北京安监特派办报告。

3. 应急领导小组组长到应急指挥中心指挥或赶赴现场进行处置，分管运输副总经理、总调度长在铁路局集团公司应急指挥中心统筹指挥，组织调度所及各专业部门制定运输组织调整方案和现场救援处置初步方案。

4. 铁路局集团公司其他领导根据情况在应急指挥中心或处置现场指挥。分管安全副总经理为事故现场总指挥，负责确定现场详细救援方案，分管工电副总经理为事故现场副总指挥，负责固定设备的应急处置指挥工作。分管客运副总经理负责客运组织应急处置指挥工作。分管房建副总经理负责应急生活物资调配，做好后勤服务保障工作。分管宣传党委副书记负责宣传报道、舆情调控指挥工作。

5. 各专业部室主任赶赴应急指挥中心同时负责本专业应急指挥工作。必要时，并安排其他相关副主任赶赴现场。

（四）铁路局集团公司启动一、二级应急响应时，运输站段响应流程

主要领导在安全生产调度指挥中心或处置现场指挥。响应启动 10 min 内，站段领导和业务科室干部须到达安全生产调度指挥中心，全过程开展应急指挥、技术指导等工作。

（五）铁路局集团公司启动三级应急响应时，运输站段响应流程

相关站段主管安全（生产）或值班领导在安全生产调度指挥中心或处置现场指挥。响应启动 10 min 内，站段领导和业务科室干部须到达安全生产调度指挥中心，全过程开展应急指挥、技术指导等工作。站段领导到达安全生产调度指挥中心、处置现场后，立即向铁路局集团公司应急指挥中心本专业值班人员报到。负责在安全生产调度指挥中心指挥的站段领导，迅速收集现场处置情况，制定现场处置方案，及时向应急指挥中心本专业值班人员反馈，确保信息畅通。

第二节 联合处置

铁路运输生产过程中工电供结合部突发事件是一种常见的安全隐患，对正常的运输生产秩序影响极大。在加强前期安全风险研判尽量避免突发事件发生的同时，在事件发生后如何组织车务、工务、电务、供电各段实施科学规范、准确迅速地联合应急处置，最大限度减少突发事件造成的人员伤亡、财产损失和对公共安全的影响显得更为重要。

一、工电供结合部常见突发应急事件分类

1. 外部环境影响造成的突发事件

轻飘浮物类，主要指在铁路沿线一定范围内升放风筝、气球、无人机等低空飘浮物以及各种网类、塑料类等轻体物品在大风天气下侵入铁路限界造成安全隐患。硬飘浮物类，主要指邻近铁路线路安全保护区一定范围内彩钢瓦房、广告牌等金属材料建（构）筑物在大风天气下侵入铁路安全限界。非法烧荒类，主要指在铁路线路安全保护区内烧荒问题。树植隐患类，主要指在铁路沿线一定范围内种植影响铁路线路安全和行车瞭望的树木等植物，以及铁路电力线下影响供电的树木等植物。非法通行，主要指非法进入铁路线路以及封闭站场。

2. 自然灾害导致的突发事件

工务、电务、供电设备多数集中在室外，受自然环境因素影响较大。容易引起结合部突发

事件的自然灾害类型主要包括洪涝、风雪雨等恶劣天气，破坏性地震灾害，山体崩塌、滑坡、泥石流等地质灾害。

3. 结合部设备问题导致的突发事件

主要类型有道岔故障，包括卡口故障、不锁闭故障、道岔卡阻；红光带，包括绝缘封联、失效，供电设备影响及电务设备故障、接触网断线烧伤钢轨及电务设备、电务监测系统分析发现绝缘封联隐患等。

4. 作业影响导致的突发事件

主要是指施工过程中挖断电缆、撞断信号机、供电错接地线、工具封联轨道电路、作业过程中未考虑侵限绝缘、锚固剂选择不当造成漏泄大、短路铜线虚接引起牵引回流不畅等。

二、结合部突发事件应急响应程序

突发事件的发现，可以分为设备单位自行检查发现和由司机报告两类。第一个接到通知的单位需立即判断此事件是否危及行车安全，决定是否立即拦停列车。并及时通知各有关单位，同时开启联合应急平台会议模式，由车务站段牵头尽快建立指挥体系，有关单位在接到联合应急处置的通知后应立即加入，及时通报各自掌握的基本情况，信息共享、统一指挥、共同处置。

1. 设备单位自行检查发现。各段通过视频巡视、接到路外人员或护路巡防反馈等方式收到关于结合部的突发事件后，如涉及危及行车安全的突发事件需立即报告有关车站，及时采取“拦、停、扣”措施，防止列车进入到受影响区段。并电话通知各有关站段处置，同时由发起单位开启联合应急平台会议模式，车务站段根据设备单位登记的处置进度组织行车，尽快恢复运输秩序。

2. 司机报告。车务站段接到列车司机的报告后，立即通知设备单位，并开启联合应急平台会议模式，牵头组织联合应急处置，根据设备单位登记的处置进度组织行车，尽快恢复运输秩序。

3. 对于防洪抢险、地震、大风大气及非法通行类突发事件，联合应急领导小组应视情况，按照就近原则，及时安排人员添乘最近一趟通过该区段的列车，及时掌握列车运行情况的第一手资料。

4. 发生结合部应急处置突发事件时，各站段首先查看各自当日作业计划，看附近是否有人员作业，以便尽快赶赴现场，同时排除突发事件的发生是否为作业影响。

三、结合部突发事件应急处置程序

(一)轻飘浮物上线

1. 检查重点

工务专业：列车非正常停车后确认钢轨有无擦伤、近两日内该地点作业计划、邻近施工处所判断是否为施工遗留物品。

供电专业：异物大小、尺寸、搭接位置(具体里程)及影响范围、是否影响供电或行车安全等。

2. 现场处置及达到的效果

轻飘物上线若是由各设备单位自行检查发现，需立即判断是否影响行车，如果不影响则应立即向车站报告，该处轻飘物已发现，正在处置，不影响列车运行，请正常组织行车。如果轻飘物存在位置影响行车，则应立即向车站报告并拦停即将通往该区间的列车，待现场处置完毕后再开通线路。如果是由司机反馈、车站通知的情况下需立即按照通知内容组织现场处置。

若轻飘物挂到接触网上需由供电人员处理。若挂到滚笼、线路或其他无触电风险区域，由先到达现场人员进行拍照上传后处理。

经现场处理后需保证轻飘物已处理至安全区域无被风吹回风险，钢轨表面无擦伤，供电设备：××××××，人员、机具已安全撤出，可以正常放行列车。

列车具备降弓运行条件时，视情况利用列车间隔登记上线处理，或登乘动车组（机车）赶赴现场进行处理。异物位置不明确时，降弓里程按照司机汇报位置采取在故障点前后 2 km 降弓通过的措施，异物位置明确时，降弓里程按照异物位置前后各 200 m 确定，但有脱落危险的必须立即处理。列车不具备降弓运行条件时，申请登记封锁线路上线处理，在异物处置过程中要注意异物的下落路径，使异物尽可能在田野侧脱离，避免异物侵入邻线限界，再次搭接邻线接触网设备上。

接触网异物不影响供电，但影响行车的，可视情况立即处理或者临时降弓，天窗点进行处理。

异物不危及列车运行和供电安全时，视情况择机处理。异物影响正馈线供电安全，但不危及列车运行时，视情况采取 AT 改直供供电方式。

供电调度停电措施：段安全生产调度指挥中心供电调度在与列车调度员办理停电手续后，需垂直停电时，变电所相应馈线直接停电；需 V 形停电时，具备上下行解环条件后，变电所相应馈线直接停电。

3. 放行条件

（1）线路允许速度大于或等于 120 km/h 区段，钢轨擦伤深度小于 1 mm 时，可按正常速度放行列车，但最高速度不超过 160 km/h；线路允许速度小于 120 km/h 区段，擦伤深度小于 2 mm 时，可按正常速度放行列车。并根据现场情况申请临时天窗或在天窗点内安排打磨、焊补整修。

（2）钢轨擦伤深度等于或大于 2 mm、小于 4 mm 时，限速 80 km/h 开通线路（限速范围为擦伤处所前后各 50 m，下同）。及时申请故障天窗，在“运统 46”（维修天窗）登记，进行打磨整修。根据打磨后轨面平顺度情况确定放行列车速度，并向安全生产调度指挥中心汇报。

（3）钢轨擦伤深度等于或大于 4 mm、小于 6 mm 时，限速 45 km/h 开通线路。及时申请故障天窗，在“运统 46”（维修天窗）登记，根据现场情况，综合考虑行车安全、整修时间等因素，采取钢轨焊补、打磨、加固或更换擦伤段钢轨进行整修，整修方案由现场负责人确定，向安全生产调度指挥中心汇报后组织实施。采取打磨整修时，根据打磨焊补后轨面平顺度情况确定放行列车速度；采取换轨时，按正常线路允许速度开通放行列车，但焊轨前最高速度不超过 160 km/h。

（4）钢轨擦伤深度等于或大于 6 mm、小于 10 mm 时，限速 25 km/h 开通线路。及时申请故障天窗，在“运统 46”（维修天窗）登记，根据现场情况，综合考虑行车安全、整修时间等因素，采取钢轨焊补、打磨、加固或更换擦伤段钢轨进行处理，整修方案由现场负责人确定，向安全生产调度指挥中心汇报后组织实施。采取焊补、打磨、加固整修时，根据打磨后轨面平顺度情况确定放行列车速度；采取换轨时，按正常线路允许速度开通放行列车，但焊轨前最高速度不超过 160 km/h。

（5）钢轨擦伤深度超过 10 mm 时，立即封闭线路，更换钢轨。

（6）发生钢轨擦伤，现场情况特殊，难以保证行车安全的，现场负责人根据实际确定放行列车速度。

供电：①普速铁路异物处理完成后，抢修人员及时下道，撤至基本建筑限界以外后开通线路。

②安全要求：人员未下线开通线路后，身体任何部位和所持工器具不得侵入建筑限界。列车通过时，现场人员停止行走、列队避车，携带工器具平稳摆放在地面，手扶支柱、声屏障等固

定物。驻站联络员要及时向未下线的抢修人员通报列车运行位置，提示人员注意避让列车。

(7)若轻飘物已侵入接触网或供电设备(如挂在承力索、接触线、绝缘子上)，必须优先清除，确认无残留后方可放行列车。

(8)若轻飘物未侵入设备但位于线路附近(如路基、栅栏处)，需评估其被风吹起的风险，必要时采取固定或移除措施。

(9)当风速超过 20 m/s(约 8 级风)时，禁止放行非紧急抢修列车，因强风可能加剧轻飘物危害。风速较低时，需加强沿线瞭望，动态监控轻飘物状态。

(10)若轻飘物曾导致接触网短路、跳闸或绝缘子污染，需经供电段专业人员全面检查确认设备绝缘性能、机械强度恢复后，方可放行列车。

4. 轻飘物上线联合应急响应处置提示卡(图 4-2)

(二)硬飘浮物上线

1. 检查重点

工务专业：硬飘物的尺寸、种类，防护设施是否受损、硬飘物的位置是否搭接钢轨引起红光带、若接触网断线是否烧伤钢轨、是否碰撞列车，查询近两日内该地点作业计划、邻近施工处所判断是否为施工遗留物品。

供电专业：接触网是否短路跳闸、接触网状态是否良好。

电务专业：硬飘物的尺寸、种类，电务设备设施是否受损，硬飘物是否搭接钢轨引起红光带等。

2. 现场处置及达到的效果

硬飘物上线若是由各设备单位自行检查发现，需立即判断是否影响行车，如果不影响则应立即向车站报告，该处硬飘物已发现，正在处置，不影响列车运行，请正常组织行车。如果硬飘物存在位置影响行车，则应立即向车站报告并拦停即将通往该区间的列车，待现场处置完毕后再开通线路。如果是由司机反馈、车站通知的情况下需立即按照通知内容组织现场处置。

率先到达现场的人员，需立即将现场情况向联合领导小组汇报。将硬飘物种类、尺寸、目前所处位置，是否可以立即人工移除限界等情况向联合应急领导小组反馈，并判断是否需要支援。联合应急领导小组根据现场反馈情况，决定是否安排切割工具、大型机械及支援人员赶赴现场。现场将硬飘物清理至安全区域后，需由联合应急领导组对到达现场人员进行分工，共同对该地点前后 1 km 范围内设备及外部环境进行全面检查。

经现场处理后，硬飘物已清理至安全区域，铁路行车设备设施无破损、钢轨无擦伤，人员、机具已安全撤出，可以正常放行列车。

3. 放行条件

钢轨伤损后的处置程序同轻飘物上线放行列车条件。

开通线路后无需限速的应急处置情况，根据现场反馈的设备设施状态，经各站段专业科室应急值班人员及现场技术人员确认达到作业验收管理值后，按常速开通。

4. 硬飘物上线联合应急响应处置提示卡(图 4-3)

(三)非法烧荒

1. 检查重点

工务专业：判断是否危及行车安全是否需要立即扣车，附近是否有下穿油气管线、是否在铁路安全保护区内、过火面积、起火原因、着火物、当日天气情况。

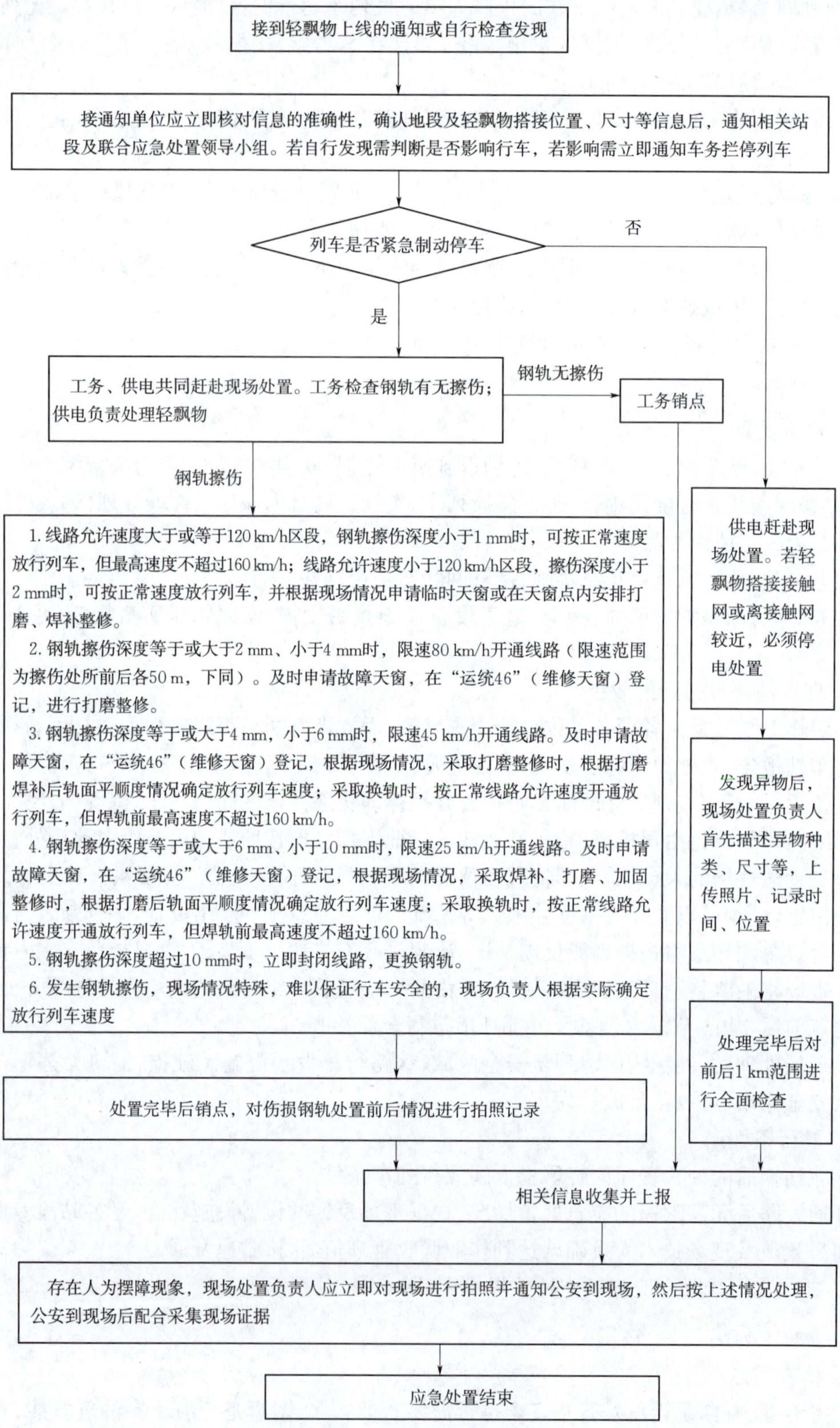

图 4-2　轻飘物上线联合应急响应处置提示卡

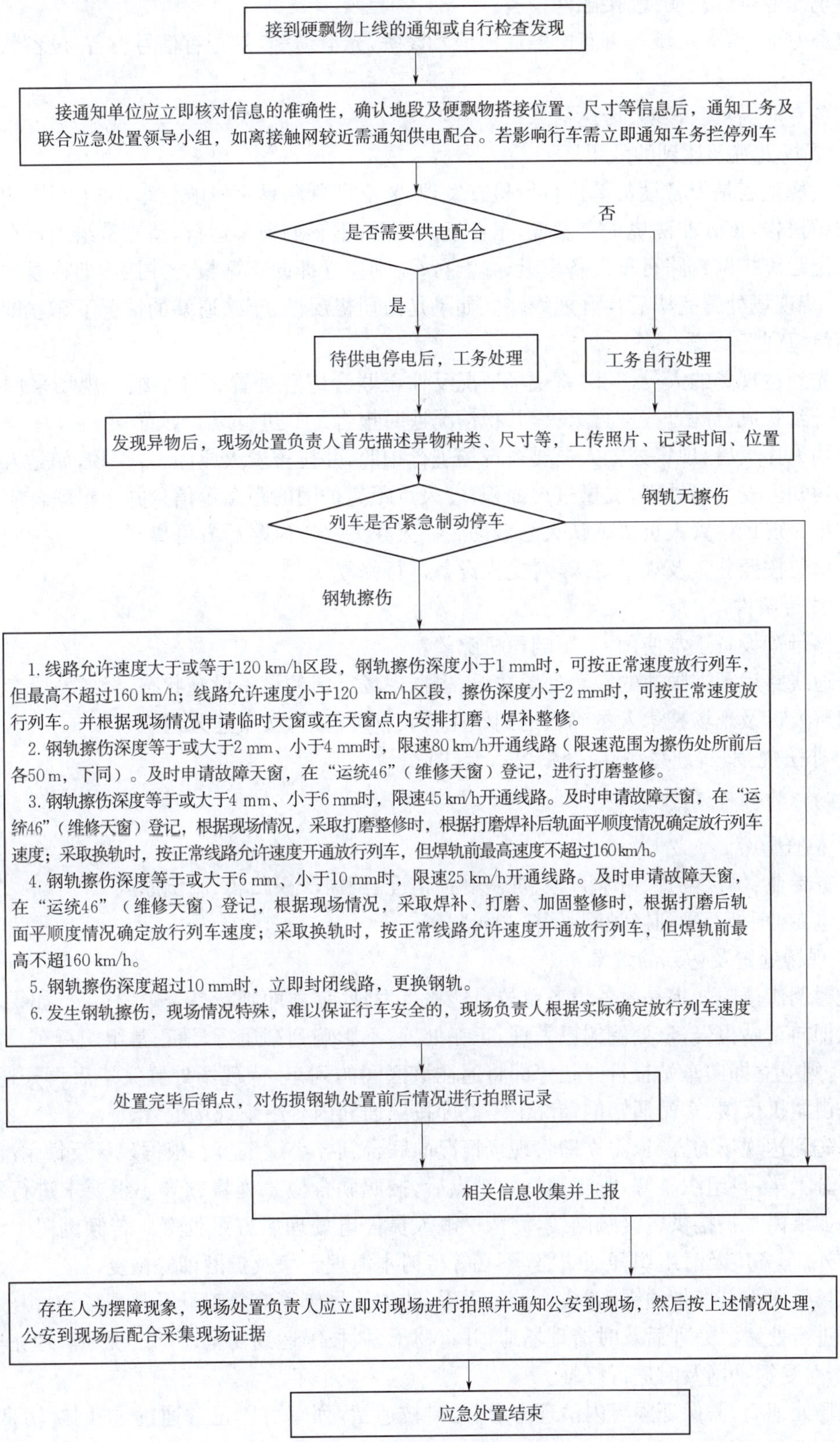

图 4-3　硬飘物上线联合应急响应处置提示卡

供电专业:电缆、明线、接触网设备。

电务专业:着火区域是否有电务通信信号设备、光电缆等,是否有信号设备,设备状态是否良好。

车务专业:收集、核实、传达信息。

2. 现场处置及达到的效果

非法烧荒若是由各设备单位自行检查发现,需立即判断是否影响行车,如果不影响则应立即向车站报告,该处非法烧荒已发现,正在组织处置,不影响列车运行,请正常组织行车。如果烧荒位置距离护网铁路行车设备较近,影响行车,则应立即向车站报告并拦停即将通往该区间的列车,待现场处置完毕后再开通线路。如果是由司机反馈、车站通知的情况下需立即按照通知内容组织现场处置。

率先到达现场的人员,及时将现场情况反馈至联合应急处置领导小组。现场采用挖隔火带、灭火器、吹风机的方式进行灭火,并视情况适时报告 119 进行联合处置。

现场火扑灭后,现场处置人员要对现场进行拍照,并排查着火原因、着火物,如是人为纵火应立即通知公安部门处理,丈量过火面积、着火点距离护网的距离等信息并上报联合应急处置领导小组。现场处置人员要确认火已被彻底扑灭并无复燃风险后方可离开。

各单位按照分工及规章要求,对受损设备进行修复。

3. 放行条件

铁路行车设备正常使用、不影响司机瞭望。

开通线路后无需限速的应急处置情况,根据现场反馈的设备设施状态,经各站段专业科室应急值班人员及现场技术人员确认达到作业验收管理值后,按常速开通。

4. 非法烧荒联合应急响应处置提示卡(图 4-4)

(四)危树倒伏侵限

1. 检查重点

工务专业:倒伏位置、树木直径、护网受损情况、倒树产权归属、倾倒原因。

供电专业:是否砸到接触网、倒树产权归属。

2. 现场处置及达到的效果

危树倒伏侵限如果是由各设备单位自行检查发现,需立即判断是否影响行车,如果不影响则应立即向车站报告,该处倒树已发现,正在处置,不影响列车运行,请正常组织行车。如果影响行车,则应立即向车站报告并拦停即将通往该区间的列车,待现场处置完毕后再开通线路。如果是由司机反馈、车站通知的情况下需立即按照通知内容组织现场处置。

率先到达现场的人员,需立即将现场情况向联合领导小组汇报。根据现场反馈情况,各专业按照分工,各自组织整修,分工整修并销点后,按照联合应急处置领导小组要求进行跨专业支援。如果树木搭接供电接触网线,需待供电人员停电处理后方可处置。若倾倒树木已清理至限界外、车务应及时组织开通线路,不必等待树木清理干净及护网彻底恢复。

现场处置人员携带油锯、斧头、大绳、手锯、防护信号旗等应急工具赶赴现场,对侵限树干、树枝等进行处置。处理后及时清理场地,并将树干、树枝等运到安全地点。现场清理完毕开通线路后,对受损护网及时进行修补。

现场处理后,需保证限界内清理干净、无树枝遗留,列车可以正常通过,护网封堵良好,满足防护要求。

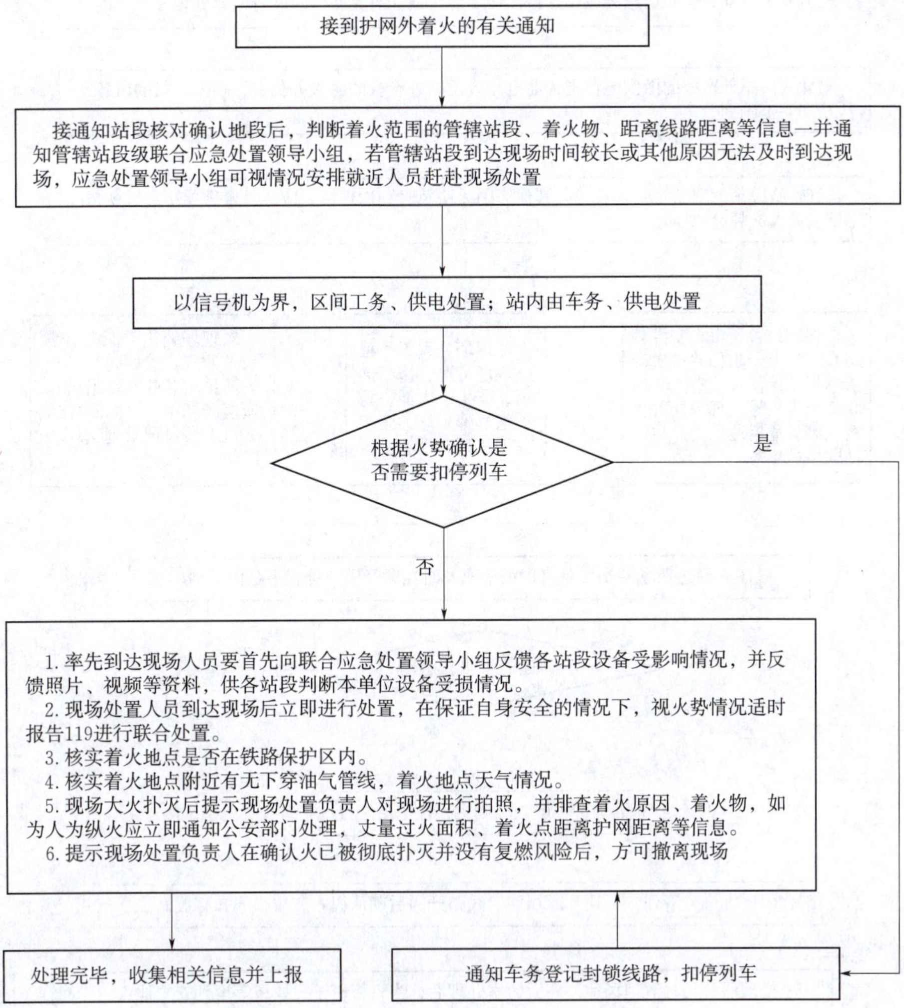

图 4-4　非法烧荒联合应急响应处置提示卡

3. 放行条件

接触网供电正常、行车设备正常交付使用。

开通线路后无需限速的应急处置情况，根据现场反馈的设备设施状态，经各站段专业科室应急值班人员及现场技术人员确认达到作业验收管理值后，按常速开通。

4. 危树倒伏侵限联合应急响应处置提示卡(图 4-5)

(五)非法通行

1. 检查重点

工务专业：防护设施状态是否完好、工务设备是否被破坏、判断闲杂人走行径路、配合公安人员寻找闲杂人。

电务专业：电务设备是否被破坏、配合公安人员寻找闲杂人。

供电专业：供电设备是否被破坏、配合公安人员寻找闲杂人。

车务专业：判断人员是否由车站进入线路、配合公安人员寻找闲杂人。

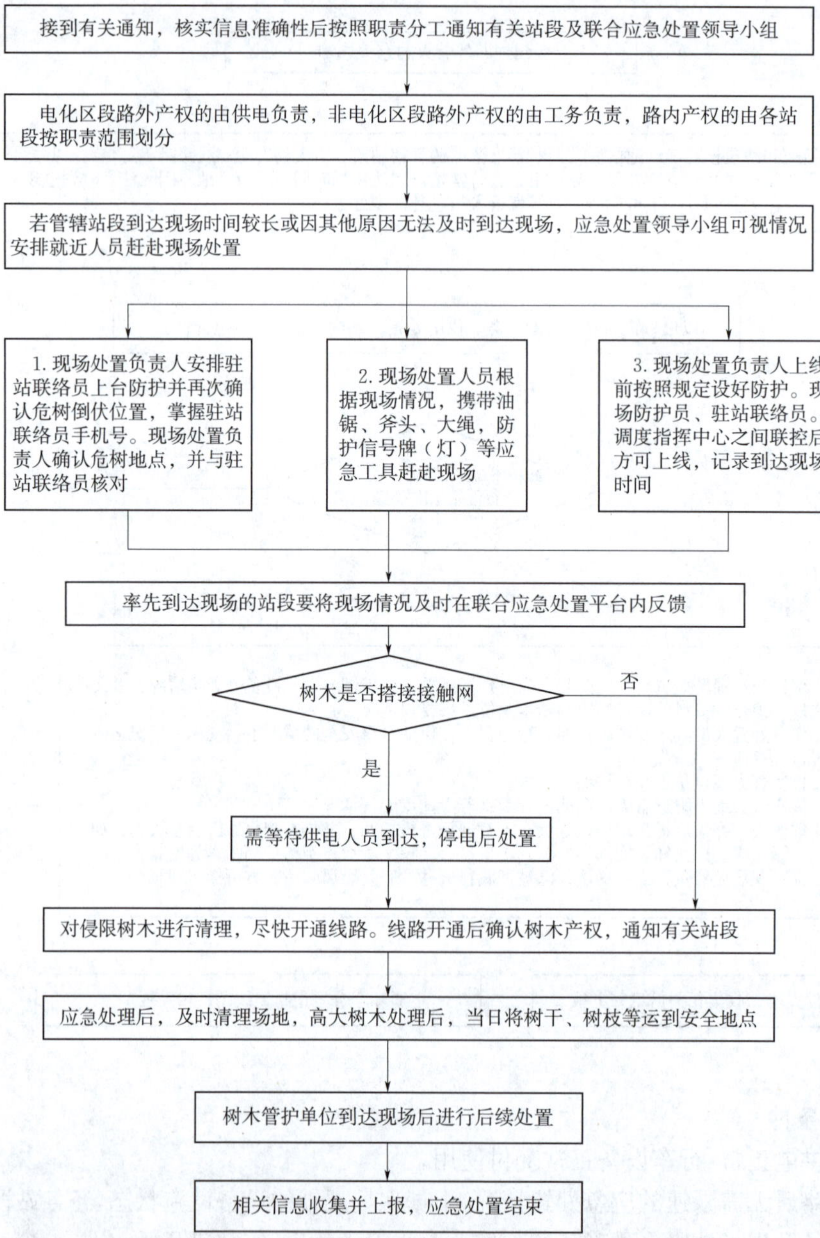

图 4-5　危树倒伏侵限联合应急响应处置提示卡

2. 现场处置及达到的效果

护网内进入闲杂人员如果是由各设备单位自行检查发现，需立即向车站报告，通知即将进入该区间的列车注意运行或者视情况拦停列车，待现场处置完毕后再开通线路或恢复常速。如果是由司机反馈、车站通知的情况下需立即按照通知内容组织现场处置。

率先到达现场的人员需优先协助公安人员寻找闲杂人，防止发生人身撞轧伤亡事故，寻找闲杂人的同时还要对走过的行车设备进行查看并使用单兵记录仪进行录制。找到闲杂人后及时向联合应急处置领导小组反馈，由联合应急领导小组发布终止寻找闲杂人的命令，改为巡视各专业设备并安排人员跟随公安人员对该闲杂人进行问询，掌握进入地点、方式等信息并及时反馈，在各设备单位确认设备良好后陆续销点，车务段根据各设备单位的登销记情况组织行车，尽快恢复运输秩序。

巡视过程中，联合应急领导小组需对陆续到达的应急处置人员进行分组，对发现闲杂人处所前后 2 km 范围内设备进行全面检查，相邻两组之间的检查重合范围至少 50 m。

若巡视过程当中发现防护栅栏或通道门损坏时，应立即上报并组织修补、保证防护设施处于封闭良好状态，修补前后拍照留存。

3. 放行条件

开通线路后无需限速的应急处置情况，根据现场反馈的设备设施状态，经各站段专业科室应急值班人员及现场技术人员确认达到作业验收管理值后，按常速开通。

若是行车设备遭到破坏，需按各设备单位提供的行车限制条件组织行车。

4. 非法通行联合应急响应处置提示卡（图 4-6）

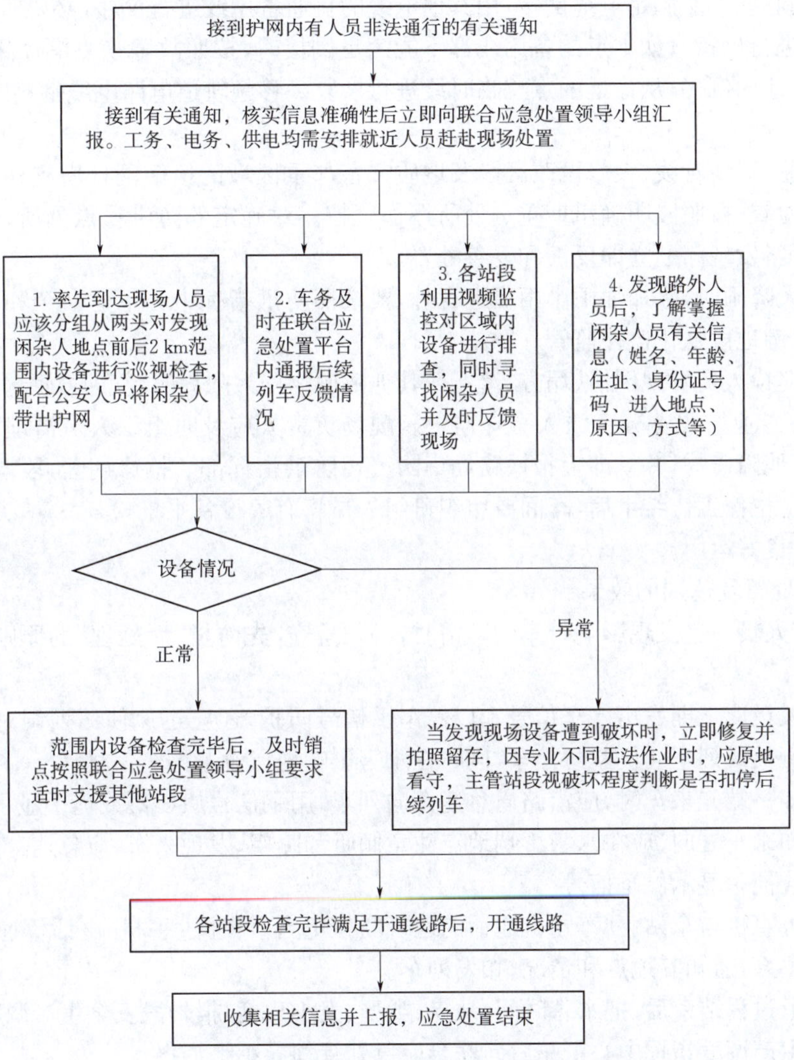

图 4-6　非法通行联合应急响应处置提示卡

（六）防洪抢险

防洪期内，每日由工务段负责，利用互联网、局域网收集各种天气信息并与气象、水务单位建立联系，利用好当地气象、水情信息系统，掌握管内海河流域水情信息，同时与沿线各级防汛指挥部、上游水库管理部门建立联系制度，可随时掌握各区域防洪动态、水库泄洪、行洪、人工降雨等信息，提前做好防洪准备，及时通过联合应急处置平台向各站段传递有关信息并预警。

1. 检查的重点

工务专业：落石、水漫线路、路基下沉、狼窝、陷穴、坡面冲沟、沟渠淤堵，危树倾倒、道床冲空、路堤溜坍、路堑边坡坍塌、挡护设施坍塌、危树、山体崩塌、路堤滑塌、路堑边坡大面积坍塌、冲毁，桥涵闷孔，桥涵基础冲空、冲毁，房屋倒塌。

电务专业：抢修要本着缩小故障影响范围的原则进行，其顺序为：先临时恢复、后正式恢复，先正线设备、后侧线设备，先站内、后区间；先恢复侵入限界的倾斜设备，后恢复淹泡设备；先保证电气、机械联锁关系正确，后调整电气特性。

当电缆发生险情时，如贯通、备用芯线能满足倒接，用贯通备用芯线进行倒接；如本条电缆的贯通、备用芯线不能满足电缆倒接，用其他电缆的贯通备用线进行倒接(必要时可用电话线、灯丝报警线进行倒接)；如本点的备用线都不能满足倒接时，按照故障恢复顺序用备用芯线进行恢复，同时迂回倒接，从最近的点拉临时线进行恢复。移频轨道电路电缆倒接应满足电缆使用要求。

供电专业：对新管线、大修设改区段及地质灾害严重区域的接触网杆塔支柱、拉线及临近危树等加强检查，按照段明确汛期重点处所严加管控。对确定的防洪重点处所，要坚持雨中、雨后巡视制度，发现问题立即反馈和妥善处置。

遇有较大降雨时，除加强雨中雨后巡视外，要按照防洪指挥中心下达命令和要求，突出对重点处所、关键地段强化监控监管。

各专业巡检人员发现倒树、塌方、落石或其他障碍物侵入限界时，立即办理封锁线路手续，拦停列车，各专业按职责分工派人看守监护。现场负责人应及时组织人员清理侵限倒树、塌方、落石或其他障碍物，并立即上报铁路局集团公司防洪指挥部。抢修期间，段调度要随时掌握抢修进度。抢修工作结束后，车间要组织班组人员将有关设备平推检查一遍，并进行现场监护，确保设备良好运用。

2. 现场处置及达到的效果

(1)检查人员一旦发现影响行车的险情时，必须遵守“先防护、后处理”的原则进行处理和报告。

①看守人员应立即发出停车信号和以停车手信号防护，还应迅速使用列调对讲设备通知就近车站值班员或列车司机紧急停车，同时在水害影响地点设置停车信号。

②当确知一端先来车时，应沿路肩急速奔向列车，用手信号旗(灯)或徒手显示停车信号。

③如不知来车方向，应在水害影响地点注意倾听和瞭望，发现来车，应急速奔向列车，用手信号旗(灯)或徒手显示停车信号。

④如无可直接与车站、列车司机通话的巡机联控电台，可通过手机、电话等通信设备与附近车站取得联系，通知其地点和情况，扣发列车。

⑤在以上过程结束后，把水害时间、地点、类型、大小程度，报告段安全生产调度指挥中心，由各段安全生产调度指挥中心汇总后向联合应急处置领导小组汇报。

水害抢险坚持“先通后固，永临结合”的原则，要保证抢险人员人身安全。水害抢险要优先采用大型机械，优先安排抢险人员、机具、物资运输。发生大型水害地点前后的车站，必须预留抢险列车通道。水害抢修后的放行列车条件均应报请联合应急处置领导小组确认后登记，杜绝冒险放行列车，首趟列车不超过 25 km/h，原则上第一趟不得放行旅客列车。

(2)易发生路堤溜坍处所,发生路堤边坡浅层溜坍。

①用堆码编织袋、草袋。降雨停止后,晾晒坍体,同时做好引排水。

②范围小,相对浅时,堆码编织袋、草袋,保持路肩及道床稳定。相对较深时,采用打桩、堆码编织袋相结合的方案,桩打入滑面下的长度宜大于桩长的1/2,厚度从裂缝处按1∶1坡率计算。

③路堤中下部溜坍时,雨后适时原土夯填。

(3)易发生路堤溜坍处所,发生路提边坡深层溜坍,坍体进入道床或接近道床坡脚,影响道床稳定,危及行车安全。

①高度小于6 m的路堤,采用堆码编织袋、草袋、打桩的方案。

②高度大于6 m的路堤,坍体含水量大呈流塑状时,一般采用抛填方案,有条件的应优先采用机械清淤,在路堤适当位置打桩后抛填堆码。坍体含水量不大,采用打桩并抛填堆码的方案。

③坍体接近道床坡脚,坍体含水量大呈流塑状时,优先采用打桩、堆码编织袋、草袋的方案。可能危及行车安全时,采用抛填片石或打桩的方案。

(4)易发生排水不良处所,如积水面积不大,在短时间内可以疏通的,先进行抽排、引排降水,控制水位上升,随后在下沉处坡脚面打适量木桩加固边坡,然后码填土袋、石砟或片石,检查线路尺寸。如果线路几何尺寸变化不大,边坡又比较稳固,情况良好,可以开通线路,限速25 km/h及以下放行列车,过2趟车后,再检查线路几何尺寸,如果变化不大,可按正常速度放行列车。

(5)易发生排水不良处所,如积水面积较大,一时难以疏通的,造成水漫线路且洪水有流速或路基两侧有水头差时,立即封锁线路,拦停列车,车间派人看守监护;水漫线路但为静水且路基两侧无水头差时,应先封锁线路,拦停列车,在采取确保道床不流失的措施后,限速15 km/h及以下开通线路,并派人看守监护;车间现场负责人应及时组织人员对水漫地段的排水设施进行疏通清理,加快积水排泄速度,同时采取措施将水源进行堵截或引导至影响范围以外,直至积水下降至路肩以下,检查、整修线路达到开通或提高(恢复)速度条件后,开通或提高(恢复)线路速度,限速期间应派人看守监护。

(6)易发生山体落石处所,当仅个别落石发生,而石头较小,或发生小型溜坍。未砸坏钢轨时,可由发现人员组织立即清除;若钢轨被砸坏时,应通知车站立即封锁线路,然后通知工务立即更换钢轨。同时派职工到山坡上检查,若无直接险情,立即开通线路;若山坡上有活动的落石,采用掩埋、支护或扫山等方法处理,处理后根据线路恢复情况采取限速或常速开通区间。

(7)易发生山体落石处所,当崩坍落石量较大将线路掩埋时,立即通知车站封锁线路。工务接通知后,立即组织职工、民工队伍抢险。安排轨道车,将25 m长的60 kg/m钢轨、枕木、发电机、切割机、钻机及相应的联结零件、箩筐、铁锹等抢险机具运到现场。抢险采用爆破、人力撬打、搬运或挖掘机、小车装运,将弃石、弃土运至安全处所。石块、泥土清除完后,根据线路损坏情况,更换损坏的轨枕,并将损伤钢轨割断,重新钻眼,换上备用轨,处理后根据线路恢复情况采取限速或常速开通区间。

(8)易发生路堑坍塌处所出现一般性溜坍,当路堑出现一般性溜坍或冲刷时,现场负责人现场巡视堑顶排水设施及堑坡护砌、挡墙是否有外鼓倾斜,雨中、雨后巡回检查,发现隐患及时上报隐患并采取有效的措施。一般不采取限速,组织抢险人员及时进行清理及修补。

(9)易发生路堑坍塌处所出现较严重溜坍,路堑达到以下情况时,可采取列车慢行措施:

①路堑溜塌未侵入到砟边，但降雨不停，病害还有发展的趋势。

②路堑堑顶发现有裂纹，并且此处为汇水径流处时。

在塌方处路肩打桩，同时改变堑顶的径流方向，疏通排水。维持现状线路进行限速慢行，待雨过后进行清淤整修，实行阶梯提速，并注意观察堑坡变化。

(10)易发生路堑坍塌处所出现大面积溜坍时，造成线路掩埋，及时拦停列车，联系路内外抢险力量，全力进行抢修。为了提前抢通，可先按机车车辆限界清理塌方，开通后再扩大清理，并清除路肩、水沟。通车前要将堑坡上可能坍塌的危石、危土清除掉，以防遇降雨再次坍塌，抢修力量不足时，可组织地方抢险队伍和机具共同参加抢险，当整修达到开通条件时，第一列列车限速 15 km/h 运行，原则上不得放行旅客列车。开通后及时组织后续的复旧施工，线路车间工区进一步对路堑设备状态进行细致的检查。

新顶圆管处所路堤变形轻微，或仅限于路肩坡面局部坍滑下沉可采用挖掘机在坡面打木桩或钢管桩稳定堤坡，必要时坡脚堆码片石反压，同时组织人员对垮塌或下沉路肩采用编织袋装土码砌恢复，然后整修道床，检查恢复线路，彩条布覆盖路肩及堤坡。确认隐患排除达到开通条件时开通线路，同时加强变形监测和线路检查(开始应 10 min 一次，每过车一趟检查一次)，设立临时看守监护点。

新顶圆管处所道床随堤坡大面积塌滑下沉，钢轨、枕木悬空或扭曲。先采用挖掘机在坡面打木桩或钢管桩初步稳定堤坡，在坡脚堆码片石反压(高度尽量至一半堤高)，同时组织人员对垮塌或下沉路肩采用编织袋装土码砌恢复，然后用片石填筑恢复路基面标高，铺填道砟，整修道床，若钢轨变形较大，将钢轨割断，重新钻眼，换上备用轨。位于道岔处时，更换相应的损坏部分，同时检查线路几何尺寸。彩条布覆盖路肩及堤坡，确认隐患排除达到开通条件时开通线路，同时加强变形监测和线路检查(开始应 10 min 一次，每过车一趟检查一次)，设立临时看守监护点。

易发生路基下沉处所，路基变形轻微，或仅限于路肩坡面局部坍滑下沉，组织人员对垮塌或下沉路肩采用编织袋装土码砌恢复，然后整修道床，检查恢复线路，彩条布覆盖路肩及堤坡。确认隐患排除达到开通条件时开通线路，同时加强变形监测和线路检查(开始应 10 min 一次，每过车一趟检查一次)，设立临时看守监护点。

易发生路基下沉处所，道床随堤坡大面积塌滑下沉，钢轨、枕木悬空或扭曲。在坡面打木桩或钢管桩初步稳定堤坡，同时组织人员对垮塌或下沉路肩采用编织袋、草袋装土码砌恢复，必要时积极向上级申请石砟、山皮土、片石。坡脚堆码片石反压，用片石、山皮土填筑恢复路基面标高，铺填道砟，整修道床，若钢轨变形较大，将钢轨割断，重新钻眼，换上备用轨。位于道岔处时，更换相应的损坏部分，同时检查线路几何尺寸。彩条布覆盖路肩及堤坡，确认隐患排除达到开通条件时开通线路，同时加强变形监测和线路检查(开始应 10 min 一次，每过车一趟检查一次)，设立临时看守监护点。

易发生水淹桥梁处所，汛期降雨时派人巡查，注意线路状态变化，几何尺寸超临修标准时，如有必要可以对线路进行限速或封锁处理，限制速度由现场负责人决定。当桥梁河道冲刷超过一般冲刷线时，应立即通知车站扣发列车，同时立即向段防洪办汇报现场情况，由段防洪办向铁路局集团公司申请调运就近防洪备用片石、石砟，组织人员进行抢险，确保列车运行安全。一旦发生桥梁冲毁，立即按迂回方案组织运输，调用战备梁搭设临时便桥，尽快开通线路。

易发生立交积水处所，汛期降雨时派人巡查，注意桥下积水深度，影响正常通行的，要及时组织抽排，保证行人、车辆能够安全通过，减少由于抽水不及时造成的不良影响。因降雨量大、汇水面宽等原因造成排净确有困难时，影响通行安全的，要安排人员看守，并设置警戒标志，要派人拉设警戒带临时看守，并劝阻行人不得拆除、翻越护网、横跨线路。需人工抽排时，抽排人员严禁冒雨抽排。

在汛期接到司机反映晃车或其他水害影响行车的报告后，要立即封锁线路，待设备检查整修完毕达，确认线路达到开通条件后，线路开通速度不得大于 45 km/h，工务段添乘首趟列车，待设备状态稳定后，再逐级提速直至恢复常速。

(11)降雨过程中，由各专业按照分工对各自设备进行雨中巡视，发现突发事件后及时汇报，按照联合应急领导小组要求，及时进行联合处置。

(12)降雨结束后，针对因降雨封锁或者限速的线路，可由供电段组织开行轨道车，工务、电务部门派人参加，共同对受影响区段进行联合添乘检查，共同确认设备情况，缩短人工检查确认事件，尽快恢复运输秩序。

(13)当发生接触网支柱因洪水冲刷路堤造成接触网倒杆、塌网、断线或因支柱倾斜侵入线路限界时，采取如下措施：

①防洪抢险小组应立即安排驻站人员上台及抢险队伍赶赴现场，尽快查明险情地点、影响范围并及时反馈防洪应急办公室。

②防洪抢险小组坐台人员应根据故障地点及影响范围及时通知两端车站，必要时申请封锁线路，并在故障点两端按规定设置防护人员，必要时拦停列车。在未装设接地线前，任何人不得进入距故障点 10 m 范围之内。

③待接触网设备停电后，需按规定装设接地线及设置行车防护人员。

④当接触网锚柱发生倒杆断线时可采用两锚段线索对接的方法，解除其中一锚段的中心锚结，用组合支柱进行临时支撑架设，转换支柱发生倒塌时可用组合支柱进行临时支撑，接触线的导高不能达到规定应采取区段降弓的方法，设置机车升降弓标志。

⑤迅速恢复塌陷路基。

⑥按照先通后复、先通一线原则，尽快恢复接触网运行状态。

⑦针对大修更改区段设备，要严密盯控新立杆塔支柱、拉线基础状况，发现因雨水冲刷发生坍塌或塌陷时，及时通知防洪抢险办公室，防洪抢险办公室立即启动防洪抢险细化方案，除利用本部门力量进行处置外联系工程建设单位等相关力量积极进行处理；必要时安排土建力量介入抢险。

遇较大降雨危树影响供电安全时，各供电车间及时对危树进行砍伐削剪，发生危树倒伏时及时申请天窗，组织专业砍伐队伍对危树进行砍伐。

遇较大降雨造成山体滑坡，产生泥石流砸伤接触网设备掩埋铁路线路时，抢险队伍到达现场后，听从运输(车务)、工务抢险部门指挥，配合清除隧道口滑坡废弃物，及时用组合支柱进行临时支撑，接触线的导高不能达到规定应采取区段降弓的方法，设置机车升降弓标志，尽快恢复接触网运行状态。

(14)发现零星落石、水漫线路、路基下沉、狼窝、陷穴、坡面冲沟、沟渠淤堵，危树、接触网杆、高柱信号机、通信杆塔倾斜及基础下沉等某一专业小型水害时，由设备单位车间负责人第一时间组织抢修。

(15)发现道床冲空、路堤溜坍、路堑边坡坍塌、挡护设施坍塌以及危树、接触网杆、高柱信号机、通信杆塔倾倒等涉及多专业水害时，水害现场应设立临时防洪抢险指挥部，由车务段负责统一指挥协调，相关站段参加。现场指挥长由临时防洪抢险指挥部根据现场水害类型、影响范围和站段领导到位情况临时指定并动态调整，各单位听从指挥，统一行动。现场总体抢险方案由现场指挥长制定，每小时向上级防洪指挥部汇报一次抢险进度。

(16)发现路堤滑塌、路堑边坡大面积坍塌、冲毁，桥涵闷孔，桥涵基础冲空、冲毁，房屋倒塌等较大水害，抢险比较困难，短时间不易抢通者，应立即上报铁路局集团公司防洪指挥部请求支援，并按照铁路局集团公司防洪应急预案相关规定启动，相关部门及时按照铁路局集团公司防洪应急预案规定做好应急响应行动。抢险由铁路局集团公司防洪指挥部负责，铁路局集团公司和办事处包保领导到达现场组织指挥抢险。抢险方案由铁路局集团公司负责人确定，抢险人员及防洪物资由铁路局集团公司和办事处防洪指挥部统一调运，运输组织由铁路局集团公司调度中心统一指挥。确需相邻办事处配合参与抢险的，由铁路局集团公司防洪指挥部统一协调。抢险进度每半小时向上级防洪指挥汇报一次。

(17)遇有大水害，抢修困难，或需跨办事处组织人员及抢险机具的，由铁路局集团公司负责组织统一指挥，铁路局集团公司包保领导组织相关人员赶赴现场，组织抢险，抢险方案由铁路局集团公司负责人和现场指挥组共同确定。抢险人员、防洪物资由铁路局集团公司防洪指挥部统一调运。施工单位就近组织抢险人员和抢险机具，所需防洪物资由铁路局集团公司防洪指挥部统一指挥，抢险进度每半小时向防洪指挥部汇报一次。

水害抢险坚持“先通后复，先通后固”的原则，要保证抢险人员人身安全。水害抢险要优先采用大型机械，优先安排抢险人员、机具、物资运输。发生大型水害地点前后的车站，必须预留抢险列车通道。中断行车的水害地段，车间组织的水害抢修后放行列车条件应报请段生产调度指挥中心确认，其余水害抢修后放行列车条件由现场负责人确定。杜绝冒险放行列车。

3. 放行条件

根据铁路局集团公司文件要求及各工务段实际情况，对主汛期、非主汛期的出巡警戒值、限速警戒值、旅客列车扣停值及线路封锁警戒值进行明确，在联合应急处置基础资料数据库内保存。

非主汛期时段雨量警戒值标准，以每年铁路局集团公司公布的防洪预案为准。

汛期司机反映晃车处置后的开通标准。晃车后经捣固、拨道(拨道量小于 40 mm)处理后，满足作业验收管理值后常速开通线路，若一次起道量、拨道量大于等于 40 mm，开通标准及提速要求按照影响道床、路基稳定的施工作业办理。

4. 防洪抢险联合应急响应处置提示卡(图 4-7)

(七)除雪防冻

车站站场除雪防冻工作由车务牵头，以车务、工务、电务人员为主，联合作战，协同动作。车务站段应组织工务、电务共同建立除雪防冻联合应急处置分工，按照分工要求组织除雪。同时组织建立与地方气象部门的联系机制，及时掌握天气变化及人工增雪情况，提前做好准备。

遇有大暴雪受灾严重，既有分工及人员完成除雪任务难度较大时，由车务站段协调供电专业人员进行增员，并适时向铁路局集团公司汇报。

1. 雪情预警信息依据气象台、铁路气象专网的天气预报发布，分为蓝、黄、橙、红四个等级。

2. 工务接到降雪蓝色预警后，采取以下措施。

(1)车间、班组负责人到岗到位，对除雪准备情况进行部署、安排，组织检查除雪设备设施及工具备品，按照段预警要求，结合站区分工和设备情况，组织足够力量除雪队伍值班，做好除雪准备工作。

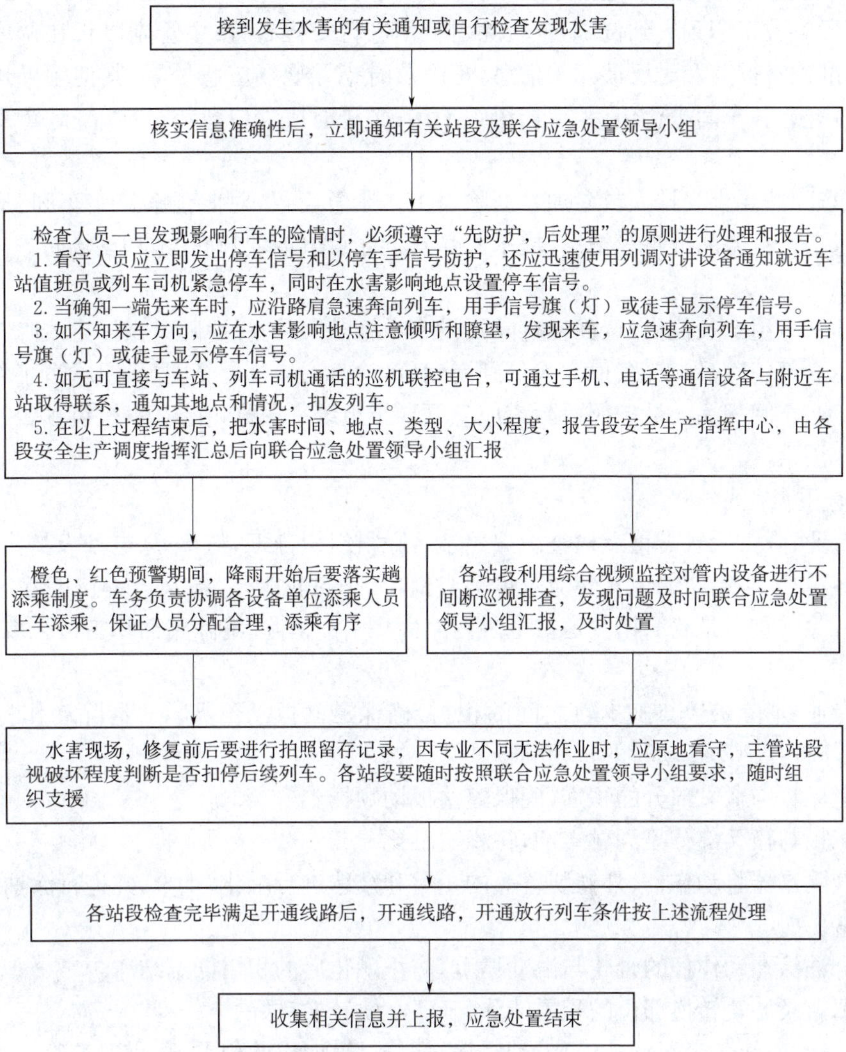

图 4-7　防洪抢险联合应急响应处置提示卡

(2)段统一安排专业技术干部对重点车站进行除雪包保，并安排人员添乘检查管内设备。

3. 工务接到降雪黄色预警后，采取以下措施。

(1)站段党政正职到岗到位，对全段除雪工作进行安排布置；主管副段长在调度指挥中心盯控指挥，准确掌握并及时反馈相关信息，正确及时指导现场应急处置；其他领导班子成员按照包保分工赶赴现场组织除雪。

(2)车间干部全员值班，并包保到班组，车间、班组组织检查除雪设备设施及工具备品，按照预警要求，结合站区分工和设备情况，组织足够力量除雪队伍值班(值班职工原则上不少于半数)，随时做好上线除雪准备。

(3)科室(部门)包保干部、值守人员到岗到位，检查指导督促车间、班组除雪工作。

(4)科室、车间相关人员按照段统一安排，每 2 个小时对管内设备添乘 1 遍。重点检查冰雪对设备的击打、损坏等情况，并根据管内设备实际情况及上级有关调度命令要求，做好申请限速准备。

4. 工务接到降雪橙色、红色预警后，采取以下措施。

(1)站段党政正职到岗到位，对全段除雪工作进行安排布置；主管副段长在调度指挥中心盯控指挥，准确掌握并及时反馈相关信息，正确及时指导现场应急处置；其他领导班子成员按照包保分工赶赴各车间进行包保，现场组织除雪；必要时成立应急小分队，赶赴重点车站支援除雪工作。

(2)各车间按要求安排人员参加站区除雪工作紧急会议，对照预案核实车间、班组包保干部、除雪人员、工具备品准备等情况，提示人身安全注意事项，明确驻站和现场防护人员等具体事宜。

(3)车间、班组全员值班，全面检查除雪设备设施及工具备品，随时做好上线除雪准备。

(4)科室(部门)包保干部、值守人员到岗到位，检查指导督促车间、班组除雪工作。

(5)科室、车间相关人员按照段除雪应急领导小组统一安排，在黄色、橙色预警响应基础上进一步加密添乘。

5. 检查重点：

工务专业：降雪天气需重点检查。按照站区除雪组织分工，与车务、电务人员协同配合，共同完成对客、货列车径路的道岔转辙及可动心部位、护轨轮缘槽、辙叉等部位的除雪工作。有人看守道口除雪重点是轮缘槽及道口范围内路面积雪的清除，清除路面积雪可采取铺撒炉渣、盐等方法。

电务专业：清除尖轨与基本轨之间的积雪，确保道岔扳动不夹雪。清除动作杆下部的积雪，确保动作杆在道岔扳动时的行程顺畅。

清除滑床板与辙叉部分的积雪，确保道岔扳动顺畅。

在滑床板与辙叉部分喷洒融雪剂，将积雪融化。

用燃气除雪器将动作杆、外锁装置等的积雪和结冰进行融化、烘干，并进行涂油，确保各部件动作正常。

将混合油涂在动作杆的辊轮与滑动槽上，防止融化后的积雪低温结冰。

清除翼轨及心轨转换部位的积雪清除，确保心轨转换良好。

清除尖轨、心轨各牵引点外锁装置及转辙部位过道四周的积雪，防止列车通过将积雪带入辙叉部位。

清除密贴检查器周围以及表示杆下方的积雪和结冰，防止表示杆卡阻造成道岔转换不良。

重点清除顶铁与心轨轨腰处的积雪和结冰，防止造成道岔卡阻。

6. 现场处置及达到的效果：

(1)本着先道岔、后线路的原则，使用笤帚(扫帚)、铁锹、风机及燃气除雪器对道岔、线路积雪进行清除，统一清至线路两侧，保证轨道板、枕木、道岔扳动部位无积雪。

(2)用除雪小铲对道岔扳动的关键部位进行铲冰，并将冰块清除到线路以外。

(3)如除冰后尖轨、心轨仍扳动不良，用笤帚对尖轨、心轨部位进行清扫，配合小铲清理碎冰，直至扳动良好。

7. 放行条件：

根据现场反馈的设备设施状态，经各站段专业科室应急值班人员及现场技术人员确认达到作业验收管理值后，按常速开通。

8. 除雪防冻联合应急响应处置提示卡(图 4-8)。

车站站场除雪防冻工作以车务、工务，电务人员为主。段管线的除雪工作由所属单位负责

↓

除雪预警：

1. 黄色预警：各段做好防雪各项准备工作。

2. 橙色预警：各段加强与车务的联系，安排好值班人员，做好除雪防冻工作。包保干部到岗到位；安排专业技术干部全线添乘检查。

3. 红色预警：各段随时准备行动开展应急处置；包保干部到岗到位协助进行应急处置；安排专业技术干部全线添乘检查

↓

应急处置：

1. 按照站区除雪组织分工，与车务、电务人员协同配合，共同完成对客、货列车径路的道岔转辙及可动心部位、护轨轮缘槽、辙叉等部位的除雪工作。有人看守道口除雪重点是轮缘槽及道口范围内路面积雪的清除，清除路面积雪可采取铺撒炉渣、盐等方法。

2. 遇有因降雪对行车安全构成影响时，所在车间在有能力和条件应对的情况下，在立即报告情况的同时，应按照本部门制定的应急预案开展先期处置，防止进一步扩大或次生、衍生其他类别的故障或事故。

3. 夜间除雪作业时，除雪人员上线应带照明工具，作业人员听从统一指挥，确保人身安全。

4. 坚持雪中、雪后及时清扫道口铺面和轮缘槽并及时做好道口的防滑工作，确保过往行人车辆的正常通行，确保列车正常运行。

5. 除雪作业前必须在“行车设备检查登记簿”（点外上线）登记“××站××咽喉上线除雪作业”在得到车站值班员签认后方允许上线，车站值班员未得到室内防护人员（驻站防护员）“人员、机具全部下道”的销记，不得开放相关列车、调车信号。

6. 除雪作业必须按照除雪作业地点“两人两端监控防护”的要求设置现场防护员

↓

遇有大暴雪受灾严重时，根据相关站段申请，由联合应急处置领导小组协调调配附近站段人员进行增援

↓

收集相关信息收集并上报、应急处置结束

图 4-8　除雪防冻联合应急响应处置提示卡

(八)大风天气

各段需每日关注管内天气预报及时发布预警信息，并加强与地方气象部门的联系沟通协作，建立重点气象信息通报、路地联防机制，实现信息资源共享，根据气象部门发布的预警信息及时发布相应预警。

1. 原则上，大风天气(除台风、雷雨大风外)预警分为四级，分别以蓝色、黄色、橙色、红色表示。

(1)蓝色预警：24 h 内可能受大风影响，平均风力可达 6 级以上，或阵风 7 级以上；或者已经受大风影响，平均风力为 6～7 级，或阵风 7～8 级并可能持续。

(2)黄色预警：12 h 内可能受大风影响，平均风力可达 8 级以上，或阵风 9 级以上；或者已经受大风影响，平均风力为 8～9 级，或阵风 9～10 级并可能持续。

(3)橙色预警：6 h 内可能受大风影响，平均风力可达 10 级以上，或阵风 11 级以上；或者已经受大风影响，平均风力为 10～11 级，或阵风 11～12 级并可能持续。

(4)红色预警：6 h 内可能出现平均风力达 12 级以上的大风，或者已经出现平均风力达 12 级以上的大风并可能持续。

2. 检查重点：

工务专业：大风天气需重点检查沿线危树、彩钢板、塑料大棚、防护网、桥上及线路两侧

广告牌、声屏障、上跨桥梁人行道板、风口及隧道口处山体危石、防护设施、吊车等大型机械、段办工程施工现场及路外施工单位施工场地的硬飘浮物、脚手架、防抛网、围挡等临时设施。

供电专业：易受大风影响的设备、处所，如：上跨桥的附挂物、上跨线、邻近线路的施工器械的稳固状态，大修区段附加线索与新立支柱间的绝缘距离、线索弛度、补偿装置、线岔、各线索接头连接处、大转角、跳转处所、绝缘子内兜处、所内导线弛度、变压器油温及充油充气设备气压、油位、油温情况等处所。

3. 现场处置及达到的效果：

(1)蓝色预警时，组织人员每日对管内设备添乘检查1遍；利用综合视频监控系统加强对外部环境重点处、段办工程、路外施工场地的巡视检查，必要时安排人员看守；停止登高作业以及影响人身、行车安全的线上施工作业；6级以上大风天气时禁止使用吊车等大型机械；注意属地气象部门发布的大风最新消息和相关预警通知；及时对生产办公门窗、围板、棚架、临时搭建物等进行加固，妥善安置易受大风影响的室外物品。

(2)黄色预警时，停止线上施工作业；切断危险的室外电源；其他同蓝色预警。

(3)橙色预警时，加强值班，密切监控天气变化趋势，有效落实应对措施；其他同黄色预警。

(4)红色预警时，人员尽可能处于防风安全的地方，应急处置人员或救援队伍，随时准备行动，开展应急处置工作；其他同橙色预警。

大风天气预警下达后，各段应及时向联合应急处置领导小组汇报次日管内添乘计划，由联合应急处置领导小组统一协调安排人员添乘，避免重复添乘。

4. 放行条件：

发生轻飘物、硬飘物侵限、非法烧荒及危树倒伏侵限的处置程序及开通条件见前文相关内容表述。

其余因大风引起的突发事件，根据现场反馈的设备设施状态，经各站段专业科室应急值班人员及现场技术人员确认达到作业验收管理值后，按常速开通。

5. 大风天气联合应急响应处置提示卡(图4-9)。

(九)破坏性地震

地震事件发生后，需采取针对性处置措施的铁路区段为地震影响区段。根据地震震级和震中距铁路的距离，地震影响区段分为限速区段和封锁区段。接到现场地震信息报告后，地震影响区段按现场报告地点的相邻站间区间掌握。

地震影响区段初步确定为距离震中50 km范围内的铁路。由铁路局集团公司调度所工务值班调度员根据接到的震情信息(含震中经度、纬度、震级等)，从铁路地震应急处置系统获取具体影响范围及行车限制条件。

在铁路地震应急处置系统故障时，由铁路局集团公司调度所工务调度员根据接到的震情信息(含震中经度、纬度、震级等)在谷歌、百度等带有经纬度坐标的GIS地图上按距离震中50 km确定地震影响区段及行车限制条件，将位于该范围内的铁路线路确定为地震对铁路的影响范围。

1. 检查重点

工务专业：是否有崩塌落石、滑坡，桥梁双片式T梁横隔板是否有断裂、梁体是否有纵横位移、支座是否有较大损坏造成梁体歪斜、桥台护锥是否有坍塌、线桥、路基设备、高挡墙、隧、涵、邻河路基等重点设备、线路几何尺寸等。

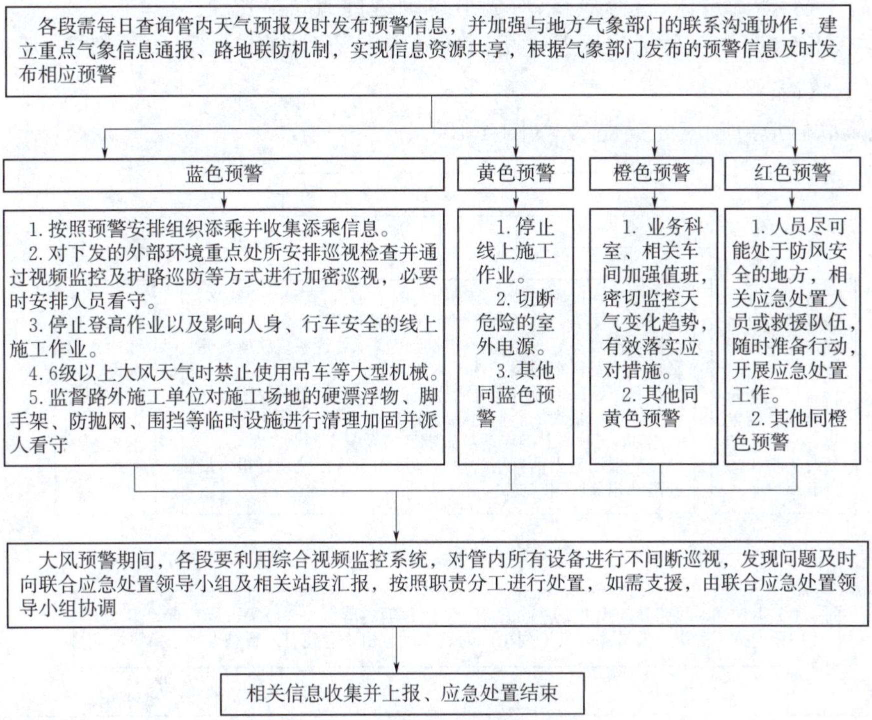

图 4-9　大风天气联合应急响应处置提示卡

电务专业：信号设备设施是否损坏等。

供电专业：接触网支柱及其他设备设施是否损坏。

2. 现场处置及放行列车条件

发生 3.0 级以下地震时，列车不限速。对重丘和山区铁路，派人添乘全面检查地震影响区段的线桥、路基设备。

发生 3.0 级(含)至 4.0 级地震时，平原和微丘铁路，列车不限速；重丘和山区铁路，列车限速 45 km/h。派人添乘全面检查地震影响区段的线桥、路基设备，徒步检查危岩落石、高挡墙、桥梁、隧道、涵洞、临河路基等重点设备。对重丘和山区铁路，根据检查情况，具备提速条件时应按 45 km/h、60 km/h、80 km/h、120 km/h 逐级提速后正常。

发生 4.0 级(含)至 6.0 级以下地震时，扣停地震影响区段的列车，不得向有关区间放行后续列车(检查列车除外)。工务段派人检查。根据检查情况，提出行车条件。检查确认设备正常具备提速条件时应按 45 km/h、60 km/h、80 km/h、120 km/h 逐级提速后正常。

扣停列车可以目视行车速度(不超过 20 km/h)运行至前方车站停车避险。普速铁路检查、限速、开通执行站站登销记制度，遇有两个工务段登记同一区间限速条件不一致时，按低限速等级对该区间进行限速登记。

线路、桥涵等铁路设施受到轻微震害时，工务部门组织及时修复；损坏严重且修复难度较大时，由铁路局集团公司协调局管内救援力量或请求地方相关部门支援。

情况一：当线路、桥涵等铁路设施受到损坏时，立即组织力量对管内线桥设备进行添乘及地面全面检查，及时修复。其中路堤设备受损，采取回填夯实路基、堆码编织袋、插打木桩加固、补充石砟、起道捣固，整修线路进行处理；路堑设备受损，采取清理坍塌物、清筛道床、整修线路进行处理；桥涵设备受损，采取临时加固、修复病害、临时抽排水进行处理；隧道设备受损，采取清理坍塌物、清筛道床、整修线路、对隧道衬砌进行加固等处理。

情况二：当车间、工区驻地房屋及人员因地震灾害受到伤损时，本着“先救人、后抢物”的原则，立即组织救援。

3. 地震联合应急响应处置提示卡(图 4-10)

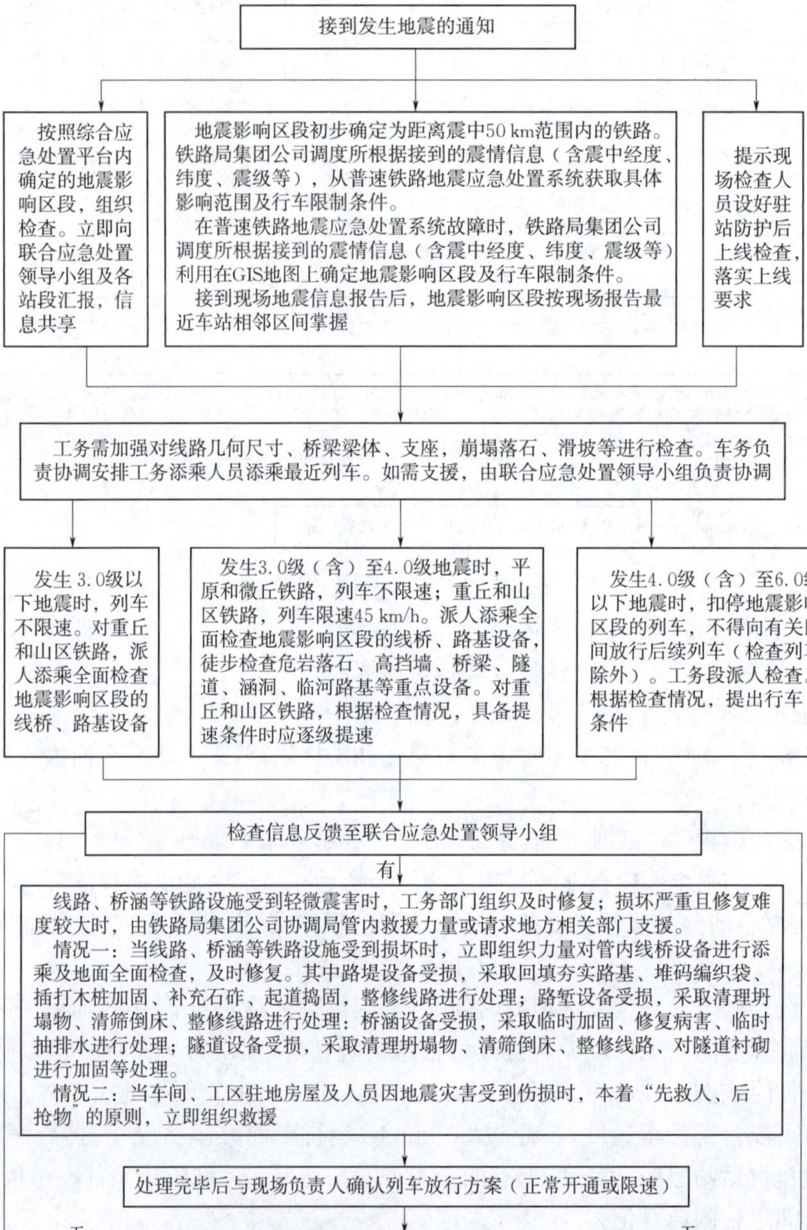

图 4-10　地震联合应急响应处置提示卡

(十)道岔故障

1. 检查重点

工务专业：道岔转辙部位尖、基轨间以及心、翼轨间是否有异物卡阻，尖轨是否密贴，滑床板是否卡阻，是否存在螺栓松动，是否存在尖轨折断，心轨、尖轨是否爬行，复式交分道岔拉杆圆销是否磨耗、框量过大等。

电务专业：机械故障处理，外锁闭道岔的机械故障主要分为机内部分故障和外锁闭部分故障两部分。

(1)机内部分故障

对于电动液压转辙机来说，机内部分故障分为油路系统和机械系统两类故障。在现场维修过程中经常发生的油路故障如下：

①电机正常转动，油缸不动作。油箱严重缺油，应用专用注油器注入 YH-10 航空液压油。

②油缸动作而不到位。

a. 油箱缺油，应注入 YH-10 航空液压油。

b. 如果尖轨已密贴，则是：钩锁设备(或内部)机械卡阻，应去掉卡阻物；外锁闭器未调整好，应调整外锁闭器。

c. 如果尖轨没有密贴，则是机械或外锁闭器及道岔有卡阻物，应调整或去除卡阻物；电液转辙机溢流压力低，调整至标准值；道岔转换阻力超标，应与工务配合整治道岔。

③油缸到位，接点不转换。

a. 锁闭柱或检查柱落不到锁闭杆或表示杆缺口内，调整缺口。

b. 锁闭柱或检查柱在固定座内动作不灵活，应调整注油。

④油缸到位，反弹断表示。

a. 要确认油路系统是否有气，处理方法：松开油标尺螺栓，手摇转辙机反复松紧溢流阀，排除空气，应进行多次定反位摇动、松紧。

b. 判定惯性轮是否失效。判断方法：使电机轴不转，转动惯性轮检查是否锈蚀，可从弹簧孔处适量滴润滑油防止生锈。

⑤主机与副机动作不同步。可将动作慢的牵引点相对应的节流阀调节螺栓(在两侧椭圆孔盖内)，逆时针方向调整，使两点动作同步；如仍不同步，则应将动作快的机器相应的调节螺栓适当调紧，减少该方向油量流速，以达到宏观同步的要求。

⑥挤脱。

a. 判断。挤脱后 SH6 型转换锁闭器应可靠切断表示电路。锁闭铁横向移动处于不对称状态，可加标记线，挤脱后便于判断。挤脱后，锁闭铁移动，使挤脱块上移 3 mm。

b. 恢复。ⓐ手摇转辙机至道岔四开位置，使动作杆不受力。ⓑ打开铅封，松开调整螺母，注意不必拿下，只要使弹簧不受力即可。ⓒ用小棍或螺丝刀拨动副机锁闭铁至原位，使挤脱块落下后，拧紧调整螺母到原位即可。ⓓ挤脱后应对安装装置、外锁闭装置及转辙机检查确认后，方可投入正式使用，按规定提速道岔不允许挤岔，但目前还不可避免。

⑦电液转辙机伸出方向的调整。当电液转辙机伸出方向与安装使用方向不一致时，可按以下方法进行调整。

a. 拆下电液转辙机及转换锁闭器动作杆、锁闭杆或表示杆的保护管。

b. 扳起表示动接点，使锁闭柱或检查柱抬起，将锁闭杆或表示杆从原侧拉出，旋转 180°从另一侧插入。

c. 将动作杆、锁闭杆或表示杆的保护管安装到另一侧即可(动作杆保护管上下不要装反)。

(2)外锁闭部分故障

对于外锁闭装置来说，出现故障的主要原因，一般是牵引点的两个锁钩处卡阻或调整不当。分动道岔已经解决框架结构的绷劲，也减小了靠转辙机锁闭的压力，但是，外锁闭装置也同样存在着和普通道岔一样的外界妨害的问题。

2. 道岔控制电路及机械故障处理流程图

ZD6 道岔故障处理流程如图 4-11 所示。

ZY4 电液转辙机道岔故障处理流程如图 4-12 所示。

ZYJ7 电液转辙机道岔故障处理流程如图 4-13 所示。

3. 现场处置及达到的效果

(1)发生道岔内断轨时：

情况一：断缝位于尖轨与基本轨、可动心轨与翼轨密贴段范围外，且能加固时，处理办法和放行列车条件比照下文“(十一)非列车占用轨道电路红光带故障”中钢轨折断的情况进行处置。

情况二：断缝位于尖轨与基本轨、可动心轨与翼轨密贴段范围以外，且不能加固时，应封闭线路进行临时处理或永久处理。

情况三：断缝位于尖轨与基本轨、可动心轨与翼轨密贴范围内，且直股或曲股之一能加固可单独放行列车时，根据现场实际情况，确认道岔开向，工务加固，电务确认尖轨及心轨密贴状态，道岔应现场加锁或控制台单锁，限速放行列车，并派人看守、检查、确认；直股和曲股均不能放行列车时，应进行临时处理或永久处理。

(2)卡异物影响道岔扳动时，应及时将异物清除，并拍照留存；当发现螺栓折断或松动影响道岔扳动时，应立即更换或复紧螺栓；当发现滑床板离缝或卡阻影响道岔扳动时，应调整恢复道岔正常使用，天窗进行工电道岔联合整治。

(3)电务：道岔定、反位扳动动作正常，尖轨与基本轨密贴达到《普速铁路信号维护规则 技术标准》规定的要求，道岔定、反位表示正常。

4. 放行条件

根据现场反馈的设备设施状态，经各站段专业科室应急值班人员及现场技术人员确认达到作业验收管理值后，按常速开通。

5. 道岔故障联合应急响应处置提示卡(图 4-14)

(十一)非列车占用轨道电路红光带故障

1. 检查重点

工务专业：除钢轨外，重点查找焊头、重伤加固处所、曲线侧面磨耗地段，绝缘接头(现场检查的同时利用电务监测系统对有关绝缘进行分析)、信号机、绝缘轨距杆，区段内施工地点等。同时，需携带道岔紧固器，当车务站段组织非正常行车时，按照车务要求对有关道岔进行紧固加锁。

供电专业：附近是否有树木倒伏、跳闸、电力电压较大波动、回流不畅、吸上线及回流线固定端子紧固不良等现象。

电务专业：接到故障通知后，首先应到控制台确认故障现象及范围。

车务专业：当各设备单位检查均未发现问题后，由车务站段组织非正常行车。

(1)数区段同时故障的处理方法

①所有区段或一个咽喉区段红光带或一束轨道电源的区段红光带，应重点检查电源屏是

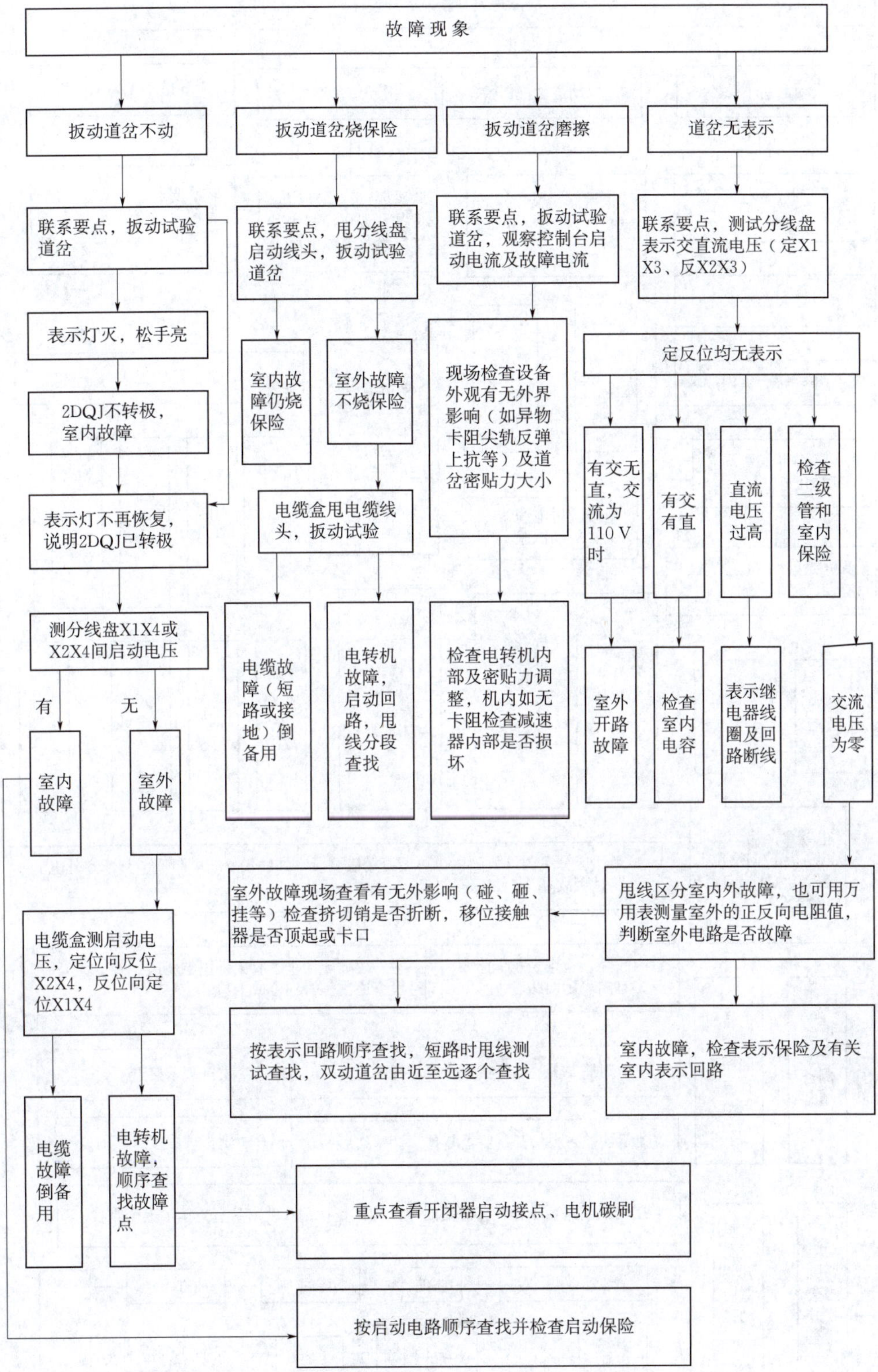

图 4-11　ZD6 道岔故障处理流程

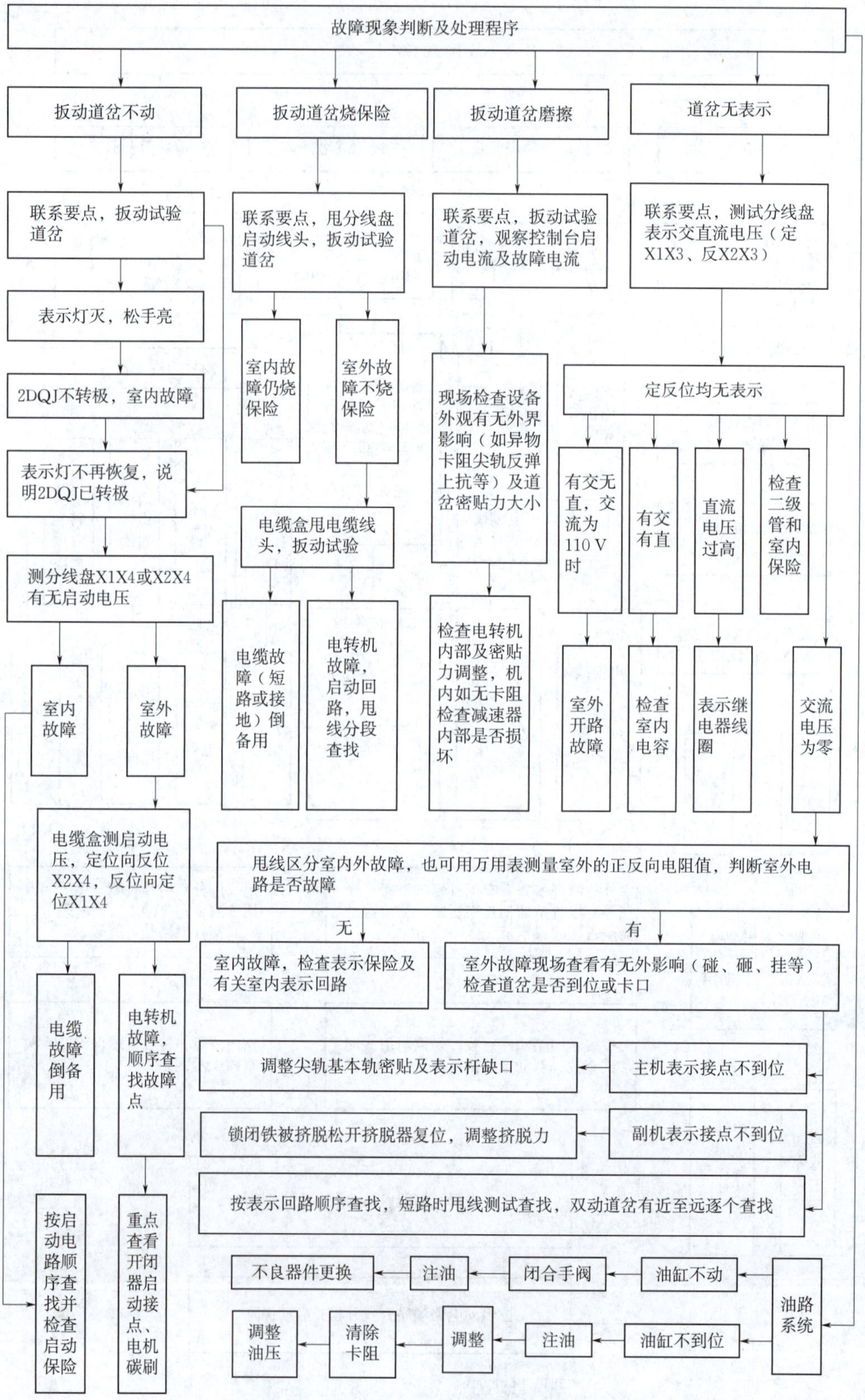

图 4-12　ZY4 电液转辙机道岔故障处理流程

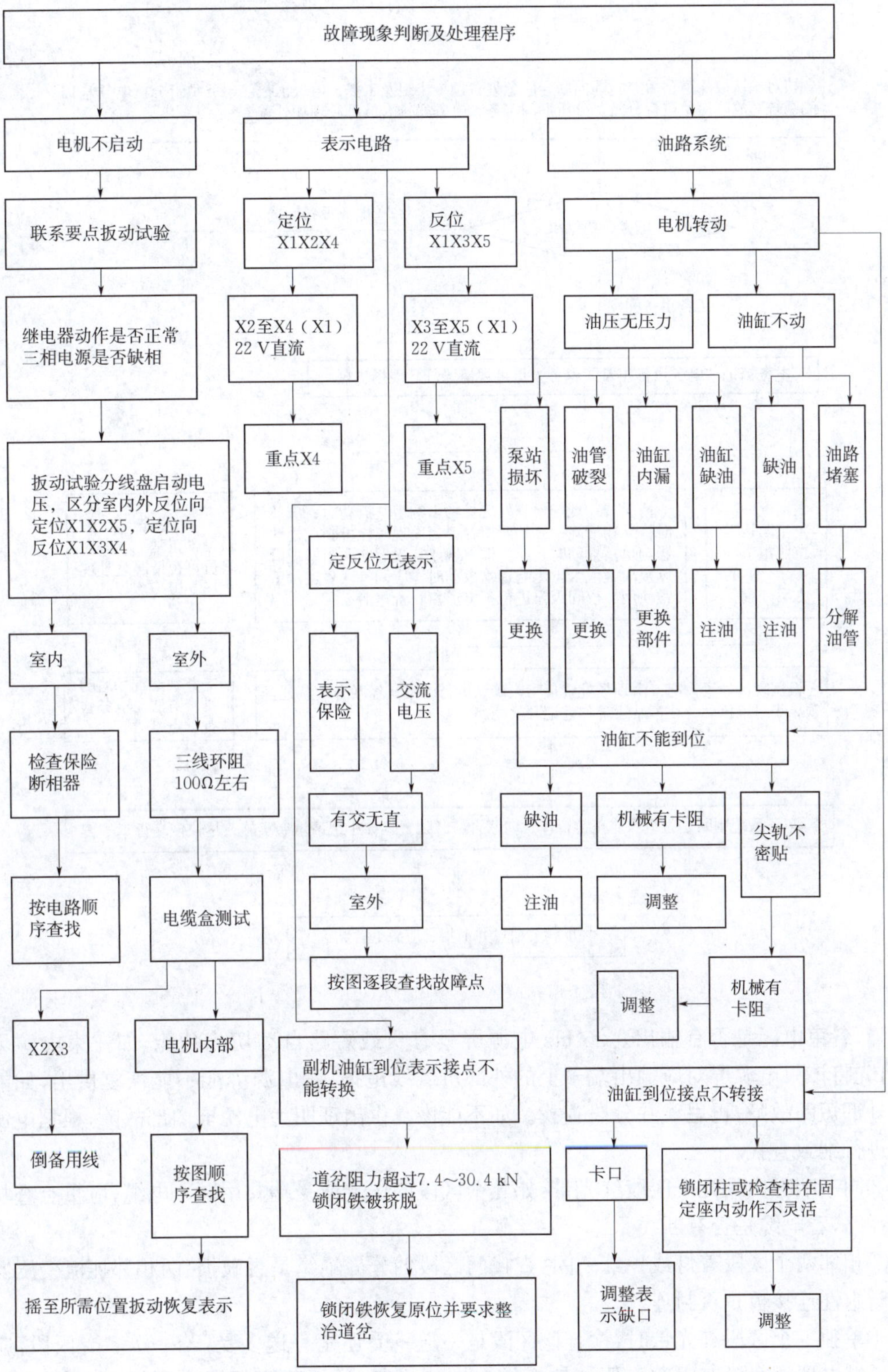

图 4-13　ZYJ7 电液转辙机道岔故障处理流程

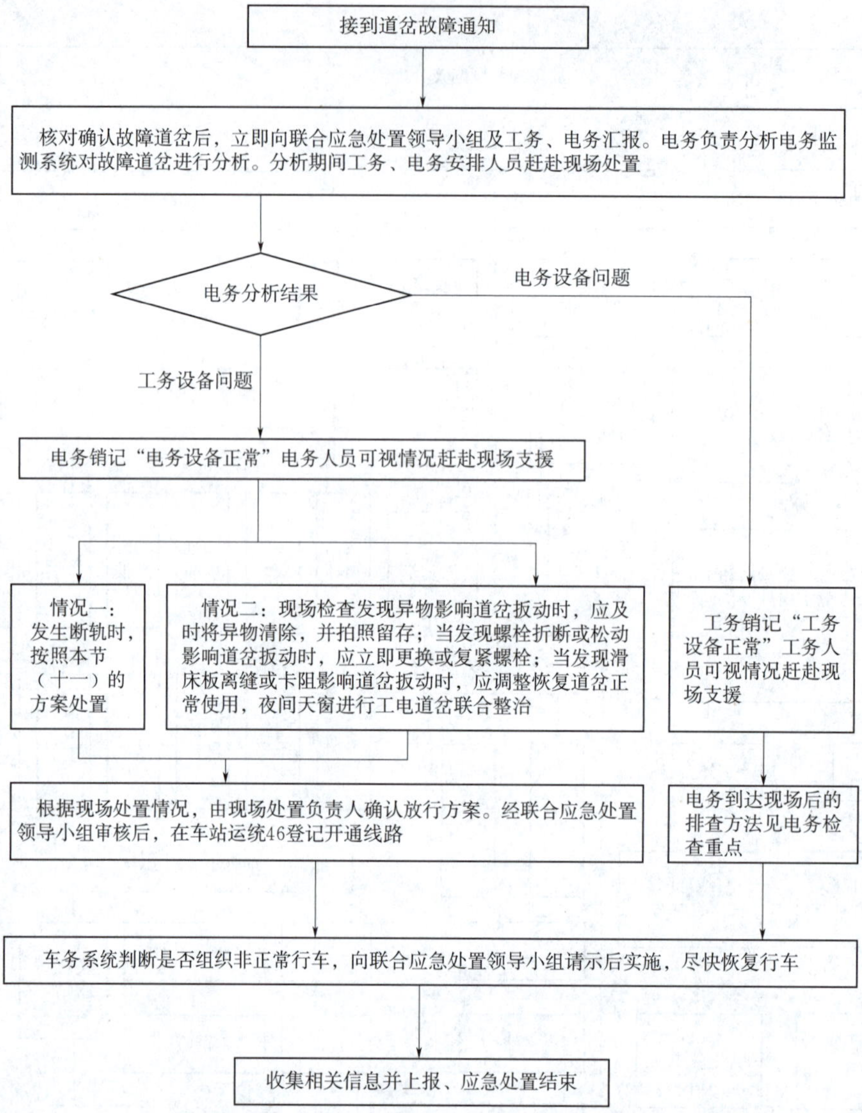

图 4-14　道岔故障联合应急响应处置提示卡

否故障，各束电源是否有输出。25 Hz 电源屏具有负载短路自动切除功能，如一束电源无输出，可先将该束电源屏对应输出端子上的外部负载线甩掉，看电源屏能不能恢复供出，如能证明为外部短路故障，再甩线并分段查找。如不能恢复供出证明为电源屏内部故障，根据电源屏图纸进行细致查找。

②同一咽喉内的几个区段红光带：如几个区段的送端或受端共用同一电缆，应重点查找此电缆径路，看电缆是否有断线。

③相邻两个区段着灯或一红一闪：查找两区段的分界绝缘是否破损，两相邻扼流变压器钢丝绳与中性连接板是否封连。

④单独一个区段红光带时：检查该区段是一送一受还是一送多受，若一送多受区段，应查看轨道继电器哪个没有吸起。假如轨道继电器均吸起，还要观察区段定型组合内的 DGJ 及 DGJF 工作状况，再区分室内室外故障。

⑤如某些(或某一)区段经常在列车接近、机车升弓、启动等电力机车作业时,闪 1～5 s 红光带,又能排除人为因素情况下,应考虑电化干扰。

(2)单个区段故障的处理方法分为发码区段和非发码区段两种。

第一种:发码区段(含正线接发车区段、股道及中岔区段)故障。应先分清该发码区段故障时是否正在发码,如果信号开放后,正线接发车的直进直出进路上某一区段突然红光带;或是股道(含中岔区段)突然红光带。此时故障区段均发码,在进行故障处理时,均应考虑电路发码的影响。

ZPW-2000A(或 UM71)设备开通后,站内电码化发码制式由原切换发码改成与 25 Hz 信息叠加发码。因我段管辖范围较大,发码原理不尽一致,大体可以分为两类:

第一类:二线制叠加发码,室内室外均设有隔离器。发码后从室内隔离器开始,轨道电路的通道上既有 25 Hz 信息,又有 ZPW-2000A(或 UM71)发码信息。

第二类:四线制叠加发码,只在室外加设匹配盒、谐振盒,发码后从变压器Ⅱ次侧开始,ZPW-2000A(或 UM71)发码信息和 25 Hz 信息才开始叠加。

对第一类情况,区段故障后如用普通 MF14 万用表进行测试处理,在此之前必须断开发码电路,以排除区段发码对测试处理造成的误导,参考方法如下:

①站内股道(含中岔区段)发生故障后,故障处理人员应先断开室内股道发送器的保险,每个股道的上、下行各设一个发送器,其保险均应断开。因 ZPW-2000A 电码化设有+1 发送,此发送器的保险也应断开。

②在正线电码化区段,如果在信号开放后进路上的轨道电路区段故障,故障区段也发码,其中进站至股道区段分别使用 X(S)J 发送器,出发区段使用对应的出发进路的发送器,均应断开相应发送器保险。ZPW-2000A 区段还应断开电码化+1 发送器的保险。

对于第二类情况,在轨面和扼流变的通道上有 25 Hz 信息和 ZPW-2000A(或 UM71)发码信息的叠加,在处理故障时也可视具体情况参照上面方法进行处理。

在发码区段轨道电路故障后,也可采用具有选频功能的 CD-96-3 系列表进行测试,测量时将仪表的功能选到 25 Hz 挡,这样可不必断开送受端发码设备,直接进行故障处理。之后再按非发码区段故障查找法进行具体查找。

第二种:非发码区段,其故障处理方法如下:

①分线盘测量判断故障点是在室内还是在室外

用万用表测量故障区段分线盘端子有无交流电压,如电压正常或偏高,可判定为相位不对或室内设备故障。

如在分线盘测量故障区段的电压为零或低于正常值时,应甩开故障区段软线,测量电缆电压:

a. 如果有 35 V 左右电压值时,是室内设备短路故障。

b. 如电缆回送电压偏低,挂上软线后不足以使轨道继电器吸起,说明室外部分有虚短或虚断故障,室外有可能存在大的漏泄点,此时可基本确认为室外故障,具体故障处理方法见下面的详细介绍。

c. 电缆回送电压为零时,先测量室内送端端子的电压是否送出,对于四线制发码制式和不发码区段送端电压应为 220 V,而对于二线制发码制式送端电压应为 100 V 左右,如送端电压正常送出,可判断为室外设备故障。如未送出,可进一步甩线测量区分室内外。

②受端室内设备故障处理

a. 断路故障：受端分线盘电压 35 V 左右时可判断为室内断路故障，顺序测量分线盘—受端隔离器—相敏接收器各部电压，有电至无电之间即为故障点。

b. 短路故障：甩开分线盘端子软线后，电缆上量有 35 V 左右电压，挂上软线端子上测量电压很低可判定为室内短路。采用断线法处理故障。逐步断开硒堆、防护盒、相敏接收器、室内隔离器等设备上的配线，再用万用表测量轨道电压，甩开哪个器件电压值升高，即哪个器件故障。

c. 受端分线盘电压略高于正常值可能是相敏接收器故障或插接不良。

d. 受端分线盘有正常电压值时要观察相敏接收器上的红、绿表示灯：

ⓐ红绿灯全亮时测量相敏接收器 32、42 端子有没有直流 24 V 输出，没电则更换相敏接收器，有电则进一步测试区段组合 GJ、GJF 电路。

ⓑ红灯亮绿灯灭说明相位反。

ⓒ红绿灯交替闪说明没有局部电压。

ⓓ红绿灯全灭时重点检查接收器上的保险。

③室外设备故障区分送受端和断路及短路的方法

a. 测量故障区段轨面电压和钢轨电流值来判断故障位置：

ⓐ轨面电压值明显升高，说明送端设备正常，故障为断路故障。故障范围在钢轨和受电端位置。

ⓑ测量轨面电压低于正常值，可用钢轨卡流表测钢轨电流，电流值较大时，说明轨道或受电端短路。

ⓒ测量轨面电压低于正常值，钢轨电流较小或为零时，说明轨道电路送电端短路或断路。

b. 测量受电端轨面电压、钢轨电流。测量数值及判定方法同上。

c. 测量送端限流电阻值区分短路、断路故障。当限流电阻压降比正常值大很多时为短路故障；当限流电阻压降比正常值小很多时，为断路故障。

上述数据的测量，应注意牵引电流的干扰，防止判断失误。

④室外故障具体处理查找方法

a. 断路故障的查找

ⓐ送电端断路故障的查找：判断为送电端断路故障后，应先检查钢轨引接线塞钉，连接钢板是否虚接，后开箱测量。先测量送电电缆端子，无交流 220 V(或 100 V，视具体发码制式而定)为送端电缆断线。有交流 220 V 测量 BG1-25 型变压器Ⅰ次侧，无电为保险或配线断线，有电测 BG1-25 型变压器Ⅱ次侧，无输出，可判定为变压器故障、线头松动或连接端子封连线断线。若Ⅱ次输出正常，则检查Ⅱ次保险、电阻及软线。测量扼流变压器信号圈，无电压 XB 箱(信号变压器箱)至扼流变压器电缆断线，有电压测量扼流变牵引圈，无输出扼流变压器故障，依次顺序查找。

ⓑ钢轨断路故障的查找：从送电端沿钢轨逐段测量轨面电压，电压值突变点即是断路点。当测到某段电压突然下降时，可判定该段断路。应查找钢轨、接续线、跳线是否断裂，塞钉有无虚接、脱落。

ⓒ受电端断路故障查找：用万用表测得受端轨面电压正常时，先检查受端钢丝绳、塞钉有无松动、折断现象。再测量扼流变的牵引圈、信号圈电压。如牵引圈与轨面电压相同，信号圈无电压输出时，扼流变压器断线故障。若信号圈正常，则检查 XB 箱内受端电缆、保险，测量

BG1-25 型变压器的Ⅱ次侧,无电压则为保险或软线断线。有电压测量轨道变压器Ⅰ次侧,无电检查变压器各部端子及Ⅰ、Ⅱ次封线,如无问题则为轨道变压器故障,有电测量受端回送电缆端于有无电压,顺序查找。

b. 短路故障的查找

ⓐ送电端短路故障的查找:首先检查钢轨引接线是否与轨底和中性连接板封连,用卡流表测量钢丝绳有无电流,无电流时,拆下扼流变信号圈的端子配线,测量电缆有无电压,有电压为扼流变压器线圈短路,无电再从 XB 箱内甩开至扼流变压器的电缆端子一个,分别测量电缆有无混线现象。

ⓑ轨道短路故障的查找:用卡流表沿轨条测量钢轨电流,从送电端至受电端依次查找,当某处电流突然下降时,短路点就在此附近。用卡流表逐一检查轨距杆、道岔安装装置绝缘、道岔转极绝缘,各种跳线是否有封连现象。

ⓒ受电端短路故障查找:检查钢轨引接线是否与轨底和中性连接板封连。用卡流表测量引接线有无电流,有电流时则拆下扼流变压器信号圈端子配线,测量端子有无电压,无电压为扼流变压器故障,有电压将信号圈端子配线恢复,测量轨道变压器Ⅱ次侧,无电压说明扼流变至 XB 箱电缆混线,有电压恢复轨道变压器Ⅱ次配线,测量变压器Ⅰ次侧,无电压轨道变压器故障。

(3)关于牵引电流不平衡流动(电化干扰)引起的轨道电路故障处理

①牵引电流不平衡流动,造成受电端变压器Ⅰ次电压巨变,击穿硒堆,使轨道继电器瞬间落下,造成轨道电路故障。此时应重点检查引接线、接续线、中性连接板以及道岔跳线虚接或断线。

②牵引电流过大造成扼流变压器瞬间磁饱和,信号圈得不到电压,使轨道继电器落下。

③因机车升弓,合断路器、起车等原因使牵引电流骤然增大,又因回流不畅,使牵引电流不平衡流动,在信号圈感应出巨大的工频电流,烧毁受电端或送电端保险。此时,应严格检查回流线、吸上线有无虚接、发热等异常现象。发现异常协同供电给予处理。

④供电火花放电间隙不良,或因放电间隙连向钢轨的钢筋埋在石砟中,形成大的漏泄点,也会导致轨道电路红光带,应加以注意。

注:以上四种情况,均为牵引电流回流不畅造成。除设备虚接原因外,对于设备开通初期因设计或施工原因,还有可能因扼流变压器中性连接板、横向连接线、吸上线设置不合理造成牵引电流回流不畅,但在处理该种问题引起的故障时必须要考虑全面,须上报按规定审批后再进行处理。以免造成迂回回路的产生,迂回回路有可能造成在轨道电路不完整或有列车占用的情况下失去检查,造成联锁失效,使轨道继电器错误吸起,且在平时正常使用过程中,该故障现象无反映,一定要特别注意。

2. 现场处置及放行列车条件

(1)造成红光带原因为断轨。

紧急处理——当钢轨断缝不大于 50 mm 时,应立即进行紧急处理。在断缝处上好夹板或臌包夹板,用急救器固定,在断缝前后各 50 m 拧紧扣件,并派人看守,放行列车速度 15 km/h。如断缝小于 30 mm 时,放行列车速度 25 km/h。有条件时应及时在原位焊复,否则应在轨端钻孔,上好夹板或臌包夹板,拧紧接头螺栓,然后可适当提高行车速度。重载铁路钢轨断缝小于 30 mm 时,使用夹板或臌包夹板加固,至少拧紧 4 个接头螺栓(每端 2 个),放行列车速度不得超过 45 km/h。

临时处理——钢轨折损严重或断缝大于 50 mm，重载铁路钢轨断缝大于等于 30 mm，以及紧急处理后，不能立即焊接修复时，应封锁线路，切除伤损部位，两锯口尖插入长度不短于 6 m 的同型钢轨，轨端钻孔，上接头夹板，用 10.9 级螺栓拧紧。在短轨前后各 50 m 范围内，拧紧扣件后，按正常速度放行列车，但不得大于 160 km/h。

临时处理或紧急处理时，应现在断缝两侧轨头非工作边做出标记，标记间距离不小于 8 m，并准确丈量两标记间的距离和轨头非工作边一侧的断缝值，做好记录。

永久处理——对紧急处理或临时处理的处所，应在条件适宜时插入长度不短于 7 m 的同型钢轨进行焊复，恢复无缝线路轨道结构。

在线路上焊接时轨温不得低于 0 ℃，否则应采取相应保温措施。放行列车时，焊缝温度应低于 300 ℃。

(2)造成红光带原因为连电。

情况一：绝缘顶死，短轨地段利用轨缝调整器调整前后钢轨，更换槽型、轨端、复紧接头螺栓及前后各 50 m 扣件。没有条件(前后钢轨均瞎缝)，选择一处钢轨锯开，切掉 30 mm 左右，打眼，上好夹板，均匀轨缝，复紧联结零件开通线路。

无缝线路地段复紧前后 50 m 线路扣件，更换胶接绝缘轨(不得短于 6.6 m)，或者更换普通绝缘轨。

情况二：绝缘拉开，如为胶接绝缘，应立即拧紧胶接绝缘接头两端各 50m 范围内线路扣件，并尽快修复。胶接绝缘接头失效时，应立即更换或采用现场胶接绝缘接头技术处理。暂时不能永久处理的，可将失效部分拆除，更换为普通绝缘材料或插入等长绝缘接头钢轨或胶接绝缘钢轨，用夹板联结进行临时处理，并尽快用较长的胶接绝缘钢轨进行永久处理。永久处理时，应严格掌握轨温、胶接绝缘钢轨的长度和预留焊缝，使修复后无缝线路锁定轨温不变。如为普通绝缘，短轨地段有条件的均匀轨缝。长轨和短轨地段没有条件均匀轨缝的，需组织线上锯轨、均匀轨缝，或插入同轨型钢轨。

情况三：绝缘内部无阻值，如能快速剔除胶接部分，更换普通绝缘，开通线路。不能快速剔除胶接部分的，插入胶接绝缘钢轨或普通绝缘钢轨，用夹板联结进行临时处理。

情况四：扣件封联，拆除扣件或更换小扣板，方正轨枕、上齐扣件。

情况五：绝缘轨距杆连电，立即拆除连电轨距杆，与驻站联系确认轨道电路是否恢复，如不能恢复继续检查。

(3)造成红光带原因为施工影响，如以上因素均已排除，且电缆无破损，检查钢轨、绝缘等处所无封联隐患，电务无法查明隐患，需重点核查当日作业区段、外委施工区段有无涉及路基开挖、打桩、钉签子等作业，如有此类施工、作业，联合电务查找是否存在电缆破损问题。

3. 非列车占用轨道电路红光带故障联合应急响应处置提示卡(图 4-15)

(十二)人身伤害类突发事件

1. 事故信息的收集及报告

发生作业人员道路交通死亡事故(包括上下班途中)，还要立即向当地公安交警部门报告；凡在生产过程中、生产区域内发生的作业人员伤亡事故，不论原因、责任及伤亡人员归属，都必须执行向段立即报告制度，不得以任何理由拖延报告、谎报或隐瞒不报。

伤亡事故发生后，事故现场有关人员应当立即向联合应急处置领导小组及段报告。事故报告应当包括下列内容：

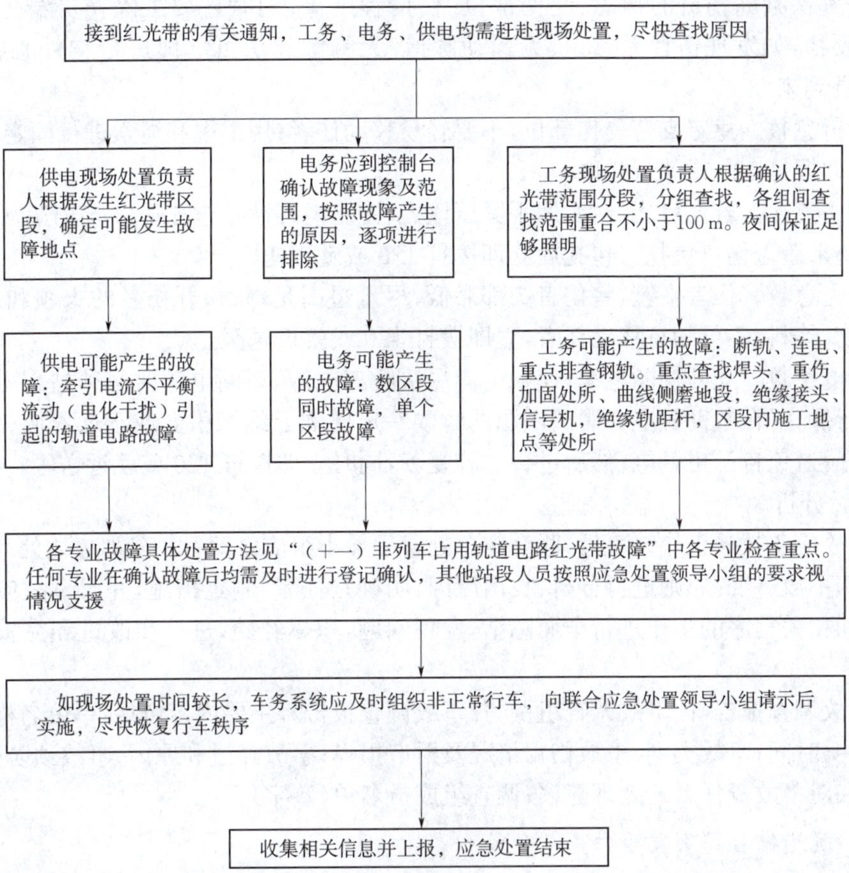

图 4-15　非列车占用轨道电路红光带故障联合应急响应处置提示卡

(1)事故发生概况；

(2)事故发生的时间、地点以及现场情况；

(3)事故的简要经过(包括初步原因分析)；

(4)事故已经造成或者可能造成的伤亡人数(包括下落不明的人数)和初步估计的直接经济损失；

(5)已经采取的措施(包括伤亡人员救治措施)；

(6)其他应当报告的情况(包括医院诊断证明、伤者初步伤情等资料)，伤亡人员本人及家庭自然情况和其本人是否患有职业禁忌症情况等。

2. 现场处置

发生人员伤亡事故后，联合应急处置领导小组视情况安排就近站段人员赶赴现场支援。现场人员在履责逐级报告事故的同时，要立即采取自救措施和拨打 120 抢救伤亡人员，或及时将伤者就近医院抢救，采取一切应急救援措施和手段，竭尽全力，最大限度地避免和减少人员伤亡。现场人员不得破坏事故现场，如确需要移动事故现场物件的，应当做出标志，绘制现场简图并做出书面记录，妥善保存现场重要痕迹、物证。

(1)人员登高作业引起的人身伤害处置。

急救原则：坠落伤病人常合并多个脏器损伤，强调先救命后治疗的原则，要求平仰卧位、保持呼吸畅通，解开衣领扣；首先止血、包扎、固定再搬运，动作要轻巧、迅速，避免不必要的振动；其次判断伤员的神志、受伤部位、伤情程度等；同时还要去除伤员身上的用具和口袋里的硬物，如发现伤者无意识、无颈动脉搏、无胸廓起伏可立即进行胸外心脏按压，直至医护人员到来。

(2)骨折急救。稳定支持受伤部位，不要轻易移动伤者；用木棍和绳索进行固定，用护垫保护伤者，立即拨打120或就近送医。

(3)流血急救。若伤口无异物，用手紧压该处，并用消毒纱布包扎伤口；若伤口有异物包扎前放上敷垫来遮盖伤口包扎。包扎后立即拨打120或就近送医。

(4)休克急救。伤者平躺，将伤者头部靠低，尽量垫高足踝，松开伤者的衣领和皮带，切勿给伤者食物、饮料，不可随意移动伤者，立即拨打120或就近送医。

(5)触电急救。立即切断电源，使触电者尽快脱离电源，切断电源时必须站在木板或者绝缘垫上进行操作，在救助触电者脱离电源的时候一定要戴上绝缘手套或干燥衣服、帽子、毛巾等把手缠好，避免自己也触电；然后进行心肺复苏，同时立即拨打120或就近送医。

3. 事后分析

(1)事故应急救援工作结束后，联合应急处置领导小组应立即召集参加事故处理的相关车间，按照“四不放过”的原则进行分析，找出原因，明确责任者，制定措施，并对事故应急处理的各个环节和相关程序的工作进行全面总结，发现问题，积累经验，进一步改进和完善应急处置程序。

(2)事故调查报告，由事故调查组撰写《事故调查报告》，主要内容包括：单位名称；业别；事故发生日期、时间；事故类别；事故伤亡情况及财产损失；事故经过和原因；事故预防措施；定性定责意见和对事故责任者的处理建议；调查组成员名单(签字)。

(十三)隧道结合部突发事件

1. 检查重点

工务专业：隧道衬砌是否有渗漏水、衬砌裂纹、衬砌腐蚀压溃或剥落、变形，冬季是否有结冰及隧道人行横洞通道门状态等。

供电专业：隧道内吊柱固定情况及建筑限界测量。

2. 现场处置

情况一：如隧道衬砌掉块及异物脱落较小，现场人员可排除。联合应急处置领导小组及有关站段与现场负责人确定处置方案，经和邻近车站确认该区段无列车通过时，在现场防护到位情况下，予以排除。

情况二：如隧道衬砌出现大面积脱落(含防水板)，并造成铁路多家设备损坏(如轨道、接触网、信号机等)，抢修比较困难，短时间内不易抢通，应采取如下措施：

(1)落实现场防护，通知邻近车站扣停驶向事故地点的列车，若发现区间来车，用手信号旗(灯)或徒手显示停车信号，拦停列车后立即按规定设置停车信号牌。

(2)立即向联合应急处置领导小组及铁路局集团公司应急指挥中心汇报现场情况及现场处理措施，依照领导指示申请故障修进行处理，同时由联合应急处置领导小组协调联系就近轨道车或机车开行进行现场处置。

(3)现场隐患未消除前，检查人员在安全防护情况下，做到不间断巡视，随时观察隧道衬砌状态变化情况，做好记录。

(4)现场处理完毕，现场处置负责人确认达到放行列车条件，向有关站段汇报，经有关站段及联合应急处置领导小组核对确认同意后，组织撤除防护，通知车站开通线路。

3. 开通放行条件

确认该突发事件对铁路固定设备无影响后，按照常速开通线路。若造成设备损坏的按照要求进行修复，开通放行条件根据作业项目确定。

(十四)因降雨导致晃车

1. 检查重点

工务专业：该段线路是否发生路基下沉、线路几何尺寸是否超限等。

供电专业：晃车地段工务作业后的接触网导高及拉出值。

2. 现场处置达到的效果

(1)封锁晃车区段。汛期降雨期间，司机反映晃车后，需立即封锁线路，封锁范围按照晃车处所前后各 200 m，如是站内道岔，需确定是否影响联动道岔，是否需要电务配合。

(2)安排添乘及压道车(原则上首趟不为旅客列车)。利用 TDCS 系统查看晃车地点来车方向站内是否扣有列车，并就近安排胜任人员登乘机车。如就近无大列(单机)或者晃车处所所处线路为纯客运线路，联系列调安排就近调车机，如不满足以上条件，视情况安排轨道车担当第一列。

3. 放行条件

普速铁路晃车后经捣固、拨道(拨道量小于 40 mm)处理后，满足作业验收管理值后常速开通线路；若一次起道量、拨道量大于等于 40 mm，开通标准及提速要求按照影响道床、路基稳定的施工作业办理，现场处置时还需要有供电专业现场配合，施工完毕后由供电专业确认供电设备各项参数正常后方可开通线路。

(十五)动基础作业引起的设备故障

1. 需重点检查的作业项目有：起道、捣固、拨道作业影响接触网设备参数；开挖基坑、路基注浆挖断电缆；私过电缆，埋深不够；打沉降观测桩；机械作业碰撞固定设备等。

2. 处置措施：根据故障现象首先判断引起故障的原因及影响范围，其次根据作业计划判断引发故障的地点进而组织进一步处理。此时如仅工务设备可用，建议由车务站段负责组织人工引导接车，以尽快恢复行车秩序。

3. 开通放行条件：根据现场应急处置的作业项目及现场实际条件，由施工负责人提出行车限制条件。

四、营业线施工登销记

(一)“行车设备检查(施工)登记簿”配置

1. 普速铁路

普速铁路车站在行车室(信号楼)、驼峰楼设“行车设备检查登记簿”三册、“行车设备施工登记簿”两册。机务、车辆、动车段等段管线管理单位可参照设置，其用途分别为：

(1)“行车设备检查登记簿”：一册故障登记(见附件 1)用于站内、区间设备故障登记；一册加封登记(见附件 2)用于设备启封、加封登记；一册点外上线(见附件 3)用于点外上线维修作业登记。

(2)“行车设备施工登记簿”：一册计划施工(见附件 4)用于有计划施工登记、临时要点施工、行车设备抢修(包括 160 km/h 以上区段设备临时维修)；一册维修天窗(见附件 5)用于道岔扳动试验、站段审批的施工(维修)作业等登记。

2. 普速铁路CTC区段

普速铁路CTC区段车站行车室和铁路局集团公司调度台“行车设备检查(施工)登记簿”除分别按高速铁路相关设置要求设置外,还应配置“行车设备检查登记簿”(点外上线)一册,用于点外维修作业登记。

(二)“行车设备检查(施工)登记簿”管理

1.“行车设备检查(施工)登记簿”由车站(调度所)指定专人负责管理,存放固定位置(便于随时登记),按年度使用,每册用完后顺序编号,保存一年备查。

2.“行车设备检查(施工)登记簿”应使用规定式样,封面注明单位、用途(故障登记、加封登记、点外上线、计划施工、维修天窗)、使用起止日期,并保持页面整洁,防止污损、撕页,使用前在每页右下角顺序编号。

(三)登销记及命令发布

施工登销记由各单位驻站(驻调度所)联络员负责。驻站(驻调度所)联络员到车站(调度所)登记时,应携带相关证件。施工驻站(驻调度所)联络员证由施工单位、设备管理单位的安全部门填发。

1. 施工维修登销记规定

(1)在车站和车务负责行车组织的段管线登记的,施工(维修)负责人应确认已做好一切施工准备,于开始前40 min由施工(维修)负责人(驻站联络员)在“行车设备施工登记簿”内完成登记,按规定向车站或通过车站值班员向列车调度员申请施工维修。作业完成后,经施工、设备管理单位检查达到放行列车条件,由施工(维修)负责人(驻站联络员)、设备管理单位检查人(或设备管理单位指定人员)办理开通登记(施工销记),车站签认后,按规定开通。

(2)在调度所登记的,施工(维修)负责人应确认已做好一切施工维修准备,于开始前40 min由施工(维修)负责人(驻调度所联络员)在“行车设备施工登记簿”内完成登记,列车调度员签认。作业完成后,经施工、设备管理单位检查达到放行列车条件,由施工(维修)负责人(驻调度所联络员)、设备管理单位检查人(或设备管理单位指定人员)办理开通登记(施工销记),列车调度员签认后,按规定开通。

(3)在非车务负责行车组织的段管线内登记的,施工(维修)负责人应确认已做好一切施工维修准备,于开始前40 min由施工(维修)负责人(驻站联络员)在“行车设备施工登记簿”内完成登记,段管线管理单位有关人员签认。作业完成后,经施工、设备管理单位检查达到开通条件,由施工(维修)负责人(驻站联络员)、设备管理单位检查人(或设备管理单位指定人员)办理开通登记(施工销记),段管线管理单位有关人员签认后,按规定开通。

(4)铁路局集团公司所管设备越过铁路局集团公司间分界站延伸至相邻铁路局集团公司调度指挥区段时,延伸段的登销记应在铁路局集团公司间分界站办理。

同时影响两站以上的通信施工,登销记应在调度所办理。具体程序:施工开始前40 min,由施工负责人(驻调度所联络员)在调度所通过电子登销记系统进行登记,调度所设专人进行签认。施工结束通过电子登销记系统进行销记。

(5)施工(维修)现场为两个及以上施工单位综合利用天窗在同一区间或站内作业时,合并提报计划的由施工(维修)主体单位负责登销记,分别提报计划的各作业单位分别登销记。

(6)只涉及接触网停电不需封锁线路的变电所(分区亭、开闭所)内施工(维修)作业,由施工(维修)单位在就近车站设置驻站联络员,负责登销记等相关工作,施工(维修)单位根据供电调度员准许作业命令组织实施。车站在"行车设备施工登记簿"中填写停送电命令号码和发令时间。

2. 普速铁路维修天窗调度命令的发布

列车调度员根据车站值班员的报告，在天窗开始前向有关车站下达准许进行维修天窗的调度命令，该命令中应说明准许天窗时间、地点（指线别、起止站名）。车站值班员通过驻站联络员将时间、地点（指线别、起止站名）。车站值班员通过驻站联络员将调度命令传达给现场施工负责人，各施工单位应严守调度命令规定的时间作业。作业结束后该施工单位确认设备良好后，方可向车站值班员办理销记手续。车站值班员逐个确认作业单位全部销记后，方可向列车调度员报告维修天窗作业完毕，列车调度员接到报告后不再发布维修完毕开通命令（电气化区段在施工完毕后列车调度员应发布恢复送电命令），确认区间两端车站均汇报作业完毕后，按规定恢复放行列车。

3. 其他施工（维修）调度命令的发布

(1)不封锁线路的施工，列车调度员应发布准许施工的调度命令。施工按期完成，准许施工命令自动终止，不再发布施工结束调度命令。

(2)普速铁路车站及车务负责行车组织的段管线不影响正线、到发线使用的施工（维修），车站负责行车指挥的支线不影响其他正线、到发线使用的施工（维修），车站按计划组织实施，不需向调度所申请调度命令。

4. 变更天窗起止时间时的联系确认

运输部门要加强运输组织和调度指挥工作，确保天窗时间兑现。因旅客列车晚点等原因，准许变更天窗起止时间，列车调度员应提前通知驻调度所联络员或通过车站值班员通知驻站联络员，驻调度所（驻站）联络员通知施工（维修）负责人。施工（维修）作业前，驻调度所（驻站）联络员应与列车调度员（车站值班员）确认列车正晚点情况，并将列车正晚点情况通知施工（维修）负责人。

（四）"行车设备检查（施工）登记簿"的登记、签认要求

1."行车设备检查（施工）登记簿"的填写。

(1)"行车设备检查（施工）登记簿"的登记签认，一律使用蓝色或碳黑笔填写，各种印章均使用红色印油，做到字迹清楚、内容准确、格式对齐、由上及下、由前往后、不留空格、依次填写，登记内容不得涂改。

(2)"行车设备检查（施工）登记簿"填写错误时，在备注栏注明"作废"字样（未设备注栏的登记错误行整行划一横线抹消），另起一行重新登记。

(3)填记错误、不标准、不清楚，车站值班员（列车调度员）可拒绝签认，驻站（驻调度所）联络员未持证上岗，车站值班员（列车调度员）可拒绝登记。延误检修，施工由设备管理单位或施工单位负责。

2."行车设备检查登记簿"（故障登记）登记要求。

(1)经分路感度测试确定为分路不良的区段，电务人员应及时在车站（调度所）"行车设备检查登记簿"（故障登记）内登记，如××道岔左、右侧均分路不良时，登记为"××道岔区段分路不良"。

(2)普速铁路。

行车设备发生故障时，要将发生故障的时间、地点、现象以及通知的单位、时间、被通知人姓名等一并登记齐全。

故障的行车设备分阶段修复时，设备管理单位有关人员应严格登记、签认，分阶段确认行车条件或故障影响范围，严禁以口头通知方式代替书面登记。故障消除后登记时，相关设备管理单位要注明故障发生的原因，未发生设备故障的单位也要按规定在“行车设备检查登记簿”(故障登记)登记签认。

危及行车安全需立即抢修时，设备管理单位除登记“行车设备检查登记簿”(故障登记)后，还需在“行车设备施工登记簿”(计划施工)上登记要点。

(3)普速铁路 CTC 区段登销记比照高速铁路办理。

3.“行车设备检查登记簿”(加封登记)登记要求。

(1)填写格式为：启封登记在左侧，加封登记在右侧。

(2)按规定需要加封的行车设备或电动转辙机(电锁器)的手摇把(钥匙)等加封加锁及启封解锁情况应登记在“行车设备检查登记簿”(加封登记)内，电务、车站双方签认。

(3)加封加锁或使用计数器签认办法。对设有信号工区的车站、车场，每天早晚各一次；对不设信号工区的车站、车场，每月检查不得少于两次。加锁加封或确认加锁加封完整无误后，双方共同签认。电务维修需检查装有计数器设备时，调整、试验计数器前应核对“行车设备检查登记簿”(加封登记)与控制台(信号操作终端)实际数字号码，调整、试验完毕后应将变换的数字号码登入“行车设备检查登记簿”(加封登记)，双方共同签认。

(4)凡启封使用设备(包括 CTC 终端或计算机联锁显示屏带铅封意义的按钮使用)时，车站应将启封日期、时间、原因及设备名称等登记在“行车设备检查登记簿”(加封登记)内，铅封按钮带有计数器设备时还应记入号码，使用后及时通知电务工区，记明通知时间、方式及姓名，电务人员接到通知后，按规定及时进行加封，并将加封及相应计数器号码变化(CTC 和计算机联锁设备仅为相关计数器号码变化)情况登记完整，双方核对无误后，分别签认。CTC 中心控制方式下不具备计数器查询功能的，在转为非常站控时登记签认。

如电务人员需操纵 CTC 终端或计算机联锁显示屏带铅封意义的按钮时，必须经车务应急值守人员(列车调度员)同意后方准进行，操纵完毕及时登记计数器号码变化情况，并双方签认。

(5)遇 CTC 终端或计算机联锁控显机的 A、B 机单独采集铅封按钮启封计数信息时，启封登记计数器号码变化时应注明当前是 A 机或 B 机。

4. 普速铁路“行车设备施工登记簿”(计划施工)登记要求。

(1)请求施工(慢行及封锁)登记：

“本月施工编号”栏：由施工单位按铁路局集团公司月度施工计划编号或批准电报号进行填记；没有编号或电报号的可以不填写此项。

“月、日、时、分”“施工项目”“施工内容、影响使用范围(需要的慢行或封锁条件)”“起止时间”栏：由施工负责人填记。

“施工负责人”栏：需填记单位、职务、姓名，由施工负责人填记。

“设备单位检查人”栏：填记前需对施工单位填写内容进行检查确认，由设备单位检查人填记，填记单位、职务、姓名。遇有 2 个以上设备单位时，分别填记。

“车站值班员签认”栏：车站值班员对施工单位、设备单位填记的内容与施工计划及填记人证件核对无误后，填记姓名。

(2)承认施工：

车站值班员根据调度命令填记“(1)命令号及发令时间(2)慢行及封锁起止时间”栏，对填记内容核对无误后，在“车站值班员签认”栏内填记姓名。

施工负责人对车站值班员填记内容清楚后，在“施工负责人”栏填记姓名。

(3)施工后开通检查确认：

施工负责人确认施工结束，确认具备放行条件后，在“施工终止时间”栏内填记施工终止时间；“恢复使用范围和条件(开通后恢复常速确认)”栏：开通条件与命令一致时填记“施工完毕，请求开通”，与施工命令不一致时注明恢复使用范围和条件(开通后恢复常速确认)；在“施工负责人”栏内填记姓名；设备单位检查人确认施工后具备开通条件，在“设备单位检查人”栏内填记姓名；车站值班员检查确认后，在“车站值班员签认”栏填记姓名；开通命令下达或恢复常速后，车站值班员在“开通(恢复常速)命令号及开通时间”栏内填记调度命令号及开通(恢复常速)时间，无开通调度命令时，只填写开通时间，施工单位负责人及设备单位检查人确认无误后，分别在“施工负责人”“设备单位检查人”栏签认，车站值班员检查确认后，在“车站值班员签认”栏填记姓名。

其他认为有必要填记的内容在“备注”栏内填记。

当一栏填写内容较多时，可在本栏下格继续填写。但不同施工内容不能占用同一格。

如路内单位施工，施工单位为设备单位时，在“施工负责人”栏内填记，配合单位填记在“设备单位检查人”栏内。如无配合单位时，“设备单位检查人”栏由施工单位填记。

5. 普速铁路“行车设备施工登记簿”(维修天窗)登记要求。

维修天窗内只进行维修作业时，在“行车设备施工登记簿”(维修天窗)上登记，内容包括：施工时间、地点、项目、设备名称、施工负责人、影响范围等。

车务站段负责审批的施工项目，比照“行车设备施工登记簿”(计划施工)要求登记，车务站段制定具体签认办法。

6. 普速铁路“行车设备检查登记簿”(点外上线)登记要求。

天窗点外维修作业前，驻站联络员在车站“行车设备检查登记簿”(点外上线)左页登记，车站值班员签认。作业完毕，驻站(调度所)联络员在“行车设备检查登记簿”(点外上线)右页相应处销记，车站值班员(列车调度员)签认。

普速铁路CTC区段车站操作方式在车站、中心操作方式在调度所调度台办理登销记手续。

(五)应急处置登销记

当发生突发事件应急信息时，首先由车务部门运转室值班员在普速铁路“行车设备检查登记簿”(故障登记)内登记故障信息，设备单位驻站联络员到达运转室后对故障信息进行签认。按照应急处置流程，可以将应急处置登销记情况分为两种，一是点外作业可以处置的突发事件，二是需要封锁整修并限速开通的突发事件。

1. 点外作业可以处置的突发事件。

故障确认后需在普速铁路“行车设备检查登记簿”(点外上线)内进行登记。当故障处理完毕后首先在“行车设备检查登记簿”(故障登记)内对故障信息进行销点，待人员全部撤出线路后在普速铁路“行车设备检查登记簿”(点外上线)内进行销点。登销记模板如下(以危树倒伏为例)：

(1)在故障登记本上登记：因××次列车司机汇报京哈线上行261 km 000 m处树木倾倒侵限，留守营至张家庄间上行线封锁(附件6)。

(2)“行车设备检查登记簿”(故障登记)完成后，登记“行车设备检查登记簿”(点外上线)(附件 7)。

(3)检查完毕,确认倒树为电气化区段路外树木,由供电负责处置。工务确认设备正常后销点(附件 8)。

2. 需要封锁整修并限速开通的突发事件。

若上线处置过程中,发现需要进行封锁整修设备时,应在普速铁路“行车设备检查登记簿”(故障登记)内登记封锁后,在普速铁路“行车设备施工登记簿”(计划施工)登记本内登记施工作业。以区间发生断轨产生红光带为例,登销记流程如下:

(1)在故障登记本上登记:因 2605G、2619G 红光带,留守营至张家庄间上行线封锁(附件 9)。

(2)“行车设备检查登记簿”(故障登记)完成后,登记“行车设备检查登记簿”(点外上线)(附件 10)。

(3)检查过程中发现断轨,电务、供电人员均需第一时间通知工务人员,工务人员到达现场确认故障后,立即登记确认故障,其余专业随即销点(附件 11),按照联合应急处置领导小组要求,视情况决定是否原地待命等待支援。

(4)“行车设备检查登记簿”(故障登记)登记完毕,进行“行车设备施工登记簿”(计划施工)登记(模拟钢轨断缝 45 mm)(附件 12)。要点时间由现场负责人提供,科学合理,杜绝延点。

(5)“行车设备施工登记簿”(计划施工)销记完毕(开通线路),在“行车设备检查登记簿”(故障登记)上进行销记(附件 13)。

(6)在“行车设备检查登记簿”(故障登记)上销记后,在“行车设备施工登记簿”(计划施工)上登记限速(附件 14)。待天窗点内永久处理完毕后,登记常速开通线路,并销记点外作业计划。

3.《普速铁路行车组织规则》第 153 条中关于非列车占用红光带的处置规定。

(1)区间非列车占用红光带的处置规定:

①自动闭塞区段,车站值班员(列车调度员)发现区间非列车占用轨道电路红光带时,通知工务、电务部门检查,当工务确认具备放行列车条件后,即可按《铁路技术管理规程(普速铁路部分)》第 316 条放行列车。

②半自动闭塞区段、自动站间闭塞区段,车站值班员(列车调度员)发现车站接近区段非列车占用红光带时,通知工务、电务部门进行处理。当工务确认具备放行列车条件后,即可放行列车。

(2)站内非列车占用红光带的处置规定:

车站值班员(列车调度员)发现站内非列车占用红光带时,通知工务、电务部门进行检查,经工务、电务部门检查确认后,按照其登记的行车限制条件组织行车。

(3)车站值班员(列车调度员)发现及得到 CTC/TDCS 终端车站或区间轨道电路红光带故障信息时,按上述第(1)、(2)款规定处置。当电务部门确认故障处所信号联锁及区间设备正常,仅是 CTC/TDCS 终端显示错误时,应在车站(调度所)“行车设备检查登记簿”内登记“××轨道电路红光带 CTC/TDCS 终端显示错误,信号联锁及区间设备正常”。车站值班员(列车调度员)根据电务登记通知工务不再进行检查处理,工务人员在得到车站值班员(列车调度员)不再进行检查处理的通知后,需通知现场检查人员下道终止检查,并确认电务部门已在“行车设备检查登记簿”(故障登记)中按规定销记,方可登记“根据车站值班员(列车调度员)通知和电务部门登记,××轨道电路红光带 CTC/TDCS 终端显示错误,信号联锁及区间设备正常,工务终止检查处理”。工务销记后,恢复正常组织行车。电务部门故障处理完毕后,恢复

CTC/TDCS 设备正常使用。

(4)遇全站轨道电路红光带或自动闭塞区间连续三个及以上闭塞分区轨道电路红光带的特殊情况(除水害影响外),按上述(1)、(2)款规定处置。电务部门确认设备故障已修复且具备列车放行条件,在"行车设备检查登记簿"(故障登记)销记"因电务部门××(故障原因)造成××(处所)轨道电路红光带故障处置完毕,恢复正常使用。信号联锁及区间设备正常。"

车站值班员(列车调度员)根据电务登记通知工务不再进行检查处理,工务人员在得到车站值班员(列车调度员)不再进行检查处理的通知后,需通知现场检查人员下道终止检查,并确认电务部门已在"行车设备检查登记簿"(故障登记)中按规定销记,方可登记"根据车站值班员(列车调度员)通知和电务部门登记,××轨道电路红光带故障处置完毕,工务终止检查处理"。工务销记后,恢复正常组织行车。

4. 普速铁路非列车占用轨道电路红光带故障处置的补充规定细化措施。

(1)非列车占用轨道电路红光带故障口头销记方式

①设备管理单位可通过具备录音功能的通信设备、音视频设备进行口头销记,并尽快完成书面销记手续。设备管理单位口头销记时,应先通报时间、单位(车间或工区)、职务、姓名,并确认车站值班员(列车调度员)对口头销记内容复诵无误。具备预登记条件,提前在电子"运统 46"登销记系统或"行车设备检查登记簿"(故障登记)进行预登记,具备条件时及时签认。

②设备管理单位使用具备录音功能的通信设备销记时,车站值班员须将电话免提模式开启。车站值班员复诵设备管理单位销记内容时,同时使用直通电话免提模式向列车调度员汇报,用语为:"列车调度员,××站复诵×(单位)销记内容"。复诵完毕后,车站值班员须与设备管理单位核实销记内容准确性,用语为:"×(单位)××(姓名)销记内容是否正确",得到设备管理单位"复诵正确"的通知后,方可挂断直通电话。

(2)非列车占用轨道电路红光带补充措施

①遇普速铁路区间、车站股道内非列车占用红光带,按《普速铁路行车组织规则》第 153 条第(1)、(2)款规定处置。在经电务部门检查并判明仅因电务设备故障导致,电务部门确认设备故障已修复、轨道电路电压恢复正常,且具备列车放行条件,在"行车设备检查登记簿"(故障登记)销记"因电务部门××(故障原因)造成××(处所)轨道电路红光带故障处置完毕(区间××千米××米至××千米××米轨道电路红光带故障处置完毕),恢复正常使用。信号联锁及区间设备正常,工务部门终止检查。"

②车站值班员(列车调度员)根据电务登记立即口头或电话通知工务不再进行检查处理,工务人员在得到车站值班员(列车调度员)不再进行检查处理的通知后,通知现场检查人员下道终止检查,并确认电务部门已在"行车设备检查登记簿"(故障登记)中按规定销记,方可登记"根据车站值班员(列车调度员)通知和电务部门登记,××轨道电路红光带故障处置完毕,工务终止检查处理"。

③工务终止检查并销记后,车站值班员(列车调度员)通知首列司机:"××次,×站×道(区间××千米××米至××千米××米)限速 20 km/h",列车调度员不发布调度命令,限速位置车站按股道、区间按红光带故障登记里程为准。首趟列车通过限速地段时,司机应加强瞭望,以遇到阻碍能够随时停车的速度(最高不超过 20 km/h)运行并注意线路状态,后续列车通知司机注意运行。首趟列车通过限速地段后立即将有关情况报告车站值班员(列车调度员),车站值班员及时通知关系车站,报告列车调度员。司机汇报无异常报告后,恢复正常组织行

车。司机汇报有异常时，车站值班员立即扣停后续列车，并按有关规定进行处置。

在越过接触网分相有困难的特殊情况下，司机应加强瞭望，准许列车以不超过 45 km/h 的速度越过接触网分相，由司机自行掌握，车站值班员无须通知。

④遇全站轨道电路红光带或自动闭塞区间连续三个及以上闭塞分区轨道电路红光带的特殊情况（除水害影响外）仍按《普速铁路行车组织规则》第 153 条第（4）款执行。工务终止检查并销记后，车站值班员（列车调度员）不须通知首列司机限速。

（3）其他要求

①信号楼（行车室）作业人员、上岗干部、安全生产指挥中心监控值班员，发现或得到非列车占用轨道电路红光带（包括闪红）、信号突变等异常情况时，须通过 TDCS/CTC 回放功能，准确查询判明故障现象，严禁臆测处置。

②各站段为信号楼（行车室）更换具备录音记录功能的电话，不具备录音电话时使用录音笔或记录仪进行记录。

第三节　作业安全

一、强化安全意识培育

1. 加强日常作业管理，形成良好作业习惯。作业安全来源于好的作业习惯，但是在应对突发事件时，现场处置人员急于修复设备、恢复行车，便会有简化作业程序的问题发生，这就会带来发生次生事故的风险。因此要不断加强安全意识的培育及标准化作业习惯的养成，这就需要我们在日常工作中不断积累，不断树立对规章的敬畏意识，从而形成良好的作业习惯。

2. 形成安全互控态势。应急处置过程中各级参与人员之间要达成“互相监督、互相补充、共保安全”的共识，形成互控态势，即各段安全生产调度指挥中心与现场之间的互控、站段之间的互控、现场处置人员之间的互控，真正做到互相提醒共保安全。

3. 强化应急处置标准化意识培育，制定标准化应急处置 PPT 教学课件，从段、车间两个层级落实培训学习，并将此项内容纳入到职工月度学习计划。对于在联合演练或者联合应急处置中发生问题较多的人员，定期将其抽调到段安全生产调度指挥中心或其他兄弟站段安全生产调度指挥中心进行轮训学习，通过参与日常应急处置、交流学习，不断提高干部职工应急处置标准化意识。

4. 定期开展联合应急处置人身安全警示教育活动。邀请权威老师对关键岗位人员进行安全教育，通过事故案例教训对职工进行警示，也可邀请事故案例亲历者进行现身说法，以身边的案例引起大家的反思。

二、研判风险制定专项安全措施

应急处置过程中由于时间紧张，处置人员急于恢复行车秩序，注意力多集中在突发事件的处理上，容易引发“人身撞轧”“下道晚”“刮碰机具”“人身伤害”等次生事故。为彻底杜绝此类次生事故发生，确保应急处置的绝对安全。在一般性上道风险的基础上，针对特殊情况需制定有针对性的安全措施。

（一）临时上线安全措施

1. 应急处置临时上线作业需按规定填写“临时上线作业计划申请表”，严格落实计划提报、编制、审核、批准流程，并按规定在车站进行登销记。

2. 各项作业必须严格落实安全防护管理的各项规定，按规定设置驻站联络员、现场防护员（包括远端防护员），联系中断时必须停止作业。

3. 遇有降雾、暴风雨（雪）、扬沙等恶劣天气影响瞭望时，严禁上线作业，确需上线时应采取增加远方防护及干部盯控等措施。

4. 严格下道避车管控，客车及行包落实隔站避车要求，其他列车距离作业地点不小于 3 km 下道避车完毕，并严格落实拉绳防护、列队避车等安全管控措施。

5. 强化防连电安全措施落实，现场使用的工机具必须做好绝缘处理，防止发生作业连电问题。

6. 遇影响行车的紧急情况，需上线进行应急处置时（不含车载报警），不需要制定《作业方案及派工单》，但必须逐级上报至安全生产调度指挥中心，并经值班副段长及以上领导批准，由车间主任（副主任）安排，作业负责人由不低于班长的人员担当，设好防护后方可上线检查，值班车间主任（副主任）应立即赶赴现场加强组织。检查无问题，作业负责人应及时组织人员、工机料具下道，通知驻站联络员登记签认工务设备正常。危及行车安全需立即抢修时，作业负责人应立即通知驻站联络员登记故障信息，办理要点手续，并认真调查工作量，给点后组织人员进行整修，整修后回检确认质量无问题、工机料具无遗落或侵限后，按照放行列车条件登记开通线路。

7. 上道前和下道后，作业负责人要与安全生产调度指挥中心进行实时联控，并将作业前、后的人员和工机料具拍照上传，安全生产调度指挥中心要进行实时确认（拍照、联控时间需在临时天窗或应急处置时段内，拍照地点在限界外或线下），临时天窗作业完毕要加强质量回检，落实清场制度并电话通知安全生产调度指挥中心现场开始清场，并使用单兵记录仪拍摄，安全生产调度指挥中心要立即确认回检情况，指导现场开通线路，严禁盲目放行。

（二）电气化区段电气安全规定

1. 一般安全规定

（1）为保证人身安全，除牵引供电专业人员按规定作业外，任何人员及所携带的物件、作业工器具等须与牵引供电设备高压带电部分保持 2 m 以上的距离，与回流线、架空地线、保护线保持 1 m 以上距离，距离不足时，牵引供电设备须停电。

（2）电气化铁路区段，具有升降、伸缩、移动平台等功能的机械设备进行施工、装卸等作业时，作业范围与牵引供电设备高压带电部分须保持 2 m 以上的距离，与回流线、架空地线、保护线保持 1 m 以上距离，距离不足时，牵引供电设备须停电。

（3）在距牵引供电设备高压带电部分 2 m 以外，与回流线、架空地线、保护线 1 m 以外，邻近铁路营业线作业时，牵引供电设备可不停电，但须按照铁路营业线施工安全管理有关规定执行。

（4）机车、动车及各种车辆上方的接触网设备未停电并办理安全防护措施前，禁止任何人员攀登到车顶或车辆装载的货物上。

（5）电气化区段上水、保洁、施工等作业，不得将水管向供电线路方向喷射，站车保洁不得采用向车体上部喷水方式洗刷车体。

（6）牵引供电设备故障时，与牵引供电设备相连接的支柱、接地引下线、综合接地线等可能出现高电压，未采取安全措施前，禁止与其接触，并保持安全距离。

（7）发现牵引供电设备断线及其部件损坏，或发现牵引供电设备上挂有线头、绳索、塑料布或脱落搭接等异物，均不得与之接触，应立即通知附近车站，在牵引供电设备检修人员到达未采取措施以前，任何人员均应距已断线索或异物处所 10 m 以外。

(8)牵引供电设备支柱及各部接地线损坏，回流吸上线与钢轨或扼流变连接脱落时，禁止非专业人员与之接触。

(9)距牵引供电设备支柱及牵引供电设备带电部分 5 m 范围以内具备接入综合接地条件的金属结构应纳入综合接地系统；不能接入综合接地系统的金属结构须装设接地装置，接地电阻一般不大于 10 Ω。

(10)站内和行人较多的地段，牵引供电设备支柱在距轨面 2.5 m 高处均要设白底黑字“高压危险”并有红色闪电符号的警示标志。禁止借助接触网支柱搭脚手架，必须借助接触网支柱登高时，必须有供电专业人员现场监护。

(11)天桥、跨线桥靠近或跨越牵引供电设备的地方，须设置防护栅网，栅网由所附属结构的产权或工程建设单位负责安设。防护栅网安设“高压危险”标志，警示标志由供电设备管理单位制作安装。

(12)电气化铁路区段车站风雨棚、跨线桥、隧道等构(建)筑物应安装牢固，状态良好，不得脱落。距牵引供电设备 2 m 范围内不得出现漏水、悬挂冰凌等现象。附挂在跨线桥、渠上的管路，以及通信、照明等线缆，须设专门固定设施，且安装可靠，不得脱落。

(13)电力线路、光电缆、管路等跨越电气化铁路施工时，须在接触网停电并做好安全防护措施后进行。

2. 接发列车及调车作业安全规定

电气化铁路接触网停电检修时，禁止向停电区放行电力机车及动车组。司机发现不符合此项规定时，应立即降下受电弓并停车。

3. 货运、装卸作业安全规定

(1)装卸货物线的接触网隔离开关平时要处于合闸状态，雨、雪、雾、霾等恶劣天气下，严禁处于分闸状态。

(2)接触网隔离开关操作规定：

①隔离开关操作人员须经过培训并取得由供电设备管理单位颁发的安全操作证后，才能担任工作。

②隔离开关开闭作业时，必须执行一人操作一人监护制度。

③隔离开关操作前，操作人必须按规定穿戴好绝缘靴和绝缘手套，确认开关及其操作机构正常，接地线良好，方准按程序操作。

④遇雷雨天气时，禁止操作隔离开关。严禁带负荷操作隔离开关。

⑤绝缘靴、绝缘手套等安全用品，应半年进行一次绝缘耐压试验，并存放在阴凉干燥、防尘处所，使用前用干布擦拭，并进行外观检查，发现有漏气、裂损等现象禁止使用。

(3)货物装载高度须满足《铁路技术管理规程(普速铁路部分)》及《铁路超限超重货物运输规则》规定的电气化区段安全距离。

(4)需停电装卸作业时，必须先断开隔离开关停电后，在指定的货物线安全区域标志内进行装卸作业。装卸作业结束，确认所有人员已至安全地带后，方能合上隔离开关。

4. 机车、动车、车辆作业安全规定

(1)电气化铁路区段各车站给水线、电力机车整备线和动车组整备线，在分段绝缘器内侧 2 m 处应设安全区域标志，如图 4-16 所示。

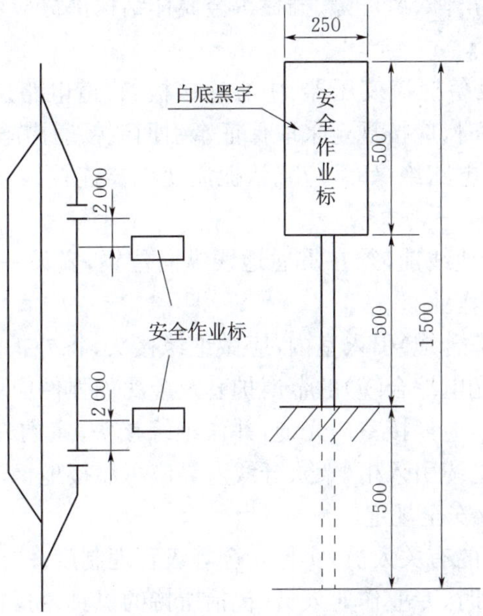

图 4-16　安全作业标设置示意(单位:mm)

(2)接触网隔离开关操作规定同“3. 货运、装卸作业安全规定”中相关内容。

(3)电气化铁路区段,当列车、动车组在运行途中发生故障,机车司机、动车组司机、动车组机械师等需上车顶作业时,严格按照相关规定办理停电手续并做好安全防护措施后,方能作业。

(4)在电气化区段运行的机车、动车、车辆及自轮运转设备可以攀登到车顶或作业平台的梯子、天窗等处所,均应有“电气化区段严禁攀登”的警告标志。

5. 工务作业安全规定

(1)断开、更换钢轨、拆换接头夹板或调整轨缝前应在钢轨两端轨节间纵向位置,安设一条截面不少于 70 mm^2 的铜导线,连接可靠方可开始作业,如图 4-17 所示。

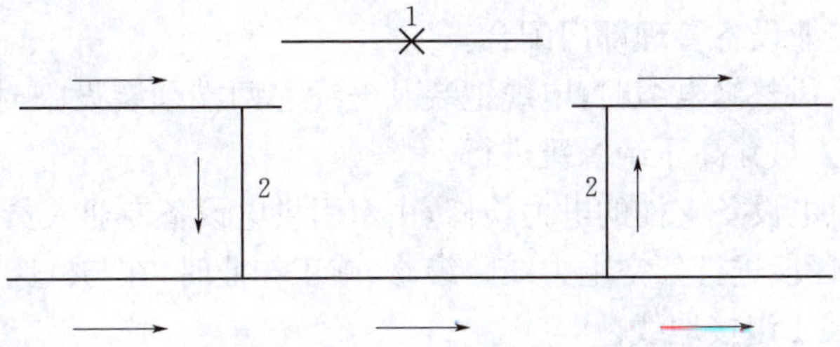

1—被更换钢轨;2—铜导线。

图 4-17　铜导线的安装

(2)工务作业需拆开接触网接地线、吸上线,电务扼流变钢轨引线等设备时,应由专业设备管理单位按设备分界进行作业,并及时恢复。

(3)大型养路及施工机械作业,如施工机械不超出机车车辆上部限界,且作业人员及所持机具与接触网带电部分保持 2 m 以上距离时,接触网可不停电。不符合上述条件时,应按照规定办理停电手续并做好安全防护措施后,方能作业。

(4)电气化铁路区段声屏障、风屏障、栅栏等金属体结构部分应可靠接地。

6. 电务作业安全规定

(1)维修或更换信号设备扼流变压器、中心连接板、轨道电路送、受电的扼流变压器引接线、站内横向连接线等器件时,应按规定采取保证牵引回流畅通措施后,方可开始作业。

(2)信号设备更换轨道电路绝缘时,应确认扼流变压器连接线各部连接良好后,方可开始作业。

(3)断开综合接地贯通地线前,须在贯通地线纵向位置,安设一条截面不少于 70 mm^2 的铜导线,连接可靠方可开始作业。

(4)通信电缆(含光电综合缆)引入室内,应做绝缘接头,将外护套(或屏蔽层)和金属加强件可靠断开,室外电缆(含光电综合缆)的金属护套及金属加强件应可靠接地。

(5)光缆引入室(箱)内,应换接室内光缆,并作绝缘接头,室内、外金属护套及金属加强件应断开彼此绝缘。室内光电缆引入柜(架)、分线盒等应可靠接地。

7. 牵引供电、电力作业安全规定

(1)从事牵引供电工作的有关人员,实行安全等级管理制度。

(2)牵引供电停电作业时,专业作业人员(包括所持的机具、材料、零部件等)与周围带电设备的距离不得小于下列规定:330 kV 为 5 000 mm;220 kV 为 3 000 mm;110 kV 为 1 500 mm;25 kV 和 35 kV 为 1 000 mm;10 kV 及以下为 700 mm。

(3)接触网的检修作业分为停电作业、间接带电作业、远离作业。

(4)各种受力和绝缘工具应有合格证并定期进行试验。

(5)利用作业车进行作业时,工作平台严禁向未封锁、有电的线路侧旋转。

(6)遇有雨、雪、雾恶劣天气时,一般不进行接触网 V 形天窗作业。若必须利用 V 形天窗进行检修和事故抢修时,应增设接地线。

(7)接触网 V 形天窗停电作业时:

①撤除相邻线供电(馈线)臂的重合闸。

②在牵引供电回路开口作业时,应事先采取旁路、等电位措施。

③吸上线与钢轨及扼流变中性点连接处一般不进行拆卸作业,确需拆卸处理时,必须采取旁路措施,按分界由专业设备管理部门配合。

(8)电气化铁路区段整修电缆时,电缆铠装及电缆芯两端须装设临时接地线,作业地点铺设干燥绝缘垫或作业人员穿高压绝缘靴进行。

(9)需攀登牵引供电设备支柱的电力检修,由牵引供电设备专业人员现场监控进行。

(10)电气化铁路区段进行架空电力线路维修、施工作业时,在与铁路长距离平行作业区段内至少每隔 1 km 加装 1 组接地线。

8. 电气化铁路附近消防安全规定

电气化铁路附近发生火灾时,须遵守下列规定:

(1)距牵引供电设备带电部分不足 4 m 的燃着物体,使用水或灭火器灭火时,牵引供电设备必须停电。

(2)距牵引供电设备带电部分超过 2 m 的燃着物体,使用沙土灭火时,牵引供电设备可不停电,但须保持灭火机具及沙土等与带电部分的距离在 2 m 以上。

9. 车辆行人通过道口安全规定

各种车辆和行人通过电气化铁路平交道口必须遵守下列规定:

(1)通过道口车辆限界及货物装载高度(从地面算起)不得超过 4.5 m,超过时,应绕行立交道口或进行货物倒装。

(2)通过道口车辆上部或其货物装载高度(从地面算起)超过 2 m 通过平交道口时,车辆上部及装载货物上严禁坐人。

(3)行人持有长大、飘动等物件通过道口时,不得高举挥动,应与牵引供电设备带电部分保持 2 m 以上的距离。

以上规定内容应制成揭示牌,固定在道口两面限界门右侧门框上,由供电设备管理单位负责安装及维护,如图 4-18 所示。

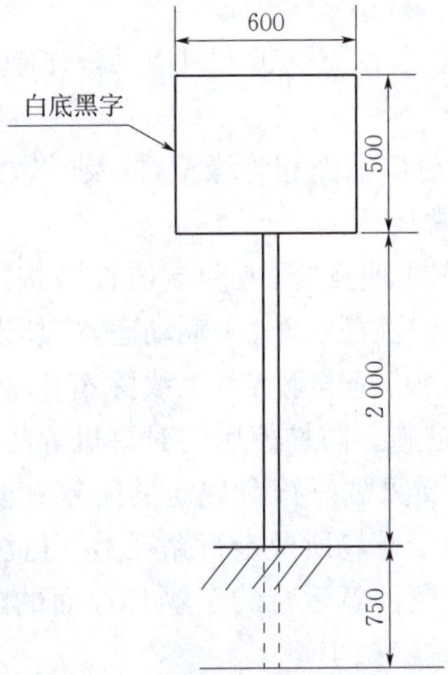

图 4-18　揭示牌(单位:mm)

注:1. 安全揭示牌设于限界门汽车前进方向右侧的立柱上(距路面高 2.5 m)。
2. 限界门安全揭示牌的尺寸厚度为 1.0～2.0 mm,钢板制成,规格 500 mm×600 mm。

10. 其他安全规定

(1)电气化铁路区段房建、通信、信号、电力、给水、信息、照明、广播、防灾、视频、红外、安全监控等各种室外设备金属箱体、外壳等均应安装牢固,除专业特殊规定外应可靠接地。

(2)电气化铁路区段电缆在切割电缆外皮或打开电缆套管之前,要将电缆(不含全塑电缆)外皮两端连通并临时接地,在作业地点铺设干燥的橡皮绝缘垫或作业人员穿高压绝缘靴进行。

(三)防洪抢险作业安全

1. 需乘车前往现场检查线桥设备、Ⅲ级防洪重点处所、积水立交桥、水害发生地点等处所时,往返过程中要遵守交通法规,注意交通安全,积水路段水深不明时,严禁涉水通过。

2. 夜间出巡检查时,检查人员均要佩戴好照明设备。

3. 出巡检查人员进入护网、上线检查时,要穿戴有反光标志的雨衣,严禁打伞,并做好防雷措施,防止触电。

4. 需登乘轨道车前往现场检查时,上下轨道车时要注意脚下安全,防止滑倒、磕碰伤害。

(四)除雪防冻作业安全

1. 规范除雪作业登销记。除雪作业要严格按照"除雪不行车,行车不除雪"的原则组织上线除雪(含涂刷防冻融雪剂等)作业。上线除雪作业前,驻站员必须在信号楼(行车室)"行车设备检查登记簿”(上线除雪)登记“××咽喉(××、××号道岔)上线除雪作业”,得到车站值班员签认后方准上线。车站值班员未得到“除雪完毕,人员、机具全部下道”的销记,不得开放相关列车、调车信号。

2. 除雪人员上岗应穿戴劳保用品,统一着防护服(坎肩),穿防滑鞋。严格执行避车制度,现场要统一指挥、统一行动,加强互控,做到同去同归。严格落实除雪工具“谁使用、谁保管、谁带回”的要求,确保人清料净。

3. 严格落实恶劣天气交通安全措施。上线、横越线路时认真执行“手比、眼看、口呼”制度,严禁骑摩托车往返现场,严禁跨越线路推、搬自行车,严禁单人远离群体,确保作业人员人身安全。

4. 夜间除雪作业时,除雪人员上线应带照明工具,作业人员听从统一指挥,确保人身安全。

5. 坚持雪中、雪后及时清扫道口铺面和轮缘槽,并及时做好道口的防滑工作,确保过往行人车辆的正常通行,确保列车正常运行。

6. 除雪作业必须按照除雪作业地点“两人两端监控防护”的要求设置现场防护员。现场防护员须站在便于瞭望的地点随时注意机车、车辆动态,严禁现场防护员参与除雪作业或做与防护无关事项。使用风力除雪机、燃气热除雪器上线除雪作业时,严格执行一人作业、一人防护的要求,必须采取拉绳防护的措施。防护使用的对讲机等防护备品必须齐全良好。

7. 遇大雪天气时,作业人员要佩戴好符合规定的防寒和防护用品,严禁作业人员遮挡视听,必要时按规定使用防滑鞋套,工作场所及走行路径上不得泼水,随时清除积雪,提前选好下道避车处所,以防滑倒摔伤,并随时注意运行的车辆和地面的障碍物,不得臆测行事。作业场地必须扫除积雪,搬抬重物时要站稳扶牢。

8. 大雪天气上线作业,首先要通过固定建筑、接触网杆、通道门编号等辨别行别和地理方向。必须按要求设置防护体系,采取特殊安全措施,保证来车之前按规定的距离及时下道。上线作业必须行走固定径路,做到同去同归;作业中,严格落实人身安全基本制度。暴风雪等恶劣天气下进行高空作业或桥梁步行板行走时,要注意作业环境安全状态,防止积雪、结冰滑倒坠落。

9. 大雪天气须出动机动车时,各段要提前研判恶劣天气、夜间、山区等环境风险因素,做好安全风险预警提示,冰雪天气行驶的机动车辆要配备防滑链等安全备品;冰滑道路严格控制出车,司机出车时必须严格执行冬季出车规定。同时,杜绝汽车驾驶员(含私家车)无证、酒后、疲劳、超速、超载、逆行、闯红灯、客货混载等惯性违章。租赁车辆时要优先选择铁路局集团公司非运输企业承担的业务,依法合规签订租赁合同和安全协议,需搭乘施工单位车辆时,必须签订安全协议,明确双方责任。

10. 自轮运转设备运行遇大雪天气时,司机要谨慎驾驶、加强瞭望,认真执行车机联控制度,确认地面信号的显示,遵守有关要求。

11. 自轮运转设备运行遇大雪天气时,必须开前大灯行驶;信号不清、情况不明时,应停车确认,严禁臆测行车。

12. 自轮运转设备运行遇大雪天气时,经过线路施工需慢行通过的地段,司机要严格遵守限速要求,不得超速。区间内正常运行中发现有严重晃车等危及行车安全的情况,要果断采取减速或停车措施,立即报告车站值班员、列车调度员。

（五）大型机械的使用

1. 使用工程机械的施工作业，应在邻线限速时使用（两线间已有站台、栅栏等设施，开行路用列车装卸机具路料以及人员不上道的施工除外）。

（1）邻线限速 20 km/h 时，在来车方向距施工地点边缘不少于 300 m 处设置中间联络防护员，邻线列车到达中间联络防护员位置时，中间联络防护员通知监护指挥人员、现场防护员及施工负责人停止作业。

（2）邻线限速 45 km/h 时，在来车方向距施工地点边缘不少于 800 m 处设远端防护员；邻线限速 60 km/h 时，在来车方向距施工地点边缘不少于 1 000 m 处设远端防护员；邻线限速 80 km/h 时，在来车方向距施工地点边缘不少于 1 500 m 处设远端防护员；邻线限速 100 km/h 时，在来车方向距施工地点边缘不少于 1 700 m 处设远端防护员；邻线列车到达远端防护员位置时，远端防护员通知监护指挥人员、现场防护员及施工负责人停止作业。在通信不畅或瞭望条件不良地段作业时，应增设中间联络防护员。

2. 维修作业原则上不得使用工程机械，确需使用，开行路用列车装卸机具路料，维修更换钢轨、轨件，整理道床外观、清挖翻浆，限界外预铺道岔，线下清理路料杂物、倒运料具以及施工作业开行路用列车装卸轨枕、钢轨、石砟邻线不限速时：

（1）作业过程中工程机械可能侵入邻线正线限界，在来车方向距施工地点边缘不少于 2 000 m 处设远端防护员，在通信不畅或瞭望条件不良地段作业时，应增设中间联络防护员。邻线列车到达远端防护员位置时，远端防护员通知监护指挥人员、现场防护员及施工负责人停止作业。严禁利用邻线速度 160 km/h 及以上的列车与前一趟列车之间的间隔时间作业。

（2）在站内不邻近正线的股道作业时，施工单位制定专项作业方案及安全管控措施。

（3）由施工单位制定工程机械施工作业方案及安全管控措施，经施工负责人、主管科室科长、安全科长、主管副段长签字审批并报工务部审核。段安全生产调度指挥中心重点监控。

3. 邻线列车通过前，工程机械必须处于邻线建筑限界以外，并停止作业。工程机械应加装横向限位装置，作业过程中机械臂向邻线方向扭转，触碰限位装置后应确保防侵限功能有效。

4. 清筛、更换渡线道岔，渡线清挖道床、拆除岔枕等可能侵入邻线限界的施工作业时，工程机械应垂直于线路方向作业，并使机械尽量远离来车线路，同时确保机械臂随时能回收至邻线建筑限界以外；作业前，由施工负责人与驻站联络员核实车列情况，满足 30 min 以上列车间隔，方准指挥工程机械进行作业。

5. 防护员、监护指挥人员、施工负责人应使用频道一致的防护电台；监护指挥人员、工程机械司机与施工负责人应使用频道一致的指挥电台。指挥电台与防护电台不得相互干扰，指挥电台与防护电台应做明显标识，防止混用。

6. 防护设置及分组，现场防护人员编号、监护指挥人员、施工负责人呼唤应答确认等，以及携带电台类型、频道，在"一日一案"中细化明确。点前布置会，具体安排。

7. 每台工程机械应在司机室内安装声光报警器，对应监护指挥人员携带对应的遥控器，工程机械实行编号管理，编号粘贴或喷涂在施工机械明显位置。监护指挥人员编号与工程机械编号一致。

8. 在接到邻线来车停止作业通知时，现场防护员按编号与远端防护员（中间联络员）、驻站联络员确认应答，并吹响口笛通知现场；监护指挥人员立即通过遥控启动声光报警器，工程机械司机立即收回作业装置，并停止作业。监护指挥人员在确认工程机械不侵入邻线限界，并停止作业后，采用指挥电台依次按序号回复施工负责人工程机械已停止作业，施工负责人依次回复收到确认。当工程机械无法停止作业，且危及行车安全时，监护指挥人员应立即通知来车方向的现场防护员、驻站联络员拦停列车。施工负责人、带班人、各现场防护员就近拦停列车。

9. 工程机械司机室加装实时视频作业记录仪，作业记录仪应安装在能够监控声光报警器及工程机械作业臂的合适位置，视频终端接至段安全生产调度指挥中心。在监护指挥人员启动声光报警器后，司机立即将工程机械收回作业装置，处于邻线建筑限界以外，并停止作业。段安全生产指挥中心对司机操作实时监控，并每周组织一次施工全程回放分析。对工程机械司机操作滞后、未停止作业的行为予以处罚；重复发生、性质恶劣的，将外包单位列入黑名单，不再录用。

10. 履带式工程机械在轨道上走行、作业时，应将导向轮稳妥放置在钢轨上。

11. 工程机械原则上禁止在梁式桥上进行施工作业，特殊情况研究制定专项施工方案报工务部审批。因施工作业需要通过梁式桥时，必须使用导向轮，从钢轨轨面缓慢平稳通过，防止桥梁偏载造成倾翻；严禁剐蹭桥梁步行板、栏杆，严禁在桥梁范围内转向、加速。

12. 工程机械在路堑、路堤等陡坡地段作业，应先平整场地；严禁在陡坡、路堑顶部边缘使用工程机械；任何情况下，不得超过各机型使用说明书允许最大作业坡度。

13. 工程机械顶推装载路料四轮平车作业时，工程机械应与四轮平车采取连接措施，在前方施工封锁范围内的线路上设置防溜枕木，走行速度不得超过 3 km/h；每辆工程机械限顶推一辆四轮平车(新道岔纵移除外)；四轮平车前方安装声光报警装置，前方设置地面引导人员；作业过程中，前方人员绕行距离不得小于 8 m。工程机械在复线或电化区段作业，必须安装限位装置，限制其举升高度、回转角度等；在机械臂上方设置绝缘板。每次作业前检查限位装置及绝缘板状态。经抬高测试，最高限位时不侵入接触网 2 m 安全距离，方可上线作业。作业前、作业中应对限高钢丝绳的锁定连接卡箍是否松动、限位是否有效进行检查。

(六)应急处置上线“六必须、六严禁”

1. 必须设置好防护；严禁简化防护体系进入护网。

2. 必须在上线前进行“三核对”；严禁未登记、未经车站允许、未核对线上列车运行情况上线处置。

3. 必须掌握现场设备基本情况、信号机位置、应急处置流程；严禁底数不清上线处置。

4. 必须严格落实“3～5 min”联络制度；严禁遇通信联络不畅或联络中断时不下道继续进行作业。

5. 必须执行二次上道联控要求，核对有无列车信息；严禁臆测行车。

6. 必须在上线前和下线后，与调度指挥中心进行联控并上传人员和工机料具照片；严禁各级人员简化上下线流程、催促现场抢活、销点。

(七)大雾天气作业安全

1. 大雾天气上线作业，首先要通过固定建筑、接触网杆、通道门编号等辨别行别和地理方向。必须按要求设置防护体系，适当延长报车距离，增设中间联络防护员并尽量减小作业面，远方防护员不得侵入限界，严格落实 3～5 min 联控以及上下道和转移作业地点汇报确认制度。防护员要按规定携带各类防护备品，严格落实防护作业标准。上线、跨线等确需侵入限界时，必须与驻站员通报上线、跨线准确地点，并得到驻站员“线上无车，可以上线、跨线”的许可后，方可上线或跨线，同时必须严格执行“一停、二看、三通过”和“手比、眼看、口呼”制度。

2. 现场防护员应根据作业现场地形条件、列车运行特点、作业人员和机具布置等情况确定站位及移动路径，并做好自身防护，严禁现场防护员做与防护工作无关事项，防护使用的对讲机等防护备品必须齐全良好。驻站员、现场防护员及远方防护员之间要加强联系，凡发生联系中断时，必须立即通知现场负责人停止作业并组织下道。

3. 落实司机到岗、到达作业地点强制休息制度，杜绝疲劳驾驶；严格落实派车单管理，大雾等恶劣天气出行必须采取干部盯控措施，开启雾灯或双闪灯、谨慎慢行，防止发生道路交通事故。同时，杜绝汽车驾驶员（含私家车）无证、酒后、疲劳、超速、超载、逆行、闯红灯、客货混载等惯性违章。租赁车辆时要优先选择铁路局集团公司非运输企业承担的业务，依法合规签订租赁合同和安全协议，需搭乘施工单位车辆时，必须签订安全协议，明确双方责任。

4. 遇有大雾天气时，自轮运转设备运行中严格执行车机联控制度，司机应充分利用列车无线调度通信设备，加强与车站以及列车调度员的联系，了解前方信号显示、列车运行等情况，做到心中有数。必须逐个确认信号机的显示，做到不漏看、不误看，严禁臆测行车。运行中应加强瞭望，遇危及行车安全时果断采取措施，确保列车运行安全。

5. 信号机显示距离不足 200 m 时，司机应及时将天气恶劣情况报告车站或列车调度员。由列车调度员发布“改按天气恶劣难以辨认信号的办法行车”的调度命令。司机接到列车调度员发布的“改按天气恶劣难以辨认信号的办法行车”的调度命令后，列车按机车信号显示运行。当接近地面信号机时，应确认地面信号显示，遇地面信号与机车信号显示不一致时，应立即采取减速或停车措施。当无法辨认出站（进路）信号机显示时，在列车具备发车条件后，司机凭车站值班员列车无线调度通信设备的开车通知，启动列车，在确认出站（进路）信号机显示正确后，再行加速。

6. 调车作业时，认真执行车调联控、呼唤应答，加强瞭望，逐个确认信号和道岔开放位置，必要时停车确认。

（八）大雨天气作业安全

1. 遇降雨天气时，电气化区段严禁打伞、高举工具，雨中巡检作业时严禁靠近接触网支柱、拉线等设备设施，发现接触网挂异物或搭接物体时必须远离 10 m 以外，严防触电伤害事故。雷雨天气时，作业人员应放下手中的金属器具，迅速到安全处所躲避，严禁在车下、大树下、电杆旁和涵洞内躲避。

2. 大雨天气上线作业，必须按要求设置防护体系，采取特殊安全措施，保证来车之前按规定的距离及时下道。雨中、雨后巡检人员注意人身安全，对水漫线路，水害不明的处所，严谨冒险趟水。经过高路堑、隧道口等地段时，注意观察高处的落石、塌方，确保自身安全。

3. 现场防护员须站在便于瞭望的地点随时注意机车、车辆动态，严禁现场防护员做与防护工作无关事项，防护使用的对讲机等防护备品必须齐全良好。驻站员、现场防护员及远方防护员之间要加强联系，凡发生联系中断时，必须立即通知现场负责人停止作业并组织下道。

4. 接到驻站员来车通报后，现场负责人和现场防护员要立即组织人员下道集中列队避车，并严格执行避车拉绳防护制度。在桥上避车或行走时，必须缓行、踩稳，严防高空坠落。

5. 防洪重点地段看守人员要结合现场实际，加强风险研判，尽可能选择视野开阔、平整的安全地点值守，避免山体塌方、落石、山洪、泥石流等突发因素造成人身伤害。重点地段前后距离较长时，尽可能选择在中间、便于瞭望的地点值守。临时搭建的看守帐篷要搭稳、搭牢，防止大风刮塌等安全隐患。帐篷搭建时严禁邻崖、邻边搭建，防止人员坠落，同时防止山体落石、冲水等安全隐患。

5. 上山检查前要确认山体稳定性，检查时要佩戴安全帽，穿防滑鞋。桥上、高大路基（路堑）地段降雨巡视检查及应急处置作业，要明确上下高路基（路堑）位置和走行路线，特别加强大风恶劣天气下的防坠落、防滑落风险管控工作。

6. 降雨添乘人员在往返车站、上下机车、轨道车过程中，要注意自身安全，防止滑倒摔伤；需穿行站内股道时，要与驻站员加强联系，执行"一停、二看、三通过"和"手比、眼看、口呼"制度，确保人身安全。

7. 雨天出车要落实车辆三检制度，谨慎驾驶、减速慢行，严禁猛打方向、急踩刹车，乘坐人员要全程系好安全带，执行安全监督岗要求。司机在驾驶过程中应及时研判道路安全风险，树立主动避险意识，在暴风雨等极端天气下以及前方道路状况（积水路段水深）不明时，严禁臆测行驶。同时，杜绝汽车驾驶员（含私家车）无证、酒后、疲劳、超速、超载、逆行、闯红灯、客货混载等惯性违章。租赁车辆时要优先选择铁路局集团公司非运输企业承担的业务，依法合规签订租赁合同和安全协议，需搭乘施工单位车辆时，必须签订安全协议，明确双方责任。

8. 轨道车司机出勤时，正、副司机认真阅读领取交付的揭示及相关安全注意事项，做好行车安全预想。

9. 轨道车司机要熟记防洪危险地段，并携带"防洪危险地段一览表"，运行中按规定速度运行，严禁超速。

10. 暴风雨天气运行，轨道车司机要加强瞭望，控制速度。运行中时刻注意线路、桥梁、接触网状态，特别是接近易倒树、塌方落石、线路下沉以及洪水通过的危险地点前，应提高警惕。当前方情况不明、影响瞭望不能保证行车安全、看到防护人员的防护信号时，要果断采取减速或停车措施，并将情况通知就近车站。遇有线路塌方、道床冲空等危及行车安全的突发情况时，司机应立即采取应急性安全措施，并立即通知追踪列车、邻线列车及邻近车站。

11. 当洪水漫到路肩时，自轮运转设备应按有关规定限速运行。遇有落石、倒树等障碍物危及行车安全时，司机应立即停车，排除障碍并确认安全无误后，方可继续运行。

12. 根据要求不准退行的自轮运转设备，在运行中遇有水害或其他突然变故被迫停车，如不立即退行将严重危及列车安全时，司机应立即鸣示警报信号（一长三短声）和退行信号（二长声），并以不超过 5 km/h 的速度退行，退行中须连续鸣示警报信号，并使用列车无线调度通信设备与后续列车及两端站联系，退至安全地段停车。停车后立即按要求进行防护，并向列车调度员（两端站车站值班员）报告情况，听其指示。

13. 认真执行车机联控，充分利用列车无线调度通信设备了解前方信号显示、线路、汛情等情况，做到心中有数，宁可错停，绝不盲行。

14. 自轮运转设备运行中发生严重晃车时，必须立即减速慢行或采取停车措施，并迅速向就近车站值班员报告，同时将晃车里程记录于司机手账。后续列车根据调度员的通知在该地段限速运行。通过限速地段的列车，司机应认真瞭望，确认线路运行状态，通过限速地段后要立即报告车站值班员。

三、发挥视频监控作用，确保制度有效落实

1. 充分发挥铁路局集团公司视频管控中心及各站段安全生产调度指挥中心实时监控作用，以各集团公司下发的各项安全规章制度为依据，在铁路局集团公司视频管控中心的指导

下，通过各类技防手段，实现对应急处置现场的全覆盖监控，盯住现场各项制度落实，保证应急处置安全。特别是对于应急处置临时上线的作业组，各站段安全生产调度指挥中心利用综合视频监控、单兵作业记录仪、对讲机监听、TDCS系统等技术手段对应急处置进行全过程盯控，发现问题当即制止，并将作业是否标准作为应急处置是否成功的衡量标准，纳入到总结分析，通过一系列措施确保各项安全制度措施能够在现场落实落地，使标准化应急处置成为习惯。

2. 有效利用视频回放分析制度，对应急处置全过程进行回放、复盘分析，梳理总结各部门及参与应急处置人员的作业情况，总结好的做法，通过定期分析倒逼现场应急处置标准化制度落实，确保应急处置作业安全。

第四节　应急演练

联合应急演练是提高结合部应急处置能力最方便、快捷的方法，演练过程中不但可以磨合各专业之间的协作能力，也可以发现处置过程中的结合部问题。联合应急处置领导小组应建立联合应急演练制度，根据实际情况采取实战演练、桌面推演等方式，组织开展人员广泛参与、处置联动性强、形式多样、集约高效的应急演练。演练过程中要按照“谁编制、谁组织”的原则确定牵头单位和配合单位。牵头单位要按照“最大化贴近实战”的原则，精心设计演练方案，确保联合演练取得实效。

按照“专业管理、分级负责”原则，各单位应结合实际，建立应急救援和应急管理培训制度，定期向应急处置领导小组提出培训申请，由应急处置领导小组安排各站段分管突发事件处置工作负责人和有关人员进行跨站段跟班学习培训，通过全程参与兄弟单位应急处置过程，不断优化联合应急处置程序，提高应急处置人员素质。

应急演练牵头部门单位应开展演练评估。评估的主要内容包括：演练方案的执行情况，方案合理性与可操作性，指挥协调和应急联动情况，应急人员处置情况，演练所用设备装备实用性，以及对完善应急预案意见和建议等。同时也可以通过演练的方式检验处置人员培训学习质量。每次演练或应急处置结束后由联合应急领导小组组织总结分析，对各环节应急处置情况进行点评，主要当事人重点发言，通过不断总结经验，不断优化应急处置流程，使联合应急处置能力不断提高。

一、演练计划的制定及公布

联合应急处置演练是提升联合应急处置能力、增加联合应急处置经验的最好方法，需要制定计划、定期组织、常态化落实。宜建立三级应急处置演练计划，即年度联合应急处置演练计划、专业系统月度应急演练计划、车间级演练计划。

联合应急处置演练牵头单位的选定，按照该突发事件发生时，受影响单位最大的为牵头单位，其他相关单位为配合单位，受同等影响时，由车务部门担当牵头单位。

1. 年度联合应急处置演练计划，由牵头单位负责组织，各相关站段参与，于每年年初进行公布。联合演练计划的制定要充分考虑铁路局集团公司组织大型综合应急演练的契机，联合演练计划的制定需要借鉴历年应急演练经验，并结合近几年联合应急处置情况及各站段年度重点工作安排。类似除雪防冻、防洪等季节性演练需在进入该节气之前组织完毕，涉及铁路运输安全特别是与旅客列车相关的突发事件，原则上每年至少演练一次，其他突发事件结合实际及各站段申请每年演练一次。此项演练计划需由牵头单位每年年初向应急处置联合应急领导小组上报备案，并在云平台内进行公示。年度联合应急处置演练计划见表 4-3。

表 4-3　年度联合应急处置演练计划

序号	演练项目	牵头单位	配合单位	演练时间	备注
1	除雪防冻应急处置演练	车务	工务、电务	11 月	
2	防洪应急处置演练	工务	车务、电务、供电	5 月	
3	红光带应急处置演练	车务	工务、电务、供电	12 月	
4	道岔故障应急处置演练	车务	工务、电务	6 月	
5	非法烧荒应急处置演练	车务	工务、供电	3 月、11 月	
6	地震应急处置演练	车务	工务、电务、供电	4 月、10 月	
7	护网内进人应急处置演练	车务	工务、供电、电务	1 月、7 月	
8	异物侵限应急处置演练	车务	工务、供电	6 月	

2. 专业系统月度应急演练，由各专业根据本段实际情况自行组织，只演练本单位设备部分，有关单位视自身情况自愿参与，演练计划于每月月初公布，提前一个月向联合应急处置领导小组备案，并在云平台内进行公示。专业系统月度应急处置演练计划见表 4-4。

表 4-4　专业系统月度应急处置演练计划

序号	演练项目	组织单位	自愿配合单位	演练时间	备注
1	大风预警应急处置演练	工务	供电	1 月、11 月	
2	倒树侵限应急处置演练	工务	供电、电务	1 月、11 月	
3	断轨应急处置演练	工务	电务	12 月	
4	接触网断线应急处置演练	供电	工务	6 月	
5	道岔失表	电务	工务	6 月	
6	轨道电路红光带	电务	工务	6 月	

3. 车间级应急演练计划。在段年度应急演练计划安排的基础上，按照最大化接近实战的演练要求，结合季节特点、任务要求及有关车间近期应急处置表现等情况，为车间量身定制演练计划，并盯控落实情况。每次演练置结束后由演练牵头单位组织复盘分析，对各环节应急处置情况进行点评，主要当事人重点发言，通过不断总结经验，不断优化应急处置流程，使处置人员的应急处置能力不断提高。

二、应急处置演练的组织

年度联合应急演练计划的组织由牵头单位负责组织实施，参与单位配合，车务部门负责组织过程分析；专业系统月度应急处置演练由组织单位自行开展，配合单位自愿参与，组织单位自行对演练过程进行分析；车间级应急演练计划由各站段自行组织开展及复盘分析。

1. 牵头单位职责

(1)牵头组织此次联合应急处置演练工作。

(2)协调相关站段、段内各科室、车间参与应急处置工作。

(3)演练过程中保持与联合应急处置领导小组、各配合单位、地方政府或地方支援力量及铁路局集团公司的联系，及时沟通汇报各类突发情况。

(4)负责现场各种数据、情况的搜集、信息反馈，对应急演练全过程进行监控，保证现场参与演练人员的安全，组织轨道车热备、添乘人员及驻调度所联络员安排等。

(5)负责演练所需救援用料、本段所需各类备品的组织和供应。

(6)为现场应急处置提供技术支持，对行车限制条件、登销记等关键环节进行控制和把关。

(7)安排专业技术干部进行现场盯控，随时处理突发情况。

(8)完成联合应急处置领导小组交办的其他临时性工作。

2. 配合单位职责

(1)积极配合牵头单位完成此次联合应急处置演练工作。

(2)协调段内各科室、车间参与应急处置工作。

(3)演练过程中保持与联合应急处置领导小组、其他参与单位的联系，及时沟通汇报各类突发情况。

(4)负责现场各种数据、情况的搜集、信息反馈，对应急演练全过程进行监控，保证现场参与演练人员的安全。

(5)负责本段演练所需救援用料、各类备品的组织和供应。

(6)为现场应急处置提供技术支持，对行车限制条件、登销记等关键环节进行控制和把关。

(7)安排专业技术干部进行现场盯控，随时处理突发情况。

三、应急处置演练的要求

1. 各站段要严格按照演练安排，从演练计划、演练场景、演练方案及脚本、演练安全盯控、预案优化完善、实操技能提升、结合部沟通协调等方面，全面做好应急演练过程组织及总结分析工作。

2. 各项应急演练要严格按照方案实施，演练指挥部均设在安全生产调度指挥中心，由当日值班领导负责指挥，应急值班主任负责总体协调，本专业当日应急值班人员负责具体组织实施。

3. 应急演练必须坚持安全第一的原则，作业人员严格按有关规章制度、应急预案进行作业，发现危及行车安全、人身安全等情况时，立即停止演练，确保安全。

4. 站段安全生产调度指挥中心是组织开展应急演练的主体部门，值班人员必须熟练掌握应急演练方案及脚本，实时掌握演练准备情况、应急人员出动、到达现场、处置进度、处置程序及步骤等事项，及时利用蓝信平台将演练图片或视频上传至应急指挥中心，确保应急演练安全、有序、可控。

5. 各单位要优先安排素质急需提高人员进行演练实操作业，充分安排观摩学习人员，增强干部职工对非正常情况、预案规定、处置流程、处理方法、安全关键等工作要领的认知和理解，强化利用应急演练提升全员应急处置能力。

6. 每项列入计划的联合应急处置演练均需要有演练方案、脚本及总结。

7. 严格落实“一演练一分析”制度，每次演练结束后均应对演练过程进行分析。

8. 各站段每月向联合应急处置领导小组提出跨专业应急处置培训需求，由联合应急处置领导小组协调后，各站段落实。

第五节　过程分析

一、分析目的

应急处置总结分析的主要目的是通过分析找出影响应急处置安全或效率的设备质量缺陷、规章制度不规范、预案措施不完善、作业人员素质欠缺、结合部不畅等问题,推动进一步补强设备质量、完善规章制度、修订预案措施、强化业务培训、健全工作机制等工作高效开展,形成问题推动变革、变革解决问题的应急能力建设模式,持续循环提升联合应急处置能力。

二、分析类别及分析报告

联合应急处置过程分析主要分为日常分析、专项分析和定期分析。日常分析由各站段自行完成,并上传至联合应急处置平台;专项分析由联合应急处置领导小组根据突发事件影响程度、波及范围确定,原则上在铁路局集团公司应急处置综合管理平台上,录入安监报的信息由联合应急处置领导小组组织专项分析,录入安全信息的由各站段自行组织分析;定期分析由联合应急处置领导小组组织开展,可按照分析的项目指派各段数据分析中心执行,分析后的结果经联合应急处置领导小组审核后交由各成员站段用于优化本段日常应急处置工作。

(1)日常分析主要按照事件概况、处置过程、规定或预案、好的方面、存在问题、改进措施等六个方面形成日常分析报告。

(2)专项分析要详细还原应急处置经过,全面分析问题原因、列出需联合应急处置领导小组协调解决的客观问题、完善规章制度及优化预案措施的建议、以及整改措施等,形成专项分析报告。分析报告模板如下:

××段关于×××线×行K××+×××处××××情况汇报

一、事件概况

××××年××月××日××时××分,××段调度接××报告:××时××分××列调通知,××时××分G×××次司机反映××××。

二、处置经过

1. 应急响应情况

接通知后,××段调度立即通知×××车间进行应急处置。并通知综治内保科×××、安全科×××、线路技术科×××,并向值班领导×××、×××汇报情况。

2. 现场处置情况

接通知后,×××车间主任(支部书记)×××、值班干部×××带领×××工区××名职工立即赶往现场。×××车间××时××分到达现场,立即对下行K××+×××至K××+×××护网状态及周边情况进行检查。××时××分检查完毕,设备×××。经×××处理后×时×分销点。

三、设备情况

××线×行K××+×××至K××+×××为路基段,××铁路下行线K××+×××至K××+×××为桥梁段。路基段护网栅栏类型为混凝土护网,网片安装长为××

米，高为××米，立柱为混凝土泥立柱。安装防爬设备后高度××米。

覆现场照片，包括机车视频、周边摄像头视频等。

四、影响列车

K×××次停于×××至×××站区间，G×××停于×××站Ⅰ道，G×××次停于×××站3道。

五、好的方面

1. ……

六、坏的方面

1. ……

七、考核情况

……

××××年××月××日

(3)定期分析是指对管内一定时间内发生的应急处置信息进行分析，也可结合近几年的数据共同分析，以便从中发现一定的规律，定期分析按照分析的类型大致可以分为设备类问题、护网类问题、外部环境类问题等，也可以按需有针对性地进行分析。分析的结果主要有以下几种作用。一是能够分析出多发频发的事件类型、地点及时间等，根据分析结果可以采取更换或补强故障频发的设备也可以有针对性地确定下一年度重点的联合应急演练项目、时间及地点等。二是对于一些类似外部环境的突发安全信息，可以总结出频发的原因。例如非法烧荒类安全信息，若发现该地段在每年的固定时间内该时间频发，可以有针对性的安排人员到该地区走访调查，确定是否为农田集中地段、邻近村庄或有垃圾堆等情况；对于设备类问题可选择在分析出原因后便有针对性地采取相应的措施，对于暂时无法解决的问题，在重点时期也可安排人员看守，从而减少此类事件对运输安全的影响。分析报告模板如下：

分析报告

一、安全信息概况(确定分析的突发事件类别及时间范围)

××××年××月××日至××××年××月××日期间，××类安全信息共发生×起，其中××处发生×起，集中在××月份××时间段。

××事件汇总表

序号	日期	时间段	地点	责任车间	责任人	备注

从上表可以看出：

二、原因分析

经现场调查发现：

三、需联合应急处置领导小组协调解决的客观问题

1.

2.

四、完善规章制度及优化预案措施建议

1.

2.

五、下一步措施

针对分析结果，制定的下一步专项安全措施，或针对现有应急工作的改进措施等。

三、分析范围

1. 工务专业分析范围主要有：非列车占用红光带、断轨、道岔故障、晃车、线路塌方、落石、洪水漫轨、自然灾害及异物侵限监测系统故障、自动障碍监测报警系统故障以及参与的其他综合应急处置及演练。

2. 电务专业分析范围主要有：道岔故障、非列车占用红光带、信号机故障、改方设备故障、动车组 ATP 故障（本铁路局集团公司）、C2/3 地面设备故障、通信设备故障以及参与的其他综合应急处置。

3. 供电专业分析范围主要有：接触网故障、接触网挂异物、其他情况造成的接触网停电以及参与的其他综合应急处置。

4. 车务专业分析范围主要有：组织机故救援、组织动车组救援、组织处置设备故障以及组织处置其他各类突发事件达到日常分析时间要求的情况。

5. 各专业通用分析范围有：各专业均需对联合应急处置安全信息台账进行分析。台账日常存放在云平台上联合应急处置基础数据库内，供各专业共同使用。联合应急处置结束后由车务部门负责更新，各设备单位在应急处置结束后均需上报本专业应急处置经过。各专业在按照本单位自身的需求完成分析的情况下，还需要完成联合应急领导小组的专项分析任务要求。

四、有关要求

1. 联合应急处置要严格落实应急分析制度，由车务部门组织各设备单位进行联合分析，对处置过程进行复盘，参与应急人员均需参加，互相点评，并进行会议记录留存。

2. 分析会后由车务系统负责人员形成分析材料，并按照联合应急领导小组决议，形成考核方案及奖励方案，由各段分别执行。

3. 联合应急处置云平台内应建立应急处置问题库，每次联合应急处置分析出的问题及参与人员所犯的错误或相应的应急事件需注意的事项，均需纳入到联合应急处置问题库内，进行销号整改。

4. 对于各项分析出来的问题要定期向主管领导及主管业务科室汇报，及时采取措施消除隐患。

第五章 固定设备常见病害故障及案例

第一节 结合部常见病害

一、工务与电务结合部常见病害

(一)道岔

1. 道岔框架尺寸超标或锁定不牢,造成尖基轨不密贴或表示卡口。

2. 道岔牵引点处开程大,造成密贴调整杆游间或外锁道岔锁闭量不达标。

3. 尖轨或心轨爬行超标,造成道岔杆件别劲、磨卡。

4. 基本轨爬行超标,造成外锁道岔锁闭框无调整余量。

5. 尖轨变形,造成道岔转换阻力大、反弹、不密贴等问题。

6. 顶铁间隙超标,造成道岔不密贴。

7. 轨枕爬行,造成道岔不方正,杆件别劲、磨卡。

8. 尖轨防跳限位器作用不良,造成斥离轨移位超标,道岔失去表示。

9. 滑床板辊轮调整不良或固定不良,造成道岔转换不良。

10. 滑床板脱焊、断裂、塌陷、凹槽、侧斜,造成道岔转换不良。

11. 道岔连接杆连接销磨耗严重,造成道岔密贴不良或表示卡口。

12. 吊板或尖轨翘头严重,造成道岔磨卡。

(二)轨道电路

1. 钢轨底部埋入土中,道床不清洁,漏泄严重,造成红光带。

2. 胶接绝缘或粘接式绝缘轨距杆的绝缘电阻值低于1 MΩ。

3. 跳线和引接线处有防爬器或轨距杆等物,造成短路。

4. 石砟距离轨底小于30 mm,钢轨引接线与异性钢轨底接触,造成短路。

5. 钢轨绝缘处轨缝不足6 mm或大于10 mm、轨顶高低相差大于2 mm或捣固不良,造成钢轨绝缘损坏。

6. 桥梁(隧道)护轮轨两端未安装绝缘,或超过200 m未加装绝缘,影响轨道电路正常工作。

二、电务与供电结合部常见病害

(一)电力电源

分界处端子紧固不良、虚接,造成电源不可靠。

(二)接触网

1. 接触网带电部分或回流线与信号设备安全距离不足,造成放电或人身伤害。

2. 吸上线与扼流变压器中心连接板联结螺栓虚接,造成连接处烧毁。

3. 有轨道电路区段，单侧轨条安装有接触网地线经火花放电间隙接地时，火花放电间隙不良，影响轨道电路工作。

三、工务与供电结合部常见病害

（一）过负荷

过负荷是电力系统最常见的病害。随着铁路系统的发展，各类新设备、新技术的应用越来越多，对电力能源的需求也越来越大，电力系统无法及时更新换代，就会导致过负荷的形成。

电力系统过负荷可能会带来以下危害：

1. 设备损坏。过负荷会导致设备如电缆、发电机、变压器和开关设备等过热，从而加速钢轨绝缘层老化，可能导致设备损坏甚至烧毁钢轨绝缘。

2. 电网电压不稳定。过负荷可能导致电网电压不稳定，影响电力系统的正常运行，甚至可能导致电力供应中断或电压降低，对生产和生活造成影响。

3. 安全隐患。过负荷可能引发火灾、爆炸等安全事故，甚至在极端情况下可能导致人员伤亡。

4. 能源浪费。过负荷运转会使发电厂需要提高电力输出，导致更多能源的消耗，这不仅损害环境，还会造成经济浪费。

5. 系统瘫痪。长时间的过负荷可能导致电子元器件损伤，甚至可能导致整个电力系统的瘫痪。

6. 影响电力供应。过负荷会影响电力供应的稳定性和可靠性，对生产和生活造成巨大影响。

7. 设备寿命缩短。过负荷会缩短设备的预期使用寿命。

为有效预防过负荷的发生，供电部门应加强供电设备管理，努力提高变、配电所的力率，负荷率，变压器利用率，降低自损率。较大用电量的设备，用户应装设补偿装置，使力率保持在0.85以上。

（二）电磁枕

分相处电磁枕损坏，磁力将大大减弱或消失，当电力机车通过该区段时，造成机车无法正常自动断、合主断路器，将不同相位供电臂短接，引起牵引变电所断路器跳闸，短接瞬间拉弧严重将会烧毁接触网设备。

（三）工务起道、捣固作业对接触网导高的影响

弓网动态性能的好坏取决于接触网与受电弓两个振动子系统的机械结构，接触网是受电弓的滑道，滑道的平顺性时保障良好弓网受流的前提，而滑道的平顺性主要取决于接触网静态几何参数，工务部门进行起道、落道或拨道（包括调整曲线半径）等作业，造成线路横移和改变曲线超高，未及时通知供电部门对接触网进行响应调整，会出现导高降低或过高，影响机车取流效果；自行拨道的后果更是严重，可能会造成拉出值改变甚至出现脱弓和打弓现象。

（四）负荷不均衡

三相负荷平衡是安全供电的基础。负荷不均衡可能会带来以下危害。

1. 增加线路的电能损耗。在三相四线制供电网络中，电流通过线路导线时，因存在阻抗

必将产生电能损耗，其损耗与通过电流的平方成正比。当低压电网以三相四线制供电时，由于有单相负载存在，造成三相负载不平衡在所难免。当三相负载不平衡运行时，中性线即有电流通过。这样不但相线有损耗，而且中性线也产生损耗，从而增加了电网线路的损耗。

2. 增加配电变压器的电能损耗。配电变压器是低压电网的供电主设备，当其在三相负载不平衡工况下运行时，将会造成配变损耗的增加。因为配变的功率损耗是随负载的不平衡度而变化的。

3. 配变出力减少。配变设计时，其绕组结构是按负载平衡运行工况设计的，其绕组性能基本一致，各相额定容量相等。配变的最大允许出力要受到每相额定容量的限制。假如当配变处于三相负载不平衡工况下运行，负载轻的一相就有富余容量，从而使配变的出力减少。其出力减少程度与三相负载的不平衡度有关。三相负载不平衡越大，配变出力减少越多。为此，配变在三相负载不平衡时运行，其输出的容量就无法达到额定值，其备用容量亦相应减少，过载能力也降低。假如配变在过载工况下运行，即极易引发配变发热，严重时甚至会造成配变烧损。

4. 配变产生零序电流。配变在三相负载不平衡工况下运行，将产生零序电流，该电流将随三相负载不平衡的程度而变化，不平衡度越大，则零序电流也越大。运行中的配变若存在零序电流，则其铁芯中将产生零序磁通。高压侧没有零序电流，这迫使零序磁通只能以油箱壁及钢构件作为通道通过，而钢构件的磁导率较低，零序电流通过钢构件时，即要产生磁滞和涡流损耗，从而使配变的钢构件局部温度升高发热。配变的绕组绝缘因过热而加快老化，导致设备寿命降低。同时，零序电流的存也会增加配变的损耗。

5. 影响用电设备的安全运行。配变是根据三相负载平衡运行工况设计的，其每相绕组的电阻、漏抗和激磁阻抗基本一致。当配变在三相负载平衡时运行，其三相电流基本相等，配变内部每相压降也基本相同，则配变输出的三相电压也是平衡的。假如配变在三相负载不平衡时运行，其各相输出电流就不相等，其配变内部三相压降就不相等，这必将导致配变输出电压三相不平衡。同时，配变在三相负载不平衡时运行，三相输出电流不一样，而中性线就会有电流通过。因而使中性线产生阻抗压降，从而导致中性点漂移，致使各相相电压发生变化。负载重的一相电压降低，而负载轻的一相电压升高。在电压不平衡状况下供电，即容易造成电压高的一相接带的用户用电设备烧坏，而电压低的一相接带的用户用电设备则可能无法使用。所以三相负载不平衡运行时，将严重危及用电设备的安全运行。

6. 电动机效率降低。配变在三相负载不平衡工况下运行，将引起输出电压三相不平衡。由于不平衡电压存在着正序、负序、零序三个电压分量，当这种不平衡的电压输入电动机后，负序电压产生旋转磁场与正序电压产生的旋转磁场相反，起到制动作用。但由于正序磁场比负序磁场要强得多，电动机仍按正序磁场方向转动。而由于负序磁场的制动作用，必将引起电动机输出功率减少，从而导致电动机效率降低。同时，电动机的温升和无功损耗，也将随三相电压的不平衡度而增大。所以电动机在三相电压不平衡状况下运行，是非常不经济和不安全的。

（五）开关型号不匹配

开关不匹配造成的后果低压开关型号选择过大，则有可能导致用户设备发生故障时不会跳闸；如型号太小，则会频繁跳闸甚至烧毁开关；如下级开关容量大于上级开关，则会造成越级跳闸。

第二节 结合部常见故障

一、外部环境问题

(一)轻飘浮物类

1. 产生原因

在铁路线路两侧500 m范围内设置的塑料大棚、地膜等塑料制品,防尘网、楼体防护网、防鸟(虫、雹)网等网类,各类苫盖或晾晒物料的布类,果园反光膜、建筑材料包装膜等,含有塑料袋等垃圾,以及广告布等轻质物体处置不规范、设置不牢固。

2. 潜在危害

被大风吹到铁路接触网上、机车受电弓上或落到铁路线路上,易引起接触网短路跳闸、机车受电弓损坏、列车紧急制动停车、钢轨擦伤等。

案例:防尘网缠绕动车组受电弓

××××年××月××日,××市××区一临时垃圾转运站内苫盖的防尘网被大风刮落到××城际××站至××站间接触网上,缠绕在××次列车受电弓上,构成铁路交通一般C类(C5)事故。定该地区××村全部责任。

(1)事故经过

××××年××月22日11时30分,××区气象台发布大风蓝色预警,预计22日下午至夜间,该区将有4级左右偏北风,阵风可达7级左右。

13时31分,××次列车运行到××区间,司机发现运行前方接触网挂有防尘网影响运行,立即采取断电、降弓、紧急制动停车措施。

13时32分,列车停于××下行线K40+681处,6车受电弓上挂有防尘网需处理,换升3车受电弓限速45 km/h运行至××站停车。

14时46分,供电人员处理后开车。同时,对××线K35+600处接触网上的防尘网进行处理。

14时50分,处理后恢复,影响动车组28列。

(2)事故原因

当地村庄违反有关规定在线路两侧铺设防尘网,且未压实加固,被短时大风刮落到接触网上。

(3)安全启示

①违规在铁路线路两侧使用防尘网。

××区××乡有关部门和××村在距离××线路仅80 m的地方使用防尘网。违反《2018年建设工程施工现场扬尘治理专项行动工作方案》“铁路两侧200 m范围内禁止使用防尘网,铁路沿线500 m可视范围内防尘网、防护网设置规范并固定牢固”之规定。

②属地政府部门铁路沿线环境整治主体责任未落实、监管不到位。

××维管段多次对××城沿线使用防尘网安全隐患进行排查整治,铁路局集团公司也多次致函××市和××区有关部门要求开展铁路沿线外部环境隐患整治,但各级地方政府主体责任落实不到位、整治不到位。

③铁路运输企业外部环境隐患排查整治不到位。

铁路供电部门在开展防尘网等轻飘浮物隐患排查整治工作中，由于铁路沿线使用防尘网的情况比较普遍，面积较大，整治难度较大，存在一定的畏难情绪和侥幸心理，造成巡查周期长，隐患发现、整治不及时。

3. 基本整治方法

铁路单位要及时发现隐患问题并报告属地政府整治。日常加强铁路安全普法宣传，提高沿线企事业单位、人民群众铁路安全意识，不在铁路桥下、线路两侧乱扔垃圾，自觉清理破损、废弃和非法设置的轻飘浮物料，及时加固同意设置在用轻飘浮物料，长期使用的要签订安全互保协议，确保安全。

4. 法规依据

《铁路安全管理条例》第二十九条：禁止在铁路线路安全保护区内烧荒、放养牲畜、种植影响铁路线路安全和行车瞭望的树木等植物。禁止向铁路线路安全保护区排污、倾倒垃圾以及其他危害铁路安全的物质。

《铁路安全管理条例》第五十三条：禁止实施下列危害电气化铁路设施的行为。

①向电气化铁路接触网抛掷物品；

②在铁路电力线路导线两侧各 500 m 的范围内升放风筝、气球等低空飘浮物体。

《关于加强铁路沿线安全环境治理工作的意见》(国办函〔2021〕49 号)规定，实施存量隐患集中治理销号行动。以铁路两侧 500 m 范围内的彩钢瓦、石棉瓦、树脂瓦、简易房、塑料薄膜、防尘网、广告牌等轻质物体为重点，建立存量问题隐患库，制定针对性整治方案，实行闭环销号管理。

(二)硬飘浮物类

1. 产生原因

在铁路沿线两侧线路安全保护区内或一定邻近范围内建设彩钢瓦房、铁皮房、广告牌等金属材料建(构)筑物，以及存放、堆放的彩钢瓦、板原材料。

2. 潜在危害

被瞬时大风吹到铁路限界内，易引起接触网短路跳闸、引起接触网断线、造成线路红光带、击打列车等。这是目前比较严重的外部环境隐患，多次发生，后果可怕，影响恶劣。严重危及旅客列车安全。

案例：彩钢上线

(1)概况

××××年××月××日 1:16，××线××站至××站间下行 K285+900 处线路红光带。经线路车间现场检查发现，××线 K287+030 处线路上有 9 片 1 m×5 m 左右彩钢瓦板和 2 根 140 mm×50 mm×20 m 空心方管，分别散落在线路上，接触网线挂有一片彩钢瓦板，影响行车；同时，××线 K286+100 至 K286+800 范围内上下行护网分别向线路外侧、内侧倾倒。经与供电部门共同处理后，于 2:59 开通线路。

(2)原因分析

①车间对外部环境安全隐患整治不到位。虽然线路车间在前期的铁路外部环境隐患排查中发现了该处隐患并进行了登记上报，但车间仅以下发“告知书”和加强检查的方式对此处外部环境安全隐患进行处置，在环境安全隐患的整治上存在等、靠思想，造成隐患未能得到及时处置。

②综治环治办路地对接机制不落实。段综治环治办虽然前期对该处隐患进行协调整治,但在多次协调未果的情况下没有严格落实路地对接机制,没能积极协调地方政府部门对该处安全环境隐患进行联合处置,造成安全隐患长期存在,最终导致影响行车安全问题的发生。

③极端恶劣天气造成彩钢瓦屋顶被大风瞬间刮至线路。7 月 29 日 0:09××线××站地区开始降雨,降雨过程中伴有大风和短时强阵风,最大风速达 18.1 m/s,属 8 级风。

3. 基本整治方法

铁路单位要及时发现隐患问题并报告属地政府,依法对违建、私搭乱建等进行拆除。对安全保护范围内的彩钢板类建(构)筑物,不能保证安全的坚决拆除,其他不能拆除的采取达标的加固措施。

4. 法规依据

《铁路安全管理条例》第三十条:在铁路线路安全保护区内建造建筑物、构筑物等设施,取土、挖砂、挖沟、采空作业或者堆放、悬挂物品,应当征得铁路运输企业同意并签订安全协议,遵守保证铁路安全的国家标准、行业标准和施工安全规范,采取措施防止影响铁路运输安全。铁路运输企业应当派员对施工现场实行安全监督。

《铁路安全管理条例》第三十一条:铁路线路安全保护区内既有的建筑物、构筑物危及铁路运输安全的,应当采取必要的安全防护措施;采取安全防护措施后仍不能保证安全的,依照有关法律的规定拆除。拆除铁路线路安全保护区内的建筑物、构筑物,清理铁路线路安全保护区内的植物,或者对他人在铁路线路安全保护区内已依法取得的采矿权等合法权利予以限制,给他人造成损失的,应当依法给予补偿或者采取必要的补救措施。但是,拆除非法建设的建筑物、构筑物的除外。

《铁路安全管理条例》第三十二条:在铁路线路安全保护区及其邻近区域建造或者设置的建筑物、构筑物、设备等,不得进入国家规定的铁路建筑限界。

《关于加强铁路沿线安全环境治理工作的意见》(国办函〔2021〕49 号))规定,实施存量隐患集中治理销号行动。以铁路两侧 500 m 范围内的彩钢瓦、石棉瓦、树脂瓦、简易房、塑料薄膜、防尘网、广告牌等轻质物体为重点,建立存量问题隐患库,制定针对性整治方案,实行闭环销号管理。

(三)非法烧荒类

1. 产生原因

非法在铁路线路安全保护区内烧荒。

2. 潜在危害

引燃附近油气管线、烧毁铁路设备、产生的浓烟遮挡司机视线、造成非正常停车、中断行车甚至引发列车火灾。

案例一:××高速铁路着火

××××年××月××日 16:00 左右,××线××站至××站间 K84+478 处,地方油气管线起火,烧坏铁路供电设备,造成行车中断。

案例二:村民桥下焚烧秸秆烧坏信号电缆

××××年××月××日,某集团公司某线××站至××站间,村民在铁路涵洞处焚烧秸秆烧损信号电缆,造成上下行部分轨道区段红光带,耽误列车 3 小时 13 分。

3. 基本整治方法

加强铁路安全普法宣传，提高铁路安全意识和环保意识，自觉抑制烧荒行为。铁路部门、农业农村部门要加强巡查，加强依法查处防控。

4. 法规依据

《铁路安全管理条例》第二十九条：禁止在铁路线路安全保护区内烧荒、放养牲畜、种植影响铁路线路安全和行车瞭望的树木等植物。禁止向铁路线路安全保护区排污、倾倒垃圾以及其他危害铁路安全的物质。

（四）树植隐患类

1. 产生原因

在铁路线路安全保护区内种植影响铁路线路安全、供电设备安全、供电线路安全和行车瞭望的高大树木等植物。

2. 潜在危害

高大树木倒伏会侵入限界，与机车车辆发生剐蹭，甚至发生相撞导致脱轨颠覆恶性事故。高大树木的树枝会与接触网导线、回流线、机车受电弓、电力线接触造成接触网跳闸。而且也会影响司机瞭望。

案例：倒树侵限

(1)概况

××××年××月××日中午，××线 K86＋100 处所倒树一棵，K67＋415 处所倒树一棵影响行车造成停车。当时阵风为 8 级，两棵树木产权为地方老百姓，但都是树木被火烧、根部腐朽，所以被大风吹倒。

(2)原因分析

两棵树木产权为地方老百姓，树木被火烧、根部腐朽，导致大风刮倒。

(3)安全启示

①对被火烧的腐朽树、虫病严重树、被水淹泡树、倾斜树抓紧排查并清理砍伐、截干处理。

②加强对沿线树木的巡视检查，发现树木腐朽、烧死、倾斜及时处理，消除隐患，遇有天气不良大风暴雨等天气加强巡视，发现危及行车安全问题，及时处理。

3. 基本整治方法

铁路单位要联合属地政府，依法对影响铁路安全的树木进行砍伐、修剪、截干等，消除安全隐患。

4. 法规依据

(1)《中华人民共和国铁路法》第四十六条：在铁路弯道内侧、平交道口和人行过道附近，不得修建妨碍行车瞭望的建筑物和种植妨碍行车瞭望的树木。种植妨碍行车瞭望的树木的，由县级以上地方人民政府责令有关单位或者个人限期迁移或者修剪、砍伐。

(2)《铁路安全管理条例》第二十九条：禁止在铁路线路安全保护区内烧荒、放养牲畜、种植影响铁路线路安全和行车瞭望的树木等植物。禁止向铁路线路安全保护区排污、倾倒垃圾以及其他危害铁路安全的物质。

(3)《河北省铁路安全管理规定》(河北省人民政府令〔2020〕第 3 号)第三十条：在铁路线路两侧新建杆塔、烟囱等设施，或者种植树木等植物的，产权人或者管理人应当确保设施或者植物倒伏后不得触及铁路防护栅栏、桥梁、电力线路导线，并不得侵入铁路建筑限界内。不符合规定的，产权人或者管理人应当拆除或者迁移、修剪、砍伐。

铁路线路两侧既有的杆塔、烟囱等设施或者植物，产权人或者管理人应当加强管理，采取避免倒伏的安全防护措施。铁路运输企业发现危及铁路安全的，应当及时告知产权人或者管理人消除安全隐患。

(4)《中华人民共和国森林法》第三十二条：凡采伐林木的必须申请林木采伐许可证，凭证采伐。农村居民采伐自留地和房前屋后个人所有的零星林木除外。房前屋后范围是指农村居民宅基地范围内的土地，零星树木是指营造林面积低于 1 亩的树木，营造林面积大于 1 亩(含 1 亩)按片林对待，应凭证采伐。

(5)河北绿化委员会办公室、河北省林业厅、中国铁路北京局集团有限公司《关于进一步规范铁路沿线绿化工作确保铁路运输安全的通知》(冀绿办字〔2018〕17 号)明确铁路沿线、供电线周边植树绿化总体原则、绿化安全距离和绿化具体要求等标准。

(五)非法通行类

1. 产生原因

主要指非铁路工作人员，非法翻越护栏进入铁路线路以及封闭站场等问题。

2. 潜在危害

闲杂人员非法进入封闭线路，发生人身撞轧事故、人为破坏防护设施、非铁路工作人员擅动行车设备等情况，影响列车正常运行，司机发现闲杂人后会降速运行，造成非正常停车，严重的会发生列车相撞事故，造成人员伤亡。

案例一：翻越铁路防护网进入铁路线路行走被撞身亡

××××年××月××日 0:46，俩人翻越铁路防护网进入线路行走，在××线××站至××站间，被运行至此的××次列车撞上，不幸死亡。

案例二：违法进入铁路封闭区域

××××年××月××日某市莫某作从××线某站铁路防护栅栏旁一在建的施工工地强行攀爬铁路防护栅栏，进入高速铁路封闭区域行走，危及铁路运输安全。

该行为违反《铁路安全管理条例》第七十七条第(八)项："擅自进入铁路线路封闭区域或者在未设置行人通道的铁路桥梁、隧道通行"的规定。铁路公安机关依法给予莫某行政拘留 5 日的处罚。

3. 基本整治方法

加强铁路安全普法宣传，提高铁路安全意识。铁路公安机关对重点人员的排查及教育。铁路部门加强技防、物防建设，补强防护设施。对违法行为人严肃查处，依法处理。

4. 法规依据

《铁路安全管理条例》第四十六条：设置或者拓宽铁路道口、铁路人行过道，应当征得铁路运输企业的同意。

《铁路安全管理条例》第七十七条：禁止实施下列危害铁路安全的行为。

(1)非法拦截列车、阻断铁路运输；

(2)扰乱铁路运输指挥调度机构以及车站、列车的正常秩序；

(3)在铁路线路上放置、遗弃障碍物；

(4)击打列车；

(5)擅自移动铁路线路上的机车车辆，或者擅自开启列车车门、违规操纵列车紧急制动设备；

(6)拆盗、损毁或者擅自移动铁路设施设备、机车车辆配件、标桩、防护设施和安全标志；
(7)在铁路线路上行走、坐卧或者在未设道口、人行过道的铁路线路上通过；
(8)擅自进入铁路线路封闭区域或者在未设置行人通道的铁路桥梁、隧道通行；
(9)擅自开启、关闭列车的货车阀、盖或者破坏施封状态；
(10)擅自开启列车中的集装箱箱门，破坏箱体、阀、盖或者施封状态；
(11)擅自松动、拆解、移动列车中的货物装载加固材料、装置和设备；
(12)钻车、扒车、跳车；
(13)从列车上抛扔杂物；
(14)在动车组列车上吸烟或者在其他列车的禁烟区域吸烟；
(15)强行登乘或者以拒绝下车等方式强占列车；
(16)冲击、堵塞、占用进出站通道或者候车区、站台。

二、自然灾害问题

(一)恶劣天气对铁路设备的影响

1. 强降雨对铁路安全的影响。一是导致能见度下降，列车司机视线受阻，为保障安全，列车可能会降速运行；二是强降雨可能引发山体崩塌、滑坡、泥石流等地质灾害，可能会对线路或路基产生危害，从而威胁到列车运行安全，此时列车也会降速运行或者停靠等待，严重的甚至会冲击列车，造成人员伤亡；三是一些强降雨同时会伴有强风，如台风、强对流天气影响等，强风也会威胁到列车的运行安全。

2. 降雪对铁路安全的影响。一是导致电力供应中断、不足，致使电力机车无法运行；二是导致道岔扳动受阻，进而影响列车运行。

3. 强风对铁路安全的影响。一是列车在大风中行驶容易造成晃车，严重时可能造成列车颠覆；二是恶劣天气也会导致电力线路、信号线路受损，影响列车通行；三是大风容易将各类异物吹上线路，与行驶中的列车造成碰撞。

4. 地震对铁路安全的影响。一是地震可能会导致地面产生裂缝，地表塌陷，桥梁毁坏、隧道塌方等，导致铁路线路中断，从而导致火车停运、大量的旅客聚集、货物堆积；二是地震可能会导致停电，导致火车无法正常运营，从而导致停运；三是如果火车站处于震区，会遭到严重的破坏，导致火车停运。

(二)常见问题

1. 洪涝灾害。冲毁路基造成列车脱线、泥石流冲毁线路、山体落石中断线路。

案例一

××××年××月××日，受台风影响，华北、黄淮等地出现极端降雨过程，引发洪涝和地质灾害，冲毁路基、截停正在××境内××线上行驶的××次、××次、××次列车，造成近3 000名乘客受困。截至××××年××月××日2:10，滞留在××区的乘客才全部疏散完毕。

案例二

××××年××月××日0:55，××线K45+919处发生落石，造成××次货物列车紧急停车。该处路堑山体两侧高约30 m，坡度约45°，为石灰岩土石山体，风化严重，山体母石有多处裂缝，连续降雨量16.6 mm，雨水渗透到石缝中，造成石块与母体分离并顺着山坡滚落至线路上。经现场勘查测量，脱落母体的石块长 1 m，厚 0.4 m，高 0.6 m，在脱落母体滚落过程中分成三块 0.3 m 见方的石块和数块大小不等的碎石。幸亏司机及时发现并停车，侥幸未发生行车事故。

原因分析：因原始石块与母体脱离处所有裂缝，由于风化，再加近日降雨，雨水渗透到缝隙间，造成膨胀导致石块与母体分离并顺着山坡往下滚落。

重点提示：日常加强路堑地段巡视检查，发现隐患时及时处理。

案例三

××××年××月××日 5:41，××次列车运行至××线××站至××站间 K201＋203 处，司机发现运行前方 30 m 处，线路内侧有大量山体坍塌下的碎石堆积在线路上，机车在制动过程中与侵限的碎石相撞。5:42，列车停于××线 K201＋029 处。经抢修，6:55 清除危石开通线路。这构成铁路一般 C13 类事故。

原因分析：该处山体属石灰岩，岩体陡峭、风化严重，崩塌坠落的岩石呈凸状，个别部位有龟裂纹和灌木根系钻入岩石缝隙现象，汛期内经过雨水侵蚀，进入冬季后受冻胀力影响致使岩体突然脱离母体发生崩落，并倾落到线路上侵入限界，加之安装在此处的线路障碍报警系统没有发挥报警防护作用，造成列车相撞。××工务段作为设备管理单位，对山体危石的排查整治不到位，日常排查不认真、手段落后，没有对该处山体部分岩石存在的严重隐患及时发现并给予高度重视，盲目认为安装了报警监控系统，不会发生问题，错失了整治时机，致使岩石突然崩塌坠落，并侵入限界与列车发生相撞。定××工务段全部责任。

2. 风雨雪等恶劣天气。瞬时大风易导致轻飘物、硬飘物、树木等侵入铁路限界，降雨量较大会引起洪涝灾害，降雪会导致道岔卡阻、接触网覆冰。

案例一

××××年××月××日中午，××线某站某市境内因大风吹扬地膜，致使接触网故障，导致 24 趟列车晚点，警方在线路附近查获使用地膜覆盖种植的耕地使用者赵某某。

案例二

××××年××月××日凌晨，受低温冰雪冻雨天气影响，××线某站至某站间接触网覆冰导致停电，影响多趟列车晚点，经抢修于 8:41 恢复运行。

3. 破坏性地震、山体崩塌、滑坡、泥石流等地质灾害。地震可能引起地面裂缝、地表塌陷、桥梁毁坏、隧道塌方、接触网断电。山体崩塌、滑坡、泥石流等地质灾害会冲毁或中断线路，导致铁路运输中断。

案例

2021 年 9 月 16 日 4:33，四川省泸州市泸县发生 6.0 级地震。受地震影响，为确保旅客生命财产安全和铁路运输安全，涉及四川地区 11 条铁路停运检测受影响的区段设备。

三、结合部设备问题

(一)知识点

道岔转换卡阻主要是指转辙部分前三块滑床板部位基本轨卡阻尖轨，道岔转换杆件与岔枕间碰卡，顶铁、防跳顶铁、防跳间隔铁螺栓松动卡阻尖轨、可动心轨，滑床板开焊、滑床板内侧螺栓松动卡阻尖轨、可动心轨，使尖轨与基本轨、可动心轨与翼轨不能顺利密贴。

1. 产生转换卡阻的主要原因

(1)尖轨、可动心轨滑床板台面磨耗严重、滑床板严重变形,基本轨与滑床板不落槽、尖轨底部刨切不好引起转换卡阻。

(2)尖轨、可动心轨滑床板脱焊、折断产生错位、翘起引起转换卡阻。

(3)尖轨尖端防跳凸台卡基本轨头部下颚。

(4)尖轨拱腰,使第三块滑床板处尖轨上部卡基本轨头部下颚。

(5)尖轨非作用边或基本轨作用边存在肥边,使道岔产生转换卡阻。

(6)尖轨、可动心轨与滑床板间离缝。尖轨、可动心轨与滑床板间离缝导致部分滑床板不接触尖轨、可动心轨,部分滑床板受力过大,磨耗严重,尖轨、可动心轨扳动时因受力不均衡而滑动受阻,甚至不能正常锁闭。

(7)道岔 AT 型尖轨上部卡基本轨头部下颚的现象较多,主要原因是尖轨中后部滑床板过硬。

(8)岔枕铺设位置不正,转辙机处轨枕间隔不标准。尖轨、可动心轨因气温变化产生爬行,尖轨、可动心轨电务拉杆刮碰岔枕。

(9)尖轨、可动心轨滑床板台面缺油锈蚀造成转换阻力增大,引起转换卡阻。

(10)尖轨滑床板辊轮缺油锈蚀、安装不正确,辊轮定位螺栓松动、上框架浮起刮碰尖轨轨底,造成转换阻力增大,引起转换卡阻。

(11)尖轨、可动心轨拱腰或塌腰,使尖轨与基本轨、可动心轨与翼轨不能顺利密贴。

(12)尖轨、可动心轨中、后部滑床板阻力大,造成尖轨、可动心轨在扳动时,尖轨、可动心轨后部因受阻不能正常到位。

(13)基本轨或翼轨顺向窜动,带动锁框位移,造成锁闭板摩卡锁框,造成道岔摩擦故障。

(14)基本轨或翼轨横向移动,造成尖轨、可动心轨位移,带动表示杆位移,使锁闭力、表示口变化,引发道岔摩擦或卡口故障。

翼轨、基本轨横移的问题比较普遍,分析造成的原因有:

①用于固定基本轨或翼轨的长、短轨距杆变化,如轨距杆松动、紧固、脱落等。

②轨撑与翼轨或基本轨有缝固定不实,轨撑脱落等,轨撑没有起到挤的作用。

③轨距块与基本轨或翼轨底部有缝隙,造成固定不良。

④滑床板与基本轨或翼轨内部有缝隙也容易造成基本轨、翼轨的横移。

⑤滑床板固定螺母松动造成整体横移。

⑥两侧翼轨的间隔铁松动。

⑦支距扣板离缝,造成尖轨、基本轨横移。

以上七方面问题都将影响到表示杆缺口的变化,很容易引发卡口失表示故障。同时因尖轨、翼轨或基本轨没有固定牢固,容易造成转辙部位受温度变化爬行严重,从而影响道岔力的变化、密贴的变化、表示口的变化,引发设备故障。

(15)道岔转辙部关键部位螺栓松动、脱落,极易造成卡阻的产生。

①尖轨、可动心轨顶铁水平螺栓松动。

②可动心轨长、短心轨联结螺栓,咽喉前翼轨间隔铁螺栓,限位器螺栓,长、短心轨与间隔铁螺栓松动。

③拉板螺栓松动。由于长时间使用和列车振动及拉板固定螺栓不牢等原因,使部分心轨道岔拉板旷动严重,造成尖轨两侧的拉板左右不平、前后不正等问题。在转换道岔过程中,道

岔转换力受到分解。特别是在道岔锁闭时，拉板更加倾斜，易造成不能到位的设备故障。

④尖轨防跳轮螺栓、滑床板辊轮定位螺栓松动。

⑤尖轨、可动心轨顶铁横向螺栓防松夹松动、脱落。尖轨、可动心轨间隔铁螺栓螺母防松帽脱落。

(16)固定转辙机的混凝土枕产生位移，造成道岔杆件动作不顺畅，引发道岔摩擦故障。

(17)尖轨或心轨密贴发生变化，带动表示杆变化，造成道岔卡口故障，如基本轨肥边、尖轨掉片、夹石砟等。

(18)长、短心轨后端支距扣板完全扣死心轨轨底，在道岔换位置过程中，形成阻力。

(19)活接头跟端异径螺栓磨损后，扭矩过大，造成尖轨夹死，或轨缝顶死，造成尖轨扳动不灵活。

2. 整治转换卡阻的主要措施

(1)更换台面磨耗严重、滑床板严重变形的尖轨、可动心轨滑床板。

(2)锛砍削平木枕，降低滑床板。

(3)对钢轨肥边要及时打磨，对周期性肥边，电务要采取跟踪调整方式。

(4)对于尖轨、可动心轨滑床板脱焊、折断的进行更换或重新焊接。

(5)整修或更换拱腰或塌腰尖轨、可动心轨，使尖轨与基本轨、可动心轨与翼轨顺利密贴。处理尖轨拱腰的临时措施是打磨尖轨上部卡阻部位，必要时更换尖轨。

(6)通过垫板或起道捣固的方法整修滑床板过硬、空吊。

(7)混凝土枕道岔处理AT型尖轨上部卡基本轨下颚，一是更换基本轨下压溃胶垫，二是更换过硬滑床台下铁垫板胶垫。

(8)在道岔运营过程中，应经常检查各类转换杆件与岔枕上滑床板、耳板、岔枕边缘间的缝隙尺寸。发现缝隙小于10 mm时，应及时调整转换杆件的位置并进行测试，良好后立即锁定扣件。

(9)有砟轨道在转辙机处方正轨枕间隔使其符合标准。防止尖轨、可动心轨电务拉杆刮碰岔枕。

(10)重新安装尖轨滑床板辊轮，拧紧辊轮定位螺栓，以防止上框架浮起刮碰尖轨轨底，造成转换阻力增大，引起转换卡阻。

(11)对道岔转辙部分工关键部位螺栓，要加强检查，及时拧紧松动螺栓，对于拧不紧经常返松的螺栓必须进行更换处理。要及时补充并更换松动、脱落的尖轨、可动心轨顶铁横向螺栓防松夹，尖轨、可动心轨间隔铁螺栓螺母防松帽等。

各部位螺栓扭矩，见表5-1。

表5-1　各部位螺栓扭矩

螺栓种类	扭矩/(N·m)
长、短心轨联结螺栓	600
限位器、转辙器跟端间隔铁及翼轨间隔铁联结螺栓(不含尖跟活接头螺栓)	1 100
岔枕垫板M30螺栓	300～350
咽喉前翼轨间隔铁螺栓	600
防跳卡铁、顶铁螺栓	400～600

（二）常见问题

1. 道岔故障包括卡口故障、不锁闭故障、道岔卡阻。导致列车无法通过，影响行车安全及行车效率，造成运营中断。

案例：××××年××月××日 17:53，××站办理××次 7 道接车进路，10/12 号道岔由定位扳至反位时，反位无表示，18:14 经电务处理后恢复，18:19 经工务检查设备正常，影响本列及货车 5 列。

2. 红光带。导致列车无法通过，影响行车效率，造成运营中断。

案例一

故障概况：××××年××月××日 9:17，××线××站上行一接近轨道电路闪红光带，至 9:48 恢复。经设备单位对区间设备检查正常，于 10:13 开通。影响客车 4 列。

原因分析：××工务段利用列车间隔使用电动扳手在一行的两股钢轨同时进行复紧螺栓作业，由于该电动扳手外接额定电压 380 V 的电源（设置接地），同时在两股钢轨上复紧扣件时，产生感应电流，造成闪红。另外，现场施工负责人在已知线路闪红后，没有对现场进行认真排查，没有及时停止复紧扣件作业，造成连续闪红。

案例二

故障概况：××××年××月××日 0:15，××线××站—××站间下行第一接近红光带，3:47 经电务抢修后恢复正常，影响正常行车 2 小时 32 分钟，影响客车 8 列，货车 9 列。

原因分析：××线 K79＋117～＋316 是 A 段建筑棚洞施工地段，3 月 11 日 B 段为配合 A 段棚洞施工，将××线 K79＋300 处 58 号洞口的接触网锚段与回流线相连；A 段 3 月 21 日安装墙壁模板，固定墙壁模板与接触网回流线用铁丝连接捆绑在一起，造成回流线与墙体成为一体，而墙体的铁丝伸出来搭在信号电缆槽上，同时，信号电缆槽的固定端施工单位又用铁丝与钢轨扣件连接在一起，导致牵引电流过大打火烧坏电缆是发生事故的直接原因。列 A 段主要责任，B 段重要责任。

案例三

电缆烧损。3 月 11 日，××局集团公司××线××河大桥电缆槽内的电缆外皮磨破后，电缆钢带与电缆槽固定螺栓放电发热，烧损电缆，造成红光带、信号机灭灯，上、下行线故障分别延时 9 小时 53 分、6 小时 6 分。

案例四

故障概况：××××年××月××日 0:11，某线××站内 224DG 轨道电路区段着红光带，0:33 电务登记经由 224DG、220-226DG 有关信号停用，0:45 工务登记 224/226 号道岔渡线绝缘接头性能不良，不影响上下行接车，2:02 至 2:33 工务更换绝缘钢轨后恢复。

原因分析：××站内 224/226 号道岔渡线东股胶接绝缘特性不良（轨端绝缘阻值为 0 Ω），造成 224DG 轨道电路区段着红光带故障。该处绝缘接头位于××站 224 号道岔与 226 号道岔间，是上下行渡线东股极性绝缘接头，上线时间为 2005 年 5 月（厂制胶接绝缘接头、××工务器材厂生产），接头拉开 2 mm 缝隙，南端里侧钢轨轨头下颚与夹板顶部有 240 mm 长度开胶离缝，夹板底部与轨底间存在部分透锈现象。现场对胶接绝缘轨破折后，绝缘夹板与钢轨间无黏接胶迹象，绝缘箍磨耗严重最薄处剩余 0.2 mm。胶接轨上线时间较长、超期服役、胶黏失效、绝缘箍磨耗严重、工务养护维修不到位，是造成此次红光带故障的直接原因。

（三）工务与电务结合部常见故障

1. 道岔

(1)道岔框架固定不牢，造成道岔表示卡缺口故障，此类故障最为常见。

内锁闭道岔表示口标准为(1.5±0.5)mm，外锁闭为(2±0.5)mm，当道岔基本轨固定不牢，发生移位值超出道岔表示口适应范围时，就会发生道岔表示卡缺口故障，如图 5-1 所示。图 5-1(a)为转辙机内检查柱未能正常落入表示杆检查缺口内，图 5-1(b)为转辙机动接点未能正常打入静接点中，造成控制台显示道岔无表示。

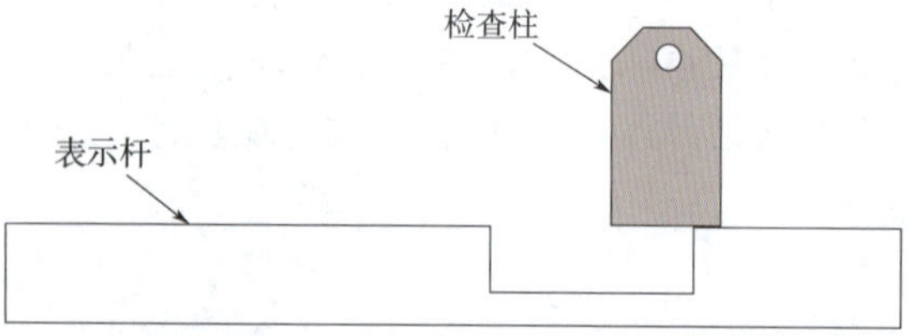

（a）卡缺口状态，接点不通

（b）

图 5-1　表示卡缺口故障

(2)道岔尖轨翘头，造成道岔摩擦故障，较为常见。

尖轨底部与滑床台间隙不能大于 1 mm，当道岔尖轨底部与滑床台间隙过大时，尖轨不能正常进入基本轨下颚，造成道岔转换不到位故障，如图 5-2 所示。左图中现象为尖轨翘头比较严重，但未引发故障。右图为尖轨翘头造成尖轨不能正常到位，引发道岔摩擦故障。

图 5-2　道岔尖轨翘头，造成道岔摩擦故障

(3)顶铁螺栓松动或脱落，造成道岔摩擦故障，较为常见。

顶铁螺栓松动或脱落，造成道岔摩擦故障如图 5-3 所示，图中顶铁螺栓松动造成顶铁向下倾斜，尖轨转换时，顶铁被斜着挤在尖轨与基本轨之间。

(4)复式交分道岔尖轨爬行严重，杆件与轨枕磨卡，造成道岔摩擦故障，较为常见，如图 5-4 所示。

图 5-3　顶铁螺栓松动或脱落

图 5-4　尖轨爬行严重

(5)外锁闭道岔尖轨防跳限位器缺失或失效，造成过车时，斥离轨位移超标，转辙机内表示杆斥离口顶起接点，道岔失去表示，较为常见，如图 5-5 所示。

(6)内锁闭道岔连接杆销子或销孔磨耗严重，旷动量超标造成到道岔表示卡口故障，如图 5-6 所示。

图 5-5　道岔失去表示

图 5-6　旷动量超标

2. 轨道电路

(1)钢轨绝缘不良，造成红光带，每年均有发生，概率较大。

钢轨绝缘在线测试阻值标准为大于 20 Ω，当低于 20 Ω 时，就可能造成红光带故障，如图 5-7 所示。图 5-7(a)中 1G 和 2G 区段的分割绝缘破损时，电流如红色虚线所示路径对 1G 和 2G 两个区段形成短路，使接收端 GJ 无法正常吸起，造成轨道电路红光带故障。图 5-7(b)、(c)为集中监测接收电压曲线变化情况，相邻两个区段电压同时降低，当低至 GJ 工作值以下时，GJ 落下，控制台显示红光带。

(2)初冬突然降温，昼夜温差较大时，无分支轨道电路区段的钢轨断裂，造成红光带，如图 5-8 所示。图 5-8(a)中红叉部位为断轨处，使轨道电路电流中断，接收端 GJ 落下，控制台显示红光带。图 5-8(b)为现场断轨照片，图 5-8(c)为集中监测该区段接收电压曲线变化情况，黄色箭头所指的部分为断轨时间段内接收电压曲线。

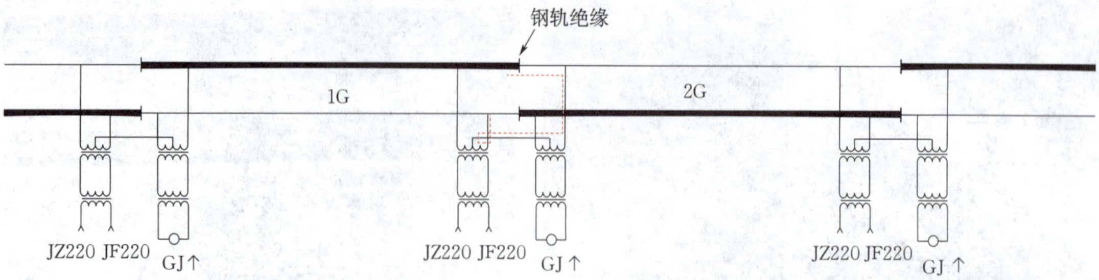

（a）

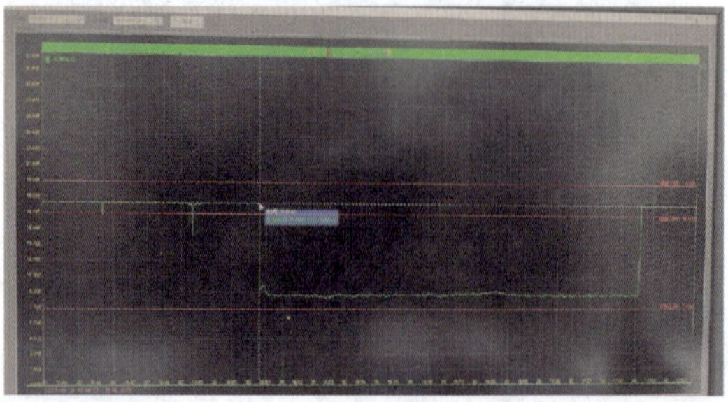

（b）

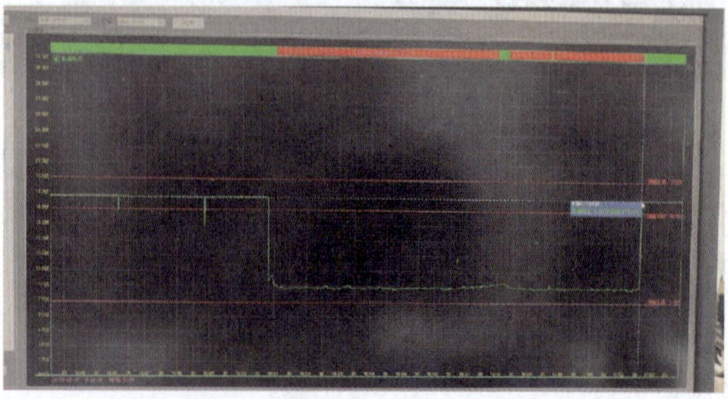

（c）

图 5-7　钢轨绝缘不良

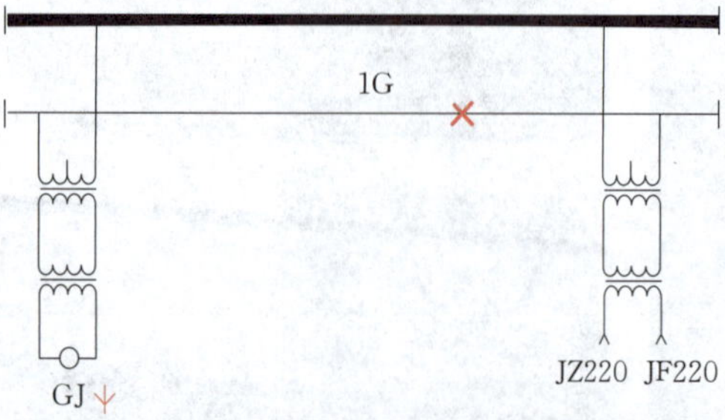

（a）

（b）

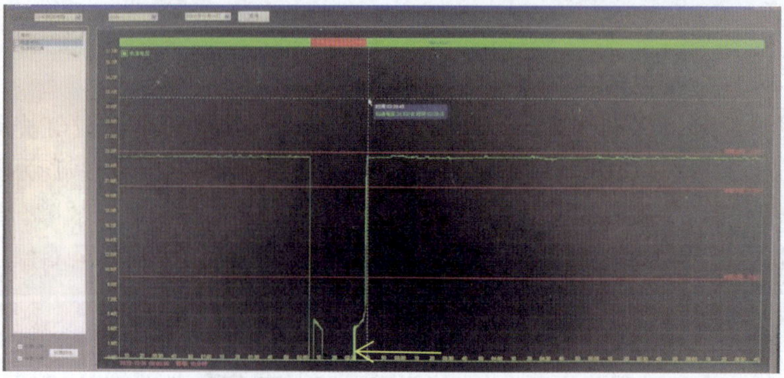

（c）

图 5-8　无分支轨道电路区段的钢轨断裂

(3)轨缝处吸附大量铁屑或车上遗落闸瓦鎏铁,封连绝缘两侧钢轨,造成红光带,此故障概率较大,如图 5-9 所示。一般电力机车启动时,如果牵引电流通道中的相关绝缘附近有铁屑,则容易被牵引电流产生的磁场吸附至绝缘轨端;闸瓦鎏铁封连一般是货车进站内侧线停车时,需要制动,车轮与闸瓦摩擦非常容易产生闸瓦鎏铁,掉落至绝缘两端轨面时,被车轮轧实,形成绝缘封连,车出清后 GJ 不能正常吸起,控制台显示红光带。

图 5-9 铁屑或闸瓦鎏铁封连绝缘两侧钢轨

(4)绝缘处两侧钢轨有肥边,同时封连接头夹板,或接头夹板与两侧扣件同时接触,造成红光带。

(5)钢轨引接线与异极性钢轨或扣件磨卡封连,造成红光带,如图 5-10 所示。图中红点为长钢轨引接线与异极性钢轨或扣件封连,电流如红色虚线所示径路对轨道电路形成短路,GJ 落下,控制台显示红光带。

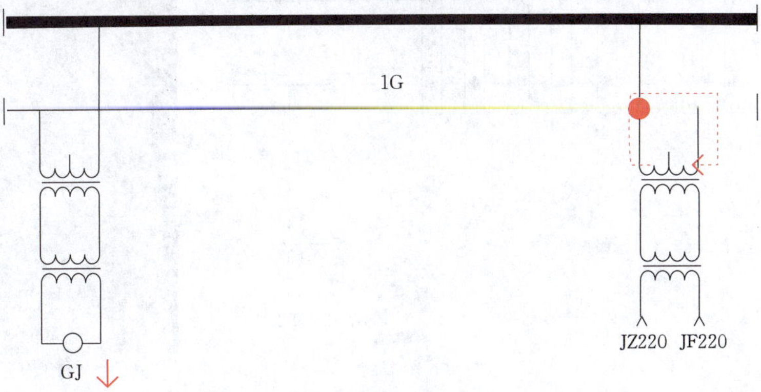

图 5-10 钢轨引接线与异极性钢轨或扣件磨卡封连

(6)轨距杆绝缘不良，造成红光带，如图 5-11 所示，轨距杆绝缘破损后，电流如红色虚线所示径路对轨道电路形成短路，GJ 落下，控制台显示红光带。

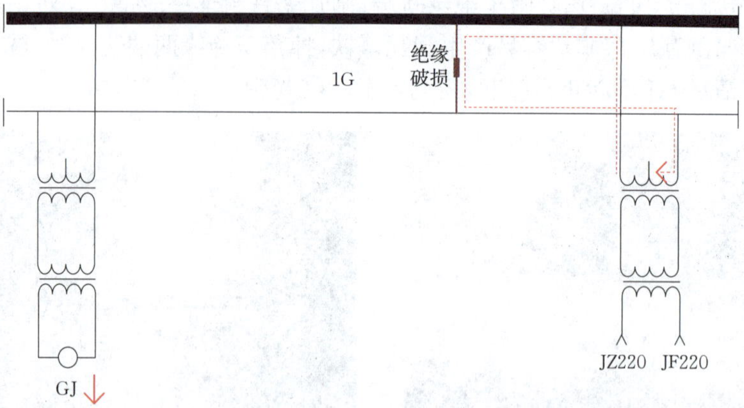

图 5-11　轨距杆绝缘不良

(7)道床不清洁，下雨后漏泄大，造成红光带，多发生于道床较低且废土较多的侧线股道，如图 5-12 所示，图中道床泥土较多，下雨后道床电阻降低，会在两条钢轨之间形成漏泄电流(图 1-6)，拉低接收端电压，当电压低于轨道继电器的工作值时，就会发生轨道电路红光带故障。

图 5-12　道床不清洁

(8)轨枕锚固剂绝缘不良，下雨漏泄大，造成红光带，多发生于新开通车站或区间较长的轨道区段，如图 5-13 所示，每个轨枕上锚固的固定螺栓与轨枕的绝缘阻值低于标准，下雨天导电性能更强，由于区段内轨枕全部并联在两根钢轨上，电阻并联时，等效电阻更低，形成漏泄较大的电流，使接收端电压降低，当低于 GJ 工作值时，GJ 落下，控制台显示红光带。右图中箭头所指为用于将螺栓固定在轨枕上的锚固剂。

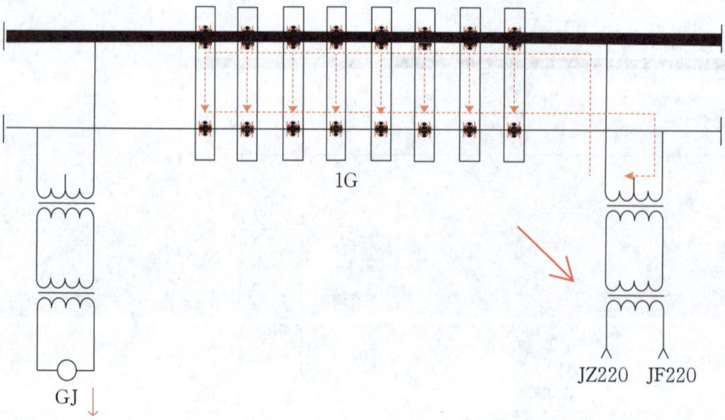

（a）

（b）

图 5-13　轨枕锚固剂绝缘不良

(9)交叉渡线或复式交分道岔异极性垫板被金属物质封连，造成红光带，如图 5-14 所示。图 5-14(a)为交叉渡线轨道电路示意图，图中红色虚线部分为容易封连短路的位置；图 5-14(b)为与之对应的现场实际设备，该辙叉处垫板的间隙较小，容易被铁屑或金属片等封连短路，造成红光带。

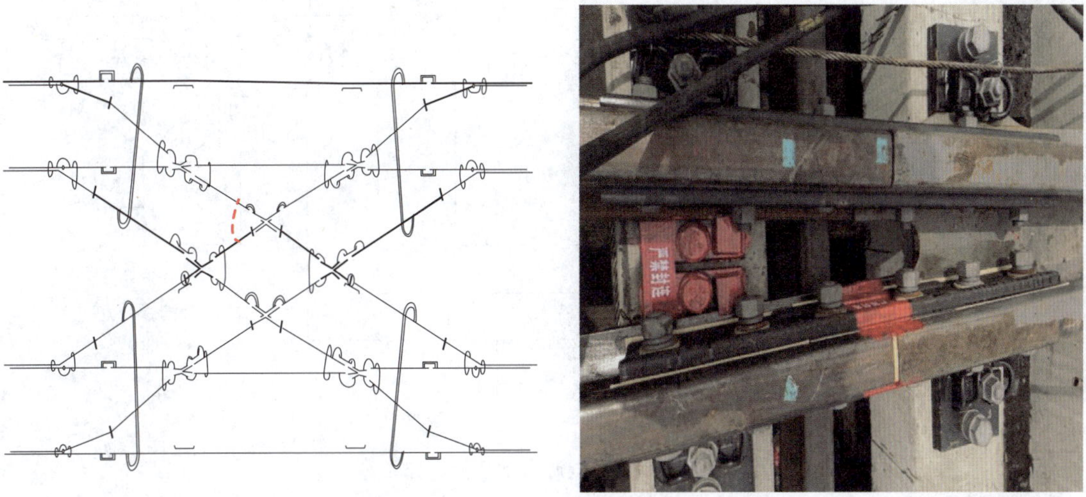

(a)　(b)

图 5-14　道岔异极性垫板被金属物质封连

(四)电务、供电结合部常见故障

1. 电源

(1)主用电源电压欠压，信号电源屏内用于电源切换的交流接触器接点不能可靠断开，电源无法自动切换到备用电源，造成全站红光带。

信号电源自动切换电路示意如图 5-15 所示，当Ⅰ路电源输入正常时，通过断相检查电路检查各相电源正常，电源切换手柄接点及 2KM 动开接点接通，沟通交流接触器 1KM 励磁电路，使 1KM 吸合，由 1KM 动合接点将Ⅰ路电源接入信号设备。当Ⅰ路电源发生欠压时，由于交流接触器 1KM 线圈有电压且未低于其释放值，所以其动合接点仍在接通或因压力不足产生的虚接状态，不能正常切换到Ⅱ路电源，造成信号设备不能正常工作。

(2)两路输入电源同相之间存在较高的相位差，电源切换时造成信号机械室防雷开关箱内断路器打落。

电源同相之间存在较高的相位差，电源切换时造成断路器打落如图 5-16 所示，当Ⅰ路电源不稳或其他非断电原因造成切换时，信号电源屏内用于电源切换的交流接触器 1KM 动合接点断开时，产生强烈的电弧放电，如红色虚线所示，由于分别接通两路电源的动开接点和动合接点之间存在较高的电压，形成了蓝色虚线所示得电流通路，使Ⅰ路电源和Ⅱ路电源通过电弧短路，造成开关箱内的两路电源输入断路器打落。

(3)电力电缆与信号电缆同沟或交叉时隔离不满足标准，电力电缆破皮对地放电，烧毁信号电缆。

(4)电源存在谐波干扰，造成无故切换电源，一般为电源上接有除信号设备以外的其他电器。

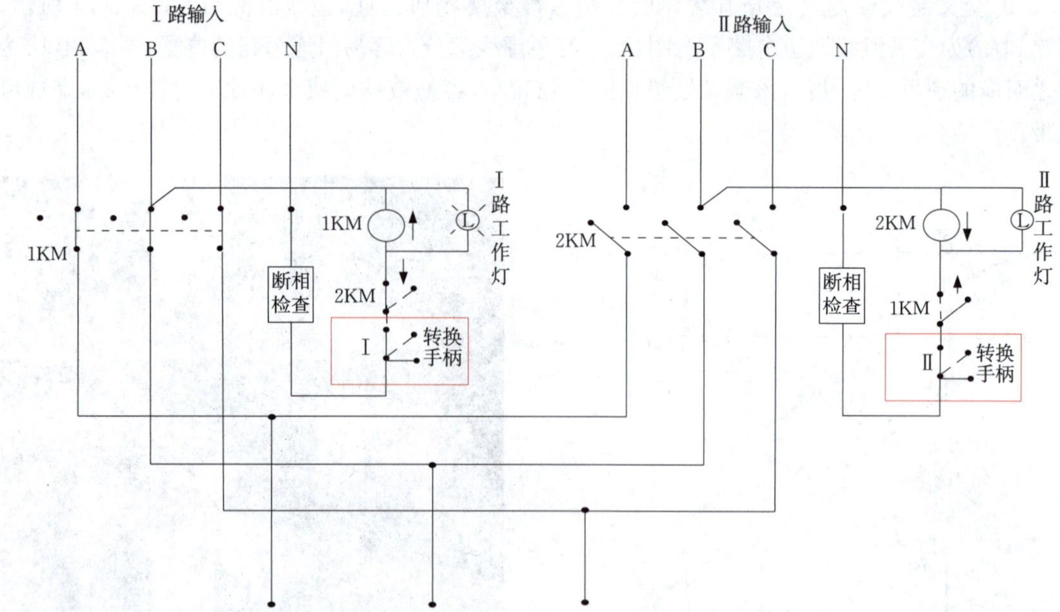

图 5-15　信号电源自动切换电路示意

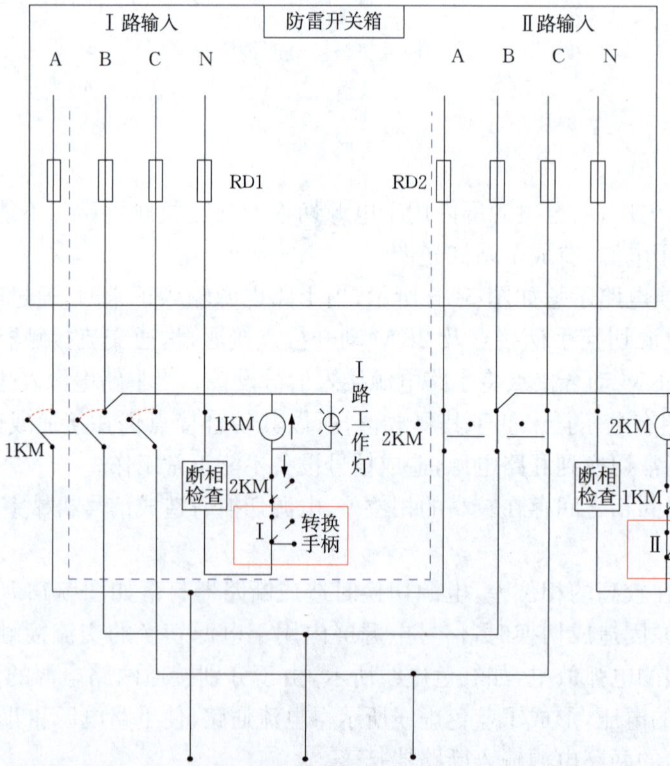

图 5-16　断路器打落

按照规定贯通或自闭电源上只能接信号设备，有些机械室的空调等生活用电设备错误使用贯通电源，当多个设备同时工作时，会产生谐波，电源屏切换电路中采集到电源质量不好时，就会进行电源切换。

2. 轨道电路

(1)吸上线与扼流变压器中心连接板虚接，造成打火，烧毁中心连接板或吸上线，如图 5-17 所示，吸上线与中心连接板的螺栓或线卡松动，就会产生较大接触电阻，电流径路如红色虚线所示，由电流产生热量的公式 $Q=I^2Rt$ 可知，电流产生的热量 Q 与电阻 R 成正比，由于本图中接触电阻 R 远大于导线的电阻，所以在虚接的部位会产生较大的热量，严重时会将吸上线或中心连接板烧断，影响轨道电路工作。

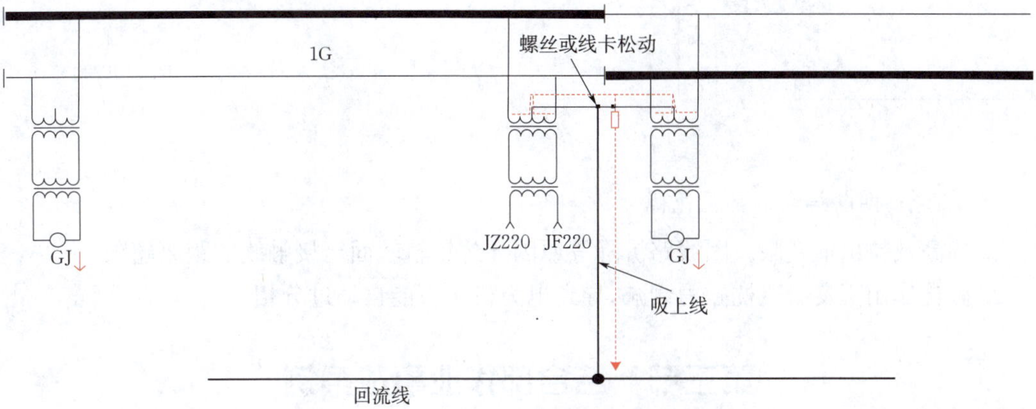

图 5-17　吸上线与扼流变压器中心连接板虚接

(2)连接单轨条的火花放电间隙不良，直接接地，电力机车通过时由于两轨条电流不平衡烧毁轨道电路设备，造成红光带。

原因分析：

①牵引回流正常通道分析：轨道绝缘两侧各安装一台扼流变压器，两台扼流变压器初级线圈中点安装有中心连接板，这样的设计可以沟通并平衡两条钢轨上的牵引电流，如图 5-18 所示，图中红色和绿色虚线分别表示两根轨条上的牵引电流，当两个电流大小相等、方向相反流过扼流变压器牵引线圈时，在次级线圈感应到的电流为“0”，由于信号专业的轨道电路采用 25 Hz 电源，所以轨道电路能够正常工作。但是，当两个轨条牵引电流不相等时，在变比为 1∶3 的扼流变压器次级线圈会感应到两条钢轨电流差的 3 倍电流，影响轨道电路正常工作。

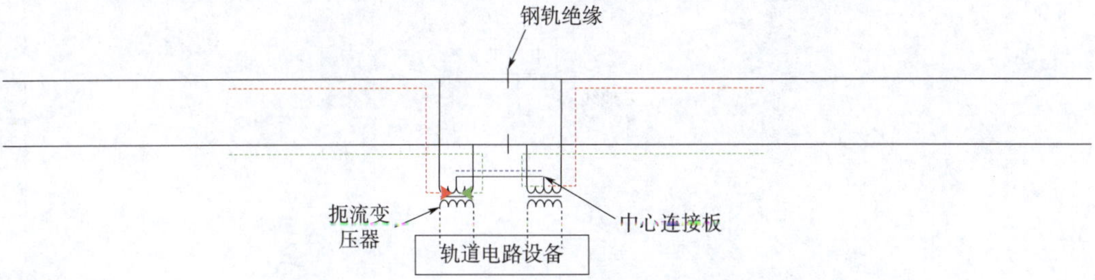

图 5-18　牵引回流正常通道示意

②当火花放电间隙击穿或绝缘不良以及图 5-19 中所指钢轨连接段埋入土中且接地电阻较低时，会有一部分牵引电流通过红色虚线所示径路经大地流回牵引变电所，此时图中黑色粗轨条流过的牵引电流较大，造成两轨条的电流不平衡，扼流变压器次级线圈感应到牵引电流，干扰轨道电路正常工作，严重时烧毁轨道电路器材或熔断器，使 GJ 落下，控制台显示红光带。

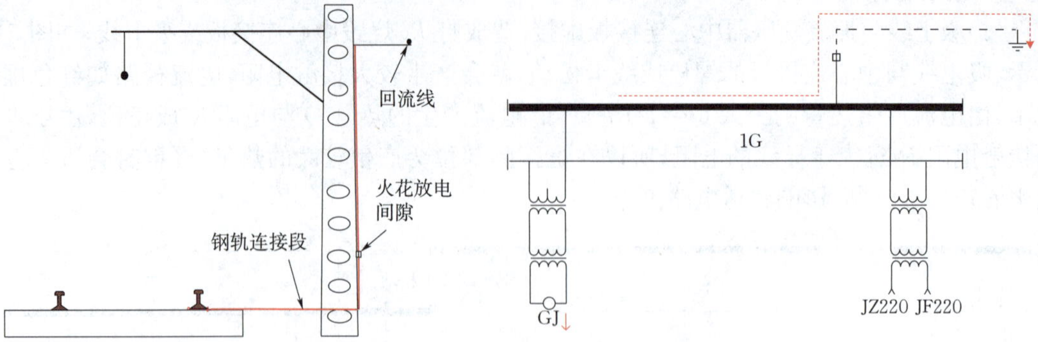

图 5-19 两轨条的电流不平衡

（五）工务、供电结合部常见故障

1. 导高及拉出值超限。因线路沉降等原因导致钢轨轨面至接触线的距离超限。

2. 磁枕作用不良。磁枕磁力衰减，导致电力机车不能自动过分相。

第三节 结合部作业事故案例

一、工具放置不规范，造成轨道电路封连

比如工务轨距尺放在复式交分道岔区段的轨面，工具封连轨道绝缘，供电的人工梯车封连轨道绝缘或钢轨，造成红光带。

二、工务作业引发事故

1. 工务人员在轨道电路上使用电焊机时，地线和焊接点分别为不同极性轨道电源，大电流烧毁轨道电路设备，造成红光带，如图 5-20 所示。

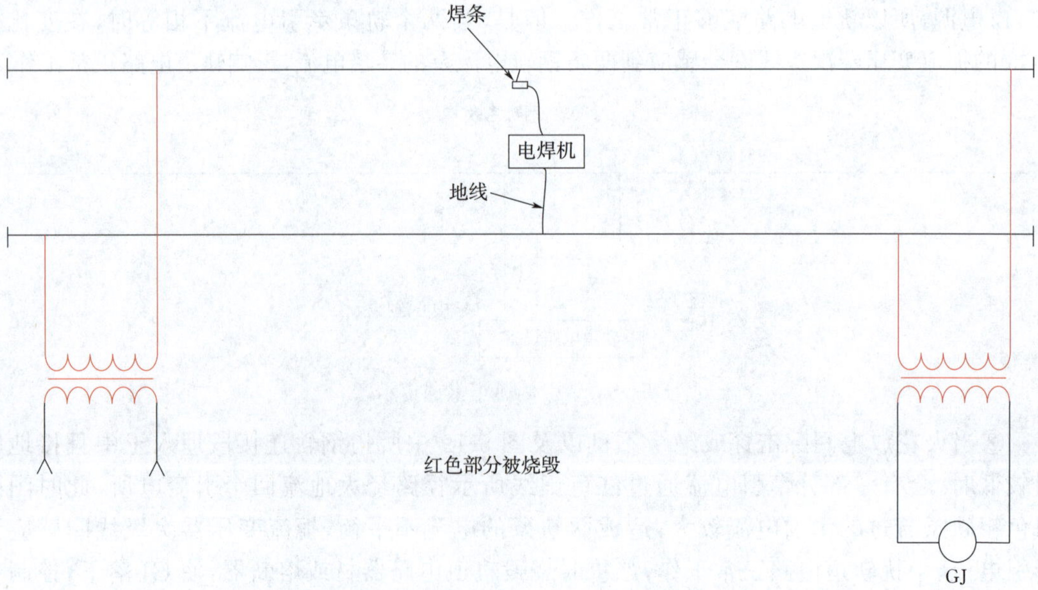

图 5-20 电焊机使用不当造成红光带

2. 工务人员使用同一套插电型电动工具分别在不同极性轨道电源上同时作业时，由于电动工具的安全地线将两条不同极性轨道电源封连，造成红光带，如图 5-21 所示。

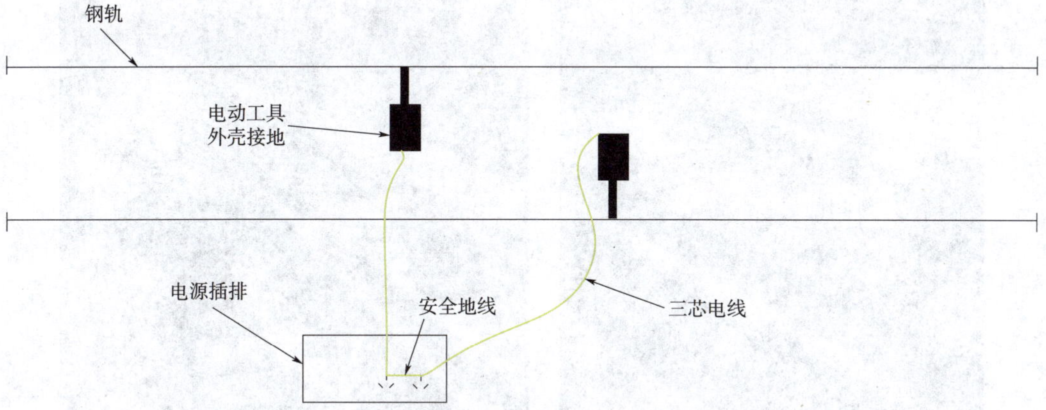

图 5-21　电动工具使用不当造成红光带

3. 侵限绝缘相关区段作业，红光带后影响信号开放，如图 5-22 所示，在 7DG1 处作业时，因绝缘封连或拆断钢轨造成 7DG 区段红光带，则影响 SI 信号机的正常开放。

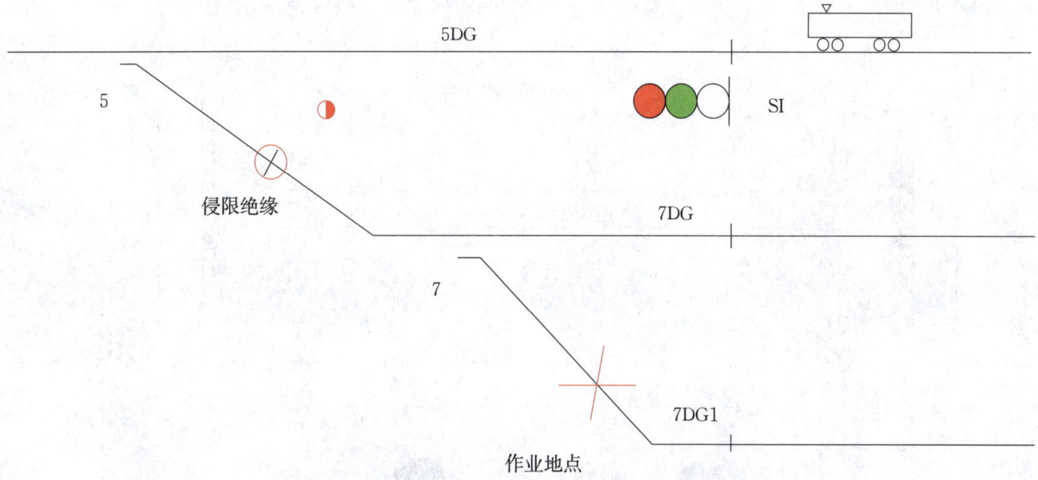

图 5-22　侵限绝缘相关区段作业不当造成红光带

4. 工务在钢梁桥进行换枕施工，由于钢梁桥使用的木枕，在木枕中间部位安装有护轮轨，轨底与梁体之间间隙很小且未安装绝缘垫，换枕期间为了保证轨距达标，在两根基本轨之间安装了轨距杆，在轨距杆的两端，分别与护轮轨和基本轨底接触，现场情况如图 5-23 所示。发生故障时，天气为小雨，在护轮轨底与钢梁之间存有积水，接触电阻变小，形成了漏泄电流，如图 5-23(b)中箭头所示，导致接收电压下降，GJ 落下，控制台显示红光带。

5. 更换道岔施工或更换尖轨施工时，内锁闭道岔的连接杆的丁字铁绝缘安装位置错误，如图 5-24 所示，图 5-24(a)中红色部分为绝缘，黑色部分为金属，图 5-24(b)为丁字铁与尖轨之间的螺栓和调整垫的安装示意图，此时螺栓与调整垫紧密接触，同时图 5-24(a)中调整垫和丁字铁由紧密接触，螺栓帽与尖轨紧密接触，构成了图 5-24(b)中蓝色虚线所示电流通路，使两条钢轨短路，造成控制台红光带。

（a）　　（b）

图 5-23　护轮轨底与钢梁之间存有积水造成红光带

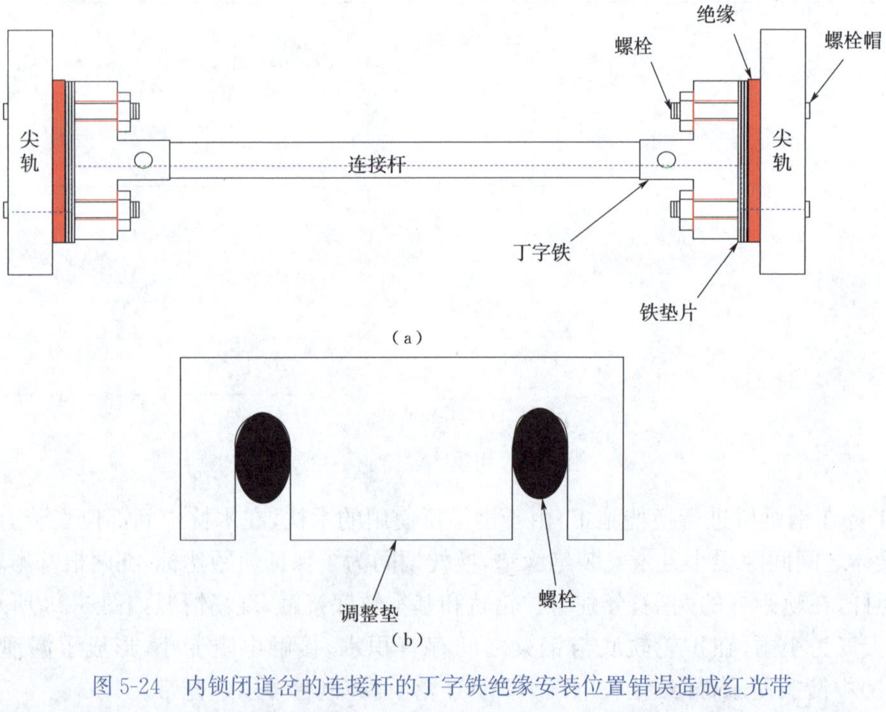

（b）

图 5-24　内锁闭道岔的连接杆的丁字铁绝缘安装位置错误造成红光带

6. 在信号电缆径路上动土作业，未通知电务人员进行探挖配合，造成电缆受伤，引发信号设备故障。

案例：××××年××月××日，某工务段组织在某线 K2＋000～K3＋000 实施水害复旧工程过程中，因大型机械开槽损伤 K2＋600 处通信电缆，16:32，××站与××站不能办理闭塞，18:36 经通信处理后恢复，影响货车 4 列，构成一般 D9 事故。

三、供电作业引发事故

接触网专业作业时，地线装设位置错误(如渡线道岔处下行检修时，地线跨过渡线绝缘安装在上行侧)，造成另一行轨道电路单轨条接地，电力机车通过时由于两轨条电流不平衡烧毁轨道电路设备，造成红光带。

当接触网作业，地线装设错误时牵引回流通道分析，如图 5-25 所示，该地线安装区段为上下行双动道岔的渡线绝缘处，接触网的关节分段绝缘与钢轨的渡线绝缘错开了一段距离，当下行接触网停电检修时，在关节绝缘的下行侧安装了安全地线，该地线安装在上行线轨道电路的其中一条钢轨上，当上行线列车通过时，会有一部分牵引电流沿着图中绿色虚线径路流入大地，经大地流回牵引变电所。此时，由于是安装有安全地线的轨条电流较大，两轨条的电流不平衡，造成扼流变压器次级线圈感应到牵引电流，干扰轨道电路正常工作。

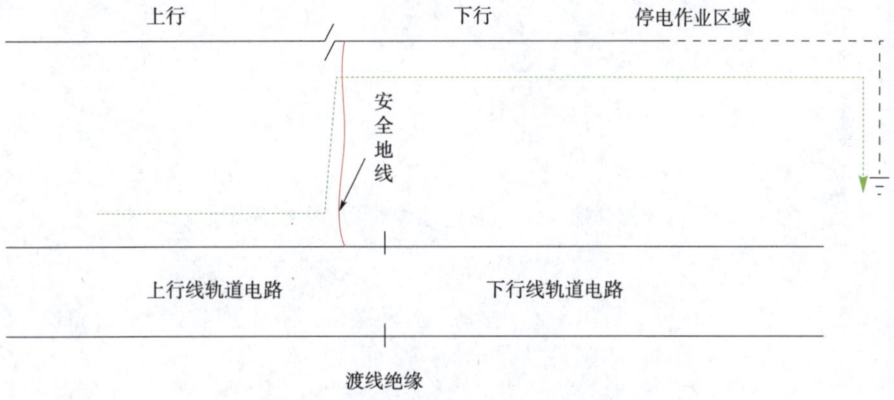

图 5-25　接触网作业时地线装设位置错误造成红光带

电力电源停电检修造成信号电源未能正常切换，造成全站红光带。

案例：××××年××月××日 10:12，某铁路局集团公司某线路，计划对主用电源 A 进行检修作业，期间备用电源 B 发生电压波动，ATS 装置启动切换逻辑，尝试切回电源 A 切换失败，信号系统完全失电造成全站联锁系统瘫痪，控制台显示“红光带”，造成 5 列客车、8 列火车被迫扣停，行车中断 2 小时 25 分钟，影响旅客约 1800 人。

四、电务作业引发事故

电务人员进行电缆沟开挖、电缆及贯通地线敷设时，贯通地线与安装单轨条上的带有火花放电间隙的接触网地线接触，图 5-26 中红点部位所示，电力机车通过时，牵引电流通过图中粗线条钢轨至接触网地线至贯通地线接地，如图中红色虚线所示，由于两轨条电流不平衡烧毁轨道电路设备，造成 GJ 落下，控制台显示红光带。

案例：××××年××月××日，某铁路局集团公司某工务段在某站站内下行线进行大型养路机械打磨道岔作业，3:38，作业完毕打磨车转线过程中，因进路中 11 号道岔被电务人员擅自操纵至反位，导致 09911 号打磨车挤 11 号道岔后脱轨。这构成铁路交通一般 D2 类事故。

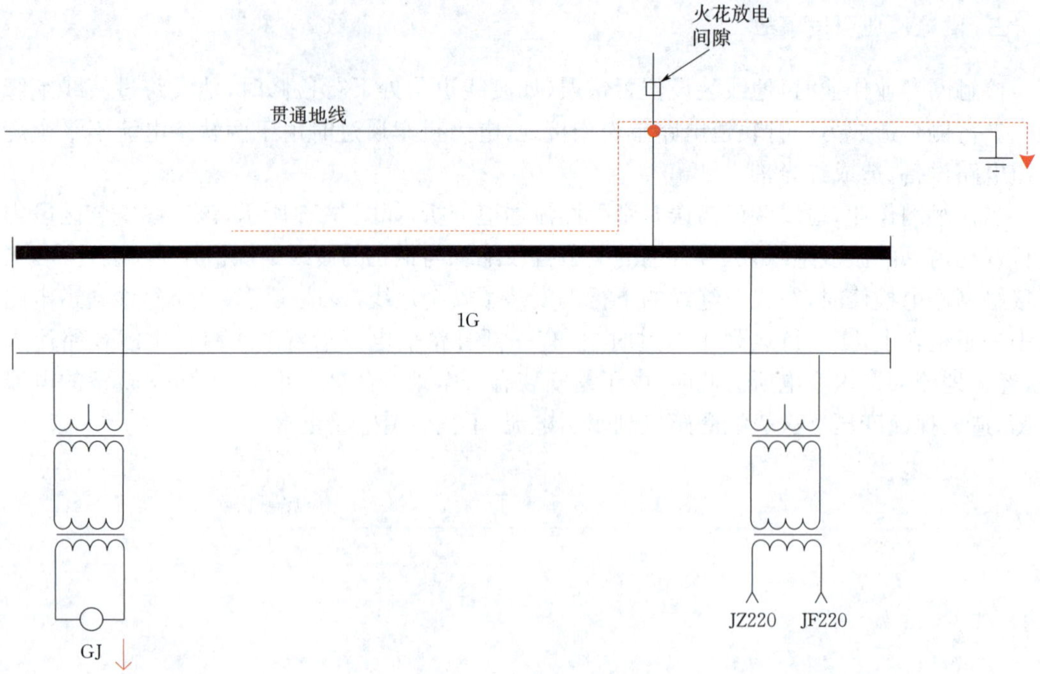

图 5-26　电缆沟开挖、电缆及贯通地线敷设时作业不当造成红光带

附件 1

普速铁路“行车设备检查登记簿”(故障登记)式样

“运统 46”左页　　　　“运统 46”右页

月日	时分	检查试验结果，所发现的不良及破损程度	通知时间 月日	通知时间 时分	通知时间 通知的方法(用电报、电话)书面或口头	到达时间 月日	到达时间 时分	到达时间 该段的工作人员到达后盖章	消除不良及破损的时分及盖章 月日	消除不良及破损的时分及盖章 时分	破损及不良的原因，采用何种办法进行修理的。工作人员及车站值班员盖章
		(轨道电路分路不良登记)									
5.6	10:10	经测试，因钢轨生锈造成×/×道岔渡线、××道							5.6	15:20	根据电务登记，使用×次列车(或车列)对×/×道岔
		岔区段×道岔左(右)侧线路、××股道区段分路									渡线、××道岔区段×道岔左(右)侧线路、××股道
		不良，分路不良处所不影响正常排列列车、调车									区段进行碾压处理，通知电务张×测试。
		进路。									车站值班员：李×
		电务：张×　车站值班员：李×　丁×　王×									
		赵×									
						5.6	15:35	张×	5.6	17:15	经测试，×/×道岔渡线、××道岔区段×道岔左(右)
											侧线路、××股道区段轨道电路分路恢复正常，试验
											良好。
											(仍分路不良时，全部分路不良区段左侧重新登记)
											电务：张×　车站值班员：李×　丁×　王×　赵×
		(更换钢轨造成轨道电路分路不良登记)									
5.6	10:10	××站—××站间×行线××km××m～××km				5.6	10:30	张×	5.6	11:50	经测试，××站—××站间×行线××轨道区段电路
		××m因工务换轨，××轨道区段经测试分路不									分路恢复，试验良好，恢复正常行车。(××轨道区段)
		良，××站—××站间×行线按站间掌握行车。									电路分路恢复，试验良好。

普速铁路“行车设备检查登记簿”(故障登记)式样

“运统 46”左页　　　　“运统 46”右页

月日	时分	检查试验结果，所发现的不良及破损程度	通知时间 月日	通知时间 时分	通知的方法(用电报、电话)书面或口头	到达时间 月日	到达时间 时分	该段的工作人员到达后盖章	消除不良及破损的时分及盖章 月日	时分	破损及不良的原因,采用何种办法进行修理的。工作人员及车站值班员盖章
		(××轨道区段因工务换轨,经测试分路不良。)									电务:张×　车站值班员:李×
		电务:张××　车站值班员:李×									
		(区间着红光带或闪红)									
6.9	9:40	发现×站—×站间×行线××、××区段红光带	6.9	9:41	电话:工务王×	6.9	9:43	王×	6.9	10:20	×站—×站间×行线××km+××m处右股断轨,
		(闪红)。	6.9	9:41	电话:电务张×	6.9	9:42	张×			经抢修后恢复正常使用(或限速开通)。
		车站值班员:李×									工务:王×　车站值班员:李×
6.9	9:44	×站—×站间×行线××、××区段红光带暂时							6.9	10:21	×站—×站间×行线××、××区段轨道电路故
		不能恢复,××信号机停用。									障恢复,试验良好,交付使用。
		电务:张×　车站值班员:李×									电务:张×　车站值班员:李×
6.9	9:56	×站—×站间×行线××km+××m处右股断							6.9	10:50	××线××站至××站间×行线工务设备修复,恢复
		轨,×站—×站间×行线封锁处理。									正常行车。
		工务:王×　车站值班员:李×									工务:王×　车站值班员:李×
6.9	10:22	经紧急处理,×站—×站间×行线××km+									
		××m~××km+××m限速×km/h运行。									
		工务:王×　车站值班员:李×									
		(站内区段着红光带或闪红)									

普速铁路"行车设备检查登记簿"(故障登记)式样

"运统 46"左页　　　　　　"运统 46"右页

月日	时分	检查试验结果，所发现的不良及破损程度	通知时间 月日	通知时间 时分	通知时间 通知的方法(拍电报、电话)书面或口头	到达时间 月日	到达时间 时分	到达时间 该段的工作人员到达后盖章	消除不良及破损的时分及盖章 月日	消除不良及破损的时分及盖章 时分	消除不良及破损的时分及盖章 破损及不良的原因，采用何种办法进行修理的。工作人员及车站值班员盖章
6.8	10:11	发现×道、××区段红光带(闪红)。	6.8	10:12	电话:工务王×	6.8	10:18	王×	6.8	10:28	经检查，×道、××区段工务设备正常。
		车站值班员:李×	6.8	10:12	电话:电务张×	6.8	10:13	张×			工务:王×　车站值班员:李×
6.8	10:13	×道、××区段红光带暂时不能恢复，经由×道、							6.8	10:40	×道、××区段轨道电路故障，经修复后恢复正常
		××区段的有关信号停用(引导信号除外)。									使用。
		电务:张×　车站值班员:李×									电务:张×　车站值班员:李×
		(CTC/TDCS终端轨道电路红光									
		带仅是显示故障时)									
6.8	10:11	CTC/TDCS终端××区段轨道电路出现红光带。	6.8	10:12	电话:工务王×	6.8	10:14	王×	6.8	10:20	根据车站值班员(列车调度员)通知和电务部门登记，
		车站值班员:李×	6.8	10:13	电话:电务张×	6.8	10:15	张×			××轨道电路红光带CTC/TDCS终端显示错误，
6.8	10:18	××区段轨道电路红光带CTC/TDCS终端显示									信号联锁设备正常，工务终止检查处理。
		错误，信号及联锁设备正常。									工务:王×　车站值班员:李×
		电务:张×　车站值班员:李×							6.8	10.25	经处理，CTC/TDCS终端恢复正常，交付使用。
											电务:张×　车站值班员:李×
		(发现断轨)									
1.1	9:56	检查发现×站—×站间×行线××km××m处							1.1	11:00	×站—×站间×行线××km××m处右股断轨，
		右股断轨，危及行车安全，立即封锁抢修。									经抢修后恢复正常使用。

普速铁路“行车设备检查登记簿”(故障登记)式样

“运统 46”左页　　“运统 46”右页

月日	时分	检查试验结果，所发现的不良及破损程度	通知时间 月日	通知时间 时分	通知时间 通知的方法(用电报、电话)书面或口头	到达时间 月日	到达时间 时分	到达时间 该段的工作人员到达后盖章	消除不良及破损的时分及盖章 月日	消除不良及破损的时分及盖章 时分	消除不良及破损的时分及盖章 破损及不良的原因，采用何种办法进行修理的。工作人员及车站值班员盖章
		工务:王×　车站值班员:李×									工务:王×　车站值班员:李×
		(降雨扣停旅客列车登记)									
6.9	9:00	因降雨量达到旅客列车扣停值，××线××站至							6.9	10:30	经工务检查，××线××站至××站间工务设备达到
		××站间禁止放行旅客列车。									旅客列车限速放行条件，可放行旅客列车。
		工务:王×　车站值班员:李×									工务:王×　车站值班员:李×
6.9	10:30	××线××站至××站××km+××m至							6.9	15:40	经工务检查，××线××站至××站间工务设备正常，
		××km+××m旅客列车限速××km/h运行。									恢复正常行车。
		工务:王×　车站值班员:李×									工务:王×　车站值班员:李×
		(降雨封锁登记)									
6.9	10:10	因降雨量达到封锁警戒值，××线××站(含)至							6.9	11:11	经检查，××线××站(含)至××站间××km+
		××站间××km+××m至××km+××m									××m至××km+××m线路开通。
		线路封锁。									工务:王×　车站值班员:李×
		工务:王×　车站值班员:李×									
		(降雨限速登记)									
6.10	11:10	因降雨，××线××站至××站间××km+××m							6.9	12:10	经工务检查，××线××站至××站间××km+
		至××km+××m限速××km/h运行。									××m至××km+××m设备正常，恢复正常行车。

普速铁路“行车设备检查登记簿”(故障登记)式样

“运统 46”左页　　“运统 46”右页

月日	时分	检查试验结果，所发现的不良及破损程度	通知时间			到达时间			消除不良及破损的时分及盖章		
			月日	时分	通知的方法（用电报、电话）书面或口头	月日	时分	该段的工作人员到达后盖章	月日	时分	破损及不良的原因，采用何种办法进行修理的。工作人员及车站值班员盖章
		工务:王×　车站值班员:李×									工务:王×　车站值班员:李×
		(司机汇报“X站至X站间降大雨”，									
		报告列车调度员)									
7.2	9:30	根据列车调度员布置，××线××站至××站间	7.2	9:31	电话:工务王×	7.2	9:35	王×	7.2	10:00	经检查，××线××站至××站间工务设备正常。
		大雨，工务现场检查。									(如需限速，左侧登记限速值)
		车站值班员:李×									工务:王×　车站值班员:李×
7.2	10:00	经检查，××线××站至××站间××km+							7.2	16:00	经检查，××线××站至××站间××km+××m
		××m至××km+××m限速××km/h。									至××km+××m恢复正常行车。
		工务:王×　车站值班员:李×									工务:王×　车站值班员:李×
		(工务降雨登记)									
7.20	11:00	经检查确认，因降雨，××线××站至××站间							7.20	16:00	经检查确认，××线××站至××站间××km+××m
		××km+××m至××km+××m限速									至××km+××m恢复正常行车。
		××km/h。(××线××站至××站间封锁)。									工务:王×　车站值班员:李×
		工务:王×　车站值班员:李×									
7.20	14:00	经检查确认，××线××站至××站间××km+									
		××m至××km+××m限速××km/h。(限									

普速铁路“行车设备检查登记簿”(故障登记)式样

“运统 46”左页　　　　　　　　“运统 46”右页

月日	时分	检查试验结果，所发现的不良及破损程度	通知时间			到达时间			消除不良及破损的时分及盖章		
			月日	时分	通知的方法(用电报、电话)书面或口头	月日	时分	该段的工作人员到达后盖章	月日	时分	破损及不良的原因，采用何种办法进行修理的。工作人员及车站值班员盖章
		速开通)									
		工务:王×　　车站值班员:李×									
		(设电务人员集中联锁车站，车务扳动未恢复)									
6.8	10:10	×/×号道岔定(反)位失去表示。	6.8	10:12	电话:工务王×	6.8	10:14	王×	6.8	10:20	经检查，×/×号道岔工务设备良好。
		车站值班员:李×	6.8	10:13	电话:电务张×	6.8	10:15	张×			工务:王×　　车站值班员:李×
6.8	10:15	×/×号道岔定(反)位失去表示，经由×/×号道							6.8	10:25	×/×号道岔经修复后恢复正常使用。
		岔定(反)的有关信号停用(引导信号除外)。									电务:张×　　车站值班员:李×
		电务:张×　　车站值班员:李×									
		(未设电务人员，工务检查，车务扳动试验恢复)									
6.8	10:10	×/×号道岔定(反)位失去表示。	6.8	10:12	电话:工务王×	6.8	10:14	王×	6.8	10:20	×/×号道岔工务设备良好，未发现异物(异物已
		车站值班员:李×	6.8	10:13	电话:电务张×						取出)。
											工务:王×　车站值班员:李×
									6.8	10:21	经道岔扳动试验，×/×号道岔表示恢复。
											车站值班员:李×
		(未设电务人员，工务检查，车务扳动试验未恢复)									
6.8	10:10	×/×号道岔定(反)位失去表示。	6.8	10:12	电话:工务王×	6.8	10:14	王×	6.8	10:20	×/×号道岔工务设备良好，未发现异物(异物已

普速铁路"行车设备检查登记簿"(故障登记)式样

"运统 46"左页　　"运统 46"右页

月日	时分	检查试验结果，所发现的不良及破损程度	通知时司 月日	通知时司 时分	通知时司 通知的方法(用电报、电话)书面或口头	到达时间 月日	到达时间 时分	到达时间 该段的工作人员到达后盖章	消除不良及破损的时分及盖章 月日	消除不良及破损的时分及盖章 时分	消除不良及破损的时分及盖章 破损及不良的原因，采用何种办法进行修理的。工作人员及车站值班员盖章
		车站值班员:李×	6.8	10:13	电话:电务张×	6.8	10:45	张×			取出)。
6.8	10:48	×/×号道岔定(反)位失去表示，经由×/×号道									工务:王×　　车站值班员:李×
		岔定(反)位的有关信号停用(引导信号除外)。							6.8	11:10	×/×号道岔经修复后恢复正常使用。
		电务:张×　　车站值班员:李×									电务:张×　　车站值班员:李×
		(区间逻辑检查报警，电务确认设备正常)									
9.2	10:00	××站至××站上(下)行线××区段红光带，逻	9.2	10:01	电话:电务李×	9.2	10:05	李×	9.2	10:10	经检查，××站至××站间××上(下)行线××闭塞
		辑检查设备报警。									分区电务设备正常。
		车站值班员:张×									电务:李×　　车站值班员:张×
		(区间逻辑检查报警，电务确认设备故障)									
9.2	10:00	××站至××站上(下)行线××区段红光带，逻	9.2	10:01	电话:电务李×	9.2	10:05	李×	9.2	10:30	经修复，设备良好，交付使用，恢复正常行车。
		辑检查设备报警。									电务:李×　　车站值班员:张×
		车站值班员:张×									
9.2	10:15	××站至××站上(下)行线××区段设备故障									
		暂时不能恢复，逻辑检查功能停用，××站至××									
		站上(下)行线按站间区间掌握行车。									
		电务:李×　　车站值班员:张×									

普速铁路“行车设备检查登记簿”(故障登记)式样

“运统 46”左页　　　　“运统 46”右页

月日	时分	检查试验结果，所发现的不良及破损程度	通知时间 月日	通知时间 时分	通知的方法(用电报、电话)书面或口头	到达时间 月日	到达时间 时分	该段的工作人员到达后盖章	月日	时分	消除不良及破损的时分及盖章 破损及不良的原因，采用何种办法进行修理的。工作人员及车站值班员盖章
		(电力设备抢修切换电源)									
1.20	12:00	因×路电力设备故障，危及行车安全，须立即切							1.20	12.20	电源切换完毕，交付使用。
		换电源。									电务：李×　　车站值班员：张×
		电务：李×　　车站值班员：张×									
		(灯丝报警)									
1.2	10:10	发现××信号机灯丝断丝(灯光闪烁)。	1.2	10:11	电话：电务李×	1.2	10:12	李×	1.2	10:30	××信号机更换灯泡完毕，恢复正常，试验良好。
		车站值班员：张×									电务：李×　　车站值班员：张×
		(发现接触网支柱或其他设备有异物)									
9.2	10:00	经检查××站至××站×行线××km××m接				9.2	10:02	赵×	9.2	10:30	经处理，接触网设备恢复正常，××站至××站×行
		触网支柱(其他设备)上有鸟窝(树枝等异物)影响									线开通，恢复正常行车。
		供电安全，需立即封锁。									供电：赵×　　车站值班员：张×
		供电：赵×　　车站值班员：张×									
		(接司机通知接触网挂异物或其他故障)									
9.2	10:00	根据××次司机汇报，××站至××站×行线	9.2	10:01	电话：供电赵×	9.2	10:01	赵×	9.2	10:30	经处理，接触网设备恢复正常，恢复正常行车。
		××km××m接触网挂异物(或其他故障)，									供电：赵×　　车站值班员：张×
		可降弓通过，不影响邻线。									

普速铁路“行车设备检查登记簿”(故障登记)式样

“运统 46”左页　　　　“运统 46”右页

月日	时分	检查试验结果，所发现的不良及破损程度	通知时间 月日	通知时间 时分	通知的方法(月电报、电话)书面或口头	到达时间 月日	到达时间 时分	该段的工作人员到达后盖章	消除不良及破损的时分及盖章 月日	时分	破损及不良的原因，采用何种办法进行修理的。工作人员及车站值班员盖章
		车站值班员:张×　　供电:赵×									
		(房建设备故障)									
9.1	10:00	经检查发现××站×道站台(围墙/雨棚)设备							9.2	11:00	经处理，××站×道站台(围墙/雨棚)故障修复，恢复
		故障，××站内×行线××km××m 至××km									正常行车。
		××m 需限速××km/h。									建筑:李×　　车站值班员:张×
		建筑:李×　　车站值班员:张×									
9.1	10:00	经检查发现××站×道站台(围墙/雨棚)设备故							9.1	11:00	经处理，××站×道站台(围墙/雨棚)故障修复，恢复
		障，危及行车安全，立即封锁抢修。									正常行车。
		建筑:李×　　车站值班员:张×									建筑:李×　　车站值班员:张×
		(设备联合检查)									
6.9	13:10	设备联合检查。	6.9	13:11	电话:工务××				6.9	17:11	经设备联合检查，行车设备良好。
		车站:××	6.9	13:11	电话:电务××						(站内有分路不良区段时登记:经设备联合检查，
			6.9	13:12	电话:供电××						×月×日××:××电务登记×处分路不良外，其他
			6.9	13:12	电话:通信××						行车设备良好。)
			6.9	13:12	电话:建筑××						工务:××
			6.9	13:13	电话:公安××						电务:××

普速铁路“行车设备检查登记簿”(故障登记)式样

“运统 46”左页　　　　“运统 46”右页

月 日	时 分	检查试验结果， 所发现的不良及破损程度	通知时间 月 日	时 分	通知的方法 (用电报、电话) 书面或口头	到达时间 月 日	时 分	该段的工 作人员到 达后盖章	消除不良及破损的时分及盖章 月 日	时 分	破损及不良的原因，采用何种办法进行修理的。 工作人员及车站值班员盖章
			需其他单位检查一并通知。								供电：××
											通信：××
											建筑：××
											公安：××
											车站：××

注：所有设备故障(含分路不良)遇现象未恢复，交接班时，车站值班员应交接、签认(不重复签认)。

附件 2

普速铁路“行车设备检查登记簿”(加封登记)式样

“运统 46”左页 / “运统 46”右页

月日	时分	检查试验结果，所发现的不良及破损程度	通知时间 月日	通知时间 时分	通知的方法(用电报、电话)书面或口头	到达时间 月日	到达时间 时分	该段的工作人员到达后盖章	消除不良及破损的时分及盖章 月日	时分	破损及不良的原因，采用何种办法进行修理的。工作人员及车站值班员盖章
		(启封、加封登记)									
6.3	9:10	1/3 号道岔维修施工，使用 1 号手摇把、3 号速动							6.3	11:00	1 号手摇把、3 号速动扳手使用完毕，手摇把箱加封加
		扳手，手摇把箱启封开锁。									锁良好。
		电务:张×　车站值班员:李×									电务:张×　车站值班员:李×
6.5	10:20	因人工手摇道岔，使用×号手摇把，手摇把箱启	6.5	10:21	电话:电务张×	6.5	10:22	张×	6.5	10:45	×号手摇把使用完毕，手摇把箱加封加锁良好。
		封开锁。									电务:张×　车站值班员:李×
		车站值班员:李×									
6.8	10:11	××××次×道发车后，遗留白光带，启封使用	6.8	10:12	电话:电务张×	6.8	10:13	张×	6.8	10:16	×总人工解锁按钮和人工解锁盘×按钮加封齐全
		×总人工解锁按钮和人工解锁盘×按钮解锁。									良好。
		车站值班员:李×									电务:张×　车站值班员:李×
6.9	10:20	因轨道电路故障，使用事故按钮办理闭塞机人工	6.9	10:21	电话:电务张×	6.9	10:22	张×	6.9	10:25	使用后×计数器由×号变为×号，电务加封齐全良好。
		复原(双方向自动闭塞区段使用总辅助按钮改变									电务:张×　车站值班员:李×
		闭塞方向)，调度命令×号，使用后计数器号码由									
		×号变为×号。									(电务对加封或计数器设备检查登记)
		车站值班员:李×							6.9	19:00	电务设备加封、加锁良好。×计数器×号，×计数器
											×号，……
											电务:张×　车站值班员:李×

附件 3

普速铁路“行车设备检查登记簿”(点外上线)式样

“运统 46”左页　　　　“运统 46”右页

月 日	时 分	检查试验结果， 所发现的不良及破损程度	通知时间			到达时间			消除不良及破损的时分及盖章		
			月 日	时 分	通知的方法 (用电报、电话) 书面或口头	月 日	时 分	该段的工 作人员到 达后盖章	月 日	时 分	破损及不良的原因，采用何种办法进行修理的。 工作人员及车站值班员盖章
		(点外上线作业登记)									
6.8	8:00	××km××m 至××km××m 点外上线作业。							6.8	11:43	××km××m 至××km××m 点外上线作业完毕。
		工务:王×　　车站值班员：李×									工务:王×　　车站值班员：李×
6.8	8:00	××km××m 至××km××m 点外上线作业。							6.8	9:30	××km××m 至××km× ×m 点外上线作业完毕。
		电务:刘×　　车站值班员:李×									电务:刘×　　车站值班员:李×
6.8	8:00	××m××m 至××km××m 点外上线作业。							6.8	9:30	××km××m 至××km× ×m 点外上线作业完毕。
		供电:刘×　　车站值班员:李×									供电:刘×　　车站值班员:李×
6.8	8:00	××站内(×道)点外上线作业。							6.8	11:50	××站内(×道)点外上线作业完毕。
		工务:王×　　车站值班员：李×									工务:王×　　车站值班员：李×

附件 4

普速铁路“行车设备施工登记簿”(计划施工)式样

请求施工(慢行及封锁)登记							承认施工				施工后开通检查确认									备注
本月施工编号	月、日、时、分	施工项目	施工内容、影响使用范围(需要的慢行或封锁条件)	起止时间	施工负责人	设备单位检查人	车站值班员签认	(1)命令号及发令时间 (2)慢行及封锁起止时间	车站值班员签认	施工负责人	施工终止时间	恢复使用范围和条件(开通后恢复常速确认)	施工负责人	设备单位检查人	车站值班员签认	开通(恢复常速)命令号及开通时间	施工负责人	设备单位检查人	车站值班员签认	
321	2月 6日 21:46	大机清筛	京广线××站—××站间×行线封锁，工务在××km××m～××km××m处进行大机清筛作业；电务、供电配合，期间影响：22:55至7日2:55京广线××站(不含)至××站(不含)间×行线接触网停电即：××变电所214号、212号馈线、卡片号30114号、30112号；封锁后，大机作业车由××站进入封锁地段，在××km××m防护处停车，按施工负责人指示进行大机清筛作业，作业完毕返回××站开通线路，开通前稳定车为清筛地段进行稳定作业。京广线××站—××站间×行线××km××m～××km××m(开通后第一列限速35 km/h、第二列限速45 km/h)2月7日3:00至2月8日3:00限速60 km/h。2月8日3:00至2月9日3:00限速80 km/h，2月9日3:00至2月10日3:00限速120 km/h，后正常。	23:00～ 7日 3:00	单位 职务 何×	单位 (单务) 职务 刘×	李 × ×	(1)14843# 22:50 14845# 22:55 (2)23:00～ 7日3:00	李 × ×	何 ×	3:00	施工完毕 请求开通	何 ×	刘 ×	李 × ×	14848#3:01 14849#3:05	何 ×	刘 ×	李 × ×	

（续）

请求施工(慢行及封锁)登记								承认施工			施工后开通检查确认									备注
本月施工编号	月、日、时、分	施工项目	施工内容、影响使用范围(需要的慢行或封锁条件)	起止时间	施工负责人	设备单位检查人	车站值班员签认	(1)命令号及发令时间 (2)慢行及封锁起止时间	车站值班员签认	施工负责人	施工终止时间	恢复使用范围和条件(开通后恢复常速确认)	施工负责人	设备单位检查人	车站值班员签认	开通(恢复常速)命令号及开通时间	施工负责人	设备单位检查人	车站值班员签认	
						单位(供电)职务张×								张×				张×		
			第一列经京广线××站—××站间×行线××km××m～××km××m,限速 35 km/h。		单位职务何×	单位(工务)职务赵×	李××	14847＃2:25	李××	何×		施工地段限速提至 45 km/h	何×	赵×	李××	14847＃2:25	何×	赵×	李××	施工地段有限速时,“恢复使用范围和条件栏”还须登记限速条件。
			第二列经京广线××站—××站间×行线××km××m～××km××m,限速 45 km/h。		单位职务何×	单位职务赵×	李××	14847＃2:25	李××	何×		施工地段限速提至 60 km/h	何×	赵×	李××	14847＃2:25	何×	赵×	李××	
			京广线××站—××站间×行线××km××m～××km××m,限速 60 km/h;	2月7日 3:00至 8日 3:00	单位职务何×	单位职务赵×	李××	(1)71162＃ 2月5日 10:32 (2)2月7日 3:00至 8日 3:00	李××	何×	8日 3:00	施工地段限速提至 80 km/h	何×	赵×	李××	71162＃ 2月5日 10:32	何×	赵×	李××	

（续）

请求施工（慢行及封锁）登记							承认施工				施工后开通检查确认									备注
本月施工编号	月、日、时、分	施工项目	施工内容、影响使用范围（需要的慢行或封锁条件）	起止时间	施工负责人	设备单位检查人	车站值班员签认	(1)命令号及发令时间 (2)慢行及封锁起止时间	车站值班员签认	施工负责人	施工终止时间	恢复使用范围和条件（开通后恢复常速确认）	施工负责人	设备单位检查人	车站值班员签认	开通（恢复常速）命令号及开通时间	施工负责人	设备单位检查人	车站值班员签认	
			京广线××站—××站间×行线××km××m～××km××m，限速 80 km/h；	2月8日3:00至9日3:00	单位职务何×	单位职务赵×	李××	(1)71162＃ 2月5日 10:32 (2)2月8日 3:00至 9日3:00	李××	何×	9日3:00	施工地段限速提至120 km/h	何×	赵×	李××	71162＃ 2月5日 10:32	何×	赵×	李××	
			京广线××站—××站间×行线××km××m～××km××m，限速 120 km/h；后正常。	2月9日3:00至10日3:00	单位职务何×	单位职务赵×	李××	(1)71162＃ 2月5日 10:32 (2)2月9日 3:00 至10日3:00	李××	何×	10日3:00	恢复常速	何×	赵×	李××	71162＃ 2月5日 10:32	何×	赵×	李××	
46	4月19日21:45	接触网改造	××站—××站间×行线封锁，在××km××m～××km××m处进行接触网改造。××变电所（开闭所）×号馈线停电，按××号停电卡片停电范围办理（××—××站间×行供电臂停电）。接触网轨道车在××km××m防护处停车，按施工负责人指示进行作业。	22:50～0:50	单位职务王××	单位职务李××	刘××	(1)3308＃ 22:40 3403＃22:45 (2)22:50～ 0:50	刘××	王××	0:50	施工完毕请求开通	王××	李××	刘××	3309＃0:50 3404＃0:55	王××	李××	刘××	

（续）

请求施工(慢行及封锁)登记							承认施工				施工后开通检查确认									备注
本月施工编号	月、日、时、分	施工项目	施工内容、影响使用范围（需要的慢行或封锁条件）	起止时间	施工负责人	设备单位检查人	车站值班员签认	(1)命令号及发令时间 (2)慢行及封锁起止时间	车站值班员签认	施工负责人	施工终止时间	恢复使用范围和条件（开通后恢复常速确认）	施工负责人	设备单位检查人	车站值班员签认	开通（恢复常速）命令号及开通时间	施工负责人	设备单位检查人	车站值班员签认	
47	4月 20日 15:00	更换微机检测线和扼流变压器	××站全站封锁，更换微机检测线和扼流变压器，全站信号停用，控制台表示无效，××站—××站—××站间上下行自动闭塞停用，其中：×时×分—×时×分全站封锁，进行联锁试验。	16:00～18:00	单位 职务 李××	单位 职务 李××	刘××	(1)3305＃ 15:50 (2)16:00～18:00	刘××	王××										
47	4月 20日 17:30		××（项）施工不能按时完成，请求延时 30 min	18:00～18:30	单位 职务 王××	单位 职务 李××	刘××	(1)3306＃ 17:55 (2)18:00～18:30	刘××	王××	18:30	施工完毕 请求开通	王××	李××	刘××	3307＃18:30	王××	李××	刘××	施工延时登记式样
	6月 9日 9:58	更换重伤钢轨	×站—×站间下行线封锁，在 31 km 50 m～31 km 65 m 处更换重伤钢轨，开通后第一列限 45 km/h，后正常。	要点 ×× 分钟	单位 职务 王×	单位 职务 赵×	李××	(1)3301＃ 9:59 (2)10:00～11:00	李××	王×	11:00	施工完毕 请求开通	王×	赵×	李××	3302＃11:01	王×	赵×	李××	故障抢修登记式样

附件 5

普速铁路“行车设备施工登记簿”(维修天窗)式样

运统 46(施工)

请求施工(慢行及封锁)登记							承认施工				施工后开通检查确认									备注
本月施工编号	月、日、时、分	施工项目	施工内容、影响使用范围(需要的慢行或封锁条件)	起止时间	施工负责人	设备单位检查人	车站值班员签认	(1)命令号及发令时间 (2)慢行及封锁起止时间	车站值班员签认	施工负责人	施工终止时间	恢复使用范围和条件(开通后恢复常速确认)	施工负责人	设备单位检查人	车站值班员签认	开通(恢复常速)命令号及开通时间	施工负责人	设备单位检查人	车站值班员签认	
49	4月 18日 9:00	转辙机检修	×信号机、×道岔转辙机检修,影响×道接发列车、调车作业。	10:00～10:50	单位 职务 王×	单位 职务 王×	刘 × ×	(1)3301# 9:40 (2)10:00～10:50 涉及停电发令时在维修天窗命令下顺序登记。	刘 × ×	王 ×	10:50	维修完毕 请求开通	王 ×	王 ×	刘 ×	需停电的维修作业完毕恢复送电的命令在此登记。	王 ×	王 ×	刘 ×	段批天窗维修作业式样
51	4月 19日 9:00	更换轨枕	上行场18、19道抽换轨枕、影响18、19道接发列车及调车作业。	10:00～11:50	单位 职务 王×	单位 职务 王×	刘 × ×	10:00～11:50	刘 × ×	王 ×	11:50	施工完毕 请求开通	王 ×	王 ×	刘 × ×	11:50	王 ×	王 ×	刘 × ×	段批施工计划式样
	4月 20日 9:00	道岔扳动试验	1、3号道岔扳动试验,影响下行接车、上行发车及有关调车作业。	要点 3 min	单位 职务 王×	单位 职务 三×	刘 × ×	9:31～9:34	刘 × ×	王 ×	9:34	试验完毕	王 ×	王 ×	刘 × ×	9:34	王 ×	王 ×	刘 × ×	道岔扳动试验式样

附件 6

普速铁路“行车设备检查登记簿”(故障登记)式样

“运统 46”左页　　　　“运统 46”右页

月 日	时 分	检查试验结果， 所发现的不良及破损程度	通知时间			到达时间			消除不良及破损的时分及盖章		
			月 日	时 分	通知的方法 (用电报、电话) 书面或口头	月 日	时 分	该段的工作 人员到达 后盖章	月 日	时 分	破损及不良的原因，采用何种办法进行修理的。 工作人员及车站值班员盖章
6.8	8:00	××次列车司机汇报京哈线上行 261 km000 m	6.8	8:01	电话:工务王×	6.8	8:15	工务王×			
		处树木倾倒侵限。	6.8	8:01	电话:供电张×	6.8	8:15	供电张×			
		车站值班员:张×									
6.8	8:20	因××次列车司机汇报京哈线上行 261 km000 m									
		处树木倾倒侵限，留守营至张家庄间上行线封锁。									
		工务:王×　　供电:张×									
		车站值班员:李×									

附件 7

普速铁路“行车设备检查登记簿”(点外上线)式样

“运统 46”左页　　　　“运统 46”右页

月 日	时 分	检查试验结果， 所发现的不良及破损程度	通知时间			到达时间			消除不良及破损的时分及盖章		
			月 日	时 分	通知的方法 (用电报、电话) 书面或口头	月 日	时 分	该段的工 作人员到 达后盖章	月 日	时 分	破损及不良的原因，采用何种办法进行修理的。 工作人员及车站值班员盖章
		(点外上线作业登记)									
6.8	8:20	260 km 800 m 至 261 km 200 m 点外上线作业。									
		工务:王×　　车站值班员:李×									
6.8	8:20	260 km 800 m 至 261 km 200 m 点外上线作业。									
		供电:张×　　车站值班员:李×									

附件 8

普速铁路“行车设备检查登记簿”(故障登记)式样

“运统 46”左页　　　　“运统 46”右页

月日	时分	检查试验结果，所发现的不良及破损程度	通知时间			到达时间			消除不良及破损的时分及盖章		
			月日	时分	通知的方法（用电报、电话）书面或口头	月日	时分	该段的工作人员到达后盖章	月日	时分	破损及不良的原因，采用何种办法进行修理的。工作人员及车站值班员盖章
6.8	8:00	××次列车司机汇报京哈线上行 261 km 000 m	6.8	8:01	电话:工务王×	6.8	8:15	工务王×			
		处树木倾倒侵限。	6.8	8:01	电话:供电张×	6.8	8:15	供电张×			
		车站值班员:张×									
6.8	8:20	因××次列车司机汇报京哈线上行 261 km 000 m									
		处树木倾倒侵限，留守营至张家庄间上行线封锁。									
		工务:王×　　供电:张×									
		车站值班员:李×							6.8	8:30	经检查，工务设备正常。
											工务:王×　　车站值班员:李×
									6.8	8:50	经供电处理，恢复正常行车。
											供电:王×　　车站值班员:李×

附件 9

普速铁路“行车设备检查登记簿”(故障登记)式样

“运统 46”左页　　　　“运统 46”右页

			通知时间			到达时间			消除不良及破损的时分及盖章		
月 日	时 分	检查试验结果, 所发现的不良及破损程度	月 日	时 分	通知的方法 (用电报、电话) 书面或口头	月 日	时 分	该段的工 作人员到 达后盖章	月 日	时 分	破损及不良的原因,采用何种办法进行修理的。 工作人员及车站值班员盖章
6.8	8:00	京哈线留守营至张家庄间 2605G、2619G 红光带。	6.8	8:01	电话:工务王×	6.8	8:15	工务王×			
		车站值班员:张×	6.8	8:01	电话:供电张×	6.8	8:15	供电张×			
			6.8	8:01	电话:电务赵×	6.8	8:15	电务赵×			
6.8	8:20	因 2605G、2619G 红光带留守营至张家庄间上行									
		线封锁。									
		工务:王×　　供电:张×　　电务:赵×									
		车站值班员:李×									

附件 10

普速铁路“行车设备检查登记簿”（点外上线）式样

“运统 46”左页　　　　“运统 46”右页

月 日	时 分	检查试验结果， 所发现的不良及破损程度	通知时间 月 日	通知时间 时 分	通知时间 通知的方法 （用电报、电话） 书面或口头	到达时间 月 日	到达时间 时 分	到达时间 该段的工 作人员到 达后盖章	消除不良及破损的时分及盖章 月 日	消除不良及破损的时分及盖章 时 分	消除不良及破损的时分及盖章 破损及不良的原因，采用何种办法进行修理的。 工作人员及车站值班员盖章
		（点外上线作业登记）									
6.8	8:20	260 km 400 m 至 263 km 400 m 点外上线作业。									
		工务:王×　　车站值班员:李×									
6.8	8:20	260 km 400 m 至 263 km 400 m 点外上线作业。									
		供电:张×　　车站值班员:李×									
6.8	8:20	260 km 400 m 至 263 km 400 m 点外上线作业。									
		电务:赵×　　车站值班员:李×									

附件 11

普速铁路“行车设备检查登记簿”(故障登记)式样

“运统 46”左页　　　　“运统 46”右页

月日	时分	检查试验结果，所发现的不良及破损程度	通知时间 月日	通知时间 时分	通知时间 通知的方法(用电报、电话)书面或口头	到达时间 月日	到达时间 时分	到达时间 该段的工作人员到达后盖章	消除不良及破损的时分及盖章 月日	消除不良及破损的时分及盖章 时分	消除不良及破损的时分及盖章 破损及不良的原因,采用何种办法进行修理的。工作人员及车站值班员盖章
6.8	8:00	京哈线留守营至张家庄间 2605G、2619G 红光带。	6.8	8:01	电话:工务王×	6.8	8:15	工务王×			
		车站值班员:张×	6.8	8:01	电话:供电张×	6.8	8:15	供电张×			
			6.8	8:01	电话:电务赵×	6.8	8:15	电务赵×			
6.8	8:20	因 2605G、2619G 红光带留守营至张家庄间上行									
		线封锁。									
		工务:王×　供电:张×　电务:赵×									
		车站值班员:李×							6.8	8:30	经检查,电务设备正常。
											电务:赵×　车站值班员:李×
									6.8	8:30	经检查,供电设备正常。
											供电:张×　车站值班员:李×
6.8	8:30	京哈线留守营至张家庄间上行线 263 km 000 m									
		处断轨,危及行车安全,立即封锁抢修。									
		不需邻线限速。									
		工务:王×　车站值班员:李×									

附件 12

普速铁路"行车设备施工登记簿"(计划施工)式样

请求施工(慢行及封锁)登记								承认施工			施工后开通检查确认									备注
本月施工编号	月、日、时、分	施工项目	施工内容、影响使用范围(需要的慢行或封锁条件)	起止时间	施工负责人	设备单位检查人	车站值班员签认	(1)命令号及发令时间 (2)慢行及封锁起止时间	车站值班员签认	施工负责人	施工终止时间	恢复使用范围和条件(开通后恢复常速确认)	施工负责人	设备单位检查人	车站值班员签认	开通(恢复常速)命令号及开通时间	施工负责人	设备单位检查人	车站值班员签认	
	6月8日8:30	对轨道伤损零部件进行更换或修理	京哈线留守营站至张家庄站间上行线封锁,工务在上行线 263 km 100 m 至 262 km 900 m 处对轨道伤损零部件进行更换或修理作业。作业期间邻线无限速。京哈线留守营站至张家庄站间上行线 263 km 100 m 至 262 km 900 m 限速 15 km/h。	要点 30 min	工务主任刘××	工务主任刘××	李××	车站填写	李××	刘××	9:00	施工完毕请求开通	刘××	刘××	李××	车站填写	刘××	刘××	李××	

附件 13

普速铁路“行车设备检查登记簿”(故障登记)式样

“运统 46”左页　　　　“运统 46”右页

月日	时分	检查试验结果，所发现的不良及破损程度	通知时间 月日	通知时间 时分	通知时间 通知的方法（用电报、电话）书面或口头	到达时间 月日	到达时间 时分	到达时间 该段的工作人员到达后盖章	消除不良及破损的时分及盖章 月日	消除不良及破损的时分及盖章 时分	消除不良及破损的时分及盖章 破损及不良的原因，采用何种办法进行修理的。工作人员及车站值班员盖章
6.8	8:00	京哈线留守营至张家庄间 2605G、2619G 红光带。	6.8	8:01	电话:工务王×	6.8	8:15	工务王×			
		车站值班员:张×	6.8	8:01	电话:供电张×	6.8	8:15	供电张×			
			6.8	8:01	电话:电务赵×	6.8	8:15	电务赵×			
6.8	8:20	因 2605G、2619G 红光带留守营至张家庄间上行									
		线封锁。									
		工务:王×　供电:张×　电务:赵×									
		车站值班员:李×							6.8	8:30	经检查，电务设备正常。
											电务:赵×　车站值班员:李×
									6.8	8:30	经检查，供电设备正常。
											供电:张×　车站值班员:李×
6.8	8:30	京哈线留守营至张家庄间上行线 263 km000 m							6.8	9:00	京哈线留守营站至张家庄站间上线 263 km100 m
		处断轨，危及行车安全，立即封锁抢修。									262 km900 m 线路处，断轨，经抢修后恢复正常
		不需邻线限速。									使用。
		工务:王×　车站值班员:李×									工务:王×　车站值班员:李×

附件 14

普速铁路“行车设备施工登记簿”(计划施工)式样

请求施工(慢行及封锁)登记								承认施工			施工后开通检查确认									备注
本月施工编号	月、日、时、分	施工项目	施工内容、影响使用范围(需要的慢行或封锁条件)	起止时间	施工负责人	设备单位检查人	车站值班员签认	(1)命令号及发令时间 (2)慢行及封锁起止时间	车站值班员签认	施工负责人	施工终止时间	恢复使用范围和条件(开通后恢复常速确认)	施工负责人	设备单位检查人	车站值班员签认	开通(恢复常速)命令号及开通时间	施工负责人	设备单位检查人	车站值班员签认	
	6月8日 8:30	对轨道伤损零部件进行更换或修理	京哈线留守营站至张家庄站间上行线封锁，工务在上行线 263 km100 m 至 262 km 900 m 处对轨道伤损零部件进行更换或修理作业。作业期间邻线无限速。京哈线留守营站至张家庄站间上行线 263 km 100 m 至 262 km 900 m 限速 15 km/h。	要点 30 min	工务主任刘××	工务主任刘××	李××	车站填写	李××	刘××	9:00	施工完毕请求开通	刘××	刘××	李××	车站填写	刘××	刘××	李××	
			京哈线留守营站至张家庄站间上行线 263 km 100 m 至 262 km 900 m 限速 15 km/h 开通。		工务主任刘××	工务主任刘××	李××	车站填写	李××	刘××		施工地段限速 15 km/h	刘××	刘××	李××	车站填写	刘××	刘××	李××	